Anton Henne

Manethós, die Origines unserer Geschichte und Chronologie

Anton Henne

Manethós, die Origines unserer Geschichte und Chronologie

ISBN/EAN: 9783743651555

Hergestellt in Europa, USA, Kanada, Australien, Japan

Cover: Foto ©ninafisch / pixelio.de

Weitere Bücher finden Sie auf **www.hansebooks.com**

Zur alten Chronologie.

Manethós,

die Origines unserer Geschichte und Chronologie.

Von

Dr. Anton Henne von Sargans,

gewesenem Professor der Geschichte an der St. Galler Kantons- und der Berner Hochschule, 1834 bis 1855; an letzterer Dekan der filosofischen Fakultät, 1847 bis 1850.

Mit einer synoptischen Tafel der alten Chronologie.

GOTHA.
Friedrich Andreas Perthes.
1865.

»Mein Werk unternimmt den Beweis, dass die bisherige Chronologie der alten asiatischen Welt, ja auch die des ältesten Griechenlands, ein Gewebe von Willkürlichkeiten und Ungereimtheiten sei.«

Christ. Karl Josias Bunsen
(Vorrede zum V. Bde. [4. u. 5. Abth.] von „Aegyptens Stelle in der Weltgeschichte" [Gotha, Friedr. Andr. Perthes, 1857, S. VI]).

Den Manen

des

verewigten Fallmerayer.

Schon vor anderthalb Jahrhunderten profezeite ein Geschichtforscher das Schicksal Derjenigen, die sich an die Entzifferung der ägyptischen Vorzeit machen würden.' »Durum sane, et maximi laboris, suscepi onus, quando antiquissimam Aegyptiorum chronologiam investigare et constituere utcumque, sum agressus; — Et tamen labor iste plerisque videbitur esse in re tenui positus, certe tenuis erit ejus gloria. Nam quis, ut saeculum est, leget haec tam impedita, difficilia, incerta quoque?« Perizonius, Aegyptiarum originum et temporum antiquissimorum investigatio. Lugduni Batav. 1711. Praefatio.

Sie, Verewigter, wiederholten das bald nach dem Erscheinen meines Buches, im Jahre 1847. »Man will keine Eroberung im Gebiete der Ignoranz, und neue Gedanken vermehren nur die Last. — Trägheit, Angewöhnung, Eitelkeit, Verstandesschwäche und andächtige Malice sind Gegner, die man weniger leicht besiegt als die Schöpfer neuer Gedanken gern glauben möchten.«

Solcher neuer Gedanken, richtig oder unrichtig, und die ich, als mein Eigenthum, auf mich nehmen will und muss, um niemand Anderm Unrecht zu thun, sind vorzüglich folgende:

1. Die Nachweisung, dass Manethos, wie wir ihn haben, keine Dynastien kollateral annahm.
2. Die Jahresumme seines dritten, somit aller seiner 3 Bücher, die Zahl der 375 Faraone und das Schlussjahr 350 v. Chr.
3. Die Nachweisung des mythischen Atlasgebirges, der Atlantis, des Eridanos und die Bedeutung Europens.

4. Die der Urbewohner, als Föniker, Tyrrhener, Iberer, Fryger, Pelasger, das Fortdauern dieser Namen in den Zwerge- und Riesennamen der Volkssage, die Pfalbauten und das Verhältniss von Keltisch und Germanisch. Entstehung der Sarmaten (Slaven).
5. Bedeutung der Züge der Atlanten und Amazonen (Arier) und das Auftreten Asiens in der Geschichte.
6. Nachweisung der 6 ersten Dynastien in Diodors 48 Menes-Nachfolgern, und der bisher verschütteten 11ten in den 17 Busiriden desselben.
7. Die Identität der 10 ersten Patriarchen mit des Berosos ersten 10 Babyloniern. Die biblische Patriarchenrechnung.
8. Die biblischen Egregoren sind in Aegypten die Hüksos. Woher kamen sie und wann? Sie sind nicht Semiten.
9. Herstellung der 18ten, der Amoses-Dynastie. Justins Damaskerkönige. Die Flut.
10. Horos. Zusammenstoss des Hamismus aus Afrika und des arischen Monotheismus.
11. Rameses Mi Amun ist der Belos der Assyrer-Listen. Ursprung und Epoche Babylons und Faleg.
12. Des Rameses Sohn Sethosis ist der Ninos der Assyrer. Semiramis Se-Mi-Ramese. Der Birs.
13. Inachos und die Inachiden der Argos-Liste sind die 19. und 20. Dynastie am Nil.
14. Thuoris am Nil, Adores in Damask und Tharah sind dieselben Personen.
15. Die 21. Dynastie von Tanis ist die von Josef.
16. Die Danaiden und die Hellenen (Japetiden). Zusammenstoss der nördlichen Apollon- (oder Wolfs-) und der südlichen Dionüsos- (oder Stier-) Religion.
17. Musäos und Moses. Der Farao und die Epoche des Auszuges.
18. Die Fabrizirung der hellenischen Generationen-Listen vor der Ilionzeit. Die Ehen und die Doppelpersonen darin. Wer ist Pleisthenes?
19. Die aera des Menofra-Herkules. Argofahrt, olympische Spiele. Menofra ist Rampsinit. Herkules historisch. Aeolisches Element.

20. Die VII vor Theben, die Epigonen, Ilion (Tautanes, Petubastes, Agron) und die dorische Wanderung. Alexandrinischer Computus.
21. Mükerinos und Kinüras.
22. Die Schoffeten in Israel bis Samuel und Saul. Sauls Epoche. Bokchoris, Salomo, Susak (Sabako),
23. Sardanapal, Ful, Tiglath Falasar, Nabon Asar. Samarias Fall.
24. Sethon der 342. Farao. Die XII und Psammitich. Nabo Chadon Asar und Jerusalems Zerstörung.
25. Turan und Iran. Dejokes ist Zohauk. Astüages ist Ahasueros und Afrasiab. Die Bücher Judith, Esther und Tobias.
26. Küros. Dareios. Serubabel. Nehemia. Esra und Jehosua. Wer ist Arthasastha?
27. Die Namen Nefilim, Cherubim, Serafim, Enakim und ihre Bedeutung.

Und hiemit gehe das Fahrzeug vom Stapel. Dass der Erbauer Sie, Verewigter, der Sie die Luft geathmet haben, welche ob dem altheiligen Nil, um die Pyramiden und Jerusalem weht, zu dessen Patron gewählt, hat Grundes mehr als genug in sich. Wer in ernster Zeit einem ihm persönlich völlig Unbekannten ermutigend zur Seite steht, und in einer Epoche meist materieller Interessen der Wissenschaft und der Geistesfreiheit so frisch das Wort spricht, gegen Den hören Dank und Liebe mit dem Grabe nicht auf. —

Die Zeit, in welcher wir leben, ist für das Erscheinen solcher Forschungen geeignet wie kaum eine frühere mehr. Einerseits braust der Dampfwagen über Ebenen und Höhen und bringt hier Reichthum, dort mit der Vertheuerung Vielen Hunger; andererseits senden kühne Geister nicht nur ihre Geschosse auf die Zinnen und Aussenwerke des Olympos, sondern stürmen, den Pelion auf den Ossa thürmend, jenen heiligen Sitz selbst: die Götter sind vertrieben in das Reich der Dichtung; es geht an den Gott selbst, und wie im alten Aegypten der Priester Pamüles zu Theben beim Wasserschöpfen aus dem Ammustempel heraus den Ruf vernahm, um ihn der Welt zu verkünden: »Der Herr des Alls tritt hervor an das Licht, Osiris ist geboren!« (was an den Engelruf an die Hirten bei Bethlehem erinnert), so lesen wir in Büchern und hören in Vorträgen bereits denjenigen, welcher zu des Tiberius Zeit dem Schiffer Thamus von der Insel Paxä her in die Ohren scholl, was in unseren Zwergesagen wunderbar vielformig wiederkehrt: »Der grosse Pan ist gestorben«, und glauben einen Wehschrei durch die Natur zu vernehmen, wenn sie plötzlich die diamantene Kette, an welcher der Zeus sie am Himmel hielt, brechen fühlt und der Sturz in den Abgrund beginnen will, ob ihr aber im Olymp nichts mehr sitzt als die Industrie und um sie die Cherubim der Gedanken.

Die beiden kriegführenden Mächte der Zeit, wie der Korrespondent der Times aus Rom in seinem Neujahrartikel sagt, sind ins Feld gerückt. Die Byzantiner stehen unter ihre Oriflamme geschaart; gewahrend, welche Macht der Geist ist, suchen sie sich der Schule zu bemächtigen oder doch ihre Buden an den hehren Tempel anzubauen, indem sie (sic!) Lehrfreiheit proklamiren. Encykliken kommen aus Rom wie aus Teutschland, aus zwei sonst verschiedenen Lagern; aber beide vergessen, dass das Sonnelicht auch eine Encyklika ist und die Wahrheit ein Gorgoschild, welcher ihre Gegner (wie in unseren Sagen das Tageslicht die Riesen und Unholden) versteinert. Sie gewahren nicht, dass sie zu spät schreien, dass das Kapitol bereits erstiegen und (wie ein geistreicher Leichtsinniger sich prophetisch ausdrückte) das Klingeln, welches sie für das Heranrücken halten, nichts ist als die Glöcklein der weiter wandernden, mit Beute reich beladenen Karawane, die schon vorüber ist.

Indessen mögen nun die Einen sich des wohlgelungenen Gussbildes erfreuen, wie es Hülle um Hülle fallen lässt, ein Resultat aller bisherigen Geschichte, alles Denkens, Lehrens, Offenbarens, Opferns, Andere aber, deren Auge den Stralenglanz desselben noch nicht verträgt, vielleicht lange noch die herumliegenden Formstücke, bisher allein sichtbar und lange geheiligt, verehren, — sie gelangen auf verschiedenen Wegen, ohne es wahrzunehmen, zu demselben Ziele.

St. Gallen, den 23sten des Julius 1865.

Der Verfasser.

Inhalts-Verzeichniss.

	Seite
Einleitung	1
Aelteste mythische Spuren	7
Die Menschenstämme	19
Die Urbevölkerung Europens	25
Die Kelten und die Teutschen	39
Die Fryger und ihre Sage	44
Pfalbauten, Stein- und Metallzeit	49
Die ältesten Wanderungen. Asien	54
Indien. Die Sprache	59
Aegypten. Des Manethos ersten Buch	70
Menes. Die Pyramiden. Theben und Memfis	78
Des Manethos zweites Buch. Biblische Rechnung. Sethosis I.	85
Die Egregoren (Huksos)	91
Die 18. Dynastie. Die Flut	96
Rameses Mi Amun (Belos und Babylon)	101
Sethosis II. (Sesostris)	109
Ninos und Semiramis	114
Des Manethos drittes Buch. Die Patriarchen	122
Die Pelasger und die Hellenen	130
Apollon und Dionüsos	141
Moses	148
Die Canones vor der Argonautenfahrt	157
Die Zeit der Argonauten	176
Die Zeit von Ilion und der Dorerwanderung	188
Die Schoffeten, die Könige und Susak	197
Die Neu-Babyloner	204
Psammitich und Nabo Chadon Asar	210
Astüages (Ahasueros) und Küros	214
Kambüses	227
Dareios	231
Sparta und Messenien	235
Athen. Die Tyrannis	242
Athens Höhepunkt und Sinken	249
Die drei letzten Dynastien am Nil	253
Schlusswort	260
Register	265

Einleitung.

Ich war bereits wie entschlossen, meinen vor bald 30 Jahren gemachten und wohl nur einem kleinen Publikum näher bekannt gewordenen Versuch, die 375 Faraone in des Mauethos 30 Dynastien zu entziffern und in die ältere, namentlich die biblische, Chronologie ein bisher vermisstes Licht zu bringen, mit mir in's Grab zu nehmen, als die allerneueste Zeit mich eines andern besinnen liess. Das mehrjährige Leben in der ältesten der Schweizerbibliotheken, wo die Mumie, deren Brustschild ich las, auf ihrem Sarge mir die Götterbilder und die Zeichenschrift des räthselhaftesten der alten Völker täglich vor Augen hielt, namentlich das Werk Bunsens mit seinen ähnlichen Forschungen, von denen ich freilich noch immer, und jetzt, durch Zuwachs an Hilfsmitteln bereichert, viel sicherer, weit abweichen muss, brachten mich zur Ueberzeugung, ich sei es den Meinigen, der Sache selbst und einem dem Geschichtstudium und Vortrage treu und unermüdet geopferten Leben schuldig, ehe ich die Augen schliesse, mit den Resultaten desselben, durch neue Gründe verstärkt, vor die Oeffentlichkeit zu treten. Richtige Chronologie erscheint mir noch heute als das Auge und Steuer der Geschichte; Zählen und Rechnen zügeln den Flug der Fantasie und hüten vor Ausschweifungen, und dennoch liegt dieser Zweig der Wissenschaft, wie die Einsicht in die Origines unserer Historie, mehr, viel mehr im Argen, als man bei der immer reichern Masse von Büchern und sogenannter Forschung glauben sollte. Ich verhehle mir auch keineswegs, dass an der Spitze dieser Forschung grosse und glänzende Namen stehen, ausgerüstet mit der Kenntniss der Weltsammlungen auf diesem Gebiete, zum Theil durch Gunst und Zufall an Ort und Stelle selbst gewesen, so dass es von Seiten eines Un-

Einleitung.

bekannten, von all diesem so zu sagen entblösst, nicht wenig Mutes (Manche werden es sogar Vermessenheit und Selbstüberschätzung nennen) bedarf, um neben ihnen auf, ja ihnen in Vielem entgegen zu treten.

Es sei gewagt. —

Im Jahre 1818, gerade aus der Klosterschule in die Welt getreten, sah ich beim unvergesslichen Alois Gügler in Luzern, Verfasser der »Heiligen Kunst der Hebräer«, in einem exegetischen Vortrage über das alte Testament, das erstemal einen Kanon des Manethos, ich glaube in Jahns Jüdischen Alterthümern. Die Bedeutung dieses Denkmales leuchtete mir sogleich eben so sehr ein, als mich, der ich als Noviz in einem Benediktinerkloster, dem lieben Pfävers, den nicht viel jüngern Schülern mit Vorliebe die Geschichte vorgetragen, die Schwierigkeit des Gegenstandes anzog. Näherer Umgang im Jahre 18¹⁰/₂₁ mit dem ehrwürdigen Creuzer in Heidelberg und 18²¹/₂₂ mit dem geistvollen Hug in Freiburg, diesem Rotterdamer Erasmus von feinem, klassischen Takte, und tägliches Studium in dem Prachtwerke der Description de l'Egypte machten mich noch heimischer in diesen Forschungen. Obwohl vom Strome meiner Kindheit, dem Reine*), wenig weggekommen, sympathisirte ich, um Fallmerayers Worte anzuführen, mit denen, »die nicht »blos vorübergehende Blicke auf die Wunderbauten der Faraone warfen, »sondern viel und lange in den Felsentempeln und Freskenhallen von Yb-»sambol und Medinet-Habu herumgewandert, aber doch mit schwerem Herzen »und unzufriedenem Gemüte aus dieser Kunstwelt weggezogen sind, weil sie »die grossartige Bilderchronik jener Ruinen wohl anstaunen, aber in ihrem »Zusammenhange mit den wechselvollen Scenen der menschlichen Geschicke »nicht begreifen und erklären konnten.« **)

Der Gedanke liess mir keine Ruhe, ob es nicht möglich sei, diese schwimmenden Inseln festzuhalten; ich machte mich daran, und noch mehr, als ich 1823 in Hofwil Geschichte zu lehren hatte; als ich 1826 das älteste Schweizerarchiv, das des lieben Vonarx, zu verwalten bekam, und als 1834 der geografische und Geschichtsunterricht an der unvergesslichen katholischen Kantonsschule wieder meine Lebensaufgabe wurde. Labyrinthische Gänge thaten sich vor mir auf. Der eine, es am leichtesten nehmend, führte zur Ansicht, es lasse sich mit Rechnungen, welche willkürliche Machenschaften

---

*) Vergönne man mir, nach Niebuhrs Vorgange bei Rätien, auch Rein (Rin, von rinnen) und Rodan teutsch, statt mit der griechischen Aspiration zu schreiben, die uns fremd ist.
**) Fallmerayers Besprechung meines ersten Versuches, Allg. Augsb. Ztg. Beil. 165, am 14. Juni 1847.

späterer Priester seien, nichts mehr machen; ein zweiter zu der Idee, diese 30 Dynastien haben grossentheils nicht nach, sondern neben einander, kollateral, regiert, was leider (Böckh nahm sie richtig als sukzessiv an) Lepsius wieder erneuerte*). Ein dritter leitete dahin, diese Zahlen seien gar nicht historisch, sondern sämmtlich auf die Sothis- oder Hundssternperiode von 1461 Jahren basirt. Letztere Annahme betreffend, die hohleste von allen, hielt ich es sogleich mit W. Wachsmuth, welcher (»Die älteste Geschichte des römischen Staates«, S. 116) bei Anlass der Zwölfzahl, welche der kritische Niebuhr überall in den Regierungsjahren der römischen Könige finden wollte, erwidert: »Welche grössere gerade Zahl wird sich vor Verdacht retten können, wenn so zerfällt wird?« Aehnlich spricht sich seither, Böckh gegenüber, Lepsius aus.

Wenn Menschen, die mehr in und mit der Natur leben, die Abstammung geliebter Pferde mehrere Zeugungen durch angeben können, um wie viel weniger ist sichs zu verwundern bei menschlichen Geschlechterlisten, die man sich, ehe schriftliche Aufzeichnung stattfand, um so fester einprägte? Der prüfende Verstand hat zu untersuchen, wie weit hinauf deren Zuverlässigkeit reicht, und wo die Grenzlinie zwischen Geschichte und blosser Sage zu ziehen ist. Mag der gelehrte Usehold (»Vorhalle zur griech. Geschichte und Mythologie«, Stuttg. u. Tüb. 1838) auch mit Recht an den meisten, vielleicht allen, Namen vor der dorischen Wanderung mythischen Charakter (meist eher mythisches Gewand) finden wollen, ein Hellene würde doch gelächelt haben, hätte Jemand, ob aus Unwissenheit oder nur um ihn auf die Probe zu stellen, eine von den circa 25 Generationen der Pelasgerliste vom Troerkriege bis Inachos hinauf entweder ausgelassen oder verstellt. Namentlich nimmt die Sicherheit zu, sobald einmal sichtbare Zeichen der Erinnerung (die bei den Menschen »lange lebend« ist) nachhelfen, seien es nun Knoten in Schnüren, oder eingeschlagene Nägel, oder die Hammerzeichen der Steinhauer und die Kerben (Rinnen, Runen, schweizerisch in den Alpen noch »Chrinnen«) in den Reisestäben, oder gar gezeichnete und geschnittene Sinn- oder Lautbilder. Der Hellene kannte, ohne solche Aufzeichnung rein undenkbar, jenen Krieg der Skythen wider den Sesostris und Asien »1500 Jahre vor Ninos« (Justin), oder die grosse Flut des thebisch-attischen Königes Ogyges »1600 Jahre vor den Olympiaden« (Varro), und so Vieles. Und nun gar Aegypten? »Die ägyptische Geschichte ist die einzige, welche gleichzeitige Denkmäler aus jenen früheren Jahrhunderten besitzt und zu-

---

*) Chronologie der Aegypter, Berlin 1849.

gleich Berührungspunkte mit jenen Urvölkern Asiens, namentlich auch mit dem jüdischen, von den spätesten bis zu den ältesten Zeiten darbietet. Wenn irgendwo, so ist hier Rath zu holen für die Begründung einer Chronologie der ältesten Völkergeschichte « (Bunsen, Aegyptens Stelle in der Weltgeschichte, I. Bd.; Hamburg, bei Fr. Perthes 1845. S. X). Lepsius fand das Bild der Bücherrolle schon in Denkmälern der 12. Dynastie, Griffel und Tintenfass aber schon in denen der vierten. »Hernach sagten mir die Priester aus einem Buche die Namen von 330 Königen her«, sagt Herodot schon vor 2300 Jahren*). »Von ihnen allen hatten die Priester in ihren heiligen Büchern Beschreibungen, die von Alters her immer den Nachfolgern überliefert wurden, und von der Leibesgrösse jedes Königes, von seinen Eigenschaften und den Thaten eines Jeden nach der Zeitfolge Nachricht gaben«, weiss der Sicilier Diodor vor mehr als 1900 Jahren**).

Diese Farnonenliste nun besitzen wir, ausser in den eben genannten zweien Griechen (beide waren an Ort und Stelle, und ich getraue mir zu zeigen, ob sie Herrn Lepsius Urtheil verdienen, dass wir von ihnen »wenig oder keine chronologische Aufschlüsse erwarten dürfen«)***), besonders in den drei Büchern ägyptischer Geschichte des Priesters Manethos unter den ersten 2 Ptolemäern (323 und 284 v. Chr.), welcher, selbst Aegypter, aus den Urkunden und Denkmälern zu einer Zeit schöpfte, wo der letzte Farao erst seit etwas über 20 Jahren sein Reich verloren hatte und wo man deren Sprache noch redete. »Manethos Werk ist aus Urkunden geschöpft, die wir zum Theil noch besitzen.« (Bunsen, IV. Bd., S. 13.) Freilich haben wir nur Auszüge, aber fortlaufende und zusammen hangende, dieser Liste, beim gelehrten Juden Josefus (80 n. Chr.), Julius Afrikanus (222 n. Chr.), Eusebius von Cäsarea († 310) und dem Sammler Georgios Synkellos in Konstantinopel, um 793. Sichtbar wird freilich beim ersten Blicke in diese Bruchstücke, dass sie nicht immer zusammen stimmen, dass sie bei dem und jenem Sammler augenscheinlich verschrieben sind und sogar Lücken enthalten; aber gerade dadurch werden sie uns um so werthvoller. Hätten wir sie aus des Priesters von Sebennytos erster Hand, so könnte ein Kind die Posten addiren; erst so aber bedarf es des Sichtens, Vergleichens, Prüfens, der Kritik, kann diese ihren Scharfsinn und die Sicherheit und Tragweite ihres Auges üben, und wird das Ziel »des Schweisses der Edeln

---

*) Herod. 2, 100.
**) Diod. 1, 44.
***) Lepsius I, S. 251.

werth.« Trotz dieser Mängel nehnt der verdienstvolle Josef Scaliger am Ende des Reformationsjahrhunderts die Liste Manethos »eine herrliche und nie genug zu preisende Urkunde«*), und machten sich ausgezeichnete Gelehrte, jeder auf seine Weise, an ihre Herstellung, von denen hier, nach Scaliger, zu nennen sind: Petav 1627, Marsham (Canon chronicus 1670), Jak. Perizonius in Leyden 1711, Heyne in Göttingen 1782, Larcher 1786, Zoëga in Rom (De obeliscis 1792), der Brite Prichard 1813, Heeren in Göttingen 1817, Rask 1830.

Von all diesen Vorgängern hatte ich in meiner St. Gallischen Oase nichts als den Eusebius des Hieronymus, und gieng mit um so grösserem Eifer ans Werk, als ich gewahrte, dass auch die begonnene Entzifferung des Hieroglyfenalfabeths durch den Briten Dr. Thomas Young seit 1819, besonders aber den geistreichen Champollion le Jeune 1824, nicht weiter geführt hatte, als dass man auf den Denkmälern eine Anzahl Manethonischer Faraonennamen bestätigt fand, und dass der Brite H. Salt (Essai sur le système des hiéroglyphes phonétiques du Dr. Young et de M. Champollion, traduit par L. Devere, Paris 1827) vom 281. der Faraone, Rameses Mi Amun, wähnen konnte: »Il eut probablement pour aïeux ceux de la famille qui succomba au siège de Troie.« Eben so wenig entmutigte mich eine Notiz in dem Précis de l'histoire ancienne par Poirson und Cayx, Paris 1831: »Nous ne craignons pas d'affirmer que les ouvrages composés jusqu'ici sur la chronologie ancienne manquent de cet ensemble qui peut seul en garantir l'exactitude rigoureuse. Ce qui reste à faire demande encore de longs travaux, commencés par un des membres les plus distingués de l'Institut de France, et dont le résultat est attendu avec une vive impatience par tous ceux qui s'occupent des peuples de l'antiquité«, und dies um so weniger, als ich sah, dass dies Buch den Ninos auf das Jahr 1968 und den Sesosis auf 1643 herabsetzte.

Ohne alle anderen Hilfsmittel vollendete ich im Jahre 1835 meinen Versuch der Herstellung des Manethos, liess ihn im Jahre 1836 in St. Gallen als Manuskript drucken: Historische Tafeln für den Unterricht an der St. Galler Kantonsschule, und 1837 bei Huber & Comp. erscheinen: Die Faraone Aegyptens. Als unverbrüchliches Gesetz hatte ich mir aufgestellt, die Alten allein rechnen zu lassen, sie nie willkürlich zu behandeln und keine einzige Zahl selbst zu machen. Da das in Frankreich angekündete Werk immer auf sich warten liess, musste ich meinen Versuch, gelungen

---

*) Aehnlich Lepsius I, S. 250. 251. 407.

oder misslungen, für den ersten halten, denn 3 Jahre später noch erklärte der in diesen Dingen erfahrene Dr. Parthey: »Vergebens sucht man nach irgend einem Datum über die altägyptische Chronologie, wodurch die Reihen der Manethonischen Dynastien sich aus ihrer mythischen Unsicherheit in das Gebiet der Historie hinüberziehen liesse.« (Das Alexandrinische Museum, Berlin 1838, S. 169.) Wie ich verfuhr, will ich offen angeben.

Aelteste mythische Spuren.

Wenn Diodor in Aegypten von den Priestern vernahm, die Götter und Heroen haben am Nil »über 10,000 Jahre vor Alexander oder nach Einigen gar 23,000 Jahre« geherrscht*), so nahm ich das theils als astronomische Berechnung, wie auch unsere Sternkundigen den Wechsel der Solstitialpunkte eben so weit hinauf verfolgen, theils als Zeiten, welche selbstverständlich derjenigen eines geordneten Staatslebens und sicherer historischer Aufzeichnung, womit Manethos beginnt, vorausgehen mussten. Die Herrscherzeit menschlicher Regenten hörte Diodor angeben: »grösstentheils einheimische Könige über 4700 Jahre lang«**) (dazu in die 400 Jahre ausländische), und Herodot: »bis auf Sethon (704 v. Chr.) 341 Könige« und weiter: »In dieser Zeit, sagten sie, sei die Sonne viermal im Aufgang aus der Ordnung gekommen, zweimal von da, wo sie jetzt untergeht, auf- und zweimal da, von wo sie jetzt aufgeht, untergegangen«***). Diodors Rechnung »beinahe 5000 Jahre vor der 180. Olympiade (60 v. Chr.)« führte auf 5060 v. Chr. und nach obiger Angabe über 5160 v. Chr.; Herodots aber, wenn ich (was Bunsen nicht will) darinn 4 Sonnen- (Hundstern-) Perioden von 1461 Jahren annehme, auf 6546 v. Chr. (beiläufig gesagt, einer der Beweise mit, falls es solcher bedürfte, dass man schon zu Herodots Zeit, über 400 Jahre v. Chr. und über 600 vor Afrikanus, die Faraone nicht als kollateral, sondern als sukzessiv kannte). Wenn ferner Diodor 1, 44 in unseren Ausgaben zählt »470 Männer und 5 Frauen«, Herodot aber vor Sethon 341 Faraone, wir nach dem Letztgenannten genau noch 34 finden und die Manethoslisten ebenfalls 375 zählen, so muss Diodors Angabe als leichter Schreibfehler gelten, und es ist auffallend genug, dass unsere Gelehrten dies noch heute ignoriren oder doch nicht erklären wollen †).

---

*) Diod. 1, 23. 24. 44.
**) Ebend. 1, 69.
***) Herod. 2, 142. — Lepsius I, S. 190; 191.
†) Leps., S. 258.

Als Anfangspunkt der ganzen Rechnung muss das Aufhören der Faraonenreihe gelten, und hier nennen die Alten einstimmig das 3. Jahr der 107. Olympiade oder 350 v. Chr., in welchem der dritte Farao der 30. Dynastie, der 375. und letzte der Manethosliste, Nektanabos II., vor dem Perser Ochos den 6000jährigen Thron im Stiche liess und nach Aethiopien floh. So sagt Diodor 16, 51 und Eusebius Roncallii p. 354 und Note e. Es galt somit einfach, vom Jahre 350 v. Chr. an die Jahresummen des Manethos aufwärts zu zählen, um zu seinem Anfangspunkte der ägyptischen Geschichte zu gelangen. Die Jahresumme des dritten Manethobuches wollte und will noch heute niemand wissen, und Bunsen sagt in seinem Werke (I. Bd., S. 109): »Beim dritten Bande fehlt die Zusammenzählung für Eusebius ganz.« Ich hatte bereits im Jahre 1835 diesen Zeitraum zu 1641 und im Jahre 1837 zu 1645 Jahren annehmen zu sollen geglaubt, fand aber im armenischen Eusebius die Zusammenzählung dieses ehrwürdigen Chronologen höchst genau und mit der meinigen überraschend eines. Er sagt p. 250: »Aegyptiorum dominatio olympiade centesima septima explicita est, postquam regnum aegyptiacum annis mille sexcentis et quadraginta sex mauserat.« Nun war der Rahmen gegeben.

Des Manethos III. Buch: 87 Faraone in 11 Dyn., 1646 Jahre, + 350 v. Chr. = 1996 v. Chr.
» » II. » 96 » » 8 » 2121 » +1996 » = 4117 »
» » I. » 192 » » 11 » 2350 » +4117 » = 6467 »

375 Faraone in 30 Dyn., 7117 Jahre.

Es ist nun natürlich, dass diese Zahlen sich im Verlaufe erst bewähren müssen, in so weit dieses noch möglich ist, wenn sie Zutrauen gewinnen wollen. Fürs erste stimmt das Anfangsjahr 6467 v. Chr. um 79 einzige Jahre mit der oben von Herodot nur allgemein angenommenen Epoche von 6546 v. Chr. Wie Bunsen die ganze Dauer zu 3550 Jahren annehmen konnte (I, S. 122, 123) und als Beginn das Jahr 3895 v. Chr. als des Manethos erstes (S. 150), und Lepsius (S. 256) sich aussprach: »Nach unserer Wiederherstellung enthielt das erste Buch 135, das zweite 162, das dritte bis zu Sethos 32, zusammen 329 Könige«, — das lasse ich diese zwei Gelehrten verantworten und bleibe bei der Liste, wie sie sich selbst giebt.

Beginnen will ich mit dem Anfange, und hier um so sorgsamer und gewissenhafter verfahren, als es sich um die urältesten Ueberlieferungen handelt, und um so besonnener auftreten, als es in Nebeln und über Gletscherspalten geht. Ich werde, statt Hypothesen vorzubringen, was in so entfernten Epochen am leichtesten und wohlfeilsten wäre, entweder unbestrittene und greifbare Thatsachen oder doch ohne Ausnahme die Alten selbst reden lassen.

Apollodor sagt II, 5, 11 von den berühmten goldenen Aepfeln des Mythos: »Diese befanden sich nicht, wie Einige gesagt haben, in Libyen, sondern auf dem Atlas bei den Hyperborcern.« Die Hyperboreer aber wohnten nach Pindaros (Olymp. 3, 24—29) »an den dichtschattigen

Quellen des Istros, des Föbos Priesterchor.« Stosse sich niemand daran, dass ich gleich im Anfange zwei Mythografen anführe; der Boden, den sie beschreiben, ist wirklich genug: die Quelle des Istros ist der Ocnos, Inn, und dessen Wiege jener europäische Atlas, der rätische Alpenstock des Adula noch heute. Strabo lässt den Istros und Rein in derselben Gegend entspringen*). Adula, Atlas, in Libyen wie hier, heisst, wie Oeta, Ezel, Ida, Tedla, Titlis, Tödi, einfach »Berg«, nicht aber, wie Movers und nach ihm Bunsen (Bd. I, S. 343) annehmen, hebr. Hatel, der Dunkle, da der Berg hell genug war und nach dem Glauben der Puner sogar »leuchtete«. Hiemit ergiebt sich von selbst die Insel Atlantis, die Bunsen (Bd. II, S. 33) irrig als eine Erdichtung ansieht, »welche in der Voraussetzung oder urweltlichen Kunde von einer gewaltsamen Trennung der beiden Welttheile bei Gibraltar ihre Veranlassung hat«. Die Insularstellung Europens wird sich wohl Jedem aufdrängen, welcher die Gestaltung des Mittelmeeres mit den ältesten Nachrichten darüber und mit dessen jetzt versandeter Saharaschwester südlich vom libyischen Atlas vergleicht. Hievon später. Diodor (V. 19) deutet dieselbe Insel an »Libyen gegenüber, von bedeutendem Umfange«, fruchtbar und bewohnt vom Volke der Atlanten, »bei denen am Ozean die Götter geboren sind«.

Aus jenem Atlas nun rinnt der Istros (Inn) in das euxinische, der Ticinus mit dem Po in das ionische, der Rodan in das ligurische und der Rein in das atlantische Meer, welches letztere eben von diesem Atlas benannt ist, 4 Ströme nach den 4 Erdgegenden aus der Brunnenstube Europens, lauter Arme des halbmythischen Eridanos. Letzterer ist freilich in Wahrheit der die Erde umströmende Okeanos, ja noch älter der Himmel selbst, in dessen Fluten das Gold der Sterne untergeht und ruht; sobald man aber den Strom, in welchen der Sonnesohn vom Himmel sank, und an dessen Ufer seine in Pappeln verwandelten Heliaden-Schwestern ihre Bernsteinthränen weinten, auf Erden suchte, muss man an die populus balsamea denken, welche am Strome meiner Heimat mit ihren in der That völlig bernsteinfarbigen, balsamduftenden Tropfen an den Frühlingsknospen eine meiner heimeligsten Jugenderinnerungen ist. Das (so wie dass im Reine der Nibelungenhort geholt und wieder in ihn versenkt wird) spricht entschiedener als Herodots Zweifel (3, 115) an einem »ins nördliche Meer fallenden Eridanos, von welchem der Bernstein komme«. Pausanias (1, 3) kannte ihn bereits als den »durch der Kelten Land in den Ozean strömenden«. Mit all dem Aufwande, welchen Büchergelehrte an den libyschen Atlas, den Lowdeah-See und den in denselben strömenden Triton verschwendeten, konnten sie jene wasser- und sagenarme Gegend eben so wenig befruchten und den »Lotos« hinverpflanzen, als die Amazonen, was Alles Afrika nichts angeht. Ein Triton floss auch in Böotien**).

---

*) Strabo 7, 2; 1, 3.
**) Paus. IX, 33. 5.

In dieser Westinsel haben wir eben so sicher die der Seligen und »des Föbos alten Garten«, als den Erebos, den wir abermal nicht aus dem hebr. Hereb. Niedergang, Abendzeit, zu erklären brauchen, so lange wir zu Hause selbst das viel nähere ὁίπω, sich neigen, ῥοπή, die Absenkung, kennen, somit Europa, Abendland (Europa, des Minos Mutter, gehört nicht hieher, diese ist als Mondgöttin, εὐρῶπα, εὐρωώψ, weitschauend). Oder sind nicht etwa die verwandten Namen Tartaros und Hades dieselben mit Tartasos, Tartessos und Gades?*) Eben so sicher als zu anderer Zeit dem Hellenen schon Italien mit seinem Avernus und seinen elysischen Feldern (der Elysiker, Volusci, Volsci) als Eingang in die Unterwelt galt. Wo die Sonne untergeht, dahin zogen den Alten auch die Schatten, da waren die »glückseligen Inseln«. Bezeichneten sie ja und kennt das Volk heute noch an der armorischen Küste und anderswo, bis zu der einsamen Ostfrislands Plätze, wo Schiffer in der Nacht von Geisterstimme geweckt wurden, die Todten auf jene Insel hinüberzuführen, welche deren Bestimmungsort ist.

In Wahrheit sind diese Inseln der Seligen, wie ich beim Eridanos andeutete, der Himmel selbst, jene unermessliche Ebene, an welcher mit leuchtenden Augen unsterbliche Thiere auf- und untergehen, ewig jung weiden und der Zukunft kundig, goldreich, dem Menschen Zeit und Mass angeben, Rath ertheilen, Wohl und Weh spenden, das urälteste Bild göttlicher Wesen. Es ist des Helios, des Geryones Heerde im Westen, es sind der Brunehilde weidende Stuten, wie die des Laomedon und des thrakischen Diomedes. Sie haben die Gabe der Sprache, ihr Haar ist Gold, ihre Zahl bleibt unverändert, und will sie eine freche Hand tödten, so leben sie wieder auf. In einer Menge noch lebender Volkssagen unserer Gebirge werden sie Nachts geschlachtet und sind am Morgen wieder ganz wie die Böcke des Thor, die Hirsche des heiligen Mochua und der Eber der nordischen Einheriar. Gewinnen konnte diese Heerde von jeher nur Einer, der sie mit seinem Lichte bezwingende Sonnegott, wie er allein ihre Ställe reinigt, wenn er den Strom seiner Stralen in ihre weiten Räume rinnen lässt. Der kunstsinnige Grieche hatte längst vergessen, dass die seinen Göttern heiligen und sie begleitenden Thiere einst diese Gottheiten selbst waren: der Widder Hermes, der Adler Zeus, der Bock Pan, der Stier Dionysos, die Kuh Here (»die Kuhaugige«), die Eule Athene (richtiger eulen- als blauaugig, von glaux), die Hirschkuh und der Hund Artemis, die Taube Venus, das Pferd Posidon, der Drache Ceres u. s. w., und nahm an, sie haben sich einst blos in diese Thiergestalten verwandelt, als ihr Feind, der furchtbare Tyfon, sie nach Aegypten verfolgte, während letzterer, der Gott der brennend aufgehenden Sonne, ihnen, den Nacht- und Wintergestalten, noch heute auf dem Fusse nachsetzt und sie unausweichlich ereilen und tödten wird (wie Herakles und Sigfrid ihr Gewild und Unthiere), wie sie noch heute im Volksglauben, bald als Alpenheerde, vom Geiste vom Boden aufgehoben und, mit

---

*) Darauf kam schon Strabo 3, 2.

ängstlich zurückgedrehten Köpfen (oder vom raubenden Kakos fortgeführt, rückwärts getrieben) Nachts ob den Häuptern der erschrockenen Sennen und über Berg und Thal hinfahren (das »Alpenrücken« in Tirol, Vorarlberg und der Schweiz allgemein), oder als »wilde Jagt, wildes Heer, Nacht- oder Türsten-Gejägt«, der sein Horn blasende, halloende und mit der Peitsche knallende »wilde Jäger«, wohl auch »die Jägerinn Hulda, Holle«, hinter ihnen her, durch den Nachthimmel brausen. Andere Sagen haben diese Idee des Folgens der Thiere einer heimlichen Gewalt, bald gespenstisch im nächtlichen Führer eines Wolfszuges, bald scherzhaft in der des »Hasenhüters«, des Fängers von Ratten und anderen Thieren mittelst der Zauberflöte, der »goldenen Gans«, oder ernst in dem Wunderspiele des Thrakers Orfeus, dessen Lauten nicht nur die Thiere, auch die Bäume und Felsen, wie denen des Amfion die Steine zum Baue seiner Götterstadt, folgen. Es ist die in unseren Sagen den Nachtgeistern zuweilen abgelauschte Zaubermelodie, der »Albleich oder Huldreslat«, bei dessen Anhören alles tanzen muss, welcher Zauber nur dadurch endet, dass man die Weise »rückwärts« spielt.

Hier haben wir den Schlüssel der Thiereverehrung, als irdischer Abbilder der Götterthiere am Himmel, und nicht etwa weil mehrere von ihnen dem Menschen Nutzen bringen oder er so Manches von ihnen lernte, denn die am ältesten und im Volke noch heute grossentheils verehrten sind gerade die, deren Nahen und Anblick uns unwillkürlich Schauder erregt, oder die gar nicht existiren: die Kröte, die Schlange, der goldgekrönte Basilisk, dessen Anblick Tod bringt, der Drache, welcher vierfüssig und fliegend in tausend Sagen lebt, oft im Wasser (Linthwurm), welcher Feuer speit und dessen Blut die Haut feiet, unverwundbar macht, der viele Augen und Häupter hat, welche der Sonneheld bald einschläfert, bald abhaut und mit Feuerflammen tödtet, wie denn so häufig der Drachentod, das Ueberwältigen der Augen des Himmels, die Hauptthat des Heros ausmacht, welcher freilich binnen Kurzem selbst dadurch einem gleichen Hinsterben anheimfallen muss. Alle diese Thiere sind, als die Gestirne, goldreich, sie schlummern auf Gold, wie die Kröten, Unken, Schlangen, Drachen, ja beim Historiker Herodot u. A. »im Norden Europens, wo sich bei weitem das meiste Gold findet« (3, 116), die goldhütenden Greife, oder Ameisen (Myrmeken), die Hunde einer Unzahl von Sagen u. A.

Des »Föbos alter Garten«, wie der des Midas und Alkinoos, lebt noch in den vielen »verzauberten (verwünschten) Gärten« unserer Sagen, worinn auch die Thiere, lauter verwünschte Menschen, reden können. Da steht noch der Baum mit den goldenen Aepfeln, wie der in der nordischen Asgard, wie die heilige Esche in der Asen Halle, deren Aeste und Zweige über die ganze Welt ausreichen, eben weil der Baum die Sterne des Himmelsgewölbes trägt. Es ist die Eiche in Wolsungs Saale, der singende Baum im Märchen, die Linde, unter welcher Sigfrids Drache liegt, wie der Drache Nidhöggur unter dem Asgardbaume, wie der Baum mit dem Goldvliesse in des Aietes Haine, ebenfalls mit dem hütenden Drachen und der auf dem hyperboreischen Atlas, dessen Bild der draco septentrionalis des Himmelsglobus ist, die in unseren Sagen mit Silber- und Goldblättern und Silberblüten im Winter, der Fruchtbaum, dessen Zweige dem Munde des hungernden Tantalos entweichen (wie er den Strom, in welchem er steht, der Sonnegott in dem des Himmels, nicht trinken kann), somit ein »verbotener Baum«, dessen Pflücken Tod bringt, wie Persefone nicht mehr auf die Oberwelt darf, seit sie von ihm gegessen, und wie wer den Lotos ass, jenes Land nicht mehr verlassen konnte. (Das Historisiren solcher Mythen ist zu jeder Zeit misslungen, mochte man sie geognosisch oder chronologisch fixiren wollen. Sie fliehen, Tantalische Früchte und Wasser. Die Lotosesser sind die Todten.) Dasselbe war die redende Eiche (im himmlischen, nicht dem Dodona-Haine), die »Rosengärten« im Tirol und jener in Worms, auf dem »des Himmels Vögel sangen«, und dessen Rosen man nur durch Kampf (und Tod) gewann. So bis auf den heidnischen Mai- und den christlichen Weihnachtsbaum mit seinen Aepfeln und goldenen Nüssen.

Ein zweites, eben so sinniges Bild der Mächte am Himmel, der kleinen, ewig regen und ihre Reigen schlingenden, hellschauenden Sterne, und unserer Voreltern dichterisch Gemüt beurkundend, ist deren Darstellung als Zwerge, und hier rücken wir dem Gebiete noch näher, um dessen Besitz sich die Historie und der Mythos beharrlich zanken, wo letzterer uns oft koboldartig im Forschen irre führt und ein Lachen aufschlägt, wenn wir schwitzend lange im Kreise herum gewandert sind oder gar in Moor und Sumpfe verlegen einen Ausweg suchen. Der Stollen der Forschung reicht tiefer hinunter als die historischen Schichten uns lesbare Blätter der alten Genesis bieten, ins Urgestein des Erdkerns, wo das Leben noch nicht athmet und selbst der Tod noch nichts gefunden hat. Die Agassiz der Geschichte schlagen wohl ihre Hütten auf dem Gletscher auf und notiren sich die wenigen Schritte, welche der Riese der Vorwelt alljährlich vor- oder rückwärts im Thale thut; aber dem Fusstritte seiner Ankunft haben sie nicht gelauscht, als er das erstemal das Tagereisen weite Gebiet in seine kalten Arme fasste und mit seinem Hauche die Blümelisalpen in Eiswüsten umschuf. Unsere Theorien nähern sich dem Reiche der Wahrheit wie der Tourist den Vorhallen der Bergwelt, vor deren riesigen Säulen und Hieroglyfenwänden er in stummes Staunen versunken dasteht. Wir restauriren die gebrochenen Statuen, ihre Urheber schütteln wohl ihre Häupter drüber, und fügen die Mosaikstücke alter Tage auf eine Weise zusammen, die das Wahre oft nicht viel besser treffen dürfte als Hebels »Kannitverstan«.

Historisch muss ich den jetzt betretenen Boden deshalb nennen, weil, wir müssen darüber staunen und abermal des Volkes »langdauerndes Gedächtniss« bewundern, dasselbe der Zwerge und Riesen Namen mit denen der früheren Bewohner vermengt und diese trotz der geschriebenen Geschichte und oft besser und vollständiger als die Blätter der letzteren aufbewahrt und überliefert. Unter den Götterwesen, welche »bei den Atlanten, in der Nähe des Okeanos«, geboren worden, nennt man als die urersten bald 2, bald 3, bald 5, bald 10 (5 Brüder und 5 Schwestern), bald 100 Zwerge. griechisch Daktylen, römisch Digitli, Finger, Däumlinge, wohnend auf dem Berge »Ida in Frygien«, wo sie zuerst das Eisen schmiedeten. Da aber, ausser dem frygischen, auch auf Kreta ein Ida war, wohin man die Daktylen ebenfalls versetzte, und die Samothraker von ihrer Insel genau dasselbe aussagten, da die Digitli auch in Italien wohnten, der Name Ida oben als einfach »Berg. Atlas« bedeutend angegeben wurde, zwischen Rein und Mosel der Idarwald sich erhebt und unsere nordischen Sagen, ohne mindeste Kenntniss der Klassiker, ihre ersten Götterwesen eben so zuerst auf Ida, Idavölr (Volu-Spa Str. 7. 8. 53) schmieden lassen, kann wohl kein Zweifel bestehen. Sie heissen, und ich will später sagen warum, stets »Idäische, frygische« Daktylen. Historisirt kannte bereits Homer (Il. 3, 2) »an des Ökeanos Strömen« ein Volk von »Fäustlingen, Pygmäen«, so klein, dass sie, wie auch uralte Darstellungen es zeigen, wider die Kraniche um ihre Saatfrüchte mit Schild und Lanze stritten. Aristoteles liess sich verleiten, sie in einem kleinen Volke mit kleinen Pferdchen im Süden von Afrika zu suchen, weil dort auch ein Ozean ist, von dem jedoch die Alten noch nichts ahnten. Die Daktylen galten als Männer des Feuers, des Hammers, des Erz- und Eisenschmiedens, des Zaubers und der Weissagung (Diod. 5, 64; Strabo 10, 3; Klausen 1, 17), wie sie ja noch heute in tausend Sagen unseres Volkes von Oesterreich bis Skot- und Ireland leben und in sein Glauben und Leben verflochten sind. Der Norden nennt sie Alfen (Götter), Frankreich petits poucets, der Wallone nutons, Fäustlinge, der Litthaue parstuk, perstuk, Fingermännchen, der Böhme pjdimuzik, Spannemännchen. Dass sie nichts sind als die in der ersten Periode Thiere gewesenen Gottheiten, verrathen im Volksglauben bald ihre Thierohren, bald ihre haarige Haut, immer aber, auch wo jenes nicht der Fall ist, ihre »Ziegen- oder Gänsefüsse«, oder das Hinken damit, weshalb sie sie sorgsam vor den Menschen verbargen und es ahndeten, wenn letztere durch List darauf kamen. Auf den Bergen lebend, wo die Gemsen ihre Heerden waren, kamen sie oft mit den Menschen in Verkehr, halfen ihnen beim Arbeiten und sonst mit Rath und That, wiesen Heilkräuter und Schätze, warnten vor Bergstürzen und Unwetter, traten sogar mit Menschen in Ehen, die jedoch selten glücklich endeten, entlehnten das und jenes bei ihnen, stahlen und neckten auch wohl koboldisch, waren unsichtbar, so oft sie ihre »Nebelkappen« trugen, wiesen Verirrte zurecht, bedurften menschlicher Hebammen für ihre Weibchen, lohnten gute und straften böse Thaten, liessen Berge auf frevelhafte Dörfer herabrutschen, raubten Kinder u. A. und flohen, wenn man ihnen, da sie als Sterne (wie fusslos) abgekleidet, nackt waren, Kleider schenkte oder sie sonst für Dienste lohnte. Sprüche aus ihrem Munde, namentlich über ihr hohes Alter, sind eine Unzahl, alle in Versen, oft uralt. Sie theilten sich unter eigenen Königen, in die in den Bergen schmiedenden, aber bösartigen Schwarz- und in die Lichtalfen, wie die nordische Geografie, genau wie Homer, die Erdscheibe in die nördliche »Nacht-«

und die südliche »Tag- oder Sonneseite«, so in das nördliche, dunkle »Nifelheim« und das südliche, feuervolle »Muspilheim« schied, erstere von ihrem Könige Nifil, letztere von dem ihrigen, Muspil oder Muspilli, Mutspilli, benannt. Alle anderen Ableitungen sind Spielerei. Wie vor dem im Frühlinge heranfahrenden Mutspilli und seinem Heere die nördlichen Wintergestalten, die Niflungen, in einer blutigen Schlacht, der Nifluugen-Noth oder Ragnarauk, Götter-, Reckennacht, trotz ihres Mutes, bis auf den letzten Mann umkommen, aber wieder kehren und auf dem Idafelde sich aufs neue versammeln, das ist in einer Menge Sagen hochtragisch und vielgestaltig erhalten worden und lebt noch heute christlich bald in einer letzten Völkerschlacht, bald im s. g. jüngsten Tage. Verschwunden und bald ins Innerste ihrer Berge, bald aus dem Lande gezogen sind die Zwerge, hie und da heisst es, weil die Menschen die alte Sitte und Tugend verliessen, hie und da vor der überhand nehmenden Kultur, dem Geklapper der Mühlenräder, dem Pfluge, dem Glockengeläute (dem Christenthume). Ihre Kleidung, so verschiedenfarbig sie auch da und dort angegeben wird, war meist von der Farbe der Sterne, roth und der frygische Mantel mit der Zipfelmütze, die noch heute übliche Aelplertracht. Die Alten nannten mit Namen, da sie früher sämmtlich namenlos waren, drei Idäische Daktylen: den Uranos, den ersten König der Atlanten, d. h. Himmel, nordisch Havi, der Hohe, ein Wort mit heaven und Himmel, dessen Gemalinn Gä, die Erde, nordisch Gaue oder Hertha, Jörd, Erce war; den Herkules (den ältern, der 12 Thaten am Himmel), den Erk, von dem der Dinstag Erch- oder Eritag hiess,. und Vulkan (den Hinkenden, den Schmiedekünstler [nordisch Völund])*).

»Auf die Idäischen Daktylen folgten, wie man erzählt, die neun Kureten. Diese waren nach einer Sage aus der Erde geboren; nach einer andern aber stammten sie von jenen Daktylen. — Sie waren die Ersten, welche Schafheerden sammelten, die Hausthiere zähmten und die Bienenzucht einführten. Eben so ist die Schiesskunst und die Jagt ihre Erfindung. Sie waren ferner die Stifter des bürgerlichen Vereines und des gesellschaftlichen Lebens, des Friedens, der Zucht. Sie erfanden die Schwerter und Helme und den Waffentanz« (Diod. 5, 65; vrgl. 3, 61). Pausanias (V, 7. 4) sagt geradezu: »Die Idäischen Daktylen, welche auch Kureten heissen.« Aber Kored, Correit heisst walesisch Zwerge. Ihren Namen, römisch Quirites, wollte man von quiris, Lanze, ableiten, was sogleich als Irrthum erklärt wird, wenn wir Quiriten als Volksnamen der alten Sabiner und Römer und deren Nationalgottheiten Curis, Quirinus und dessen Gattinn Curetis, Quiritis kennen, und Valerius Maximus (II, 4. 3) sagt: »Die Etrusker nennen die Kureten und Lyder ihre Stammväter.« Eben so wenig brauchen wir die in Böotien und Samothrake u. a. uralt verehrten, ursprünglich 3, Kabiren mit Bunsen (Bd. I, S. 314) u. A. aus dem fönikischen und hebräischen Kabbir, Kabar, arabisch Kebir »gross« zu erklären, da Herodot 3, 37 sagt:

---
*) Diod. 3, 56; 5, 64; 1, 13; 5, 74 u. a.

»Kambyses gieng auch in das Hefästosheiligthum, dessen Bild er sehr verspottete. Dieses Hefästosbild kömmt nämlich den fönikischen Patäken am nächsten; es ist das eines Pygmäenmannes. Auch betrat er das Heiligthum der Kabiren, in welches, ausser dem Priester, niemand gehen darf. Diese sind ebenfalls dem Hefästos gleich, dessen Kinder sie auch heissen.« Hefästos aber (Ftah, Vulkan) ist ja einer der Idäischen Daktylen. Ferekydes und Akusilaos aus Argos hiessen sie eben so Söhne des Camilus, des Sohnes des Hefästos und der Kabira, verehrt auf der Hefästos-Insel Lemnos u. a. Camilus, altrömischer Name, und Cabirus sind aber Eines mit gabal, gobelin, Kobold, wie mit Camulus, dem keltischen Kriegsgotte, und dem Beinamen des nordischen Thor, Gamle, »der Alte«. Zu ihnen zählte man Hermes, wovon später.

Bald als Eines mit den Idäischen Daktylen, den Telchinen, Kureten und Kabiren*), bald als deren Söhne verehrte man die Samothrakischen Korybanten, auch sie feuer- und hammerkundige, tanzende Sonne- und Gestirngötter, deren 2 Brüder den dritten erschlugen und die blutigen Reste nach Tyrrhenien brachten (Diod. 3, 55; Strabo 10). Auch ihren Namen suchte man unnöthig (Bunsen, S. 284) im hebräischen und fönikischen kerub oder chaereb, Schwert, was wir ja in harpe, Sichel, hairus, Ger, Schwert, auch hätten. Noch näher aber und hier entscheidend, sind die räuberischen, im Schwunge hinbrausenden Sonnevögel, die griechischen und römischen Harpyiae, von ἁρπάζω, rapio, ich raube, in anderer Form Grypes, Greife (greifen, altteutsch gripan), welche ja »Gold raubten«, und in Persien und Palästina zu den um den Herrn des Himmels fliegenden Cherubim wurden, wie die Seraphim (Bunsen, S. 286) unser Eigenthum sind, wo Serapis, Sarapis im Winterschlafe, im Tode als Schlange verehrt wurde, wie in unserer Volkssage, und wo sarf bretagnisch Schlange heisst, wie etruskisch Serphe der Sonnegott hiess, und noch näher serpere, serpens. Creuzer müht sich mit Anderen fruchtlos mit dem Namen Serapis ab**). Erinnern darf man wohl auch an den hirpus (Wolf), der die Hirpiner in ihr Land leitete, und um so mehr, als er in der klassischen wie in der nordischen Sage ein Sonnethier, ja die Wintersonne selbst ist.

Der Nachtzug der fliehenden Zwerge (oder im Tirol Krieg andeutend, oder unter Anführung der Nachtfrau Hulda der »ungetauften Kinder«, wie in so vielen Gegenden der aller in der Gegend Gestorbenen, »das Nachtvolk«, exercitus antiquus, la cavalcada nocturna hochtragisch) ist dasselbe Sternebewegen ob uns wie oben das der Thiere, die »wilde Jagt«.

Ein Beleg mehr, dass diese Gottheiten nicht orientalisch, sondern hier heimisch sind, liegt darinn, dass sie im alten Italien (wie in Hellas als θεοὶ δυνατοί, μεγάλοι) als Penates und zwar 12 an Zahl, vorkommen, die 12 Jahresregenten, wohnend im Innersten Hause, am Heerde, wo der Speise-

---

*) Strabo 10, 3.
**) Creuzer, Symb. I, 312.

vorrath der Bewohner aufbewahrt wird (penus). Sicher sind sie (Creuzer meint nein, sondern letztere weniger, gottgewordene Menschen) dasselbe mit den Lares, d. h. Herren, von lar, lars — laird, lord —, die man, als das Haus (das des Himmels wie das irdische) beschützend, erst in Hundegestalt abbildete. Später nannte man unter den Penaten Jupiter, Juno, Minerva, Vesta, Janus, Apollo, Ceres (Creuz. II, 846 ff. 870 ff.). Bestätigt wird dies durch die Thatsache, dass Minerva' (wie Herkules, der Daktyl Diod. I, 24; 3, 74; 5, 64 und Vulkan ebenfalls Daktyl, Creuz. III, 211) den Göttern im Kriege wider die Giganten Hilfe geleistet und Apollons Mutter genannt wurde (Creuz. II, 738. 767. 810. 811. 812. 816).

Das dritte, und mit ihm nächst verwandte, Bild des Sternehimmels, sind die Riesen, so zwar verwandt, dass in der Sage dasselbe Wesen jetzt als Zwerg, dann als Riese erscheinen kann. So ist der Daktyl Herkules wieder riesiger Heros und der Pygmäe Vulkan bei Homer ein »russiges Ungethüm«. Nach der schon künstlich ausgebildeten Göttersage gebar Gä oder Titäa dem Uranos 18 Kinder: erst die 3 Küklopen (Rund-Augen) mit einem einzigen Auge auf der Stirne, erst wieder blos 3 Brüder, riesig, auch sie des Hefästos Gehilfen im Schmieden, dann ein ganzes mit seinen Heerden trotzig und wild lebendes, menschenfressendes Volk auf Sikilien, d. h. der Westinsel des Sonnegottes. Die Sonne in ihren verschiedenen Verhältnissen: Frühlings, Sommers, Winters, aufgehend, im Mittag und im Meere oder der Unterwelt, wurde bald zu Vater und Sohn, einander ablösend, ja verdrängend, tödtend, zu drei ungleichen, abermal feindlichen Brüdern; wie der wachsende, der volle und der verdunkelte Mond zu Mutter und Töchtern, zu drei ungleichen, feindlichen Schwestern, was in der Volkssage in 100 Variationen wiederkehrt und von diesen einfachen Elementen aus den ganzen Olymp, ja mit Göttersöhnen die Erde anfüllte. Wie das Zwergvolk der Pygmäen, suchte man neben den »goldhütenden Greifen« das einaugige Volk der Skythen, die Arimaspen (Herod. 4, 27). Die Küklopen, wie sie schmiedeten, waren auch berühmte Baumeister und gründeten überall die noch jetzt so genannten küklopischen Festungsmauern. Der Erbauer von Präneste hiess Caeculus (Cocles, Küklop) und war ein Pflegesohn der Digitii (Klausen II, 762. 763).

Nach den Küklopen gebar Gä die 3 Hunderthändigen (Centimani, Hekatoncheiren) mit 50 Häuptern, dann die Titanen, 6 Brüder und 6 Schwestern, oft mit Schlangenleibern abgebildet. Teth heisst hebräisch Schlange, aber Titan hiess altgriechisch bereits Sonne, wie die Iren und Waleser sie ähnlich nannten. Diese auf die Dreizahl gegründeten 18 Brüder und Schwestern sind sämmtlich rein nichts als Sonne und Mond[*]), aber alle sind eben jene Nacht- und Wintergestalten, welche in ihrem Uebermute dem Untergange zueilen. Daher ihr Vatermord am Uranos und Brudermord am »leuchtenden« Hyperion, ihr Bereden des Sonnesohnes Faëthon, des

---

[*]) Diversae virtutes solis nomina diis dederunt. Macrob. Sat. 1, 17.

Vaters Sonnewagen zu begehren, von welchem er herabfällt und im Eridanos ertrinkt. Okeanos hielt nicht mit ihnen. Er ist der nordische Meergott Oegir, Aegir, von welchem die Atlantisinsel (Europa) auch Ogygien hiess, wie sein unsichtbar machender, die Sonne verhüllender Helm (die Nebelkappe), der »Aegirshelm«, sich von selbst erklärt und besser als aus dem sinnlosen griechischen aigs, Geis. So wurden diese übermütigen Winter- und Nachtsöhne Nifelheims zu den Nephilim der Bibel. Ein anderer Heliossohn, Faëthons Bruder, ist Aietes, welcher kindisch im östlichen Kolchis, am wasserarmen Fasis gesucht wurde. Er muss die Argofahrer, welche ihm das goldene Vliess vom Baume holen (wir kennen den Baum), durch die Donau nach Westen verfolgen, wo das Vliess, der Hort, an den Rein gehört, und wo seine Schwester Kirke in Italien wohnt. Die Fahrenden heissen auch nicht von des Argoerbauers Stammmutter Nefele, sondern sind die nordischen Niflungen, die Bewohner Niflheims. Das Haupt der Titanen, Saturn, herrschte »in Sikilien und Libyen, auch in Italien, durchaus nur über westliche Länder«. Davon hiess es Saturnia und sein Volk, die Satyren, waren berühmte Spieler und Tänzer*). Seine »Stadt« lag bei den »seligen Inseln«**).

Es ist überraschend, wie von einem der Titanen Boreas, der erste König der Hyperboreer und bei ihnen Stammvater der Boreaden, erzeugt wird, der fortwährenden Priester des Apollokultes (Diod. 2, 47), deren erste 3 riesige Brüder waren (Aelian, Thiergesch. 11, 1), und in der Edda, den Riesen, Thursen, gegenüber, durch das Belecken eines Salzsteines der erste des Asengeschlechtes wird, mit demselben Namen, Bur, Vater des Bör, Grossvater der 3 Asenbrüder Othin, Wili und We (Kleinere Edda von Rühs, 1812, S. 168. 169), welche die Thursengeschlecht in einer grossen Flut umkommen lassen und die Epoche der 12 Götter, der Asen, stiften. Bei den Tyrrhenern hiessen die Götter Aesar, bei den ältesten Römern Lases, Lares, d. h. Herren.

Bei den Hellenen gebiert Rhea, die »Göttermutter«, dem Saturn 6 Kinder (immer dieselbe Zahlform), deren Jüngstes, Zeus, Jupiter, als Kind vor dem harten Vater verborgen und von den Kureten, den Landesbewohnern, geschützt, den Vater und dessen Titanen und Giganten angreift, mit Hilfe des Titanen Prometheus besiegt, sie unter Vulkanen des Westlandes und im Tartaros fesselt und die Herrschaft der zwölf Götter gründet.

Wenn in einem andern Mythos Dionysos, des Ammon und der Rhea Sohn (Diod. 3, 68) dasselbe an Saturn und dessen Verbündeten thut und den Thraker Lükurgos (den Wolfsmann) erlegt, so ist dieses der Sonne Sieg über den Winter, den Wolf. Wölfe waren die Thiere des Nordens und bei den Hyperboreern zu Hause, wo ja Apollon »der vom Wolfe Erzeugte«, Lükogenes (aber eben so der »Wülfevertilger«) heisst und sein ältestes Bild

*) Diod. 3, 61; 4, 6.
**) Pindar. Olymp. II, 123. — Creuz. Symb. I, 404.

in Delfi der eherne Wolf selbst war. So ernährte die Wölfinn die römischen Zwillinge (das Frühlingssymbol), hiess der Dezember, in welchem noch am 17. das Saturnusfest gefeiert wurde, dann am 25. der jungen Sonne Geburtstag (natales invicti Solis, noël), Wolfsmonat; am 15. Februar war das Wolfsfest, am 17. dasjenige des von der Wölfinn gepflegten Quirinus und am 21. begann der Hlyda- oder Redamonat der Mutter des Sonnegottes, Leto, die bei den Hyperboreern geboren war. Im dortigen Volke, den Neuren, dasselbe bei den Arkadern, wo Zeus und Hermes zur Welt kamen, verwandelte sich alljährlich Jeder auf etliche Tage in einen Wolf (Herod. 4, 105; Plin. 8, 22; Propert. 4, 5. 14) und in der Edda hat die Sonne ein ganzes von Loki erzeugtes Wolfsgeschlecht zu Feinden. Loki selbst, bei den Hellenen Prometheus genannt, ein früherer Sonnegott, verbindet sich mit dem jüngern Zwölfgöttergeschlechte und erleidet vom eifersüchtigen Haupte desselben, bald nach dem Siege, die Strafe, an den Kaukasos »am Gestade des Okeanos, bei den Skythen«, somit abermal nicht der östliche, sondern westliche, atlantische, angeschmiedet zu werden. Auch der thätigste Helfer im Titanenkampfe, nordisch Thor, griechisch Herkules, gehört zum alten Stamme. Dieser Winterwiderstand (die Riesen bauen in einer Nacht Mauern — aus Eis), worinn die Feinde Berge auf Berge thürmen und Felsen schleudern, wovon die Alpen noch Spuren in ihren Ruinen, Geröllen und Bergwunden aufweisen, somit zugleich einer der Elemente, besiegt von der ordnenden Schöpfermacht, kehrt sogar jüdisch als Kampf abgefallener Geister gegen Gott und endet heidnisch in der Weltflut, worinn die Riesen umkommen, worauf der Mensch auftritt. So verwandelt der als Gast wandernde Zeus den Arkader-Lukaon und seine Söhne in Wölfe und ruft der Flut.

So in unseren Sagen. Bald sind die Bewohner der mythischen Gärten in Thiere verzaubert wegen Uebermut, den sie (der Vorzeit Götter) geübt, bald ihre Blümelisalpen vergletschert und mit Steingeröll überschüttet worden, weil sie ihre Wege mit schönen Käsen und goldener Butter pflasterten oder ungastlich die Armut höhnend abwiesen, bald (wie in der Sage von Filemon und Baucis und völlig gleichen bei uns) in Seen und Sümpfe versunken, aus deren Tiefe man heute noch ihre Heerdeglocken ertönen hört und die Spitzen ihrer Wohnungen leuchten sieht. Aus ihren Gletschern bellt noch der Hund und aus ihren Seen kräht noch der Hahn, wie am Ende der Asenwelt, tief unten der Hund (griechisch Kerberos und nordisch Garmr, dasselbe Wort sogar) und die 2 Hähne, der schwarze und der »Goldkamm«, sich hören lassen, und in unzähligen unterirdischen Gängen geisterhafter Burgen leuchten noch die goldenen Kegelspiele, mit denen sich die Frevelhaften bei Lebzeiten vergnügten, welche einander Geräthschaften von Berg zu Berg in die Hände warfen. Auch das kennzeichnet sie, dass sie all ihr Werk bei Nacht vollbringen mussten, und falls der Hahnenschrei sie darinn überraschte, noch heute in Stein verwandelt dastehen.

Ueber das Bisherige verweise ich auf meine »Allgemeine Gesch'chte«, ersten Bandes erstes Buch, Schafhausen 1845, S. 1—56. Die Volkssagen, die erwähnt sind, finden sich in des Verfassers handschriftlicher Sammlung, worinn die Verwandtschaft der unsrigen mit den s. g. klassischen überall nachgewiesen ist.

Die Menschenstämme.

Es ist wohl Keiner unter uns, der nicht über den Ursprung des uns Umgebenden, des Weltalles, zwei im innersten Wesen äusserst verschiedenartige, ja völlig auseinander gehende Lehren empfangen hätte. Die allererste kam uns aus dem geweihten Munde der Mutter, so wie wir im Freien die Gegenstände um uns näher anschauten und fragten; wir biengen lauschend an ihren Lippen, und was sie uns verkündete, erfüllte unsere junge Seele mit einer Wärme, die bei Vielen nie mehr erkaltet ist. Eine andere machte sich an uns beim Eintritte ins öffentliche Leben. Da sich durch sie Manches, was wir früher kindlich für wahr angenommen, als Täuschung erwies, wurden von jenen Jugendbildern viele, eines nach dem andern, in unserer Seele verwischt, aber damit bei Einzelnen auch jene innere Wärme des Gemütes mit eisigem Hauche angeweht und erkältet, so dass sie, am Grabhügel ihrer Mutter vorbeigehend, in ihrer jetzigen vermeinten Bildung beim Andenken an das von ihr Vernommene sich eines wehmütigen Mitleids nicht enthalten können. Wie Vieler Entwickelungsgang mit diesen Worten gezeichnet ist und welche Folgen dies nach sich gezogen, liegt am Tage. – Wir hörten da, und künstlich kombinirte Tellurien und Planetarien zeigten es uns in hell erleuchteten stark besuchten Hörsälen vor beiden Geschlechtern, durch lose geschnittene, an leichten Drähten schwebende papierene Weltkörper, sobald der Meister seine Maschinerie zu spielen beginnen liess, wie und wodurch diese in ihrer Schwingung und Kreisung im ungeheuern Raume ihre schöne runde Form erhalten mussten, und wie zwei einander entgegen wirkende Schwerkräfte den wunderbaren Kreislauf aufs anschaulichste klar machten; wir vernahmen, wie Kohlen-, Sauer- und Wasserstoff als Grundelemente die ersten Körper zu bilden begannen, durch elektrisch-magnetische Kräfte eine Art Leben in ihnen entstund und wirkte, die Theile mechanisch und chemisch sich zusammen fügten und der Schluss von Allem, die Zellgewebebildung, der grossen Maschine und ihren Untermaschinchen die jetzige Gestalt, den jetzigen Bestand gab, so dass das Planetarium, sobald nur einmal der erste Anstoss gegeben war, als das wahre, grosse perpetuum mobile keines Andern ausser sich ferner bedurfte. Und wahr ist es, dieser Kosmos ist so unermesslich, so reich, so wunderbar, dass die Erforschung seiner Gebiete durch Reisen über alle Meere und in die fernsten Länder und Inseln zu einem Erstaunen erregenden Apparate geworden, den tiefern Denker eben so sehr beschäftigt als durch populäre Darstellungen und immer reichere und schönere Illustrationen das im Hörsaale zuschauende Publikum ergötzt und sowohl durch den Innhalt selbst als durch die Beziehung auf Leben, Industrie, Verkehr und Förderung derselben den wissenschaftlichen Thron des Jahrhunderts eingenommen und jene Doktrinen, denen er früher als Monopol gehörte, verdrängt hat, ein neuer Mechanik-, Elektrik- und Dampfolymp die früheren titanischen Gewalten, die bald nur in der Sage noch leben.

Einzelne indessen, so sehr sie sich der durch diese Schule gewonnenen Errungenschaften dankbar erfreuten, so sehr sie nicht nur jeder Geistesrichtung ihre Berechtigung zuerkannten, sondern sogar, wegen des Uebermutes und Missbrauches, welchen die Allopathie mit ihren Flaschen und Pillen sich zu Schulden kommen liess, ihre Gegnerinn als nothwendige Tageserscheinung willkommen hiessen, konnten sich dennoch dabei nicht beruhigen, noch das Gebiet der Forschung mit diesen Ergebnissen, so reich und grossartig sie auch sind, für abgeschlossen ansehen. Sie nehmen wahr, dass, ohne durch jene Schwerkräfte im freien Raume geformt worden zu sein, die Millionen Samen, Kerne, Früchte dieselbe Ründe erhalten haben wie die Weltkörper; dass das Herz in uns sie eben so edel und schön an sich aufweist, und abermals ohne jene Kräfte, nenne man sie mechanisch, elektromagnetisch oder dynamisch, in uns selbst und ohne dass wir was dazu thun, ja während wir müde im Schlummer liegen, ein Kreislauf, ein Ineinanderwirken, Wandeln, Zeugen und Schaffen vor sich geht, ein Mikrokosmos waltet so erstaunenswerth und wunderbar als der grosse ausser uns im Weltenraume. Sie gewahren, dass weder das Messer des Anatomen, noch das Mikroskop des Fysiologen, die Reagentien des Chemikers und die mathematischen Formeln des Berechners das primum agens im allergeringsten Thierchen und Pflänzchen finden und ergründen, dass das »Aneinanderfügen« noch kein Zellengewebe organischer Wesen bildet und dem Kosmologen weder das wunderliebliche Grün der Pflanzenwelt, noch das Roth der Erdbeere, des Apfels, der Rose, der menschlichen Lippe und Wange, noch die manigfaltigen Formen nur der Blätter, die Gerüche (und was will ich erst von der Welt von Tönen sagen?) erklärt und enträthselt. Was die Forschung an und im Kosmos findet und so weit und tief sie dringt, tritt ihr überall Materielles, Zusammengesetztes, Vielfaches, Sekundäres, Wirkung, Folge entgegen; das Geistige, Einfache, Primäre, die Ursache entflieht ihr wie Proteus dem, der ihn haschen und befragen wollte, und wer den End- (oder Anfangs-) Punkt und Ruhe vom Zweifel sucht, findet sich noch heute zwischen einer Skylla und Charybdis, einerseits eines Blind- und Alles-, andrerseits eines Nichtglaubens, und zwischen dem forschenden, sammelnden und unermüdet vergleichenden Aristotelismus und dem im Sekundären nur die Wirkung und den Widerschein des Primären, Absoluten wahrnehmenden Platonismus unserer Tage. Er weiss, wie Göthes Faust, nicht soll er im Anbeginne der Tage ein urewiges »Wort« oder eine urewige »Kraft«, einen lebendigen »Logos« annehmen und schaffende Elohim, oder wie die Mosaische, hellenische und nordische Genesis einen Adonai, einen Uranos oder Havi. Er kehrt oft erschrocken zur Erde zurück von der Grenze des ihn gespenstisch angähnenden Raum- und Begriffslosen und tröstet sich damit, dass er ja sein eigenes Ich nicht findet weder im Magen noch im Herzen und Blute noch in Gehirn und Nerven, so sehr er auch überzeugt ist von der wesentlichen Verschiedenheit zwischen Ich und Leib. So begnügt er sich am Ende, weil er muss, mit der Gewissheit, dass Alles um ihn her **Handlung** ist, dass **Handeln Bewusstsein** und **Zweck** nicht nur voraussetzt, sondern unläugbar in sich hat; mit der Gewissheit, dass über und ausser der Erd- oder materiellen eine Geisteswelt nicht blos präsumirt, postulirt werden muss, sondern umgekehrt jene bedingend, haltend, ihr Sinn gebend, besteht und sich kund giebt; dass die Krone der Thierwelt, das Pferd, der Hund, der Elefant der erstern angehört, in ihr sein Ziel und Ende erreicht, der Mensch aber in der letztern seine Heimat sucht und finden muss, woher er die Idee des Schönen, des Wahren und Guten mitgebracht hat, dass er nicht Erde-, sondern Welt-, oder wie das Volk es ausdrückt und seine Mutter ihn lehrte, Himmelsbürger ist, was er, und wenn er hier auch körperlich alle Genüsse errungen und geistig und moralisch die höchste Stufe erstiegen, aus seinem, hier unerfüllten, ungestillten Heimweh klar genug fühlt. Wandelt er durch die Natur, so gewahrt er in der Mosaik der Blumen- wie der Sternenflur neben und um und ob sich die buntgemalten und goldenen Initialen des räthselhaften Codex, des »Wortes Gottes«. Wie schon ein Alter an die Untersuchung sich machte, welches von Beiden wohl ursprünglicher sei, ob der **Vogel**, welcher heutiges Tages nicht anders als aus dem Ei entstehe, oder das Ei, welches wir uns ohne den Vogel gar nicht zu denken im Stande sind, stösst er in diesem Kreise überall, wo das Naturgesetz und der Naturgang aufhören, auf Vornatürliches, auf, um mich altmodisch auszudrücken, Wunder, miraculum, thauma, Gott, und statt jener erwähnten Kräfte, auf das **Leben**, Gottes Kind. Dann stellt sich ihm das Weltall, statt eines Konvoluts von dynamischen Agentien, dar als Leben, dessen Kreislauf wie der Tag und Nacht in ihm selbst und ohne sein Zuthun vor sich gehende, als der eines einzigen organischen Ganzen, einst ruhend in dem Mutterleibe der nächtlichen Weltwasser, im Abgrunde, über dem der **Geist** schwebte, brütend, bis die Weltkörper, die Keime, gereift waren und gerundet, bis die Wasser in der Geburtsstunde abrannen und auf das Schöpfungswort »es werde Licht« das Licht ward und Kreisbewegung und Leuchten ihren Anfang nahmen und der Reigen begann, der zu einem Ziele führen muss, dessen Grossartigkeit schon nach den allerschlichtesten Begriffen den grossartigen Vorbereitungen entsprechen muss und sicher wird, jener Reigen, bei dessen Bewundern der profetische Kepler in einen wahren Hymnus ausbrach.

Bisher hat Niemand ergründet und wird kaum je zu unserer Kenntniss kommen, wann jene Geburtstunde des Weltalles stattgefunden hat, ob und wie ein inneres Feuer in unserer Erde, im Kampfe mit den Wassern und durch das Hervorquillen geschmolzener und dann gerinnender Massen ihre äussere Rinde in wiederholten Umwandlungen gestaltete, oder wann und in welchen Zeiträumen, welche die heilige Urkunde der Bibel Schöpfungstage nennt, erst Wasser- und Sumpf- und dann Landpflanzen und Thiere in ihr Dasein gerufen, theilweise in jenen Gigantenkämpfen des Gestaltens ihren Untergang fanden, aus welchem sie noch heute, überraschende Blätter der Genesis, Lager über Lager, entdeckt und zu Tage gefördert werden. Es würde mir schwer, wo nicht unmöglich werden, über die Rechnung des Konstantinopler Georgios Synkellos zu spotten, nach welcher »Gott der Vater durch seinen eingeborenen Sohn und den heiligen Geist am ersten Tage des hebräischen Monates Nisan, am 25. des römischen März, am 29. des siebenten ägyptischen Monates« (Famenoth) 5502 Jahre v. Chr. Himmel und Erde geschaffen. Der gelehrte griechische Mönch glaubte so viel aus Zusammenzählen der Patriarchenjahre herauszubringen. Da jedoch jene Jahre selbst im jetzischen hebräischen Texte, in dem, welchen der gelehrte Jude Josefus vor 1800 Jahren vor sich hatte und in dem noch ältern der Samaritaner und der s. g. siebenzig Alexandriner um die Tausende von einander abweichen, fand bereits Clemens von Alexandrien das Jahr 5624, Pezronius und der Hieroglyfenforscher Seyffart 5871 und 5872, Suidas 6000, Onufrius Panvinus 6310, die Alfonsinischen Tafeln in Spanien 6934 für den ersten Patriarchen Adam. Aber die indischen Brahmanen begannen 9102 bereits ihr zweites und 13902 v. Chr. ihr erstes Weltalter; die ägyptischen Priester rechneten in der Herrschaft ihrer Götter am Nile die der jüngsten, dritten oder Osirisepoche 15580 Jahre v. Chr. (Herod. 2, 145), und 23331 v. Chr. die des Helios oder Ra (Diod. 1, 26), was dann in einer Zeit, wo man titanisch den Olymp des Hergebrachten zu stürmen den Mut fasste, die Franzosen Volney und Dupuis unbedenklich annahmen. Später, als die Restauration auch in der Wissenschaft Fortschritte machte, kehrte man mit Scheu von so was zurück. Der grosse Cuvier, so hell er sonst in den Bau der Erde hineinschaute, entschied sich in seinen »Umwälzungen der Erdrinde« für das jüngere Alter der Erde, und Larcher, der Begründer einer kritischeren Chronologie, der jedoch mehr Kritik besass in einzelnen Dingen als allgemeine, und wo sein System es zu fordern schien, die alten Canones auf seinem Prokrustes-Bette mit der mutwilligsten Willkür bald streckte, bald beschnitt, erklärte sich orthodox: »Ich gebe die Göttlichkeit der Bibel zu und verwerfe geradehin alle Zeitrechnungssysteme, die mit ihr in Widerspruch stehen könnten.« Manethos betreffend, bedauert er »die wahre Unmöglichkeit, selbst mit Beihilfe der Bibel, über die Zeitrechnung dieses

Landes, ich will gar nicht sagen Gewisses, sondern nur sich der Wahrheit Näherndes zu liefern« (Versuch einer Chronologie des Herodot).

Unsere Teutschen brachen hier Bahn, Aegypten betreffend Prokesch zuerst, und der gewiss religiöse Bunsen zeichnet im IV. Bande (Gotha 1856, S. 36) die Gegner freier Forschung scharf: »Sie glauben in ihrem Rechte zu sein, ja zur Ehre Gottes zu handeln, wenn sie eine Forschung als irreligiös darstellen, welche an jüdische oder kirchliche Vorurtheile rührt. Es gibt darauf eine ganz kurze Antwort: dass ein solches Verfahren unsittlich ist und eines ehrlichen Mannes unwürdig. Es handelt sich in der Geschichte und in der geschichtlichen Forschung, welche diesen Namen verdient, nicht um irgend eine Gefälligkeit oder Ungefälligkeit für irgend ein System, sondern um die heilige Wahrheit, wie sie der gewissenhaften Forschung sich darstellt.« Oder wie der unerschrockene Fallmerayer sich bereits im Jahre 1847 über meine Entzifferung des Sebennyters aussprach: »Wie Cuvier in der vergleichenden Anatomie aus etlichen zerstreuten Knochen die schönsten Thierskelete zusammenstellte, so hat auch Hr. H. aus den ärmlichen Bruchstücken und verworrenen Excerpten des Manethonschen Werkes einen chronologischen Bau gezimmert, mit welchem er die Bibel nicht demoliren, wie die Heuchler sagen, sondern erklären und stützen will.«*) So wenig man durch die versuchte Einschüchterung Galileis die Erde stille zu stellen und die Sonne um sie zu treiben vermochte, gelang es je der brutalen Gewalt, die Forschung in ihrem Gange zu hemmen. Aus den angestellten Bohrungen im Nilthale, wo man 60—70 Fuss tief auf Töpfergeschirre stiess, folgern die Gelehrten, dass vor 24000 Jahren bereits civilisirte Menschen dort gewohnt haben müssen, wie sie aus Bohrungen im Missisippi-Delta mit Menschenknochen auf 57000 und aus der in der Tiefe von 64 Fuss im Södertelgekanale zwischen dem Mälar und dem finnischen Meerbusen vorgefundenen Fischerhütte, auf mindestens 70000 Jahre schliessen wollten**).

Mochte die Triebkraft der noch jungen Erde eine stärkere gewesen sein oder das Erdfeuer auch in der jetzt kalten Zone der nach und nach erkaltenden obern Rinde näher, steigen alltäglich aus der Tiefe Zeugen jener Urzeit zu Tage: riesige Palmen und baumgrosse Farrenstämme, gewundene Schnecken (Ammonshörner) von der Grösse eines Wagenrades, Haifischzähne, deren Träger wenigstens 90 Fuss und drüber gemessen haben muss; Walfische von mindestens 250 Fuss Länge; in unseren Gebirgen eine Art Sumpf-Eidechsen nicht selten von 20—30, ja 50—70 Fussen, die in der Sage Linth-, d. h. Wasserwürmer heissen, darunter auch solche mit Flughäuten; Nashorn- und Elefantenarten (Mammute) bis 20 Fuss und mehr Höhe; eine Art Raubvogel (der Greif) mit Federkielen, in welche eine Menschenhand hinein langen kann, der Kopf 2¼ Fuss lang und das Thier ehemals mit ausgespannten Flügeln an die 40 Fuss breit. Im Ureise am Nordmeere hat

---

*) Besprechung meiner Allg. Gesch. in Beil. 165 der Allg. Ztg. 14. Jun. 1847.
**) Globus, V. Bd. (1864), S. 149 ff.

man von jenen Vierfüssern mit Haar, Haut und Fleisch entdeckt, wo sie, bei plötzlichem Zurückziehen des Erdfeuers im gefrierenden Meere eingeschlossen, oder beim Zurücktreten der Flut an der Küste ertrunken abgesetzt, seit Jahrtausenden unverwest aufgefunden wurden, wie 1771 in Sibirien ein Nashorn und 1799 ein Mammut.

Was man ehedem für Knochen riesiger Menschen hielt, erwies sich durch die heutige Wissenschaft als jenen Sumpfthieren angehörend; der Mensch, wann und wo er auch, auf dieselbe räthselhafte Weise entstanden, wie die übrigen lebenden Wesen, Kind nicht von Mann und Weib, sein Auge zu dem heiligen Lichte aufgeschlagen haben mag, ist, wie auch die heilige Urkunde berichtet, ein jüngerer Sohn der Schöpfung, und wir finden ihn, wenn auch die Gelehrten in ihrer Klassifizirung sehr auseinander gehen, in folgenden Stämmen, und zwar zum Theil in seinen ursprünglichen Heimatsitzen.
1) Die Südmenschen, zum Theil mit dem Thiere so nahe stehenden Zügen, dass man zuweilen aus verkehrten Begriffen von einer Abstammung von Thieren träumen wollte, in der heissen Zone der Osthalbkugel der Erde, in Van-Diemens- und Neu-Holland, Neu-Kaledonien, Neu-Ireland, Neu-Britannien, Neu-Guinea, manchenorts fast fleisch- und wadenlos, das Haar kurze, krause Wolle, die Stirne dachförmig zurückliegend, die Backenknochen stark vorstehend wie der Mundtheil des Gesichtes, letzterer affenartig, die Nase platt, die Lippen dick wulstig, in Afrika von den niedrig stehenden Bosjesman dem Innern zu edler und schöner gestaltet, die Farbe meist dunkelfarbig, oft sammetschwarz. Fast immer bezeichnet man sie als Aethioper, Neger, und sie sind urfrüh nordwärts vorgedrungen, in Asien als Endamenen auf die Inseln und bis Indien und in die Himalayathäler, in Afrika bis in und über die Sahara, vielleicht noch nördlicher. Die Aequatorzone hat ihnen weder ihre Farbe noch ihre Züge gegeben, da in Amerika in derselben Breite völlig Andere wohnen. Wo sie mit Anderen zusammenstiessen, geschahen manigfache Vermengungen. 2) Vielleicht sind eine solche in Asien und auf den Inseln die Malayen, schon auf Madagaskar und auf Neuseeland, dann durch Polynesien, die Filippinen, Molukken, Borneo, Java, Sumadra, Malakka, die Malaya-dwipas (Malaya-Inseln) oder Malediven, und Malaya-wara (Malaya-Land, Malabar) und bis zur Osterinsel östlich, die Lippe oft noch dick, die Backenknochen oft noch vor und die Nase platt, aber die Farbe immer heller, jene Grundzüge verschwindend und der Typus schön werdend. Wo sie mit den Ersteren zusammen wohnen, sind sie die Gebildeteren, Schlauen, Herrschenden. 3) Die Nordmenschen überall sind die von Asiens breiten Steppen und im Hochlande bis in Amerikas Norden und Europens Osten und Norden vorgedrungenen Gelben mit dem viereckigen Schädel, den schief gegen die platte Nase herablaufenden Fuchs- oder Schweinsaugen, vom Kopfe abstehenden Ohren, schwarzen, nicht dichten, Haaren und Brauen, geborene Reiter und Ruderer, schon bei Herodot genannt Argippäer, sonst Saker (die Jakuten nennen sich noch Sokha) Bätä (der Mongolen Urname Bädä), Tataren, Türken, Skythen (der Finnen Name

Tschuden), Lappen, Eskimoh, in Amerika südwärts bis nach Bogota und nach Brasilien, im ganzen eine zahllose Race. 4) Nur durch die schmale Behringsstrasse von den asiatischen Tschuktschen getrennt, in Amerika von jeher dunkel Kupferrothe, fast Zimmetbraune, Erzfarbige, schlank und hochgebaut, schwarz- und schlichthaarig, äusserst gewandt, stolz, angeblich des Landes Urbewohner*). 5) Der vollendete Mensch, in Wuchs, Gestalt und Farbe wie geistig, ist der weisse Stamm Europens, überallhin wandernd, überall daheim, überall herrschend und Kultur bringend.

Ein einziges Menschen-Urpaar annehmen kann nur wer auch ein Urthier- und ein Urpflanzenpaar annehmen will und mag. Es ist ausgemacht, dass auch in der Bibel bei der Verbreitung der Völkerstämme nach der Flut ohne Ausnahme nur solche der weissen Race erwähnt sind.

Die Urbevölkerung Europens.

Ueber die Urbevölkerung Europens lesen wir bei den Alten folgende völlig übereinstimmende Angaben. »Was für Menschen Britannien ursprünglich bewohnt haben, ob Eingeborene oder Eingewanderte, ist unter ihnen, als Barbaren, wenig bekannt. Die Körpergestalt indessen ist eine ungleiche, und daraus lässt sich etwas folgern; denn die gelben Haare der Kaledonier und der dortige starke Gliederbau zeugen von germanischer Abkunft, hingegen der Siluren (Wales und Cornwales) braune Gesichter, ihre meist krausen Haare und die Lage gegen Hispanien hin machen glaublich, dass vor Alters Iberer hinüber geschifft seien.« Tacit. Agric. 11. »Der innere Theil ist von Menschen bewohnt, welche die Sage Eingeborene der Insel nennt; an den Küsten aber von solchen, die aus dem Lande der Belgen hinüber gezogen sind.« Caes. de bello gall. 5, 12; 2, 4. Ganz so redet, aber vom gesammten Gallien, Ammian Marcellinus 15, 9: »Die Druiden behaupten, ein Theil des Volkes sei ein Urstamm, die Anderen aber von entfernten Inseln und überseeischen Gegenden zusammen geströmt.«

Hier gewahren wir, was jeder Beobachter noch heute, manchenorts noch deutlich selbständig, andernorts längst vermengt, wahrnehmen kann, zwei sehr verschiedene Stämme Europens. Der eine, nördlich, seine Wiege wohl der einst isolirte skandinavische Kontinent oder eher Insel, ist der teutsche,

---

*) Dr. Andree, Amerika in geschichtlichen und geografischen Umrissen. Braunschw. 1850. S. 12. 13. 15. Vgl. Andree's Globus, IV. Bd. 1863. S. 130.

Henne, Manethos. 4

hoch aufgeschossenen Wuchses, knochiger, Schädel und Gesicht länglich (dolichokefalisch) mit besonders entwickeltem Hinterhaupte, die Haut weiss, das Auge blau oder grau, das Haar hellblond oder rötblich, oft flachshell, wie denn auch das Thier im Norden (und im Winter), auch das dunkelhaarige aus dem Süden eingeführte, sich hell färbt, das ganze Wesen langsamer, trockener, ernster, ausharrender. Südlicher, seine Wiege vielleicht der alpische, atlantische Kontinent (oder ist nur der erstere autochthon und dieser blos Vermengung desselben mit dem Elemente aus Afrika? man wird sich einst vielleicht letzterer Ansicht zuneigen müssen), ist der iberische, keltische Stamm, am reinsten, wenn auch im Gebirge und dem Südwesten überall vorhanden, im Basken anschaulich, kurzer, bald runder, bald viereckiger Schädel (brachykefalisch), breite, gewölbte Stirne, wenig vorragende Nase, kleiner Mund, feingeschnittenes Kinn, oval, nach unten enger, grosse schwarze Augen, schwarze Haare und Brauen, der Teint dunkel, die Backenknochen stark vor, der Wuchs nur mittler, aber sehr proportionirt, Füsse und Hände zart geformt und klein, der Blick mild, im Reden auffallend singender Ton, das ganze Wesen gewandter, biegsamer, heiterer, erregbarer, leidenschaftlich blind heftig, geistig entwickelter.

Zur Zeit wo die älteste geschriebene Geschichte beginnt, finden wir beide Stämme längst zusammen getroffen und die Vermengung grossentheils bereits geschehen, so dass der griechische Geograf »Kelten und Germanen gleichgeartet« nennen konnte, nur letztere »grösser und noch blonder«*). Dem Hellenen und Römer hiess nun Alles ob den Alpen Kelten, Galli, blond, weil der von Norden eingedrungene, siegende Stamm das ehemalige reinkeltische Land herrschend inne hatte, die dunkeln Ureingeborenen aber an einigen Orten verdrängt, ausgestorben oder vermischt und im Gebirge und den Asylen ihrer Pfalbauten unbeachtet oder gar leibeigen waren. So konnte ein gelehrter Brite Niebuhrn sein Befremden äussern, bei allen alten Schriftstellern die Galler (wie bei Tacitus die Kaledonier) blond zu finden, während der ächte Kelte seiner Heimat dunkelhaarig sei**). Wie die Körperbildung vermengte sich die gesammte Kultur zwischen dem geistig weit voran stehenden Kelten und dem noch rohen Germanen; der Besiegte wurde des Siegers Lehrer und Vorbild in Lebensgebräuchen, Religion, Sage, Sprache und Kunst, was dem Forscher nicht selten grosse Verlegenheiten bereitet, auszuscheiden was jedem von Beiden eigen gewesen sein mag. Aber, als sollte man auch darinn die Vorsehung wahrnehmen, brachte zu dem verfeinerten Lebensgenusse und der höhern Intelligenz und Erregbarkeit des Südens der Nord seine Arbeitsliebe, sein Ausharren, seinen Ernst, und diese beiden Elemente verschafften dem Europäer seine providentielle Bedeutung und die Weltherrschaft.

Zu verwundern ist indess, wie die nordische Ueberlieferung uns die

---

*) Strabo 4, 4; 7, 1.
**) Niebuhr, Röm. Gesch. II. Aufl. II, 592.

s. g. Klassiker erklären und trotz der geschilderten Vermengung in die Verhältnisse klarer, als man wähnen möchte, hineinschauen lässt.

So erscheint der Name des Südwestvolkes der Iberer als völlig derselbe und derselben Wurzel mit dem der Homerischen, im äussersten Westen, am Eingange in die Unterwelt, in Nacht und Nebel (Niflungen) lebenden Kimmerier (wie Gebenna, Cevennen und Cemenon, Giebel, gebel, Gibello, Kopf und Cima, Cumbre, Kamm; heaven und Himmel, ever und immer, apis und Imme, Kufe und Kumbha, Kabiren und Camili, fabulari und phemi, fama, u. a.). Auch die nordische Sage nennt als den, den Menschen vorangehenden, Stammvater der Riesen den aus dem Ur-Eise entstandenen Imer, Ymir, Imr oder Himer, Hymr. Dass sie die Kelten waren, beweist sich auch dadurch, dass die heutigen Kelten Britanniens, eben des Tacitus genannte Iberer, sich selbst noch Cymri nennen, und auch wo sie die Ursprache eingebüsst, Cumberland, so wie die Basken Escualdunac, Euscaldunac (Eskaledoner?). In Ibernia, Hibernia, Jerne ist der uralte Name geblieben. Als die Völkerumrisse noch weiter gezogen wurden, bezeichnete der Iberername nicht nur Alle vom Atlant bis zu Rein und Rodan*), an welches letztern Quelle die Viberi im Wallis den Namen bewahrten, so dass Aeschylos den Rodan in Iberien nannte, Plutarch die Iberer der Alpen kannte und Nonnus auch dem Rein den iberischen Namen gab**), sondern auch die Urbewohner Italiens, wo dieselben Kimmerier am Avernus gesucht wurden und die Umbrer, und ihr Kap Cumerium noch deutlicher sprechen, welche der alte Cato ausdrücklich aus Gallien stammend nannte (Gallos veteres progenitores Umbrorum vocat Cato)***). »Aus Unwissenheit hiessen die Alten die westlichen Völker sämmtlich Kelten und Iberer, oder mit einem zusammengesetzten Namen Keltiberer und Keltoskythen.« †)

Der zweite, noch berühmtere, Name dieses alten Kulturvolkes heisst doppelformig Tyrrheni und Tyrseni. Erstere Form glaubte ich früher ableiten zu sollen von Tyr (Tur, Taurus, im Tirol noch heute »Taurn«) Gebirg und sogar dem Landesstrome Rhenus, um so eher als sie ebenfalls Taurisker hiessen. Tauriskos herrschte in der Urzeit nach Amm. Marc. 15, 9 über ganz Gallien. Taurisker waren nach Cato die Tauriner am Po, die Salasser, die Lepontier, und diese, die Helvetier, Räter, Vindeliker, Noriker und bis Steiermark »lauter wahre, ächte Kelten« ††). Schon Alte dachten bei der zweiten Form an die zahllosen Burgen (thyrses, turres, Thürme) ihrer Berghöhen †††). Aber auch hier hat die nordische Sage den ältern ächten Schlüssel. Sie sind jenes Urriesen Imer oder Himr Söhne,

---

*) Strabo 3, 4.
**) Ukert, Geogr. d. Griech. u. Röm. Iberien, S. 248. 249. 251. Gallien, S. 14. 15.
***) Solinus zu Plin. VIII. Serv. Aen. 12. Isid. Orig. 8, 2.
†) Strabo 1, 2.
††) Ukert, Gallien, S. 210. 205.
†††) Dionys 1, 26. 30.

die Thursen, Hrym-Thursen, Eisriesen, Erdesöhne, Autochthonen, wie der Thurs oder Thor der Sohn der Erde (Hertha, Jörd), die Thursen in den Gedichten des Mittelalters menschenfressende Riesen, und der wilde Jäger in der Schweiz noch immer »der Türst« oder »der Turni«. Der Name der bis Skotland bekannten kunstreich schmiedenden Drusen, Drows, ist eine andere Form von Thursen.

Mit dem Tyrrhenos kamen Pelasger hinab ins wärmere Italien und nach Thessalien (Strabo 5. 2) und »Hyginus sagt, Pelasger und Tyrrhener seien dieselben, was auch Varro behauptet« (Serv. Aen. 8. 600) wie Thukydides dasselbe that (Dionys 1, 25). Hielten die Einen sie für Erdegeborene, Andere für Kinder des ältesten Titanen Okeanos oder Inachiden, oder des Idäischen Daktyls Herakles (Dion. 1, 25. 28. 30), das ist für uns kein Unterschied. Es ist das Volk, welches in Gallien, Iberien, Britannien, Italien und Hellas jene Riesenwerke hinterlassen, welche schon das graue Alterthum pelasgisch und küklopisch benannte, Gold schmelzte, Erz zusammensetzte, Glas fabrizirte, die ersten Gewölbebogen schnitt, Wasserleitungen durch Felsen führte, den Pflug erfand, silberähnlich verzinnte, und dessen Hermes (tyrrhenisch Kadmos genannt, ein Name des Pelasger- oder Okeaniden-Stammbaumes) die ersten Schrift-Runen in Holz und Stein schnitt und auf Münzen prägte. Gastaldi bemerkt, es gebe keinen Winkel in Oberitalien, wo nicht Reste aus der Zeit sich finden, in welcher Stein und Bronce sich berührten. Sie sind die Hyperboreer der Mythen, wohnend auf dem Atlas, wo der Istros und der Rein entsprangen, die einaugigen (küklopischen) Arimaspen, mit den Greifen um das Gold kämpfend*). Ukert und Grimm mühen sich vergebens mit der Wurzel des Namens Rhenus ab. Ῥῖνος ist sicher, wie unser altes und jetziges Rin nichts als ῥεῖν, ruo, rinnen, rennen, d. h. laufend. Je länger wir dem Entwickelungsgange der Sprache zuschauen, desto mehr lernen wir darüber staunen, überzeugen uns jedoch sehr bald, dass jene Urmenschen weder Grimms Sprachlehre noch Passows Lexikon bei ihrem Schaffen zu Rathe gezogen haben müssen. So ist Eridanos, Rhodanus im Pehlevi rût Fluss, neupersisch rûd, von rudh, laufen, und dahin gehört die Unzahl unserer Flüsschen und Bäche »Rot, Rotbach, Rotach«, die mit der rothen Farbe meist nichts zu thun haben.

Es ist überraschend, wahrzunehmen, mit welcher Treue, ähnlich dem Wasser und den Gräbern, welche die Pfalbauten, die Geräte und selbst die Nahrungsmittel der alten Welt schützend bedeckten und jetzt zu Tage senden, Volk und Sage aus grauer Zeit und ehe noch die Geschichte ihren Griffel zur Hand nahm, die ältesten Mythen historisch fassten, die Voreltern mit den Namen der urersten mythischen Wesen benannten und diese Namen im Gedächtnisse behalten haben, Namen, die uns sowohl über die damaligen Bewohner Hoch- und Nordwesteuropens Zeugniss ablegen, als auch lehren, welche Bedeutung sie für die Weltgeschichte gehabt haben. Als solche

---

*) Ukert, Iberien, S. 237. 238. 243. 254. Gallien, S. 19. 21. 24. 39.

sahen wir bereits die Kimmerier, die Tyrsener oder Tyrrhener-Pelasger (Hrym-Thursen), und an sie schliesst sich an der Name Foiniker, römisch Puni, Poeni. Der Name, mochte man auch ihre späteren Sitze in Asien Fönikia heissen, hat nicht das mindeste Orientalische, wo er fremd ist; er ist rein europäisch, wo φοινίκεος, puniceus, phoinix »feuerroth« bedeutet, wie φαίνω leuchten, und der Name des Sonnevogels, des Fönix ist, d. h. der, nachdem sie im Winter gealtert, sich in Flammen verjüngenden Sonne.

Bei diesem grossen, so oft missverstandenen, Namen ist es nicht allzu gewagt, auf die alte, als Orfisch ausgegebene, Theo-Kosmogonie zurückzugehen, nach welcher im Anfange die Νύξ, Nacht war, in der Nacht das Wasser, im Wasser sein Schlamm, das Chaos, Χάος und im Chaos »die nie alternde Zeit«, Χρόνος αγήρατος (bei Macrobius Sat. 1, 20 eben so Hercules carens initio) in Drachengestalt, auch Herakles genannt, mit einem Löwenhaupte. Dieser Gott erzeugte ein Ei, und aus diesem, als die Schale riss, gieng hervor Fanes mit goldenen Flügeln*). Mein verewigter Lehrer Creuzer u. a. Gelehrte suchten letztern Namen bald in einem Beinamen des Osiris, Fanakes, bald im koptischen Feneh, ewig (Faneach, Fanechos war ägyptisch Josefs Name), während des Mythos Nachsatz »er war zugleich Mann und Weib und heisst auch Protogonos, Zeus und Pan«) uns von Aegypten wegführt in unsere Heimat, auf φαίνω, leuchten. Es ist das biblische erhabene: Und der Herr sprach: es werde Licht, da ward das Licht. Fanes ist der erstgeborene Daktyle, Kurete, Kabire, Cherub, Seraf.

Als Mannsname ist Fönix im pelasgischen Stammbaume und in des Achilleus Freunde heimisch, während in Asien niemand so hiess**). Unsere Foiniker waren kundige Seefahrer, sie handelten an allen Küsten und verbreiteten Kultur. Sie schmelzten das erste Glas, ihr Kadmos (der tyrrhenische Name des Hermes) erfand die ersten Schriftzeichen, die sie auf ihren Münzen anwendeten. »Die Buchstaben erhielten nun, weil die Hellenen sie von den Fönikern bekommen, die allgemeine Benennung fönikische, aber auch die besondere pelasgische, weil die Pelasger zuerst die überlieferten Zeichen anwendeten, und zwar Linos, des Herakles und Orfeus Lehrer.«***) Die allererste Gestalt war in Stäbe geschnitten, Runen (ostschweizerisch in den Alphütten und sonst noch heute die in Holz eingekerbten Zahl- und Merkzeichen, »Chrinnen«, d. h. Rinnen). Das s. g. bardische Alfabeth hatte 16 oder 17 einfache Zeichen wie das runische und etruskische, mit etlichen Zusätzen. Owen erklärt sie für völlig übereinstimmend mit den etruskischen; einzelne sind durchaus Runen. Eigenthümlich sind sie von Bäumen und Pflanzen benannt und darum irisch feadha, d. h. Holz, betitelt, da sie von jenen bei Tacitus†) vorkommenden Looszeichen aus geschnittenen Zweigen

---

*) Creuz. III, 292—305 ff.
**) Auch bei Strabo 1, 2 leiten Einige den Fönikernamen von der »rothen Farbe« ab.
***) Diod. 3, 67; vgl. 5, 74.
†) Tac. Germ. 10.

stammen und in Stäbe eingekerbt wurden (runstaba, Buchstaben). So heisst 1) die Rune A Ask (Esche) irisch ailm, das schweizerische Ilme, Ulme, das Bild jedoch die Tanne, der Baum des Nordens (und Ask der erste Mensch). 2) B Biörk, irisch beth, d. h. birch, Birke, aber auch Borg, Burg, hebräisch beth. 3) C oder K irisch Coll, Hasel. 4) D oder T Thurs, Riese, oder thorn, Dorn, irisch duir, griechisch drys, Eiche. 5) E irisch eadha, das Bild die Espe. 6) F irisch fearn, Erle. 7) G irisch gort, Epheu, auch gath, Speer. H ist blos Hauch, irisch nath, Dorn. 8) I irisch idho, das Bild die Eibe, schweizerisch Ibe. 9) L irisch luis, das Bild die Vogelbeere, schweizerisch Lischme. 10) M irisch muin (thorn-tree). 11) N irisch nuin, Esche. 12) O irisch oir (spindle-tree). 13) P irisch peith-bhog. 14) R irisch ruis, Holunder. 15) S irisch suil, sail, das Bild der Weide, auch schweizerisch Sale. 16) T irisch teine (Mistel-Tein?). 17) U irisch u, Heide, auch ubhar, Eibe.

Es ist nicht ohne Bedeutung, dass der Föniker Kadmos und seine Gattinn drüben in Istrien bei Pola verschwinden. Kolonien der Föniker wollte man au vielen Orten sehen, findet aber wenig asiatische Spuren, und am deutlichsten spricht, dass das Volk rätischer Gegenden, während der Fönikername am Libanon längst verschollen ist, seine rührigen Alpenzwerge noch heute Fanken, Fenken nennt und ihnen rothe Mäntelchen und Spitzmützen zuschreibt. Funk nennt man einen Listigen, Ränkevollen, und Wild-Fang einen Ungebändigten. Die zwergigen Fenes-Leute im schlesischen Gebirge sind dieselben Wesen, ein Beiname Odins hiess Feng, und der Name »Hankerle, Gangerl« in der Pfalz, in Böhmen und Kärnthen ist blos Abart von »Fang«. Der Oberpfälzer nennt den Teufel Fankerl.

Die Veneter vom Adriameere ins Gebirge, von Strabo für desselben Stammes gehalten mit den seekundigen Veneti der Vendée, von Anderen für paflagonische Heneter, Eneter*), wohnten bei uns weit im Gebirge ostwärts, wo von ihnen die Julischen Alpen Alpes Venetae hiessen (und die Namen Vindelicia und Windische Mark!), wie der Bodensee lacus Venetus und der Thunersee in der Sage Wendelsee. Sie leben so weit rätisches und keltisches Gebirge reicht, bis ins Fichtel- und Harzgebirge, als die Venetier, kleine, graue, ärmlich gekleidete Männchen, die in unserm Gebirge edle Steine gruben und aus seinen Wunderquellen Gold schöpften, daher zu Hause (in Venedig) in stralenden Palästen wohnend**), auf ihren Mänteln durch die Luft fahrend und in ihren Bergspiegeln alles, auch das Fernste, erblickend. Die Sagen von ihnen, zusammenfallend mit den wandernden »Heiden« und »fahrenden Schülern«, welche Schwarzkunst trieben, Schlangen bändigten und auf den Heustöcken Feuer brannten, ohne dass ein Halm zu

---

*) Ukert, Gallien, S. 185. 334.
**) Eine solche, die nach einer Sage meiner Bergheimat, zugleich Strätelin, einen jungen Mann geheiratet, benützt einen Anlass, ihn und die ihm geborenen Kinder zu verlassen, und ruft im Verschwinden: Ei, wie klingen die Glöcklein in Venedig so schön!

Schaden kam, sind zahllos. Ohne das äolische Digamma heisst der Name auch (wie Eneti) Enten, und dem Mythos gemäss bald zwergig, bald riesig (Gigantes) gedacht, aber immer Schmiede und Baukünstler, von denen berühmte Werke angelsächsisch Entea-gaweorc hiessen, ob es nun Schwerter oder Burgen waren. Herkules, der Idäische Daktyl, heisst angelsächsisch Herkyl se ent, und in einer Markenurkunde von 1130 in den Monumenta Boica ist gigantea via übersetzt entiska weg, wie die Hünengräber in der Schweiz oft Entibühel heissen. Heimat und Sagen charakterisiren somit Veneter und Föniker als dasselbe pelasgische Kulturvolk, die Tyrrhener.

»Sie selbst (die Tyrrhener) nennen sich nach dem Namen eines ihrer Heerführer, der Rasena hiess.«*) Es ist dies der Name Raizen, wie in den Donaugegenden der Einwanderer die Urbewohner nennt, Raitoi, Raeti und Riesen, woher auch das Riesengebirg heisst und die schwäbische Landschaft »im Ries«. So heissen die Zwerge im Baierschen manchenorts noch Rätsl und ihre Wohnungen Ratsellöcher, wovon eine andere Form ist Scrat, i. e. pilosus, wilder, haariger Mensch, Waltschrate Satyrus, und die Zwerge von der Schweiz und Elsass bis Böhmen Schrazen, Schretel, Schrezlein, Nachtschretelu, Schrätlinge, elsassisch Schräzmännel. Im Vorarlberge heissen die Fanken auch Rutschi-Fanken, anderswo Rüttelweibchen. (Ob ein eben so berühmter Zwergename bei uns, »Bibermännchen«, Erdbiberli«, von dem der Iberer, Viberi, herrührt, weiss ich nicht, glaube es aber beinahe.) Sie sind oft die Alpen (Alfen), welche Nachts die Menschen drücken. —

»Die Macht der Tusker erstreckte sich vor der römischen Herrschaft weit über Land und Meer. An beide Meere anstossend, bewohnten sie je 12 Städte, erst dies-, dann jenseits des Apennin, alles bis zu den Alpen. — Auch die Alpenvölker haben unstreitig denselben Ursprung, vorzüglich die Räter, welche, durch ihre Gegend verwildert, vom Alten nichts mehr übrig behielten als den Klang der Sprache, und selbst diesen nicht unverdorben.«**) L. Steub, der sich mit den Rätern viel beschäftigt hat, gelangte zu dem Resultate, nicht nur dass »vom Adula bis an die Pinzgauer Taurn und in die Gegend von Salzburg und von dem Karwendel bis an den Gardasee ein und dasselbe Volk, die Rasenen, die wohl ein pelasgischer Stamm gewesen sein müssen, sesshaft war, welches eine und dieselbe Sprache mit den Etruskern redete«, sondern »dass auch die Karner und Noriker, die Helvetier, die Rauraker, die westlichen Alpenvölker und die Ligurer ursprünglich rasenischer Sippschaft waren«, ja »dass im Alterthume vom kleinasiatischen Taurus bis zu der Salzburger Taurn und vom Bosporus bis zu den Pirenäen in allen Küstenländern des ägeischen, adriatischen und tyrrhenischen Meeres nur stammverwandte Völker pelasgischen Ursprunges gewohnt haben«***).

---

*) Dionys 1, 30.
**) Liv. 5, 33.
***) L. Steub, Die Urbewohner Rätiens, München 1843. Zur rätischen Ethnologie, Stuttg. 1854.

Es ist das wohl unläugbare Thatsache und sagt dasselbe, was bisher in Geschichte und Sage nachgewiesen ist und ferner wird nachgewiesen werden. Nur darf nie ausser Acht gelassen werden, dass nicht nur wir, dass auch die Aeltesten, seit man Geschichte und Geografie schreibt, nirgends mehr die reinen Pelasger-Tyrrhener trafen, sondern bereits die durch das Eindringen des teutschen Elementes bewirkte Mengung. Das Vorkommen rätischer Namen vom Jura an: Alp, balme (beauine, Grotte), Muttenz, Pratelen, Gränchen und Gränichen, Bipp, Nugerol, Nuglar, Tavannes und Tavanasa, Belmont hier und dort, Cerliacum und Tscherlach, Vingels, Vinels, Campelen, im Seelande und Gempelen in Frutigen, Gals, mehrere Tschugg, Vanel, Fräschels, Montavón, Luguez, Stävis und Stäfa, die Sarine und die Saren (beide auch Sana) und die Sorne, Romont und der Romonten, Brigels (und in Rätien), mehrere Galmis (und Galmist im Lichtensteinischen), Nofla, Tscherlun, Tafers, die Jogne oder Jaun und die Rapertswiler Jona, die Jura-Reuse und die Ros, die Morge in der Waadt, im Wallis und mehrere Murg der Ostschweiz, eine Menge Kapf und Tschingel, Siders, Salgetsch, Leuk (Louëche, wie Loeyes, Laupen — ein Laupen auch im St. Gallischen) Olten (Ultinum) in der Schweiz und Ulten in Tirol, die Nantuaten im Walliser Nanzathale und die an den Reinquellen, Ems im Wallis, in Rätien und Vorarlberg, Campertogno an der Sesia, die Glarneralp Camperdun und an der Ill Cauperdon, Gampel, Lötsch, Lugein, 2 Gams, Sans, Geis, Naters, Brig, Mörel, Greugiöls, kurz fast ganz Wallis, wie ich die Namen klingen hörte, mich rätisch anheimelnd, Bern (und ganz gleich gelegen Verona, Berona), Worb, Wimmis, Belp, Ganterisch, Gurten (und der Jorat), Spiez, Thun (und Thonon und alle dunum), Brienz, Saxlen, Sarnen, Kerns, Stans (Stannes), Titlis und Tödi, Urseren, Uri, Realp, Lucern (und Luceria), Kriens, Maltern, Weggis, Horw im Luzernischen und Horben in Tokkenburg und Bernischen, Greppen und Gräppelen und Greplang, Rigi, Calm (und rätisch die Alpberge cuolm), eine Unzahl Stafel (stabula), Arth, Lowerz, Schwiz (Suites), Aegeri und Egerdon, Zug (wie am Lech), Tuggen, Cham (und Comum), Albis, Turic, Meila (alt Meiolan und Mediolanum), Ezel und Adula (und viele Bergspitzen »Esel«), Lachen, Wägi, Wiggis, Bragel (und Braulio), Ammon, Clanx, Lanc, Gäbris, Camor, Calanda, Gonzen und so viele andere, das ist eben so wenig ein Zufall als bei uns oben — Albula, Romein, Remüs, Palanza, Ardez, Peist, Falisc (Fläsch), Madulein, Medels, Lavin, Lavrün, Quira (Chur), Filters, Cainina (und Cains in Tirol), Räzün, Brixia, Faloras, Velturns, Stabio, die Thalschaften Beligno (der alte Name des tessinischen Blegno-Thales), Bretti-Gau, Lugano, Savien, Samnaun, Laz (und die Brücke darinn Pont-Laz, das Thal selbst jetzt Giadinna oder Engadin, die Sprache aber noch heute Ladin, welcher Name im Römerlande ausgestorben ist, wie der Monatanfang Calendae in dem der Pontifices, während die Engadiner Kinder noch singen: chalonda Marz, chalond' Avril, und jedes Buch cudisch, codex, heisst), Nauders (früher Onodres), und im Römischen unten und bis ans Mittelmeer: Albula (alter Name der Tiber), Roma, Remuria, Palanteum,

Ardea, Paestum, Falisci, Medullia, Lavinium, Laurentum, Quiria auf dem Quirinal, Foltria, Caenina, Arretium, Brixia, Falerii, Volturnum, Stabiae, Poligni, Brettii, Lucani, Sabini, Samnium, Latium.

Eben so verbreitet ist der Name der auf die Räter und Vindeliker folgenden Noriker in den Norischen Alpen, mit ihren Eisengruben und Schmieden (Noricus ensis), wo nach Polybios »bei den Norischen Tauriskern, besonders bei Aquileia« *) eine der reichsten Goldminen entdeckt wurde, in den zahllosen Sagen meist in Tirol von den bald roth, bald grau gekleideten, oft lohnenden, oft neckenden und strafenden Norken, Nörkeln und ihren Norkenlöchern, oft verdorben zu Lorken, Derkelen, ja den zuweilen in Thiergestalt erscheinenden Orgen, Orco, dem neapolitanischen Huorco und dem französischen Ogre und Ogresse.

Die weiblichen nymfenartigen, in Berggrotten singenden, wohlthätigen, aber auch strafenden Wesen heissen rätisch-romanisch Dialas, teutsch Salige.

Kureten waren nicht blos die Ureinwohner und Benenner Kretas**), wo sie den jungen Zeus pflegten, sondern das älteste Volk Italiens, »der Etrusker Stammväter« ***), wo ihr Name Quirites, Curites, nicht nur jener der Sabiner mit ihrer Stadt Cures war, bald von dieser letztern abgeleitet, bald von ihrer Lanze quiris (Ger, Geir) wie ihr Sonnegott Quirinus und ihre mit dem Ziegenfelle bekleidete Mondgöttinn Juno Quiritis, sondern blieb der Lieblingsname der späteren Römer, die ja des Zeus Wiege eben so gut bei Terracina zeigten †). Er war somit einer der Namen des italischen Urvolkes, wenn man auch nicht an unser Chur denken und letztern Namen blos vom rätischen Statthaltereischlosse, Curia, leiten möchte, wogegen indessen spricht, dass es ächt rätisch nicht also la Curia und französisch la Cour heisst, sondern von jeher Quira oder noch eher Quera, italienisch Coira, französisch Coire. Kureten hiessen auch die ältesten Bewohner Aetoliens, Akarnaniens, Thessaliens, Euböas, und rückten erst von dort nach Kreta hinunter††), wo sie wieder einen Berg Ida benannten, ja die Insel selbst Idäa. Bretagnisch heissen aber die Zwerge noch heute Korred, Kret manchenorts der Teufel und Cretin Missgestaltete. Der Kureten oder Korybanten Stammvater heisst bald Cures, bald Corybas, und Asterion, des Minos Vater, ἄναξ Κορυβαντίδος ὕλης. (Aglaoph., p. 1145. 1146.) Vieles was man Kreta zuzählte, gehört unzweifelhaft dem ältern westlichen Kuretien, wie des Kreters Minos Tochter Italia hiess und er selbst dort starb†††), er ein Sohn des »pelasgischen« Zeus und Gemal der Heliostochter Pasifaë (»Allen leuchtend«), der Stier-Geliebten, der Schwester des Aietes, bei welchem das goldene Vliess im

---

*) Ukert, Gallien, S. 104.
**) Diod. 3, 71. 61; 5, 70.
***) Val. Max. II, 4, 3.
†) Serv. Aen. 7, 799.
††) Strabo 5, 3; 10, 2. 3. Dion. 1, 17.
†††) Serv. Aen. 1, 539. Herod. 7, 170.

Mone, Maerthes.

Haine an einem Baume hieng, vom Drachen gehütet, nach welchem die Nefele-Kinder (Niflungen, unter ihnen Herkules) in die Argo fuhren. Vergebens suchte man, als die Mythen historisirt wurden, sein Land in Kolchis am wasserarmen Fasis; die Sage selbst musste den Sonnenkönig die Argo verfolgen und durch den — Istros in den fabelhaften Westen und bis ins adriatische Meer gelangen lassen, wo sich seine Kolcher auf Korkūra niederliessen*). Die Heliossöhne hatten aber längst auf Rodos gewohnt und Sternkunde und alle Künste getrieben**), und ihr Berühmtester, eben Aietes, hat seinen Heliospalast so gut in Westen wie in Osten, ja hier noch dauernder besungen. Der Hort (mala, mela heisst »Aepfel« wie »Vliesse«), das Sternegold, sinkt im Westen in den Okeanos, in den mythischen Eridanos, den Rein, woher er in der Niflungenzeit geholt und wo er wieder versenkt wird; in diesen Strom sank des Aietes Bruder Faëthon, an seinem Ufer weinen noch heute jeden Frühling die Sonnentöchter um ihn ihre bersteinfarbigen Thränen; hier am Rande des Okeanos, dessen Titan ihn besucht, lag, trotz der (wie oft geschieht) erst von Reisenden zu den Abasen hingebrachten Sage von dem auf dem Elbrus angeschmiedeten Alten***), der Titan Prometheus »am Kaukasos« (hic Colchis!) gefesselt; hier beweinte den vom Himmel Gefallenen sein Freund, »der Ligurer« Kuknos (der Schwan)†), und der Sonnenkinder Heimat kann ja gar keine andere sein als das Land der Sonnensöhne, der Wolfskinder, Letos und Apollos, das der Hyperboreer, seines Lieblingsvolkes, wohin Boreas die Oreithyia entführte »über all das Meer und all der Erde Rand, zum Quell der Nacht, des Uranos Ruhebett und des Föbos altem Garten« ††). In letzterm steht der Goldäpfelbaum.

Wir haben hier somit wieder einen grossen Namen des Westvolkes, es ist der der Ligurer, griechisch Ligyer. Ihr König war der den Faëthon beklagende Kuknos, und es ist das Land der »singenden Schwäne«, deren Bestätigung Ukert (Gallien, S. 278) nicht in der Naturgeschichte zu suchen brauchte; denn es ist das bei der Leier am Himmel befindliche nördliche Sternbild des Schwanes, es sind die Hyperboreerschwäne Apollos und des Nornenbrunnens. Drum hiess Platon in Fädros die Ligyer ein gesangliebendes Volk, das aber den Römern als »Lügner« galt†††), was man noch ihren Genuesischen Enkeln nachträgt. Wie Aietes »in der Ligustischen Kutaia«, ist Kirke »die Ligystische« §) und westlich von Italien daheim, wo Medea und Odysseus sie treffen. Aber Ligurien hiess früher, wie Iberien, alles Westland, namentlich die iberische Halbinsel §§), wo noch Thukydides

---

*) Apollon. Rhod. 4, 1216.
**) Diod. 5, 55—57.
***) Globus von Andree, III. Bd. 1863. S. 42.
†) Serv. Aen. 10, 185—193. Hyg. Fab. 154.
††) Sofokles bei Strabo 7.
†††) Ligures omnes fallaces. Cato ap. Serv. Aen. 11, 701. 715.
§) Eurip. Troad.
§§) Ukert, Iberien, S. 252. 476.

Ligyer kennt*). Dem vom Rinderraube aus Iberien kommenden Herkules versuchen »in Ligyen« des Posidon Söhne Albion und Derkynnos (Tyrrhenos?) die Beute abzujagen**), worauf der Sieger Tyrrhenien betritt, das nach allen Angaben an Ligyen stiess. Historisch kannte man die Ligurer, wo sie noch sind, in den Alpen, den Meeralpen und Kottischen, deshalb auch ligurische Alpen genannt***). Die Tauriner, die Läver und Mariker am Tessin waren Ligurer, ja »die Taurisker nennen Einige Ligyrisker« †). »Auf Ligystike folgen die Pelasger, das tyrrhenische Land bewohnend.« ††) Zu diesen Ligyern gehörten somit unsere Walliser, welche zum erstenmal beim Keltenzuge nach Melpum 396 v. Chr. und dann auf Rom erwähnt werden. Polybios nennt sie Gaisaten, Gäsaten, »längs der Alpen und des Rodanos wohnhaft«, und die römischen Triumfalfasten übersetzen ihren Namen richtig Germanen: »De Galleis Insubribus ac Germaneis«, wo der berühmte zum erstenmal vorkömmt †††). Bei den Wallisern staunte ich, überall an ihren Vorratshütten im Gebirge das Prototyp der dorischen (pelasgischen) Säule in Holz zu finden; sie ruhen fast alle auf solchen. In Siders unten sah ich sie auch in Stein.

Von ihnen hiess der Meerbusen des Rodan, wie ὁ Γαλατικὸς κόλπος, Γαλάτης ῥόος, Gallicus aestus, mare Gallicum, eben so λιγυτικὸν, Ligurum aequor §).

Woher können die Ligyer ihren Namen haben als vom grossen Keltenflusse Liger, Ligyr (des Posidon Sohn Ligys)? §§). Das sogleich Folgende wird dies bestätigen.

Ligurien stiess westlich an Iberien. Strabo nennt einen der ligurischen Stämme Sikonier, andere Alte die Sikaner ein iberisches Volk §§§). Ein Sicanus (der Xucar) floss in Iberien. Aus Iberien leitete sie der Syrakuser Filistos. »Timäos aber widerlegt den Irrthum dieses Schriftstellers und weist gründlich nach, dass die Sikaner Ureingeborene (Siciliens) sind.« *†) Vertrieben aus Iberien seien sie geworden durch — Ligurer nach Sikilien (Siculia), hatte Thukydides vernommen *††). Siculia war aber der ältesten Namen Italiens einer. »Aurunker, Pelasger, Sikaner sollen Italien zu allererst beherrscht haben.« †*) — Die Etrusker nennen auch Andere »ein

---

*) Thuk. 7, 2.
**) Apollod. II, 5, 10. Mela 2, 5. Ukert, S. 17. Strabo 4, 1.
***) Ukert, Gall., S. 105. 106. 312.
†) Strabo 7, 3; 4, 6. Liv. 5, 35. Plin. III, 21, 2.
††) Scymn. 216—218.
†††) Polyb. 2, 4. Liv. 5, 33. Fasti triumph. 222 v. Chr. Vergl. Ukert, S. 191. 192.
§) Ukert, Gall., S. 78. 79. 80. 276.
§§) Strabo 4, 1; vergl. Ukert, S. 289.
§§§) Dionys 1, 22.
*†) Diod. 5, 6.
*††) Thuk. 7, 2.
†*) Macrob. Sat. 1, 5.

sikanisches Volk*), wie man auch die Allobrogen für sequanisch hielt**), denn Sequani ist nur römische Form für Sicani. Wenn nun Filistos den Sikulos der Ligurer Anführer und des Italos Sohn heisst***) und Andere hörten: Sicaniae diu ante Trojana bella Sicanus rex nomen dedit, adoectus cum amplissima Iberorum manu; post Siculus, Neptuni Filius†), so heisst das wieder: die Sikaner oder Sikuler seien Ligurer oder Iberer, somit vom altkeltischen Stamme. Die Sequaner reichten über den Jura nach Helvetien und Rätien und hatten in ihrem Lande Galliens Hauptstrom, die Sequana (Seine) und den Sequanas (auch Saucona, Saone, Arar)††).

Die ersten Alpenübergänge wiesen den Kelten unzweifelhaft die Flussthäler: durch die Ligurer, am südlichsten, unweit vom Meere; über den Cenis, über den Genevre, über den Viso, am kleinen Bernhard, am grossen, über den Lukmanier und Splügen. »Die Sequaner, die beständigen Feinde der Römer, die sich meistentheils an die Germanen (Gäsaten) bei ihren Einfällen nach Italien anschlossen, wodurch letztere erst ihre Stärke erhielten.« †††)

Hier haben wir, vom Liger und der Sequana ausgehend, zwei keltische Völkerströme, welche Iberien und Italien überschwemmt haben. Darum nennt Herodot »Ligyer und Helesyker« neben einander und Hekatäos von Miletos letztere als einen Stamm der ersteren§). Helesyker aber (eher Elysici) ist der italische Urname Volusci, Volsci, Falisci, der Pelasger, und ihre Fluren, Campi Elysici, die der Seligen im Westen. Es ist dasselbe, wenn Dionys hörte, die Aboriginer Italiens seien »Pflanzvölker der Ligurer« §§).

Nun ist Ligyen und Libyen dasselbe Wort (wie ἔχειν und haben, hoch und heben, Hügel und Hubel, tauchen und taufen, Knecht und Knappe, jugum und jnv, deluge und diluvium, sage — sagire — und sapere, savoir, sapiens, σοφος, lachen und laugh, genug und enough, Zwerg und dwarf, βραχύς und brevis, leicht und levis, Niehte und neptis, Niftel, Lachter und Klafter, Luoht und Luft, hablar und fabulari, Leich und Leib). Wirklich hiess man die Ligurerstämme am Po bei Vercellae Libui, Libici (Liburni bei Livorno), bei Padua und drüben, in Illyrien und Korkùra, ja oben in Rätien und Vindelicien, und eine der Rodanmündungen hiess libyca ora§§§). Jenes Libyen eines sehr alten Mythos, wo der ältere Zeus Ammon, der Rhea erster

---
*) Joh. Lyd. de magistratt. Proem.
**) Schol. Horat. Epod. 16, 6.
***) Dionys 1, 22.
†) Solinus 5.
††) Ich konnte bei den nordwestlich, über dem Istros, an die Thraker (Germanen) und südlich an die Eneter am Adriameere stossenden Sigynnen Herodots (5, 9) nie umhin an die Sequaner, Sikaner zu denken.
†††) Strabo 4, 3.
§) Herod. 5, 9; 7, 165.
§§) Dionys 1, 10. Strabo 5, 2.
§§§) Plin. III, 5, 9; 21, 2. Liv. 21, 38. Serv. Aen. 1, 243.

Gemal, herrschte, der »in der Nähe der Keraunischen Gebirge« mit der Amalthea heimlich den Dionysos zeugte und diesen auf der Insel Nysa im Flusse Triton verbarg, wo des Arkaders Aristäos Tochter Nysa das Kind pflegte, die Tritonische Athene es schützte und Aristäos es erzog, ist unstreitig Europa. Athene erlegt das tyfonische Ungeheuer Aegis, dessen Fell ihr Brustharnisch wird, welchen Namen ich als europäisch nachgewiesen habe. Rhea aus Rache, gebiert die (nach der Odüssee in Italien wohnenden) Giganten und ehelicht den Kronos, welcher Ammons Reich in Besitz nimmt und den nach Kreta »zu den Kureten« geflüchteten Ammon und Dionysos überzieht. Dieser verbündet sich mit den Libyern und Amazonen und hat im Heere die nysäischen Silener, deren königlicher Stamm sich durch einen Pferdeschweif auszeichnet, tödtet das Unthier Kampe, über dessen Leiche er ein noch dauerndes Siegesmal errichtet, besiegt die Giganten und schont den Kronos und die Rhea. Am Ende baut er dem Vater zu Ehren den Orakelplatz Ammonion und durchzieht die Welt*). Die Keraunien sind in Epiros, der Triton ist derselbe Name mit Eridanos, des Kronos Reich Italien (Saturnia), des Zeus Wiege das Kuretenland, das Siegesmal über dem todten Unthiere Kampe sicher Kapua in Kampanien, und Aristäos, in Thessalien geboren, in Böotien den Aktäon zeugend, in Keos, Sardinien und Sikilien als Einführer des Ackerbaues und der Bienenzucht hoch verehrt und in Arkadien herrschend, verschwindet, zu seinem Pflegesohne Dionysos heimgekehrt, auf dem thrakischen Hämos**). Von den pferdegeschwänzten Silenern und den Amazonen bald.

Noch deutlicher wussten alte Sagen, wie Herkules auf seinem Zuge nach Iberien Libyen betrat, dort den Antäos überwand, das Land kultivirte und in Afrika Hekatompylos (die Hundertthorestadt) baute; oder wie Sallust, als Statthalter Numidiens, in punischen Schriften fand, dieses Heros Heer, »darunter Meder, Perser und Armenier«, nach Afrika übersetzte und die wilden Gätuler und Libyer an Sitte und Ackerbau und Wohnungen gewöhnte, nachdem der Gott dem Binnenmeere zwischen Europa und Afrika einen Ausfluss in den Atlant gegraben und zum Denkmale die Herkulessäulen eingesetzt hatte***). Darum wiederholen sich im afrikanischen Libyen die Namen Atlas, Triton, Amazonen und Hesperiden. Die Barabra der Westwüste Sahel, die Tuariken, die Fulah, Felata oder Futa im Innern und die Jolofen am Senegal wollen ausdrücklich von nordwärts der Wüste herstammen.

Wenn Strabo (3, 2) vernahm, die Keltiberer und ihre nördlichen Nach-

---

*) Diod. 3, 68—73.
**) Diod. 4, 81. 82. Justin. 13, 7.
***) Diod. 4, 17. 18. Sallust. Jug. 17. 18. — Herodot (5, 9) hörte vom Volke der Sigünnen, nordwestlich von den Thrakern, über dem Istros bis zu den Enetern am Adriameere, angeblich medischer Tracht und, wie sie selbst sagen, medischen Stammes, worüber er sich wundert.

baren feiern in mondhellen Nächten »einem unbekannten Gotte« mit ihren Familien Tänze, und das Fest daure die ganze Nacht durch; von Priesterinnen auf einer Insel unweit der Ligermündung, welche kein Mann betreten durfte, und wo er den Kultus des Dionysos erkannte; auf einer Insel bei Britannien den der Persefone, des Dionysos Mutter und der Ceres, »ähnlich dem Geheimdienste auf Samothrake«*): so dürfen wir an den mit den Pelasgern Perseus, Herkules und Theseus verflochtenen Kult des in unterirdischen Höhlen gefeierten Stiertödters Mithras denken, dessen Grotten am Rein und überall im Gebirge wiederkehren, und in dessen Monumenten Forscher, wie Eichhorn, Vieles fanden, was persischen Begriffen ganz widerspricht**). Im Dionysoskult, obwohl dieser Sohn des Zeus und der Persefone, Sabazios, thrakisch, europäisch, pelasgisch ist, kann man die südliche, afrikanische Einwirkung nicht verkennen. »Hermen mit phallis zu bilden, haben die Hellenen nicht von den Aegyptern, sondern von den Pelasgern gelernt. — Wer in den Geheimdienst der Kabiren eingeweiht ist, welchen die Samothraker begehen, die ihn von den Pelasgern angenommen haben, der versteht was ich sage. Denn Samothrake bewohnten vordem Pelasger. — Auch haben die Pelasger hierüber eine heilige Sage erzählt, welche in den Mysterien von Samothrake geoffenbart wird«***). Wer nun an die von Prokesch besuchten Riesen-phalli auf den Königsgräbern bei Sardes denkt und damit die Druidensteine auf der unermesslichen Lande von Lanvaux in der Bretagne vergleicht, 120 an Zahl, Carnac, wo in 11 Parallellinien sich 11 Reihen von peulvans oder menhirs ungleicher Grösse, so weit das Auge reicht, erheben, und folgende Stelle in Souvestre, Les derniers Bretons: »Demandez au paysan qui passe avec une frayeur pieuse à coté des pierres druidiques de la lande de Lanvaux, pourquoi ces peulvans ont à leur sommet une sorte de collier creusé, il vous repondra que c'est la marque de la corde avec laquelle M. Kérollet y a attaché autrefois le diable« (von den menhirs sagt derselbe Schriftsteller: »qui se penchent comme les mâts d'un vaisseau prêt de tomber«)†), — der muss sich vom nüchternen, züchtigen Norden dem glühenden Süden, dessen Nuditäten und Ham (Gen. 9, 21—25) zuwenden††).

*) Strabo 4, 4.
**) Creuz. Symb. I, 749 ff.
***) Herod. 2, 51.
†) Souvestre, tome I, p. 119. 107.
††) Wie ich erst heute (1863) sehe, hat Meyer in seiner Abhandlung über die Kelten den ältesten Zug derselben geradezu aus Afrika nach Iberien kommen lassen. Dazu kömmt, dass gerade in den ältesten unserer Volkssagen im Aargau und besonders der wälschen Schweiz die mythischen Zwerge rabenschwarz geschildert werden, »wie die Mohren in Afrika«. Dalp, Ritterb. I, Nr. 28. Rochh, Naturmythen, S. 107.

Kelten und Teutsche.

Zu welcher Zeit die ächten Kelten und Pelasger des Oceanosstammes (Strabo hörte von Gesetzen in Iberien 6000 Jahre vor ihm) mit dem nordischen teutschen Blute zusammen gestossen, das reicht über die geschriebene Geschichte hinaus. Wenn Cäsar eine Epoche berührt, wo die Galler an Ruf der Tapferkeit die Germanen (die dort noch keinen hatten erwerben können) übertroffen. Kolonien über den Rein ausgesendet und die Tektosagischen Volcae die fruchtbarsten Gegenden des Herkynischen oder Orkynischen Waldes in Besitz genommen, wo sie zu seiner Zeit noch wohnten*); wenn Livius noch näher berichtet, der Biturigerkönig Ambigat habe aus seinem blühenden, übervölkerten Lande seine Schwestersöhne in neue Sitze ausgeschickt, und dem Götterwinke des Vögelfluges folgend, sei Sigowesus in die Herkynischen Wälder (Böhmens, Boiohems) und Bellowesus zu Fuss und Ross über die Alpen ins warme Oberitalien gelangt, und diese Züge in eine Periode versetzt, wo das alte Rom noch nichts weniger als eine wirkliche Geschichte besass, in die des ältern Tarquiniers, 616 bis 579 v. Chr.**), so ist das nur vereinzelte Angabe aus dem in gar verschiedener Zeit sich wiederholenden Vorrücken des Volkes mit der Erzkunst unter die noch fellbekleideten, Höhlen bewohnenden Steinteutschen, und die Vermengung des dunkelhaarigen und des blonden Geschlechtes in Blut und Sage, in Glauben und Kultur und Sprache hat so tief eingegriffen, dass dieser Gordische Knoten wohl durchhauen, aber kaum je wird gelöst werden können. Die schlicht lebenden Bör-Kinder Nordens, welche, wie den Seefahrern die Südsee-Insulaner vor 100 Jahren, in poetischer Ferne als glückselige Hyperboreer erschienen, das Priestervolk Apollons, der sie von Zeit zu Zeit besucht und wo man im Nordlichte seinen Wagen mit den Sonnerossen erblickte***), kennen als schon vor ihnen geschaffen und waltend, heerden- und goldreiche, baukundige, übermütige Thursen, Tussen (Tyrsener, Tyrrhener) oder Joten, Jetten. Skandinavische Gelehrte finden aus den Gräberresten, dass die Erzbesitzenden von Westen her ins Land eingewandert, und aus der Lage der Gerippe und den Gesetzen der Küstebildung, dass die Todten dort vor 5000 Jahren bereits gelegen haben müssen. Die Schädel gleichen den irischen und den s. g. fönikischen in den Katakomben auf Malta. Forscher der Westschweiz (Morlot und Gillieron) glaubten aus Beobachtung der Anschwemmungen und Schichtungen ihrer Seen die Broncezeit 29 bis 42 und die Steinzeit 47 bis 70 Jahrhunderte hinauf rücken zu sollen.

---

*) De bello Gall. 6, 24.
**) Liv. 5, 34. Tac. Germ. 28. Plut. Camill. 15. 16. Marius 11.
***) Tac. Germ. 45.

Skandinavien gegenüber sassen schon vor Ptolemäos im jetzigen Dänemark Kimbrer, jetzt Jüten geheissen, in Skandinavien selbst Gutae, in Preussen Gythones, Gothones. Die Sprache der Gothini nennt Tacitus ausdrücklich »gallisch«, wie die der Bernstein suchenden Aestyer »der britannischen nahe kommend« *). Auf der Insel Boruholm sind keltische Alterthümer. Herodot hat die uralte Ueberlieferung, wie die Amazonen (wer diese sind, will ich bald versuchen zu sagen), auf die aus Asien einrückenden Skythen (Tschud, Finnen, welche Ptolemäos neben den Gythones als Phinni und Tacitus als Fenni an der untern Weichsel kennt) gestossen und mit ihnen die Mischrace der Sauromaten (Sarmaten, eines mit Charwat, Slaven, Sclavi, Sorab, Srb) erzeugt **).

Der teutsche Stamm, an der Kultur der Kelten erstarkend und zur Umwandlung der Erde berufen, wurde bald der nach Süd und West vordringende, aggressive, und darum trifft die älteste Geschichte ob den Alpen bereits die blonde Race als Sieger und benennt sie mit dem Kelten- und Gallernamen, dem seit früher bekannten. Darum schildert Tacitus die Kaledonier blond und teutsch, weil sie dies waren und nur der ächte, eingeborene Skote, Ire und Kimre das Urvolk. Die oben genannten Namen Sigo- und Bellowesus waren längst teutsche, so gut als bei Cäsar: Kativolk, Boduo- und Krito-gnat, Kotuat und Gutruat, Kotus, Gastiko, Diviko, Ambio-, Dumno-, Orgeto-, Verkingeto-rix, Inducio-mar, Virido-mar u. a. Wie deutlich gewahren wir das allmälige Vermengen, wenn wir ächt-keltische Wörter, wie: bran, plur. brem, Rabe, iar, plur. yeyr, Henne, penn Kopf, calon Herz, dafad Schaf, rhêw Eis (jedoch nordisch hrym), grian Sonne, corred Zwerg, taid Dieb, nant Thal, dall blind, tigerna Herr, dalen Blatt, dynawet Kalb, fortacht Hilfe u. a. mit der viel grössern Zahl vergleichen, die mit dem Römischen übereinstimmen, wie: atir terra, alarch olor, dagrow lacrymae (dacrimae), lader latro, sarf serpens, verch virgo, fir vir, roch rupes (rocca), car carus, curr currus, cauar capra, breich brachium, cul tergum (cul französisch, tschil rätisch), oder gar den teutschen: mac Sohn (Mage), athir Vater, mathir Mutter, brathir Bruder, bet Grab (Bett), scod Schatten, truit Fuss (treten), fraac frei, garth Garten (hortus), gerthi Gerte, march Pferd (Mark, Mähre), chrom krumm, rit Ried, guent, gwynt Wind (ventus), corn Horn, tut, tuath Diet (Volk), hos, plur. hosan, Hose, righ Häuptling (rix, rik, rex), vioch Vieh (vacca), dreic Drache (draco), venyn Weib (queen, koue, γυνή, wine) u. a. Es überrascht, wenn wir noch heute neben der teutschen höhern Gestalt und ihrem ernsten, ausdauernden Wesen, das leichtere, beweglichere, gewandtere der Reste des alten Stammes erblicken, am auffallendsten in Britannien, dem stolzen, unnahbaren, flegmatischen Sachsen gegenüber die nicht so grossen, aber zarter gebauten Urbewohner, die raschen,

---

*) Tac. Germ. 43.
**) Herod. 4, 110—117.

immer lächelnden, schwatzhaften Kinder Erins mit ihrem unverwüstlichen Gesichtsausdrucke.

Die kaum entwirrbare Vermengung des keltischen und teutschen Wesens wird anschaulich, wie in der erwähnten Körpergestalt, so in der Stammsage.

Als der pelasgische Sonnengott Perseus, begabt mit den Flügelschuhen und dem unsichtbar machenden Helme, am Okeanos die allein sterbliche von den drei goldgeflügelten Gorgonen, des Forkys Töchtern, des Pontos und der Gä Enkelinnen, Medusa, getödtet hatte, entsprangen aus der Erlegten Leibe das geflügelte Pferd Pegasos und Chrysaor (der Goldmann), welche Medusa beide mit Posidon erzeugt hatte*). Das Mythische hierinn, so klar es am Tage liegt, gehört nicht hieher. Chrysaor ehelichte des Okeanos Tochter Kallirrhoë und zeugte mit ihr den reichen Heerdebesitzer der iberischen Westinsel Erythia, Geryones**). Aber in der frygischen, ächtern, Stammsage heisst der Goldmann, der Kallirrhoë Gemal, Manes, ein Sohn der Erde (Gä) und des ältern Zeus (Uranos), des Idäischen Daktyls, oder, was dasselbe sagt, des andern Daktyls Herkules***). Geryones, sein einer Sohn, war König von Iberien, wie einst ganz West- und Südeuropa hiess, weshalb man ihn auch in Epiros kannte†). Der Vater Manes gilt als der erste König Mäoniens, Frygiens, Lydiens, desselben West- und Südeuropens††), ein berühmter Name. In Italien nannte man ihn Mares, Stammvater der Ausonen oder Aurunker, des italischen Urvolkes (»Italer und Ausonen sind dieselben«)†††), und hielt dafür, er sei ein Kentaur gewesen, wie sein Volk, also verwandt den ebenfalls dortigen, mit einem Pferdeschweife versehenen Saturniern (Satyrn) oder Silenen§), die ich oben erwähnte, und eines mit den kentaurischen Urbewohnern Thessaliens, ein Pelasger§§).

Dass Herkules als Stammvater galt, wussten auch die Griechen einstimmig. Bald hiess es, dieser Heros habe, nachdem er in Iberien den Geryones und dann überm Gebirge, im Keltenlande, den Bretannos oder nach Anderen den Tauriskos, erschlagen, mit des letztern Tochter, welche ihm seine Rinder geraubt, einen Sohn Keltos oder Galates erzeugt, von dem die Kelten ihren Namen erhalten§§§). Herodot hörte von den Hellenen am schwarzen Meere, Herkules sei jener Jungfrau, hier Echidna genannt, im schneeigen Norden, im Skythenlande, begegnet, wo sie, ihr Unterleib eine Schlange, somit eine Melusine, wie unsere Sage sie häufig kennt, in ihrer

---

*) Apollod. II, 4, 2.
**) Herod. 4. 8. Apollod. II, 5, 10. Diod. 4, 17.
***) Dionys 1, 27. 28. Strabo 5, 2.
†) Arrian Alex. 2, 16.
††) Herod. 1, 94. Dionys 1, 27. Diod. 3, 58. Plut. Is. u. Os. 24.
†††) Eust. ad Perieg. 78. Servius Aen. 7, 727.
§) Aelian Var. 9, 15.
§§) Diod. 3, 72.
§§§) Parthenius 30. Diod. 5, 24. Amm. Marcell. 15, 9.
Monne, Manetho.

Grotte wohnend, eine Tochter der Erde und des Tartaros, ihm, während er schlief, die Pferde versteckt. Er habe drei Söhne mit ihr erzeugt, deren Jüngster, Skythes, allein im Stande war, des Vaters zurückgelassenen Bogen zu spannen und seinen Gürtel anzuziehen. Darauf blieb Skythes König im Nordlande*).

Es ist hochinteressant, dass letztere Sage noch heute bei den Esthen lebt, wenn diese erzählen, die drei Söhne ihres Herkules Kallewe haben nach des Vaters Tode am Sadegorwschen See bei Dorpat um die Herrschaft wettgestritten, und der Jüngste, Kallewe-Poëg (bei den Finnen Kalewan Poika), den Felsblock weit über den See geschleudert und darauf des Vaters Schwert und Pflug und die Regierung übernommen**). Die Esthen von heute indessen, von ihren schwarzwollenen Kitteln von den Nachbaren noch jetzt Melleswarki (Schwarzröcke) geheissen, wie zu Herodots Zeit Melanchlänen, sind nicht die Aestyer, welche Tacitus mit den Britannen sprachverwandt nennt, sondern blos von Asien her ins Esthenland eingedrungen, asiatische Liven, Finnen, wie die Lappen, Karelen, Ostjaken, Samojeden, Permier, Mordwa, Mokschanen, Tscheremissen. Die Finnen heissen eben so mit Unrecht Tschuden (Skythen), welche, wie wir eben sahen, des Herkules Kinder und Volk, der eigentlich europäische Stamm sind. Dass die s. g. Tschudengräber am Altai nichts mit den heutigen Finnen, die man auch Tschuden nennt, zu thun haben, sondern mit ihren Grabresten bergbauenden, in Asien blos eingewanderten Europäern, den ächten Skythen, angehören, ist ausgemacht. Solche sind noch heute die, dem trägen Esthen gegenüber, lebhaften, intelligenten Letten (Letwis, Litwa) in Lithauen, Kurland, Altpreussen, deren Sprache, ein europäisches Sanskrit, mit dem Slavischen, Teutsch, Latein, Griechisch, Persisch und Indisch eine Schwester und derselben Familie ist. Der Finnenname selbst gebührt den heutigen Finnen eben so wenig, wohl aber den Aestyern, den hammer- und bergbaukundigen wahren Skythen, weshalb der ächt keltische Künstler Wöluud im Liede »Finnenkönig, Finna Konungr« heisst.

Wer aber dieser Stammvater Herkules und sein Sohn, sage man nun Skythes oder Keltos oder Galates, seien, das macht die teutsche Sage völlig klar.

Die Teutschen, meldet Tacitus, preisen »in alten Volksliedern, der einzigen Art geschichtlicher Denkmäler«, den von der Mutter Erde, Hertha, geborenen Gott Tuisto (nach anderen Handschriften Tuito) und dessen Sohn Mannus, als des Volkes Stammvater und Gründer***). Wörtlich, so zu sagen, hat die Edda dieselbe Angabe: Jörth oder Jörd, die Erdemutter, ihr Sohn Thor und dessen Sohn Magni. Herd heisst der Erdboden schweizerisch noch, gothisch Airtha. Ihren griechischen Namen Gä-

---

*) Herod. 4, 8—10; vgl. 4, 5. 6. 7.
**) Fr. Kruse, Urgesch. des Esthnischen Volksstammes (1846), S. 175.
***) Tac. Germ. 2. 40. 9.

Gaia hat der teutsche Norden in der »Frau Gaue«. Andere Namensformen sind: Herka, die Zaubermutter (in der Mark »Frau Harke«), angelsächsich Erce, eordhan módor, das griechische Kirke, des Helios Tochter; Reda, Berchta, Hulda, Hilda, Holda, Holle, Hlothynja, Hludana, Latona, Leto, Leda, Hlida, verdorben aus Hertha auch Hetscha, römisch Vesta, griechisch Ἑστία, Ϝεστία und Ovid: Vesta eadem est quae terra (schweizerisch Herd).

Wer ist nun ihr Sohn Tuito? Er ist derjenige teutsche Gott, welchem noch heute bei den Engländern der Tues- (sprich Tius-) Tag nachgenannt wird, angelsächsisch Tiwesdaeg, altteutsch Tiwestac, im fernen Livland Teusne-pä, esthnisch Tōisi-päiw und finnisch Tůs-tai, schwedisch und nordisch Tis- oder Tirsdagr. Die zwen Kampfgenossen Tyr und Thor sind ein und dasselbe Wesen*); es ist der dem erdegeborenen Riesen-, Thursen- oder Tussengeschlechte angehörige, aber den jüngeren Asen treu verbündete Riese, Thurs, Thor, mit dem die Schädel seines eigenen Thussengeschlechtes zermalmenden Mjölner-Hammer und dem seine Kraft verdoppelnden Gürtel Megingjard (wie Ares den »doppelten Gürtel« trägt [Creuz. II, 612]), der noch heute in der West- (keltischen) Schweiz als Türst die nächtliche wilde Jagt anführt, das »Türsten-Gejägde«.

Aber sein Wochentag heisst andernorts Erchtag, Erikstag (wie seine Strasse am Himmel Eriksgasse), Eri- oder Arestag. Natürlich heisst der Sohn oder Gatte der Herka: Herk, Erk, und analog mit den Diminutiv-Namen Widikulas, Frollas, Chintilas, Attilas**) von Witigo, Fro, Chint, Atta hiesse er im ältesten Teutsch buchstäblich Herkulas. Das griechische Herakles ist spätere Klügelei.

Nun wussten die alten Teutschen nicht blos, »Herkules sei bei ihnen gewesen«, sondern sie »besangen ihn beim Auszug in den Streit als den Ersten aller Helden« ***). Genau wie Thor, tritt im Titaneukampfe Herkules auf die Seite der Kroniden und streitet, mit Prometheus, gegen sein eigen Geschlecht, weil sie Beide (oder vielmehr ein und derselbe) zu tief im Volksglauben wurzelten, als dass man sie aus dem spätern Olymp und Asgard hätte verbannen können. Aber sie sanken von ihrer alten Würde herab, der Eine zum Sohne des jüngern Zeus, der Andere unter Othin. Tiuto blieb der Stammvater der Teutones, Tiutisci, Theotisci, Teutschen, wie denn thiuda, theot, Diet, keltisch tut, tuath Volk heisst, und woher die Namen Teutomar, Teutobod, Teutobald, Theodebert, Theoderiks, Theodelinde, Dietland u. a. stammen.

Die Galler leiteten ihren Ursprung her a Dite patre†). Dies war

---

*) Der Runenbuchstabe T heisst gothisch Thyth, nordisch Tir, Tyr. Ares hiess in Lakonien Θηρίτας, was Pausanias (III, 19, 8) von θήρ ableitet.
**) Muss es nicht auffallen, dass die Hunnennamen Balamir und Attila nichts Hunnisches haben, rein teutsch sind?
***) Tac. Germ. 3.
†) Caes. de bello Gall. 6, 18.

römisch auch der Name des Dritten der drei Kronidenbrüder, des Unterweltgottes Pluton, und Tit, Teithan war keltisch der Sonnengott, wie griechisch Titan, weiblich Titäa und daher die Titanen. Teutates ist gallisch eine Namensform desselben Gottes.

Die Fryger und ihre Sage.

Manes oder Mannus heisst rein teutsch von jeher »Mensch, Mann« und wird bestätigt von einem Orte her, wo wir es kaum suchen. »Italiens erste Bewohner waren die eingeborenen Ausonen. Der Älteste soll ein gewisser Mares gewesen sein, der vorne die Gestalt eines Menschen, hinten diejenige eines Pferdes gehabt habe; daher auch sein Name, welcher, ins Griechische übersetzt, soviel bedeutet als: Hippomiges (Pferdemensch). Nach einer alten Sage soll er 123 Jahre gelebt haben, 3mal gestorben und 3mal wieder lebendig geworden sein; ich kann dies aber nicht glaublich finden.«[*]) Abgesehen von letzterm sehr bedeutsamen Zuge, wem fällt hiebei nicht ein, dass mas, maris (und die altteutsche Endsylbe -mar) »Mann« heisst, und marha »Pferd«? Auch im Zend heisst masya Mensch, bretagnisch mardd[**]).

Ich wiederhole, dass die pferdegestaltigen Ausonen dieselben sind wie die pferdeschweißigen Satyren (Saturnier), die Silenen und die pelasgischen Kentauren Thessaliens und Arkadiens.

Minos, der Kurete, dessen Grab in Sikilien war und dessen Tochter Itala hiess, ist dieselbe Person; wer des Zeus Sohn, Gatte der Heliostochter Pasifaë (der »Allen leuchtenden« Mondgöttinn, der Gattinn und Mutter des Sonnenstieres — hiess ja auch der Sonnengott Πασιφάης)[***]) und Richter der Schattenwelt ist, gehört nicht ins dritte Alter vor Ilion, ist jedoch dort eben historisch wiederholt, »wiedergeboren«.

Der berühmteste Name des Volkes dieses Manes hiess Fryger oder Briger, eben so teutsch. Die Alten vergessen nicht anzumerken, er bedeute in der Landessprache ἐλεύθερος, frei (alt fri, fryg), wohin die Namen Frei, Freyr, Freya, Frigga, die slavische dobra Frichia, in anderer Form Fro,

---

[*]) Aelian. Var. hist. IX, 16. Duomes mannan, faciamus hominem. Isidori libellus de nativitate domini. Endi got chiscuof mannan, et deus creavit hominem.
[**]) Mar und Mars sind wie Lar und Lars.
[***]) Creuz. IV, 88.

Frau. Franja, und so ferne liegend sie erscheinen möchten, auch frank, frech, Franken (Firenghi), Waräger, Barangoi, gehören. Schon in der ältesten Geografie nannte man sie gerade ob den Iberern als Bebryker, unweit der Pyrenäen*). Es ist der teutsche bis aus Hochgebirge von Norden her eingedrungene Stamm. dessen Tracht auf den ältesten Abbildungen den Norden deutlich genug verräth. Es waren lange, bald faltige (wie bei den Sarmaten), bald (wie bei den Belgen) enge Beinkleider, braccae, $\beta\varrho\acute{a}\varkappa\alpha\iota$, Bruch**), welche der ächte Kelte weder bedurfte, noch kannte, weshalb sie der skotische Hochländer bis auf unsere Tage verschmähte, darüber ein Rock mit der vorne etwas herabhangenden Mütze, wie bei unseren Hirtenhemden noch heute, um die Hüfte geschürzt und bis zu den Knieen reichend. die Mütze überhaupt wie im Gebirge, in Norditalien, den Pyrenäen, der Bretagne, Südfrankreich. Neapel; bei den Vornehmen über Alles ein Mantel, auf der rechten Schulter befestigt, den linken Arm bedeckend. den rechten freilassend, an Kriegern der Helm in Gestalt der Mütze, die Schilde mondförmig (lunata) und Doppelbeile. Diese Tracht heisst, wie frygische, auch thrakische, wie denn der Volksname ganz früh Thraker lautete, lydische. dakische, mösische, und ist dieselbe der Daker an der Trajans- und der Goten der Theodossäule, an allen troischen, skytbischen, altpersischen Darstellungen. Wie bei uns war der Mond (altteutsch und im Berner Oberlande »Mana«) abermals der Name des Stammvaters. frygisch männlichen Geschlechtes, deus lunus, $M\acute{\eta}\nu$, und dieselbe Tracht und Waffen zeigen sich an den Abbildungen der ursprünglich mythischen Mondjungfrauen, später als wirklich nordisches Volk geglaubt, den Amazonen, den Nachbaren der Atlanten und Gorgonen.

Eben so teutsch ist der zweite Name der Fryger des Manes, Lyder (Lüder), von des Manes Urenkel Lüdos, des Türrhenos Bruder, beides eine uralte Hinabwanderung über die Alpen nach Italien. »Die Umbrer wurden aus Hetrurien durch die Pelasger verdrängt, diese aber durch die Lyder, die nach ihrem Könige Tyrrhener und später Tusker genannt wurden.«***) Schon des Manes Sohn, der Iberer Geryon, hiess ein Lyder und wurde auf Sikilien verehrt. wie der Gardasee und die Tiber »lydisch« genannt wurden, aber in Lydien selbst ebenfalls†), und bei den Marsern am Fucinus Marsyas als Anführer der Lyder galt††). Altteutsch hiess »ther liut«, plur. »liuti«, Leute; daher latinisirt liti, leti, später leodes, leudes (Litwa. Letten, Latini, Lutizi und die Zwerge in der Lausitz Ludki, Leutchen, wie bei uns »Herd-Lütli«), die Mannsnamen Liuto, Luito, Liude-ger, Liut-hold. Liut-win, Luit-

---

*) Scymnus der Chier, Steph. Byz. und Ukerts Iberien, S. 473. Bei Aimoin heisst ein fränkischer Sagenkönig Friga.
**) Ukerts Gallien, S. 215.
***) Plin. hist. nat. III, 8, 1.
†) Paus. Att. 35. Virg. Aen. 2, 782. Catull. Carm. 82, 15. Creuz. IV, 295.
††) Plin. III, 17, 2.

pold, Luit-ulf, Luit-prant und der Frauenname Luit-gart. Die Briten haben noch heute nicht vergessen, dass ihrer Ahnen Heimat Llydaw hiess.

Das ehrwürdigste, älteste und eigenthümlichste Denkmal aber teutschen Blutes und Stammes ist der heimische, autochthone Mythus. Es sind immer Wandlungen desselben, ob nun des Meergottes Njord (Nereus) Tochter und Freyrs Schwester Freya ihren sie verlassenden und auf weite Wanderungen ziehenden Gatten Odhur bei allen Völkern sucht und ihn mit Zähren beweint, »welche goldroth waren«; ob Othins Lieblingssohn Baldo (Belen, Fol) durch Tücke eines der eigenen Genossen jugendlich stirbt und seiner treuen Gattinn Nanna Herz darüber bricht; ob des Manes Tochter Kybele, als Kind auf dem frygischen Berge Kybelos (d. h. Berg) ausgesetzt, dort von wilden Thieren genährt und endlich an den Hof aufgenommen, Erfinderinn der Hirtenflöte, Cymbeln, Pauken und des Tanzes, Wohlthäterinn der Kranken und der Kinder (»die Mutter vom Berge«), den jungen Fryger Attis liebt, der stolze Vater diesen umbringen lässt, worauf die Tochter rasend wird, mit aufgelösten Haaren unter Jammern und rauschender Musik, gefolgt vom treuen Begleiter Marsyas, die Welt durchschwärmt, bis sie zu den Hyperboreern gelangt, worauf Seuche und Misswachs in Frygien entstehen, bis man von Attis ein Bild macht, ihn Papas (Vater, Atta heisst aber teutsch dasselbe) nennt und ihn und Kybele göttlich verehrt[*]); oder endlich ob die Königstochter Faraildis (Fara-Hilda, Phere-phatta) einen Jüngling liebt, den ihr harter Vater enthaupten lässt, worauf sie das blutende Haupt mit Küssen und Thränen bedeckt und mit ihm gen Himmel erhoben wird, wo sie herumschwebt, den dritten Theil der Erde als Herrinn in ihrer Gewalt hat und von Mitternacht bis zum ersten Hahnenrufe trauernd auf Eichel- und Haselstauden sitzt. Der Name Faraildis lautet auch Vronelde (die Milchstrasse »Vroneldenstrasse«). Frau Hilda, in der Edda Brynhild, welche, eine Wallküre, Amazone, Sigfriden liebt, aber, von ihm verlassen, seinen frühen Meuchelmord durch Verwandte bewirkt, und dann durch Selbstmord ihn auf der »Helafahrt« geleitet. Der Drachentödter und Befreier der gefangenen Königstochter, Georg, beim Volke St. Jörg, dessen Schauplatz an so vielen Orten gezeigt wird (in Schwaben sogar der »Jörgen- oder Erkenberg«, wo er wohnte) und dessen Andenken der 23. April, wo die Winterkälte unterliegt, feiert, ist eben so sicher eine Wiederholung des im Volke tief wurzelnden Mythus des Herkules, als Knabe verstossen, dann Besieger des Wasserdrachen (Linth-Wurmes), Mitfahrer in der Argo (mit den Nachkommen der Nefele, den Niflungen) um das goldene Vliess des Aietes, Gewinner der Goldäpfel und der Heerde, Besieger der Amazonenköniginn, deren Gürtel er heimbringt, aber wegen Untreue an der Deïnara durch ein Zaubergewand sterbend. Während die Herkulessage südlich von den Alpen längst ver-

---

[*]) Diod. 3, 58. 59. — Nach alter Sage ward Attis von einem Eber getödtet, was ihn mit Adonis identifizirt. Creuz. II, 49.

schollen ist, wurzelt und lebt sie bei uns im Volke fort und fort, und viel
tiefer und tragischer in dem Streite der zwei hohen Frauen, in dem Sig-
fridsmord auf der Jagt am kühlen Brunnen (und in der Volkssage durch
Hagenwald, der Grimhild Bruder, wie in der Edda einen Bruder), in der
Heimkehr der Thäter und der Klage in Worms, in der Heirat mit Atli, der
Einladung, der Fahrt der Niflungen nach Osten, wo grauenvoller Kampf und
Tod, die Niflungen-Noth, ihrer wartet. »Daz ist die grozeste geschiht, die
zer werlde je geschach.« Heidnisch ist die Niflungen-Noth eine Wiederholung jenes Götterunterganges, der Ragnaravk, Ragnarok, wo die Asen
dem aus Süden mit den Feuergeistern anrückenden Mutspilli oder Surtur
entgegen ziehen, Thor seinen letzten Kampf mit dem Weltdrachen anhebt,
ihn tödtet, aber umsinkt und die Welt in Brand untergeht, worauf eine
neue am Himmel aufsteigt, was in der Wolu-Spa und anderuorts so hoch-
erhaben geschildert wird; christlich aber lebt dieselbe Idee im Volke fort,
theils in der Sage von einem letzten Kriege am Ende der Zeiten, dessen
Schlachtfeld in Tirol, Salzburg und der Schweiz an manchen Orten gezeigt
wird, wo die Landeskinder gegen den einbrechenden Feind ziehen, angeführt
von dem seither im hohlen Berge schlummernden Kaiser, wo die Pferde bis
über die Hufen im Blute waten; theils in der vom »jüngsten Tage«, wo,
sobald der Uebermut des Antichrists am höchsten ist, Henoch und Elias
erwachen und an der Gläubigen Spitze wider ihn ausziehen, Elias erliegt
und, so wie sein Blut auf die Erde träuft, die Berge anfangen zu brennen
und Welt und Himmel in der Lohe zu Asche werden, aber ein neues Jerusalem glanzvoll wie eine Sonne aufgeht.

Wo ist die Skaldenschule, die, von den Kelten und Teutschen vereint
gepflegt, den jungen Gott, von der Hirschkuh im Walde genährt, dann als
Schmiedelehrling seine Kraft übend, in die Dichtung einführte, ihm durch
seinen Meister Region den Ursprung des verhängnissvollen Hortes zur Kenntniss bringt, ihn durch die »Wafurlohe« in die Burg Brynhilds leitet, die
Jungfrau beim Drachen befreien, den Hort gewinnen und nach Worms gelangen lässt, dann Gunthers Werben um jene und Sigfrids Bezwingung der
Amazone, den Zank der zwei gewaltigen Frauen, der getäuschten Walküre
Eifersucht, ihr nächtliches Wandeln über die Eisberge, ihre letzten Gespräche
mit dem ewig Geliebten, ihre Rache und ihr Sterben und Grimhilds blutige
Vergeltung und das furchtbare Ende, kurz das Lied voll Liebe und Leid
dichtete, bis der Harfe Saite mit dem jammerschreienden letzten Tone
springt? Und wie kam das Lied so ins Volk, dass diese Heroengestalten
noch heute, bald bleich und leise summend, bald laut jagend und kämpfend,
in stiller Nacht ob den Häuptern entsetzter Wanderer durch den Himmel
ziehen?

Die mehr als 23 Jahrhunderte alte Frygerstammtafel giebt uns ein
Bild, das klar genug ist*).

---

*) Siehe folgende Seite.

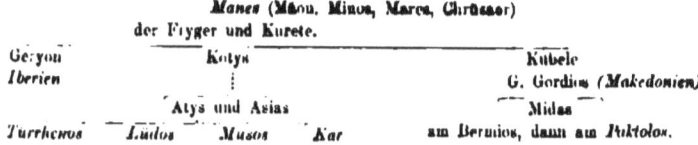

Unter demselben Stammvater somit in Hocheuropa, dem Kuretenlande, die Iberer Spaniens, die Tyrrhener Rätiens und Italiens oder die Pelasger, die Fryger, die Müser bereits im Donaulande (Mösien und Dardanien oder Serbien), die thrakische »Mutter vom Berge« mit ihrem uralten Kulte auf Samothrake, mit Gordios in Makedonien, wo ihres Sohnes Rosengärten blühen und Silenos gefangen weissagt, der König, nach Herodot und Strabo, Europa verlassend und hinübersetzend nach Troas, Frygien und Lydien, in Asien, wo der Kult unter mildem Himmel asiatischem Elemente begegnet, wo der Halikarnasser Dionys und der Lyder Xanthos, hochgebildete Historiker, jede Auswanderung nach Europa, und gar nach Tyrrhenien, in Abrede stellen. Wäre aber all dies nicht, so haben wir in den Stein- und Broncegeräthen der Grabhügel und Pfahlbauten, den Bauresten u. a. von Skandinavien bis Gozzo, von Ireland bis Kleinasien die Fussstapfen dieser Vielwandernden. Wie im Wallis die pelasgische (dorische) Säule im Holzbaue völlig heimisch, so ist es bei uns im Gebirge das frygische Gewand mit der daran hangenden Mütze, letztere aber als National-Kleidungsstück in Südfrankreich, in Italien bis Sikilien, und wenn ich in einem Bilde neapelschen Volkslebens einen jungen Menschen aus den Abruzzen neben seinen Schafen auf einem Steine sitzen sehe, so bedarf es nicht der mindesten Einbildungskraft, in ihm den frygischen Paris, oder den dortigen *Mýv* und deus Lunus zu erblicken. Ertönt nun gar, von den gälischen Hochlanden bis wieder in die Abruzzen, die heimische Sackpfeife, der Tamburin und bis nach Spanien zum Tanze die Castagnetten, so fehlt kaum etwas, eine Prozession der Berekynthia zu begleiten*).

Tritt nun über Alles hinzu der eben geschilderte, im Süden und Kleinasien längst ausgestorbene, in unserm Volke noch in Herz und Blut lebende Mythos, so gewahre ich (selbstverständlich nicht auf einmal, sondern allmälig vorrückend) in der Manes-Stammtafel die Bronce aus der Mengung des germanischen und des pelasgischen Metalles, und wie in unserer Nagelfluh die alten, in Fluten die nicht mehr sind, längst gerundeten Kiesel und den neuern sie einhüllenden Kitt. Die Wanderer sind der neue herrliche Guss, sie sind das Volk, welches, wenn auch seine nüchternere, züchtigere Gotteslehre durch Hamitisch- und Indisch-Polytheistisches sinnliche Beimischung erhält, über den Ganges und den Nil seine Weltherrschaft ausbreitet.

---

*) »Der Globus« 1862. Abbildungen auf S. 325.

In urfrüher Zeit hat sich der teutsche Stamm aus Norden, über den Rhein dringend, westlich und südlich ins Keltische ergossen und den Urbewohner, den Ur-Kelten, Iberer, Pelasger, Sikaner, Räter, Umbrer, Tyrrhener, theils überwältigt, theils südwärts nach Iberien und Italien (Umbrien, Tyrrhenien, Sikulien) gedrängt. In Rätien rückte der siegende Stamm noch bis ans Alpengebirg, wo der Enkel der Nantuaten im fruchtbaren Thale Tawetsch bis zum Six-Madun und Ca-tscharaul, in dem von Medels bis zum Lukmauier (Lucumo war der tyrrhenische Fürstentitel), seine Heerden weidete lange ehe ein Disentis entstand und mit ächt romanischer Sprache und romanischem Typus, ein starker, schöner Menschenschlag, grell abstechend vom Urbewohner, dem ächten Räter kurzen Wuchses und runden Schädels, hochgewachsen und kampfgeübt, noch heute lebt, wie in Lugnez. Der Autochthone zog über den Pass (Val de Terms) mit seinen glitzernden Schieferhalden und dem schneeähnlichen Gypse, weder hoch noch steil, und jedenfalls einer der natürlichsten Alpenübergänge, den jenseits jäh abstürzenden Weg hinab, wo Olivone anmutig im tiefen Thalkessel liegt, schon italische Luft den Wanderer durch die Kastanienwälder, den Lorbeer- und Feigenbaum grüsst, und aus zwei Armen, vom Lukmanier selbst und von Ca-Madra her, der Blegno durch das gleichnamige Thal (alt Peligno) dem Ticinus und der Riviera von Bilitio (Bellinzona) zuströmt, oder blieb unter dem siegenden Stamme, seine wilde etruskische, den Gelehrten noch immer im Verlegenheit setzende Sprache mit der romanischen vertauschend, wie der Medelser in seinem teutsch gross, stark und sehnig gebauten Wuchse, aber noch immer schwarzen Haare, dunklen Auge, die Männer braun wettergefärbt, die Mischung klar an sich trägt[*]).

Es wäre ein Verdienst um Geschichte und Sprachforschung, die vorteutschen Orts-, besonders aber die Bergnamen, diese grossentheils älteste Lapidar- und Keilschrift, zu sammeln und zu vergleichen.

Pfalbauten, Stein- und Metallzeit.

Wie aus den Lagerungen und Schichten der Gesteine auf das Alter und die Bildungsweise der Erde geschlossen werden kann, wird uns der Kulturgang der alten Welt klar aus den immer mehr und zahlreicher zu Tage

---

[*]) G. Theobald, Das Bündner Oberland, Chur 1861, und eigene Anschauung im August 1864. Ueber die Ursprache, neben Anderen, L. Steub, nicht ohne etwelche Missgriffe.

Henne, Manethos.

tretenden Resten dessen, was die Hand des Menschen zu seinem Schutze sowohl als zur Bequemlichkeit und Verschönerung seines Lebens gefertigt hat. In Amerika entdeckten Forscher grosse Anhäufungen von Speiseresten früherer Stämme (in Georgien Lyell eine 5 Fuss hohe Erhabenheit über dem Boden von 10 Ackern Ausdehnung, bestehend aus Austernschalen, steinernen Pfeilspitzen, Aexten und Töpfergeschirre, im Centralsee von Mexiko Cortez mehrere Pfalstädte), in Australien, auf der malayischen Halbinsel, auf den Shetlandsinseln und im Norden Europens längs den Meeresküsten, namentlich den tief in das Land einschneidenden Scheeren oder Fjorden, sehr ausgedehnte Niederlagen von Muschelschalen, hier untermengt mit Thierknochen, steinernen, einfachen Geräten, Waffen und roh gearbeiteten Topfscherben. Sie erweisen sich unverkennbar als nicht zusammengeschwemmt, sondern von den dortigen Bewohnern hinterlassen, da ihre Aufhäufung von 3—5 Fuss, oft 10 Fuss, und in der Länge bis zu 1000 und in der Breite von 150—200 Fuss zuweilen im Innern leere Räume enthält, wo Hütten gestanden haben mögen. In Dänemark nennt das Volk jene Muschel- und Knochenreste Kjökkenmöddinger, Küchenabfälle, und »die Naturforscher haben nachgewiesen, dass unser Menschengeschlecht seit mindestens einmalhunderttausend Jahren auf dem Erdballe vorhanden ist«*).

Aber alle bisherigen Funde übertreffen weit die in der Schweiz und am Bodensee gemachten, seit der tiefe Wasserstand im Winter 18⁵⁸/₆₄ bei Meila (Meiolan, Mediolan), wo man einen Garten hinausbauen wollte, nach Wegräumung einer Schlammschicht die Köpfe einer Unzahl in den jetzigen Seegrund eingeschlagener Holzpfäle entdecken liess, zwischen denen eine Masse Speisereste, Geräte und Waffen lagen, welche auf ehemalige Wasserbauten und Wohnungen schliessen machten. Der Ruf davon weckte die Forschung auch anderwärts, und bis jetzt erkannte man in den theilweise schon vor vielen Jahren wahrgenommenen Pfälen in den Seen der westlichen und innern Schweiz, wie um den Bodensee lauter Pfalbauten, welche eine Stelle bei Herodot**) lebendig veranschaulicht. »Mitten im See Prasias«, sagt er (Bolbe zwischen dem Thermaischen und Strymonischen Meerbusen), »stehen zusammen gefügte Gerüste auf hohen Pfälen, und dahin führt vom Lande nur eine einzige Brücke mit schmalem Zugange. Die Pfäle, auf denen die Gerüste ruhen, richteten in alten Zeiten die Bürger gemeinsam auf; nachher aber machten sie das Gesetz: für jede Frau, die Einer ehelicht, holt er 3 Pfäle aus dem Gebirge Orbelos und steckt sie ein. Es nimmt sich aber ein Jeder viele Weiber. Dann wohnen sie daselbst, Jeder in einer Hütte auf dem Gerüste, und durch das Gerüste geht eine Fallthüre hinunter in den See. Die kleinen Kinder binden sie am einen Fusse mit einem Seile an, aus Furcht, sie möchten hinunter kollern. Ihren Pferden und ihrem Lastviehe reichen sie Fische zum Futter; deren ist eine so grosse

---

*) Globus, V. Bd., 5. Lief., S. 149.
**) Herod. 5, 16.

Menge, dass, wenn einer seine Fallthüre aufmacht und einen leeren Korb an einem Stricke hinunter lässt in den See, und er zieht ihn nach kurzer Zeit wieder herauf, so ist er ganz voll Fische.«

Der Raum, den die Pfäle zu Auvernier am Neuenburgersee einnehmen, bedeckt nahezu 2 Morgen, nämlich 78000 ☐ Fuss; ähnlich in Hauterive; bei Mammern im Thurgaue und Iznang am Untersee 2 — 4 Morgen, bei Nussdorf etwa 3 Morgen mit 3000, bei Maurach 8 Morgen mit 5000 Pfälen, bei Wangen und Bodman 7 — 10, und bei Markolfingen, 2800 — 3000 Fuss lang, 14 — 20 Morgen. (Noch merkwürdigere Funde, auch in Erz und Eisen, im nahen Allensbach.) Dasselbe findet sich in den Binnenseen in Baiern, ja bis Meklenburg*), Ireland und in Oberitalien. Da die Höhen, welche zuerst trocken und sonnig waren, als die Thäler und Ebenen noch See, Sumpf und Moor deckten, bei uns zuerst bewohnt wurden, wie denn die Sage dort oben von »Heidenhäusern, hohlen Steinen« der Zwerge weiss, wo auch die rätischen thyrses, turres ragten und oft klebten und die ältesten Namen klingen, so muss die Pfalbauten ein Stamm errichtet haben, welcher durch diese Lage sich vor wilden Thieren sowohl als feindlichen Einfällen schirmen wollte. Die allerältesten Geräte und Waffen in den Pfalbauten, Mergelgruben, Torfmooren und Gräbern sind sämmtlich aus der Steinzeit. Hämmer, zur Arbeit wie als Streitwaffe, in hölzerne Stiele eingesetzt, wie die Beile, Keile, Lanzen- und Pfeilspitzen. Sensen, Messer sind aus Feuerstein (vorhanden in Frankreich, Italien, Tirol, Salzburg, der Moldau, Ungarn, Polen und dem Norden) Talkstein aus Rätien, Diorit oder Grünstein (Verbindung von Feldspath und Hornblende, nicht hart, aber die festeste Gebirgsart unserer Centralalpen, schwarz, dunkel- und hellgrün bis zum Strohgelb, häufig in den Anschwemmungen des Seekreises) und Bergkristalle. Grünstein sind vielleicht 99 Prozent unserer Pfalbauten-Steinbeile und -Hämmer; Serpentin ist nicht häufig, Granit oder Syenit sehr selten, und asiatischer Nefrit gehört, nach dem Urtheile von Hausmanns Schüler, unserm Professor Deicke, — unter die Märchen. Von den Speisen der Bewohner zeugen die zahlreichen, oft durch den Pfaldörferbrand verkohlten, Reste von Schlehen, Brombeeren, Holunderbeeren, Erdbeeren, Kirschen, besonders viel Himbeerenkerne, aus deren Frucht sie wohl ein Lieblingsgetränke bereiteten, Eicheln, Bücheln, Hasel- und Wassernüsse, Aepfel, Birnen (auch gedörrt), Gerste, besonders Waizen, Brot, Kuchen, Fischschuppen in Menge, Knochen (oft zu 50—100 Pfunden neben- und aufeinander) von jungen und erwachsenen Ziegen, Steinböcken, Gemsen, Hasen, vom s. g. Torfschweine und der Torfkuh, von ersterm noch Abkömmlinge in Graubünden, von letzterer stammend das heutige Braunvieh der Ostschweiz (das helle und Fleckvieh fehlt), ja von jenem Riesenochsen mit den grossen, halbmondförmig nach vorne gekrümmten Hörnern, welcher noch Zeitgenosse gewesen war des Flusspferdes und des Mammut, vom Ur- und Wisentochsen, seltener vom

---

*) Globus, VI. Bd. (1864), S. 269.

Schafe, Hunde, Pferde und Esel. Knochen von wilden Vögeln, auch dem Schwane, sind zahlreich, sehr wenige von zahmen.

Das Volk kannte die Kunst, Hüttenwände, Matten und Körbe aus Holz zu flechten, baute Flachs, woraus es Garn und Stricke drehte und Zeuge der verschiedensten Art wob, welche es zu Kleidern verwendete.

Neben dem Steinmateriale dienten auch Knochen, namentlich Hirschgeweihe, zur Verfertigung von Geräten. Aber in einer Epoche, viel früher als man meist dafür hält, da die Sage diese Kunst den ältesten Götterwesen, den Zwergen und Asen zuschreibt, führte das Vorkommen gediegener Metalle in Flüssen und Erde auf den Bergbau. Die Alten nennen das gallische Kupfer das beste; das Zinn der britischen Inseln wurde weithin ausgeführt*), und aus der Mischung beider »das Erz der Daktylen auf dem frygischen Berga Ida« (wo ja die Asen schmiedeten) bereitet; sie wussten, sagt Plinius, zu verzinnen, dass es dem Silber gleich schien. Gold führten ihnen ihre Flüsse, namentlich der Rein, reichlich zu. Man hat lange Zeit diese Metalle als aus der Fremde eingeführt ansehen wollen, bis man Reste eigener Erzgiessereien mit grossen, theils rohen, theils verarbeiteten Massen Erzes, sammt den Gussformen, in der Schweiz aufdeckte, und chemischer Untersuch zeigte, dass die Bronce in der Westschweiz, wo die Pfahlbauten Erz haben, aus reinem Zinne und Kupfer besteht, welchem letztern Nickel beigemischt ist; während die Bronce anderwärts dieses Metall nicht enthält. In unserm Wallis sind Kupfer- und Nickelminen. Je weiter westwärts in der Schweiz, desto zahlreicher die Erzfunde in Pfahlbauten und Gräbern, und im höchsten Norden, wie ich bereits anführte, finden die Forscher, die Bringer des Erzes seien »aus Westen« ins Land gekommen. Die ehernen Waffen und Geräte sind auffallend ähnlich den von Homer beschriebenen (die man, wie den Bernstein, in Italien erhandelte) und den in der Bibel erwähnten der Falästhim. Auch das spätere Eisen war im Salzburgischen und Baierschen, bei den Norikern (Norken, wie das Gold der »Vinetier«) berühmt und wir finden es in den Pfahlbauten des Neuenburgersees vor der römischen Epoche. Aus Irischen Gräbern gekommene Schwerter gleichen vollkommen den gross-griechischen. Erfanden ja die Tyrrhener die nach ihnen benannte Trompete, die Vorhallen an den Häusern, wie die dorische Säule im Wallis als Holzbau ureinheimisch ist, und die Lyder die ersten Münzen prägten, womit die pelasgische, Kadmeische Schrift zusammen hängt. Die Glasfunde in den Gräbern, Becher mit bunten Netzen übersponnen und doppelten Böden mit Folie von Gold und Zeichnungen, die oft sehr zierlichen Geschirre und Vasen (der Römer hat das Thonbrennen von den Etruskern, Meistern hierinn), gefärbt mit Rotstein und Grafit, die bunten Farben der keltischen Mäntel (paletocs und plaids), die Schmucksachen, Arm-, Fuss- und Fingerringe und Haarnadeln, die gehäkelten Goldharnische, die Kopf- und Brustzierraten u. s. w. verraten eben so vielen Kunstsinn als chemische

---

*) Diod. 5, 38.

und technische Kenntnisse. Den fächer- und stralenförmig hinausstehenden schönen Frauen-Haarschmuck, den unsere Keltengräber aufweisen, sah ich genau so, eine horizontale Silber-Haarnadel mit 2 grossen Kugeln endend, und darob 20 fäcberartig ausgehende, in der obern Lombardei (Gallia togata). Der zweirädrige Ackerpflug war eine Erfindung der Kelten.

Strabo fand an ägyptischen Tempeln »Schnitzwerk von ungeheurigen Bildern wie die tyrrhenischen und sehr alten hellenischen«*), Micali umgekehrt an altetruskischen Denkmälern Spuren ägyptischer Kunst und noch mehr später Abeken, welcher dies aus Verkehr mit Aegypten ableiten möchte; aber nicht nur ist die Masse des Vorkommenden allzu gross und nennt Abeken selbst Anderes »weniger ägyptisch und Sfingen und Greife, erstere geflügelt und ganz unägyptischer Art«, sondern derselbe Stil erscheint an unzweifelhaft italischen Werken. wie an althellenischen; es ist einheimischpelasgische Kunst, die später in Hellas eine Vollendung erreichte. wie sie weder Asien noch Afrika je zu bewirken im Stande war. Wilhelm Vischer aus Basel sagt**) vom pelasgischen s. g. Schatzhause des Atreus in Mykenä, nachdem er erwähnt, es zeige sich, dass das Gewölbe früher mit Erzplatten bekleidet gewesen sei, und auch die Aussenseite des Thores habe ehedem eine architektonische Verzierung gehabt: »Es sind verschiedene Stücke davon aufgefunden worden; die Basis und Schaftstücke einer Halbsäule aus grünem, kleine Platten aus grünem, weissem und rothem Marmor. Sie alle haben Ornamente meist in Zikzak- und Spirallinien, wie sie der spätern griechischen Kunst durchaus fremd sind, und in denen man Aehnlichkeit mit Verzierungen orientalischer Bauwerke hat finden wollen; viel entschiedener scheint mir aber ein verwandter Charakter der Ornamente in den zahlreichen broncenen Geräten. Waffen und Schmuckgegenständen hervorzutreten, welche im ganzen mittlern und nördlichen Europa so häufig vorkommen und bald den keltischen, bald germanisch-skandinavischen Urbewohnern zugeschrieben werden.« —

Ausgemacht ist schliesslich, die steinernen und die ehernen Gegenstände rühren von demselben Volke her, indem letztere nur die ersteren bei fortgeschrittener Kultur wiederholen. Die skotischen »Piktenhäuser«. die riesigen Steinkreise, die Menhirs und Dolmen, die in Ireland noch zahllos vorhandenen runden Thürme aus grossen Feld- und Quadersteinen, die iberischen Baureste, wie die Noraghe auf Sardinien mit Gemächern und Stockwerken, in Vielem den etruskischen ähnlich***), die sepolture dei Giganti aus grossen Steinen ohne Mörtel, unter ungeheuern Steinplatten, der s. g. Riesenthurm auf der Insel Gozzo, die verwandten zwei riesigen Ruinen von Crendi auf Malta, manche Steine 35 Fuss hoch, andere 22 Fuss lang†), die Festungsmauer auf dem Elsasser Odilienberge,

---
*) Strabo 17, 1.
**) Erinnerungen und Eindrücke aus Griechenland (Basel 1857), S. 310. 311.
***) Tyndale, The Island of Sardinia, London 1849.
†) Illustration de Paris, t. 29. Jahrg. 1857.

beinahe anderthalb Stunden Umfanges, die Mauer 5—6 Schuh breit, einzelne Steine 6 Schuh lang. unstreitig weder teutsch noch römisch, wie noch mehrere in Gallien, die grosse Zahl s. g. küklopischer Mauern in Italien, wo am Arpiner Thore bereits der Spitzbogen vorkömmt, die in Griechenland, die alten Burgen sogar vom Titel der tyrrhenisch-pelasgischen Grossen, die sie bewohnten, den Lares (lartes, lairds), Larissen benannt, und endlich die Wasserleitungen und Kloaken unter der Erde, oft durch Felsen, sind Fussstapfen eines und desselben über die Erde wandelnden grossen Geistes.

Die ältesten Wanderungen. Asien.

Die allerälteste Erwähnung der Wanderung der weissen Race ostwärts ist bei Platon, wie die Götter die Erde unter sich vertheilt, wo es dem Posidon die westliche, oceanische Gegend traf, wo dieser (er ist ja des Chrusaor oder Manes Vater) mit der Tochter eines Autochthonen 5mal Zwillinge zeugte. Der älteste und des Reiches, welches Insel war, König war Atlas, von dem das Volk Atlanten hiess; sein Zwillingsbruder benannte Gades. Die Atlanten waren Giesser und Schmiede des Erzes und anderer Metalle, berühmte Ackerbauer und ihre Werke Tempel, Brücken, Kanäle, Schrift. Diese, vom atlantischen Meere ausziehend, nahmen Europa bis ans tyrrhenische Meer, ja fast ganz Europa und Asien ein. Als sie dies gethan, sagten die ägyptischen Priester dem Solon, 9000 Jahre vor diesem, habe Zeus eine Flut, die dritte vor der Deukalionischen, gerufen, und die Ueberschwemmung und ein ungeheueres Erdbeben binnen Tag und Nacht die Insel Atlantis, die Erde spaltend, verschlungen*).

Dasselbe sagt der, ebenfalls vor unserer Flut, vor sich gehende Zug der libyschen Amazonen, die von der »Insel Hespera im Tritonischen See, in welchen der Triton einfliesst«, unweit des Atlas, ausgehend, die Atlanteer besiegten und nicht nur den grössten Theil Libyens durchzogen, sondern Städte, auch in Kleinasien, anlegten und bis Aegypten kamen**).

Alexander von Humboldt fand in grauer Zeit »eine Wanderung der Völker von West nach Ost, die für uns mit dichter Finsterniss bedeckt ist.«

Wenn der unsterbliche Herodot, trotz seiner Manier, so viel und so

---

*) Platon, Kritias und Timäos. Vgl. Diod. 3, 54. 56.
**) Diod. 3, 52—55.

gerne aus Aegypten herzuleiten, ausdrücklich von einem Mysterienkulte redet, welchen »die Hellenen nicht von den Aegyptern, sondern von den Pelasgern gelernt haben«, und denselben näher bezeichnet als thrakisch, nämlich »den Geheimdienst der Kabeiren, welchen die Samothraker begehen, die ihn von den Pelasgern angenommen haben«*), und wenn wir bedenken, welch hohe Bedeutung dieser Geheimdienst bis in Griechenlands späteste Zeit beibehalten hat, wo Königskinder, wie Filipp, Alexanders des Gr. Vater, und die epirotische Olympias von ihren Eltern hingebracht wurden, um die Einweihung dort zu empfangen, wird man sich wohl überzeugen können, dass wir hier auf eine eigenthümliche pelasgische Kirchenanstalt stossen, von deren Inhalt uns sowohl alte Berichte und Andeutungen unterrichten als jene Mythen und Sagen, welche wir noch heutzutage in ehemals pelasgischen Landschaften wahrnehmen. Dann werden wir uns auch nicht mehr über die derbe Streitwehr des kernteutschen Voss für die Autochthonie der hellenischen Gottheiten verwundern, gegenüber den von uns Allen übrigens hochverehrten Mythologen Creuzer und Hug, welche diesen Kult mit Scharfsinn und Gelehrsamkeit, aber einseitig, von den Ufern des Ganges und Nil herzuleiten versuchten**), und eben so wenig über das Urtheil des geistreichen Forschers in diesen Dingen, Schelling (»Ueber die Gottheiten von Samothrake«), welches Creuzer wahrheitliebend genug war, trotz seiner diametral andern Richtung, wörtlich aufzunehmen, und welches lautet: »Der griechische Götterglaube ist auf höhere Quellen als auf ägyptische und indische Vorstellungen zurückzuführen, ja er ist der Urquelle näher geschöpft als die ägyptische und indische Götterlehre« — und: »Das griechische Urvolk, die Pelasger, haben die Grundbegriffe der Religion in natürlicher Unschuld und Frische erhalten.«***)

Aber der nähere Nachweis fehlt uns nicht. Turrhenos oder Tarchon (die latinische Form lautet Tarquinius), des Atys Sohn, des Frygers Manes Urenkel, baute, nachdem er mit seinen Tyrrhener-Pelasgern unten in der Ebene angelangt war und dort Felsina (Bononia), Mantua, Adria und andere Städte gegründet, den Apennin überschreitend, Tarquinii, Korythos (Gortyna, Cortona; das Wort heisst gorod, Gordion, Stadt) mit seinen Kuklopenmauern, Agylla (Küre), Pisa u. a. †). Die Sage, er sei »mit grauen Haaren« zur Welt gekommen††), erinnert an seine Verwandtschaft mit den Gräen, und das Räthsel löst sich, dass Münzen aus Populonia und Fäsulä genau dasselbe Gorgonengesicht, auch den Minotauros, das Pferd, den Eber weisen wie die

---

*) Herod. 2, 51.
**) Creuzer, Symbolik und Mythologie der alten Völker, Lpz. 1810. Hug, Untersuchungen über den Mythos der berühmten Völker der alten Welt. Freiburg i. B. 1812.
***) Creuz. II, 365.
†) Plin. III, 8, 2. 19, 6. Virg. Aen. 9, 11. Silius It. 8, 474. Serv. Aen. 10, 179. Appian, Bürgerk. 5, 49.
††) Strabo 5, 2.

ältesten britischen, gallischen und die in Kleinasien und am schwarzen Meere*). Aber aus jenem Korythos wandert des Zeus und einer Atlastochter Sohn, der mit seinem ältern Bruder Jasios oft selbst den Kureten zugezählte, mösische Dardanos (Müsos ist des Türrhenos Bruder), »der grossen Flut wegen«, aus, und Dardaner erhalten sich im Hämos. Mösien (römisch Mösia) heisst es von der Savusmündung an bis zum schwarzen Meere, Dardanien das jetzige Serbien und Bulgarien. Das Adriameer hiess illyrischer Busen, und eine Sage nannte Keltos, Illúrios und Gala »Sikuler, Küklopensöhne«, und von Illúrios stammend die Encheleer des Kadmos, der in Istrien sein Ende fand, und die übrigen Illyrer, darunter die Dardaner und Mäder (in Epiros und am thrakischen Strymon)**). Schon die italischen Liburner waren ja Illyrer***). Auf Illyrien folgt Epiros (pelasgische Thesproter und Briger)†), dann Chaoner und Molosser mit dem ältesten pelasgischen Zeus-Orakel Dodona und des Helios und Faëthon Efyra††), und wieder Sikuler. Dann das Fäakenland Korkúra (die Fäaken früher Nachbaren der Küklopen und Giganten)†††), Akarnanien (auch hier Liburner, Kureten und Leleger, »nach Einigen ein Volk mit den Karern« — Kar ist aber des Türrhenos und Müsos Bruder)§), wo ein Inachos und ein Argos genannt werden; hierauf Aetolien mit abermals Kureten und Lelegern§§). Die Insel Zakynthos benannte des Dardanos gleichnamiger Sohn, während ein anderer in Arkadien blieb§§§), und der Stamm verbreitete sich über die übrige Peloponnes und die Kykladen, auf denen Minos Leleger fand und als Karer nach Karien schickte. Lelex war vaterseits von Poseidon, mutterseits Inachide, d. h. Tyrrhener-Pelasger. In Makedonien oben wieder des Gordios und der Manestochter Kübele Sohn Midas, dessen duftende Rosengärten am Fusse des Bermios Herodot kennt, und Briger und der einwandernde Aianos, Sohn des Tyrrhenerköniges Elymos*†). Thessalien war eigentliches Pelasgerland (Pelasgiotis), mit einem Flusse Fönix, Böotien eben so (Ogygien, Theben, Leleger). Euböa, Lokris (auch mit Lelegern, wie Megaris), Attika, wohin der Pelasger Malaiotis aus Etrurien kam*††), oder die aus Sikulien über Akarnanien einwandernden Pelasger Agrolas und Hyperbios†*). In Samothrake, wohin seines Bruders Jasios Sohn Korybas

---

*) Micali, Taf. 59, 1. 2. 3; 60, 5; 61, 6. Abeken, Mittelital., T. 11, 4.
**) Skymnos 436. Appian. Illyr. 2. Plin. III, 29; IV, 1, 3; 18, 1.
***) Plin. III, 19, 1. Appian. 3.
†) Skymn. 433.
††) Skymn. 448. 449. Strabo 7, 7. Parthen. 32. Niebuhr III, S. 525.
†††) Hom. Od. 7, 56—62; 6, 4—9.
§) Strabo 6, 2; 7, 7; 10, 3; 14, 2.
§§) Strabo 7, 7; 8, 3. Dionys 1, 17. Skymn. 590. Dikäarch 71. 72. Plin. IV, 12, 3.
§§§) Dionys 1, 50.
*†) Strabo 7, 7. Justin. 11, 7. Paus. I, 44. 39. Herod. 1, 171; 8, 138. Thuk. 1, 4. Vergl. Apollod. III, 10, 8.
*††) Strabo 5, 2; 9, 2. Dion. 1, 28. Skymn. 558—560.
†*) Paus. I, 28.

mit ihm kam, stiftete Dardanos die alte Verehrung der Göttermutter Kybele und setzte, »der erste Europäer«, nach Asien über, wo er Mösien benannte und Dardanos baute, sich mit den, ebenfalls aus Attika einwandernden Teukrern verbindend*). Völlig dasselbe ist es, wenn die Königinn Myrina mit ihren Amazonen in Asien landet, bei Ilion ihren Namen zurücklässt, auf Lesbos Mitylene und am Lande Smyrna, Kyme, Pitana, Priene, Efesos, Magnesia u. a. Städte gründet, wie östlicher Amasia und Themiskyra und — Samothrake der Göttermutter weiht**); völlig dasselbe, wenn einer der kretischen oder rhodischen Telchinen (Söhne des Meeres und Erzieher des Posidon, die berühmten Kunsterfinder und Bildhauer) Lukos, »die grosse Flut voraussehend«, nach Asien übersetzt und dort dem lukischen Apollon Patara stiftet***).

Herodot wusste von einem »Zuge von Teukrern und Müsern vor den troischen Zeiten, da sie über den Bosporos nach Europa herübergiengen und die Thraker allesammt unterwarfen und bis ans ionische Meer und den Peneiosstrom hinab kamen« †). Derselbe Schriftsteller sagt von diesem Anlasse her: »Diese Thraker sind nach ihrem Uebergange nach Asien Bithyner genannt worden; vorher hiessen sie, wie sie selbst sagen, Strymonier, da sie am Strymon wohnten, aus welchen Sitzen sie von den Teukrern und Müsern seien vertrieben worden.« ††). Aber nach Herodot waren die Fryger, nach Aussage der Aegypter selbst, welche sich früher für das älteste Erdevolk gehalten hatten, älter als sie †††), und Europa war ihre Urheimat. »Die Fryger wurden, laut Erzählung der Makedoner, Briger genannt, so lange sie, ein europäisches Volk, Mitanwohner der Makedoner waren; nach ihrem Uebergange nach Asien aber änderten sie mit dem Lande auch ihren Namen in Fryger. Die Armenier waren gewaffnet wie die Fryger, wie sie denn Abkömmlinge der Fryger sind.«§) Europäische Thraker und Fryger sind somit Herodoten dasselbe Volk. Aufs entschiedenste tritt des Herodot gelehrter Landsmann, Dionys von Halikarnass, der Meinung entgegen, als sei Türrhenos aus dem asiatischen Lydien nach Italien gekommen. »Xanthos aus Lydien, der in der alten Geschichte so gut als irgend Einer erfahren ist und auch in seiner vaterländischen als Gewährsmann vom ersten Range gelten dürfte, weiss von keiner lydischen Kolonie, die in Italien gelandet wäre, und thut von Tyrrhenien als einer Pflanzstadt der Lyder, da er doch anderer geringfügigerer Dinge gedenkt, keine Meldung.«§§) Eben so sagt Strabo: »Die

---
*) Dion. 1, 61. 50. Diod. 5, 48. 49.
**) Diod. 3, 54. 55. Ilias 2, 811—814.
***) Diod. 5, 55. 56. Herod. 1, 173.
†) Herod. 7, 20.
††) Herod. 7, 76.
†††) Herod. 7, 74.
§) Herod. 7, 74.
§§) Dionys 1, 28 gegen Herodot 1, 94.

Hellenen halten die Geten für Thraker; sie wohnten auf beiden Seiten des Istros, so wie die Müser, die gleichfalls Thraker sind, und die man jetzt Mösier nennt, von denen die Müser abstammen, die heute zwischen den Lydern, Frygern und Troern wohnen. Die Fryger selbst sind Briger, ein thrakisches Volk, so wie auch die Mygdonen, Bebryker, Mädobithyner, Dithyner und Thyner und (glaube ich) die Mariandyner. Alle diese haben Europa gänzlich verlassen; nur die Mösier sind geblieben.«*)

Diese Zeugnisse der bewährtesten Schriftsteller, lauter Asiaten von Geburt, sind von hoher Bedeutung, und ich will einfach das des Trogus Pompejus (Justin) anfügen, welcher, und aus ganz anderer Quelle, ganz dasselbe angiebt, wenn er berichtet, früher habe zwischen den Aegyptern und den — Skythen über den Vorrang des Alters Streit bestanden, welcher sich aber zu Gunsten der Skythen entschieden habe, von denen das parthische, baktrische und das Reich der — Amazonen gegründet worden sei**).

Die aus Hocheuropa nach Asien gezogenen Europäer sind der Stamm, den man kaukasischen, auch Iranier, Arier (Asier) heisst, ob von Ar, hoch (Aram, Armenia), oder von Ar, Mensch, da die Armenier am Kaukasos nach Herodot europäische Fryger waren und der Name Kaukasos selbst nur den des Alpengebirges wiederholt***). Die Alten leiteten den Namen Asiens eben so unrichtig von der Asia, der Gattinn des Prometheus, des Sohnes des Japetos, oder von Asias, des Manes Enkel, ab als den unseres Erdtheiles von der vom Sonnenstiere über das Mittelmeer nach Westen getragenen Fönikerinn Europe†).

Manes ist unstreitig der ächte biblische, erst später chronologisch weiter herabgesetzte, Adam im aramischen Hochlande Armenien, den ja mehrere der gelehrtesten Chronografen (die Alfonsinischen Tafeln, Panvinus und Suidas) 6000 Jahre v. Chr. rechnen zu müssen glaubten. Wollen Andere die Namen Erebos oder Europa, den Hades, Tartaros, Kerberos, Elysium, Atlas, die wandernden und kämpfenden Nefilim, die schlangenleibigen Serafim und Titanen, die geflügelten Cherubim, den der Vielgötterei entgegen tretenden Jao oder Jakchos, Sabazios, die Riesensöhne des pelasgischen Okeanos, Ogüges, Inachos (Enakim) und die kunstreichen seefahrenden Föniker und Anderes, welches hier zu berühren theils in jedem Sinne noch zu früh, theils sonst nicht räthlich wäre, lieber aus dem Orientalischen erklären, so haben sie das Recht hiezu.

Wie die Arier den Fuss auf Asiens Boden setzten und weiter rückten vom Tauros herab in Syrien, mussten sie ethnisch auf jene 2 Raçen stossen, die hier, weiss Gott wie lange schon, geschichtslos sich herum getrieben hatten, links oder nördlich auf die Turanier oder Saker der Hochsteppen,

---

*) Strabo 7, 3; 12, 3. Herod. 7, 76.
**) Just. 2, 1.
***) Wie Casii montes, Kasbek und der Araber Weltgebirge Kaf und cap, Kopf.
†) Herod. 4, 45.

rechts oder südlich auf die aus dem heissen Afrika, wie die Heuschrecken und der Sandwind herschwärmenden Aethioper, so dass wir bald Namen hören wie Leukosyrer, Leukäthiopen; religiös aber stellte sich ihrem reinern, den Monotheismus schon in sich tragenden, Sonnendienste nicht nur ein krass polytheistischer Kultus, sondern das oben bereits erwähnte, dem glühenden Afrika und dem Oriente eingeborene sinnliche, fallische Element entgegen, welches in Abbildungen bis nach Kleinasien herauf, dann am Nil und vor Allem am Ganges in abenteuerliche Monstrosität, ja in eine Elefantiasis ausgeartet ist, welche dem nüchternen, züchtigern Westen von jeher fremd war und nur von Osten her in etwas einschlich, woher man bis heute, verkehrt genug, gerade die reinere Gottesverehrung, wie das Sonnenlicht, kommen lassen zu müssen glaubte. Der Orient ist heute noch, was er immer war.

Indien. Die Sprache.

Aus Aram mussten die Arier südwärts, den zwei grossen Strömen nach, gegen Mesopotamien, ostwärts aber, dem Gebirgszuge folgend, in das vorzugsweise Iran, Ariana. Eriene genannte Medien und Persien, gelangen, wo bereits um diese Zeit, 6346 v. Chr., nach Anderen »über 5000 Jahre vor Ilion«, somit vor 6183 oder 6270 der Bringer einer Lichtreligion, der baktrische Zoroaster erwähnt wird[*], die Zendsprache, der unsrigen und des Sanskrit Schwester, lebte, und wie in Armenien und Mesopotamien an den Steinbauten und Ziegeln die Keilschrift daheim ist. Der Stifter jedoch gehörte nicht diesem Lande an, er ist wohl der gefeierte Arimaspe Zathraustes, welcher bei diesem nordischen (Skythen-) Stamme »seine Gesetzgebung dem guten Dämon zuschrieb«[**]), was auch mit Trogus Pompejus stimmt, welcher die Parther und Baktrer ausdrücklich von den Skythen herleitet[***]). Wie die biblische Ueberlieferung den ackerbauenden, dem asiatischen Hirten feindlichen, Gewaltthat übenden Kainiten »ostwärts, in das Land Nod (Iudia?)« wandern und dort alle das Leben bequemer machenden und veredelnden

---

*) Plut. ob. Is. u. Os. 46 und Hermippos. Vergl. Plin. XXX. 2. Bunsen V², 101. 102.
**) Diod. 1, 94. — Prof. Spiegel erklärt Zoroaster als »vor aller geschriebenen Geschichte«, als Nichtperser, etwa an den Urmiah-See gehörig. Auf keinen Fall habe sich seine Lehre in Baktrien entwickelt.
***) Just. 2, 1.

Künste erfinden lässt*), so möchten Gelehrte**) in den Provinzen der Iranier im Zendavesta vom Urberge Albordsch (Elborus) bis Hapta-Hindu (sieben Hindu, indisch Pantschanada, Land der fünf Quellenströme des Indus, Pendschab) dieselbe Wanderung suchen. Den Briten Layard leiteten seine Entdeckungen zu der Annahme, »dass das System des Zoroaster hauptsächlich aus Assyrien stammt«***).

Zur Alexanderzeit rechneten die Brachmanen Indiens 153 Könige in 6042 oder 6451 Jahren hinauf bis zur Ankunft des Dionûsos (Schiwas), somit diese Epoche um 6342 v. Chr. oder früher. Er habe beim Abzuge aus dem Lande zum ersten Könige zurückgelassen seinen Freund Spatembas, welchem nach 52 Jahren, 6290 v. Chr., gefolgt sei der Sohn Budyas (Buddha) und diesem nach 20 Jahren sein Sohn Kradewas. 15 Alter oder 495 Jahre nach Dionûsos sei angelangt der Wanderer Herakles, 5847 v. Chr.†) Die hochwichtige Angabe stimmt abermals mit der Epoche; noch auffallender aber ist, dass auch hier an die Spitze der Menschenbevölkerung Manus gestellt wird, der Sohn der Sonne, der in der grossen Flut sich in einer Arche rettet und von dem das Menschengeschlecht den Namen Manuschjas (Menschen, Manukinder) führt. »Man hat den indischen Gesetzgeber Manu mit dem kretischen Minos, welcher Name auch bei den Aegyptern vorkommt, verglichen, und gewiss ist es merkwürdig und nicht zufällig, dass dieser Name so durchgeht.«††) Die Aussage Bohlens, dass durch ganz Indien und die ostindischen Inseln neben der schönen, arischen Race ein Negerstamm, hie und da mit mongolischer Mischbildung, angetroffen werde, »der mit den entarteten Resten und den sonstigen Fremdlingen im Allgemeinen ⁹⁄₁₀ der ganzen Bevölkerung ausmachen dürfte, und den man mit vollem Rechte als Urbewohner des Landes betrachtet hat«†††), wird durch die neuesten Untersuchungen der Briten an Ort und Stelle unwiderlegbar bestätigt. So wies Hodgson nach, die Besetzung Indiens durch die Sanskritrace sei nur theilweise erfolgt, und im Norden und namentlich in Mitte der Halbinsel wohnen wilde Stämme, welche die Sprache, Einrichtungen und Herrschaft der Eindringlinge von sich gewiesen haben. General Briggs spricht sich für die Identität aller nicht sanskritischen Stämme vom Himalaya bis zum Kap Komorin aus. Eben so Stevenson§). Die Aboriginer der Landschaft Kamaun im Himalaya, von denen nach W. Traill im Jahre 1828 nur noch ein Rest übrig war, welcher beharrlich der Lebensweise seiner Ahnen treu blieb, unterscheiden sich von den anderen Bewohnern Kamauns

---

*) 1 Mos. 4, 16—23.
**) Bei Bunsen cit. 86 ff.
***) Reste von Ninive, teutsch. S. 16, Note.
†) Arrians Indica 8. 9. Plin. 6, 17 (21, 5) und Solinus, c. 52 (53).
††) Hegels Werke, Berlin 1837. IX. Bd., S. 169. Siehe auch S. 208, und längst vorher Creuz. Symb. I, 556, Note 24.
†††) Bohlen, Das alte Indien. Königsberg 1830. I. Bd., S. 43. 31.
§) Ausland 1849, Nr. 259.

Indien. Die Sprache.

noch immer durch ihre sehr schwarze Hautfarbe und das krause, wolleartige Haar. Verschieden von den Nachbaren waren sie in einem Zustande erblicher Sklaverei. Aehnliche sollen sich nach schinesischen Autoren selbst bis über Tübet hinauf auf dem Küenlün-Systeme finden*).

Die ankommenden Arier müssen anfänglich, wo nicht im Dienste der herrschenden Aethiopen, doch ihrer Religion sich fügend, Bau- und Bildwerke in letzterm Sinne ausgeführt haben. Dr. F. B. Hamilton war beim Besuche der Grotte auf Elefante überrascht durch das afrikanische Aussehen der Bilder, namentlich des Haares und der Gesichtszüge, so dass er an Sesostris dachte. Eben so der Archäolog Hunter. An den Statuen Buddhas (Budyas) sind in vielen Theilen negerische Züge und das Haar wollig-kraus. Was Prichard (teutsche Ausg. III², S. 241) hiegegen vorbringt, hält nicht Stich, da es die spätere Zeit betrifft, wo das Urvolk längst durch 'die Weissen bewältigt war. Auch W. Jones bemerkte, die Ueberreste von Bau- und Bildhauerkunst in Indien scheinen eine frühzeitige Verbindung zwischen diesem Lande und Afrika zu beweisen. »Die Pyramiden, die Sfynx, die Kolosse zeigen den Stil derselben unermüdlichen Arbeiter, welche die ungeheuern Höhlen von Kanareh u. a. gemacht.«

Die sehr frühe Verbreitung der Arier nach Süden und Osten zeigt die Verbindung der Insel Java mit den Mythen. Diodor schildert, dem glücklichen Arabien gegenüber, »die heilige Insel Panchäa«, früher beherrscht von Uranos, deren Bewohner, Genossen des Zeus, mit Weihrauch und Myrrhen an die Araber handelten und einen alten, kostbar gebauten Zeustempel in Mitte fruchtbarer Bäume hatten. Neben den Panchäern wohnten da Okeaniten und Dojer; alle Bürger seien in 3 Klassen getheilt: Priester, Landbauende und Krieger**). Wer könnte hierinn die fruchtbare Nusa Java, das mythische Nûsa und den ältern Brahmakult, und in den Dojern die Krone der Malayen auf jenen Inseln und Borneo, die schöngebildeten Dayas, Dayaks, wenn auch gebräunt, mit iranisch offenem Gesichtswinkel und langen Haaren, die geschickten Schmiede und Pirogen- und Hüttenverfertiger, überraschend ähnlich mit den Taïtiern, Neuseeländern und den Battas, verkennen? Es reicht von da eine Sprach- und Körperbildungsbrücke nicht nur durch Polynesien bis zur Osterinsel, sondern bis zu den zwei Lichtpunkten und ihren Bauwerken, dem aztekischen Mexiko nördlich und dem Inka'schen Peru südlich, deren Kultur wir aufhören müssen, aus Osten herzuleiten.

Wörter wie ga, ir gehn (ire), stha stehn stare, tup schlagen ($\tau\acute{\upsilon}\pi\tau\omega$) tutopa ich habe geschlagen, kri schaffen (creare), smi lächeln (altt. smeilen, engl. smile), und fliessen (unda), skand aufsteigen (scandere), swap schlafen (und sopor und altnordisch sofan), katha sagen (altt. quedan, engl. quoth), tal zählen, chand leuchten (in-cendo, candela), was bekleiden (vestire, Wat).

---

*) Ritter, Asien, II. Bd., S. 1044—1046.
**) Diod. 5, 41—46. Fragm. des 6. Buches.

wak Stimme (vox), ariman Feind (das persische böse Wesen), waraha Eber (porcus), kumbha Krug (canopus, Kufe), dewas Gott (theos, deus, divus, dewatas Götter, mahadewas der grosse Gott), diwaspatis Herr der Götter (Diuspiter), naupatis Herr des Schiffes (Neptunus), raja König (rex, kelt. righ. altt. riks, rix), reichen so tief und tiefer in den Brunnen der Sprachbildung, haben den Urlaut treuer behalten als Griechisch, Latein und Teutsch, und folgende zeigen` anschaulich die Uebergangsbrücke: agnis sanskr., ugnis lithauisch, ugguns lettisch, ignis lat.; awis sanskr., ahwis lith., aws lett., au schweiz., ovis lat., ὄις griech.; dakschinas sanskr., dessina lith., δεξιός griech., dexter lat.; dantas sanskr., dantos lith., Zand schweiz., ὀδούς ὀδόντος griech., dens dentis lat.; duhitri sanskr., duktia lith., tüttar esthn. liv. finn., θυγατήρ griech. Tochter; primas lith., primus lat.; tschatur sanskr., tschetri lett., τέτταρος griech., quatuor lat., keturi lith., fidwor goth., vier; pantscha sanskr., πέντα griech., penki lith., quinque lat.; asmu sanskr., esmu lett., esmi lith., sum lat., εἰμί griech., am engl.; da sanskr., dare lat., dadmas sanskr., dudame lith., dodam lett., didomen griech., damus lat., dadyam sanskr., darem lat., dadatu sanskr., det lat., dadam sanskr., dabam lat.; padas sanskr., pehda lett., pus podos griech., pes pedis lat. und so viele, meist mit Zendischen Mittelgliedern.

Möchte es Jemand Zufall nennen, dass auf diesem gesammten Wege die Urbewohner bei den späteren Einwanderern überall denselben Namen führen? In Britannien Wales, pays de Galles, wälsch, in Skotland Gaels, Gälen, Caledonii, in Frankreich Galli, Gaulois und die Landschaft Valois, in Belgien Walonen, in Iberien Escaldunac, in der West- und Ostschweiz Wälschland, in Teutschland vor 1000 Jahren schon Italien Walilant, Walhenland, am Ostreine das Vorarlbergische Walgau mit seinen Walsern, die ehemaligen Zwerge Walser und das ulträtische Gewebe Walsertuch, alles Rätische hinter den Chur-Firsten pagus Curwalaha. Churwalchen und das Romanische Churwälsch, der Grenzsee Walhen- jetzt Wallensee, sein Landungsplatz Riva, Walabastad, Walhen- jetzt Wallen-Stad, die Romanen an der Donau Walachen, in Russland und Polen Italien Wloch, in Hellas die im Gebirge Blachoi (Wlachoi), in der Türkei der Griechen Schimpfname bei den muhammedanischen und katholischen Slaven Vlah, Vlasi, in der Urzeit Pelasgoi, in Italien Fallsci, Volusci, Volsci, Elysici, beim eingewanderten Sanskrit-Inder die nicht-arischen Urbewohner Mlechas, Mletschas, Beludschi (alt Balluches). Sicher eben so wenig Zufall, als dass nach der scharfsinnigen Idee meines ehemaligen Kollegen an der Kantonsschule, Weinhart, diese Stämme die ersten, einfachsten Begriffe in sieben verschiedenartigen Weisen, Wurzeln, auszudrücken versuchten, so dass, was beim Etymologisiren oft zu abenteuerlichen Missgriffen führte, dieselbe Wurzel in allen wiederkehren kann, ohne dass sie unter sich verwandt wären. Ich will aus der Unzahl eine Reihe der greifbarsten hier anführen. Die sieben Wurzeln sind: 1) b, p, u, w, f, m; 2) g, ch, k; 3) d, t, th; 4) s; 5) l; 6) n; 7) r.

A. Spitze, Höhe, Berg. 1) Oben, Abos (Ararat), Abnoba, aipys griech., Ipf, Eifel, juv (jugum), Ophrys, über, hyper, super, heben, heaven, Hauen-stein, Heu-berg, Haupt, Hubel (schweiz. Hügel), Kap, caput, Kopf, Kapf (unzählige Höhen der Schweiz), Kaf arab., Cau-casus, Kafareus auf Euböa, Kephale, Cavergne It., Cevennen, Gebenna, gebel arab., Gibello, Giebel, Gipfel, Gupfen, Gubel, Gufel (schweiz.), Gäbris, Kübelos fryg., Kubeis arab., Gifferhorn, Kuppe, Beverin, Biber, Biberlikopf, Bifertenstock, Fibia, Nebo, (Ab) noba, Napf, Nebrodes, Newis, Mt noble, Niphates, Kamm (unzählige), Camor, Janian, Amanus, Gemmi, Camar, Cumbre, Combin, Cima, Ciminii, Umbrail, Haemus, Himmel, Imaos, Himmelberg, Himalaya, Hymettos, Hemberg, tumulus, Tomlishorn, Tambohorn, Lawers (ben), Leberberg, Lopperberg, Labuta. — 2) ake, acus, Ecke, Eck (unzählige). Oche auf Euböa, Oche Waadt, Ochsenstock, Ochsenberg, Ochsenkopf, Ochseustein, akte, akron, aiguille, Eiger, Axen, Achslenstock, hoch, Höcker, Hoger (schweiz.), Hügel, Jökul, Hökler, Hekla, Kegel, Kogel, Gugel, Guggis, Guggershorn, jugum, Joch, Zugon, Zacke, Zackhorn, Zagros, Zagora, Sagora (Helikon), saxum, sex, Six, Sigel-Alp, Segnes, Signina, dagh, Taygetos, bec, pik, peak, Bogoas, Bühel, Buch, Buche, Buchberg, Buckel, Lignane, Lügeren, Block, Blocksberg, Blackenstock, Stock, Stockhorn. — 3) Ida in Asgard, Ida in Kreta und Frygien, Idarwald, Idubeda, Adula, Adelsberg, Atlas, Ezzel, Athos, Aetna, Oeta, Othrys, Tedla, Titlis, Tithoren, Tödi, Tatra, Ithome, Piz, Bitzistock, Spitze, Spitz-Meila, Pisoce, Bazokl, bot rom. Hügel, Badus, Buet, Bietschhorn, petra, cautes, gata span., Ghauts, Chatelu, Gütsch, Kithärou, Matona, Six Madun, Matthorn, Mothon, Mutthorn, Muttri, Mithen, Ca-motsch, Medullius Span., Mezzovo, Mezin Frankr., Nadel, Nadils rät., Nethou. — 4) Ossa, Dossen, Isone, Viso, Vesulus, Vesuvius, Viesch, Wasenspitz, Weisshorn, Weissenstein, Kas, Casii montes, Casone, Karbek, Chasseron, Chasseral, Kaiser-Ituk, Kaiserstuhl, Käsera, Geiser, Kasten, Kastlenhorn, Kastelhorn, (Lanzen-)gast, Gestler, Kistler, Kistenstock, Kistengrat, Kozzeren, Nase, nasus, nesos, noss russ., Nase (mehrere Vorsprünge an Schweizerseen), Niessen, Nieschberg, Nestboru, nosa, Husstock, Hüsistock, Hosen-Ruk. — 5) Altus, Altai, Altels, Aletsch, Altmann, Altana Span., Oldenhorn, Alp, Alpes, Albis, (rauhe) Alp, Piz alv, Alvier, Albrun, Albord, Elborus, Alpujarras Span., lophos griech., levare, Leberberg, Libanon, Ilipula, Illhorn, hill engl., Iltios, Calpe, Gelboé, Selva, Silberhorn, Silberplatte, Ballon (Elsass), Belch (mehrere), Bölchen, Balkan, Bellhorn, Belmisstock, Velan, pila, Pelion, Fil aut, Pilatus, Velino, Belur, Bolor, Vaulion, Pholoé, Vollhorn, Fulhorn, Fule Stock, Fuliberg, Fulfirst, Fluh, Fletschhorn, Vilar, Wallenstock, Wellhorn, Dole, Doldenhorn, Mal, mallus, Mallstock, Maloia, Malea, Moles, Moleson, Mälberg, Meli-(bocus), Galenberg, Galenstock, Gallenfirst, Gallina, Gallinakopf, Gauligletscher, Geltengletscher, Gellhorn, (Wind-) gelle, Kyllene, Kjölen, Goldenhorn, Guldi Stock; Col, collum, culmen, cuolm rom., Colma, viele Gulmen, Rigi Kulm. — 6) ben, bean gäl. Berg, penn Kopf, buni neugr., Bühne, pinna, cap Penna Span., Penna golosa Span., Pennalara,

Penninus, Apenninus, (Ge-)benna, wen kelt., die hohe Veen, (Ce-)vennen, (Ard-)uenna, (Ard-)when, Vuni neugr., Wand (schweiz. jäher Berg), Dema-Wend. Wenden-gletscher, Wind-(gelle), Vindius mons Span., Vindhya ind., Pindus, Bündihorn, Fundelkopf, Findels, Fenera, Fongio, Wang schweiz., Hoch-Wang, l'angäon, gant kelt., Gantfluh, Gantstock, Ganterisch, Gonzen, Piz Gondo, Piz Contagas, Kante, Cantal Frkr., Kandel Schw., Tann altt., die hohe Tanne (nicht der Baum), Taunus, Dent, Tenda. Tinde skand., mont Tendre, Zenderhorn. Cenis, Cenere. Andes. Enzifluh. Heinzenberg, Hundsstock, Hundsstein, Hundshorn, Hundsrück Bern und Teutschl., (Ca-)landa, Lanzen-gast, Louer der grosse und kleine. (Monte) Luna, (Pizzi-)lona. Sinai, Zinal, Zinke, Zinkenstock, Zingelstock, viele Tschingel, Dungelhorn, mons, Mans (Appenz.), Alt Mann. – 7) Ar hoch, ara Altar, Arée Frkr., Arl, Arlenhorn, Ararat, oros griech., Arsch der grosse und kleine, monte d'oro, mt d'or, Oro auf Euböa, Alten Orcu Glar., Oerli App., Arvel Waadt, Arbel Bern; Arfi-grat, Rawil, Orbelos, ard gäl. hoch, Ort (Ecke, Kante). Ortler, Ortospeda Span., Ortegal Span., Uraun rät., Ural, Ercte, Eryx, Hercynia, Orcynia, Argonne, Ergischhörner, bor (empor, büren), pyra, Berra, Bernina, Bernos (Pindos), Parnes, Parnassos, Piz Bernatsch, Pirenaei, Berg. Bragel, Brocken, rocca, Ruchi Fluh (nicht rauh), rauhe Alp, Ruchenberg. Rüchenstein, Ruchistock, Richelhorn, Rik (auch Strick), resch hebr., ras arab., roche franz., Rosa (monte), Piz Rosein, Rosskopf, Rozberg, Risoux, Riseten-Grat, Riesengebirg. Reiselstock, Gries, Rosla, Räzli Bern, Rizlihorn Bern, Urazli Uri, Rigi, Regelstein, Reculet, rogus, Roeti (Jura), Rothstock, Rothhorn, Rothwand, Rhodone, Rodomont, Schratten, Grat, Brodelhorn, Breithorn, rhin griech., Rain, Rang (Tête de), Rone (hohe), Rhön, Grindelwald, Grindlet, Grind (schweiz. Kopf), Rand, Randen, Brandner, Brentone, Ringelkopf, Ringelberg, schroff, Schrofen (schweiz. Absturz), rupes, ripa, Riff, Riphaei, Ripaei, Rüblihorn, Trübelnstock, Strubel, crap rät., Crap alv. Crap Claruna, Greppelen, Krabla, Crapac, Hara arab., Horeb, gor. giri, kuru ind., Gaurus It., Girenspitz, Gerenhorn, Gerihorn, Geren, Greina, carn gäl. Steinhaufe, der Berg Cairn-gorm, Cornu, Horn, Corona, Krone, Kronberg, Kornberg, Kernwald, Gurnigel, hernae, Firn, Forno, Hörnli, viele Horn, Jurassus, Jorat, Jurten, Gurten, Tur (arab. auch der Sinai), viele Taurn in Tirol, Taurus, grand Taureau, Ca-tscharauls rät., Dyris (Atlas), mor gäl. gross, Ca-mor, der Moran, Marianus (Morena) Span., Moron (Jura), Tête de Morne, Morcles, Märe Bern, Märhorn, Muretto, Mürtschen, Marchairu.

B. Wasser. 1) Abus und Abon Brit., awe (loch), awon, Afene Brit., Au, owe altt., aua rom., eau franz., uval (rom. Bach), Evenus, Avernus, Aveyron, Avenzon. Abana syr., Abiad, Abens, Abakan russ., Obi, Om Sib., Amu, Amur, Ammer, Emine, Annis, Ems, Amber, Amstel, Emba, Yemba, Yamuna, Zamber, Tambre Span., Samara, Sambre, Somme, Simme, Simmibach, Simois, Symäthos, Kama, Kem, Umna, Umbro, Humber, Tamina, Tom, Tamion Brit., Thamesis, Temes, Timavus, Thyamis, Nemea, Niemen, Taye, Towey, Tiwy und Dywi Brit. Havel, Haff, Savus, Seyon, Saverne, Severn,

Sabrina, Zab der grosse und kleine, Tobol, Nab, Newa, Iberus, Hebrus, Tiberis, Tibiscus, Teverone, Chaboras (Eufr.), Chaberis Ind., Chiavari It., Cavery Ind., Cabriol Span., Sybaris It., Kuban, Kuwan, Copais, Cophen, Dubius, Tauber, Biberen Frib., Biberen Schwiz, Bober, Wipper, Wupper, Hypanis, Hyfasis, Kefissos, Giffre, Peipus. — 2) ag, aegos, Aegeum mare, Aegyptos, aigue franz., aqua, aequor, Aguade Span., Aegeri, Agunia (Agogna) It., Eger, Egrisu, Aegir nord., Iga Sib., Oka, Okker, Okeanos, Acheron (in Epiros und Elis), Acherusia It., Acheloos, mehrere Egelseen, Axios (Wardar), Oxos, Axona, unzählige Ach (altt. aha), Bach, bahar arab., Oechardus, Wag (wak), Waag Ung., Vahalis, Weichsel, Veecht, mag kelt., Linth-mag, Maggia, Magro Span., Macra, Mauch, Nahe, Nekar der Neker in der Schweiz, Nicer, Neagh Irl., loch gäl., lacus, Lache, Laach-See, Licus, Lycus in Asien, Lech, Liga Brit., Liger, Leuca Brit., Siga bei Tlemsan, Sig, Siggeren, Sicoris, Segre, Segura Span., Sicanus (Xucar), Sucro, Secchia It., Wiggeren, Saucona, Sequana, Suchona, Dschihong, Sihon, Tegeren, Tegernau, Tegernsee, Tegerenmoos, Tigris, Togisonus, Toggia. — 3) Adda, Addua, Aude (Atax), Athesis, Aturus (Adour), Autara (Eure), Eden Brit., Eider, Oder, Ituna (Solway), Jatrus, Viadrus, Uda, udus, Uddon (Kuma), hydor, Kidron, vadum, wadi arab., water engl., Vedra Brit., Wid (Donau), woda slav., Wette schweiz., Wetter-see, Gewaede Brit., Wuttach, Padus, Baetis, Bad, potamos, puteus, Pfütze, Bidassoa, Sita Brit., Site-ren, Setcia (Dee), sudor, hydor, Sutledge, Lute-ren, Clyde, Clota, mehrere Glatt, Lydias Mak., Lütschine, Lötsch Wallis, Lot Frkr., Luteren Schw., Leitha Ung., Ladon, Ladoga, Lidericus (Loire), Lethe Span. u. Kreta, Muota, Metaris (Wash), Matrona, Meduana (Mayenne), Medoacus, Midon Frkr., Neda (Nieto), Neda in Elis, Neaethus, Nezze. — 4) Aasi in Syr., Aesis, Asines in Sik., Hase, Asopos 2, Isara in Sav., Isara (Oise), Isar, Isco, Oise, Ouse, Usa Brit., Usis (Kûros), Usk und Isca Brit., Eisak (Isara), Yssel, Isly, Isset, Ischim, Isonzo, Usenz in Wallis, Oos, Osero, Osma, Jeschil, Kisil, Kison, Kistna, viele Giessen, Kaystros, Ister, Wasser, Wiese, Weser, Visurgis (altt. Wisur-aha), Vistula, Fasis, Pasi-Tigris, Fison, Voussa (Aoos), Vieze, Viesch und Visp in Wallis, Wash, Maas, Massa, Mesen, Maesolus Ind., Moskwa, Moësa, Mesiates, Tosa It., Töss, Douze Frkr., Tees Brit., Tessin, Theiss, Thoas, Suze, Schussen, Sesia (Sesites), Laus Ital., Loisach, Leysse Sav., Lüssel kleine u. grosse, Lizerne, Ness, Neisse, Nozon. — 5) Ill in Elsass und Vorarlberg, Ili Asien, Iller, Allier (Elaver), Alaenus Brit., Ulai (Tigris), Olona It., Hyllos, Halys, Hellada, Celadus (Cavado), Eulach, Euläos, Elde, Oltis (Lot), Alduas, Albis (Elbe), viele Elf in Schweden, Albula rät. und röm., Albona (Aubonne), Alba (Aube), Alb im Schwarzwald und Schwiz, Albius in Istrien, Albane Sav. Alfeios, Ilfis, Huelva Span., Alster, Elster, Ilissos, Alz (Inn), Alt-mühl, Aluta, Belt, Baltisches Meer, Sil, Zil (Thièle), Silarus It., Sellefs, Selinos in Elis, Selenga, Sillas (Tigris), Soleuus Ind., Sulg, 2 Sale, Salo (Xalon) Span., Salzach, Elz, Salto Ital., Scaldis (Schelde), Ilm, Ilmensee, Kolima, Leman, Limne, Lim-fjord, Plym Brit., flumen, loch Lomond, Glommen, Melas Mak. und Kleinasien, Malaka

Span., Mulucha Maurit., Mälar, Milch, Melche. Molotschna, Mulde, Moldawa, oleum, elaion, Oel, Ollius (Oglio), gala griech., Gela Sik., Galle. Gülle. Quelle, Quolla, Belion Span., bilis, Belus fönik., Wilia, Wiluji russ., Volturnus, Tula russ., Tilaventus (Tagliamento). Toleaus (Salto) It., Talent Waadt, Tschulim, Kul tat. See, Kulpa, Kolyma, Labe (böhm. die Elbe), Laba (Kuban), Leba (Ostsee). Lippe, Lupow, Liffy Irl., Plevo. Plavia (Piave), pluo, fluo, Pleisse, Plessur. — 6) Anus (Guadi-ana), Ain Frkr., Ens, Oenus, Inn. Onega, Onon, Anio, Andra (Indre) Frkr., Entella bei Genua, Entle Schw., Anui, Anadyr, Angara und Ona in Sib., Anauros Thess., Jaun Schw., Yonne, Jona, Jana und Jenisei Sib., Kiang chin., Ganges, Don (Tanais), Don Brit., Tyne (Tinna) Brit., Tinia It., Düna. Dwina, Tschaun und Tschuna russ., Düuneren Schw., Donau (alt Danubius, Tuonowe), Tanarus It., Wan, Wäner, Vindana (Vilaine), Wine, vinûm, Swine, Venopia (Venoge), Peneios, Peene, Banass, pontos, Bünz, fons, Saue, Sahne, Senus (Sinno) It., Zann Holl., Saone, Shannon (Senus), Siano Sib., Sionne Wallis, Sind, Sontius (Isonzo), sanguis, Zanghi (Araxes), Singine (Sense), Xenil (Singulis) Span., Moenus, Main, Mincius, Maunus Brit., Lahn. Lena russ., Leine, Lon. Luna, Luni Ind., Glane Schw., Glanis It., Glenner rät., Löntsch Glar., Lunge-ren. Langeten. — 7) Ar (und Rha), Arar, Aria-See Pers., Ayre Brit., Aren Schw., Arnon, Erne See Irl., Aral, Arc Frkr., Arga Span., Argen Bodensee, Argun Asien, Argens Frkr., Ergolz Schw., Erigon Mak., Arachthos, Arachotos, Eridanos, Iris, Eurotas, Eresma Span., Arsissa, Irun bei St. Gallen, Irtisch, Ourt (Maas), Arve, Arveiron, Arlanzon, Arrège Frkr., Eure Frkr., Orbe, Gürben, Worb, Verbanus, Varus, Veiron, Ar-veiron. Wear Brit., Warne, Werniz, Gerne Brit., Garyenus Brit., Garumna. Gornera rät., Gorneren Bern. Born. Barrow Irl., Berenbach Schw., Bernesca Span., Borgne Wallis, Boiron Waadt, Beresina, Berda russ., Wardar. Küros, Kur, Karith, Quorra, Werra, Swir, Saar (Mosel), Saros Kleinasien, Saren Schw., Sarine Schw., Sorne Schw., Zorn Rhein, Serenbach Schw., Seruf Schw., Siris It., Sir Asien, Syrtis, Sireth, Sarthe Frkr., Zaretta It., Tscharim. Caris (Cher), Carantonus. Charente, Gironde, Garigliano. dur gäl., Wasser. Duras (Isar), Durius (Duero), die Thur, 2 Dora It., Tyras, Tyris, Daria, Terek, Durance, Duranius (Dordogne), torreus, Derwent, Tornes Span., Tartaros (Tartessos der Bätis), Tarturos bei Adria. Jordan, Urus Brit., Ursa (Küs), Reuss Schw., Rosa Wallis, Rosana, Trisana, Dreisam. Riss (Donau), rut, rud pers., viele Rot in d. Schw., wie Rott-See. Rotach, Rotbach, Rodanus, Rhotanus Cors., Rother Brit., Rotter Holl., Pruth, Pirethus, Bezat, run kelt., rinnen, rheo griech., Sa-rine, Sa-ren, A-ren, Krunos gr., Krene gr., Brunn, Breune Frkr., Brenta It., Rin, Rhenus, Reno It., Rienz Tir., Trient Wallis, Treat Brit., Drinus Dalm., Thräne, Thran, Traun, Drance Wallis, Savoien. Rawi Ind., Dravus, Trave, Traues Mak., Travolo Cors., Trebia It., Trub Bern, Trubbach Schw., Rubikon, Ribble Brit., Raab, Nar Dalm., Nar It., Nera It., Nor (mong. See), Narew, Narwa, Narenta, Nereus, Liris It., Lira It., Lorze Schw., Strom, Strymon, Struma, Urmia, Hermos, Hermance, marc, more russ., Moor, marais, Marsc, Morawa, Marus, March, Maira (Mera) It., Marosch, Mareggia, Margus Tat., Margius, Mariza, Merwa Holl., Mersey Brit., Mur (Drau), briga, Brege, Brigach (Donau), Brigulus (Saone), Pregel.

C. Gefäss, Einhägung, Ort: 1) Abac, Abad, hab (hafen, Havre), hof, hofen, oppidum, Ofen, Evara, evern (eine Schiffart), Ephyra, Evian, taberna, Zabern, Tebris, Thebae in Thess., Böot., Aegypt.; Tiflis, Tibur, Töpliz, Dublin, Hybla, Hebron, Hippo, Kibotos, Capua, Gabii, Kaffa, Kabul, Kiow, Kiew, cabane, ham engl., Ham franz., Hamburg, hemum, beim, Hami pers., Hemath, Cham, Comum, Kome griech., Cumae It. und Asien, cymba, Kom Pers., Cumana, Cameiros, camera, zimmer, domus, Tomi, Dyme, Damaskos, zuber, Sybaris, stube, Stabiae, Staufen (stauf Becher), stabulum, Stafel, schopf, schuppen, kufe, Kufa, coupe. — 2) Acco, Agra, Eger, hag, Hag in Holl. und Schw., Wagram, tigh (gäl. Haus), Tek, tectum, dach, Togyra, Tokat, Tugium, tugurium, wik, vicus (Lunden-wic, Grena-wic, Barde-wic, Bruns-wic, Sles-wic), oikos, magus kelt., Magalia, Megara, Mecheln, Meggen, Mykene, Mokka, Bex, Pegae, Phegea, Phigalia, pagus, Bagdad, Baku, Signia, Sikyon, Sicca, Segesta, Segovia. Ogo, Oex, Pagasae, Lucca, Lucens, Lukau, Lyctos. — 3) aedes, Aden, Athenae, Adana, Adria, atrium, gaden, Gadir, chata pers.. Catanea, Kothon, Kötben, Kathen, Khotan, Gotha, Kutais, chet hebr., Gath, cathair gäl. stadt, Gaza (Schatzhaus), gaza. Cotylia, Kyzicos, hütte, huzd (goth.), kutter, Utica, Kydonia, beth hebr., boot, bude, Buda, Budweis, Budorgis, Pytho, Pitana, Pydna, Potidaea, Butos, Abydos, Patara, Patrae, Petra, modius, mütt, mezzen, Mothone, Medina, Medio-lanum, Madras, medrese, nidus, Cuidos. — 4) Issos, Essek, asty, estrich, hestia, feste, casa, Gais, Kasan, Kaschan, castrum, Cosa, Kosel, Casinum, Goslar, haus, Husum, basar, Bassora, Bosra, Posen, Boston, Pisa, Pesth, Massa, Amasia, Amisos, Emesa, Massilia, Moscha, mesched, Mossul, Misenum, Meissen, Messene, Nysa, Nissa, Nisaea, Canossa, Canusium, Cnussos, Gnesen, Venusia. — 5) aula, aule griech., Aulis, Elis, Elea, Velia, villa, wilare altt., Eleusis, Alesia, Helos, Ilion, Hilla, Halle, hall engl., viele hall und halle, saal, Soli, Salem, Salamis bei Athen und auf Kypros, Salm, Solms, Sulmo, Suli, Sils, Selinus, Silinon (Uri), Zeil, Sellasia, polis, Pola, Pylos, Pella, Bulle, kiel (am Schiffe), Kiel, Kehl, Kil gäl., cella. — 6) On (heliopolis), Oenos, Antium, dunum kelt., town engl., tuna nord., zun, zaun, Thun, Thonon, Tunes, Tanis, die vielen Orts-Endsilben dingen, Tengen, Thiengen, Tingis, kabu, kanne, Cannae, chan türk., Canea auf Creta, Canossa, Cana, Bender, Juna, Bonn, Bingen, London, Lund, Lindos. — 7) arg gäl., arx, arca, erker, ergel (Wassergeschirr), Argos mehrere, arche, argo, arch, barke, Barca, burg, Burgos, berg (der hohle), Bergen, park, pferch, Pyrgi It., Pargn, Pergamos, briga kelt., brükke, brüge schw., pura ind., Byrsa, Pera, Verona, Warna, Berona, Bern, Brügge, Bragn, Prag, Brig in Wallis, Brieg in Schlesien, Brigels, Bruxelles, Bruchsal, Rages, Riga, Rhegium 2mal, rum gäl. (locus), raum, schiffsraum, Roma, Romein rät., Rama, Rambath, Remi, Remuscia, Crema, Cremona, Bremen, die Seefahrzeuge

Pram, die Stadt Prüm, kreml, cuirt gäl. (Hof), curia lat., Coria und Corda (altbrit. Städte), Curia (Chur, Coira), Cures sabin., Caere etrusk., Cars pers., Cora it., garten, hortus, hürde, hort (Schatzhaus), gorod russ., Grad slav., Garda, (Brem-)garten, (Mane-)gordium Kleinasien (Manes-, mond-Stadt), kerta arm., Kirta phön., kiriath, karth hebr., Korythos, Cortona, gerd pers., Kertsch, jurte, Ardea, Arth, Arados, Herat, Sardes, Seres, serai, Soria, durus oder durum kelt., thor, thurm, Thorn, taras kelt. (Wohnung), Taras (Tarentum), Tarsos, Tauris, Tyros, Tiryns, Thurii, Tyra (Fribourg), Turicum, turris lat., tyrsis etrusk., dorf, Breda, Brody, Bretten, Berythos.

Einzelne mögen Entstellungen und dann aus Missverstand hier sein.

Wenn der Sprachforscher, um nicht von zufällig Gleichklingendem, etwa Ererbten oder Angenommenen zu sprechen, die eigentlichen Adern und Nerven im Sprachkörper, die Zeitwörter im Altteutschen, Lettisch, Romanisch, Griechisch, Zend und Sanskrit, Person um Person vergleicht, wird er nicht blos Nachbaren, sondern dieselbe Familie in ihnen finden, und ich kann mich nicht enthalten, und wenn es zum Ueberflusse geschähe, Teutsch, Latein und Griechisch betreffend, noch folgende Ausdrücke, alles nur halb Zweifelhafte oder vielleicht blos Entlehnte (wie mensis, pondus, ager, arare und unser »eren«, coquere, calix, canalis, catena, cista, corpus u. a.) weglassend, hier anzuführen.

1. **Zeitwörter**: haben habere, essen (etan) edere, bitten petere, stehe sto und στάω, sitze sedeo und sideo, gehe eo ἵημι, bewege ago ἄγω, wollen βούλομαι volo velle, speie spuo, hasten (hâter) festinare, irren errare, lecken lappen λείχω lingo lambo, dagan tacere, frieren frigere φρίσσω, brechen frangere fregi, letzen laedere, locken lacio licio, wachen vigilare, melken ἀμέλγειν mulgere, rauben gripan rapio ripio ἅρπω, ἀρπαω, decken tegere, kratzen radere, spritzen spergere, schwitzen sudare ὑδροῦν, saugen sugare, keien cadere, fliessen fluere πλύω ψλύω, flennen flere (dial. gleien κλαίειν), lachen γελάω, fragen rogare, recken (steif sein) rigere, gellen calare καλώ, hehlen celare, mahnen monere, mischen miscere, zähmen δαμᾶν domare, prüfen probare, flackern γλέγεθαι flagrare, blasen flare, bohren forare, büren parere, dulden (tholan) tolerare ταλάω, dörren torrere, dial. ruussen rugire.

2. **Sachwörter**: Mutter mater μήτηρ, Vater pater πατήρ, Bruder frater φράτωρ, Mann mas maris (altt. mar), Volk volgus vulgus, Bube pubes pupus, Auge oculus αὐγή (Stral), Ohr οὖς auris, Herr herus heros ἥρος, Kone queen γυνή, Wort verbum. Knie genu γόνυ, Haupt (altt. houbit) caput κεφαλή, Hals collum, Arm armus, Zähre δάκρυ (dagrs) dacryma, Lippe Lefze labia labra, Bart barba, Fuss (foot) πούς πόδος pes pedis. Nase νάσος νῆσος nasus, Nagel ungula unguis ὄνυξ, Nabel umbilicus ὀμφαλός, Elle ulna ὀλένη, Gast hostis, Thier θήρ, Wolf (wulfs) lupus vulpis, Luchs λύγξ λύκος lynx, Eber κάπρος aper (altt. epur), Füllen pullus, Vieh (altt. fihu, dial. Veh Veech) pecus vacca, Fisch piscis ἰχθύς, Fell Vliess pellis vellus, Geis αἴξ, Maus μῦς mus, Au ovis ὄϊς, Barg porcus, Horn cornu

κέρας, Wurm vermis, Haut (hut) cutis χύτος, Harn οὖρον urina. Nest νεοττία nidus, Gans χήν anser, Ente νῆττα anas, Gaul caballus καβάλλης, Sau sus σῦς, Kürris Kürs cuir corium χόριον, Strunk truncus, Agle aculeus, Furke furca, Garten Hürde hortus χόρτος, Halm calamus κάλαμος, Bölle bulbus βολβός, Ach (aha) aqua aequor (aigue), Gaden Kaser casa (Gades, pers. chata), Weiler (altt. villare) villa, Pfal palus, Pfütze puteus, Pfeil pilum, Feuer πῦρ, Gletsch glacies, Glas glaesum glossum, Stern aster ἀστήρ, Rad rota, Riff ripa rupes, Brett rates, Lache lacus (loch), Knoten nodus, Nauen navis ναῦς, Nebel nebula νεφέλη, Nacht nox νύξ, Licht lux, Floh pulex (altt. floch), Schäb scabies, Sichel secula, Euter (dial. Uter) uterus, Zeichen signum, Sohle solea, Raude Runzel ῥυτίς ruga, Mond (alt und dial. mana) μήν μήνη, Mitte medius μέσος, Werth virtus, Selde (salida) salus salutis, Weg via, Wehr veru, altt. wer, skyth. ōor, kelt. fir vir. Ziel τέλος, Strau Stroh stramen, Donner tonitru, Thurm turris τύρρις τύρσις, Burg Pyrgi πύργος (pura), Fass vas, Wind ventus, Meer mare, Rahm (crême) cremor κρίμνος.

3. **Eigenschaftswörter:** wahr verus, neu novus νέος, mürbe murus, jung (dial. gof) juvenis giovine, krumm curvus, gross grandis, dünn tenuis, lind lenis, lang longus, süss (sweet) suavis, satt sat satur, sicher securus, roth ἐρυθρός rutilus, roh rudis crudis, rauh raucus, mager macer, michel (maha) magnus μέγας μεγάλος, wüst vastus, kahl calvus, leicht levis, schief (schäb) scaevus σκαιός, tür theuer und θούριος, streng gestreng strenuus. —

Die ältesten Baudenkmale Indiens, ihre Felsgrotten, erinnern und grenzen an jene Zeit, wo die Menschen selbst noch unterirdisch wohnten. Schon die Alten hatten Kunde von diesen Grotten, deren mehrere durch Grossartigkeit und Geschmack nach dem Urtheile eines Kenners, Stieglitz, aller Baukunst auf Erden vorangehen, während sie den Beweis in sich tragen, dass Jahrhunderte von Kultur vor ihnen bestanden haben müssen. Auf den Beschauer machen schon blosse Abbildungen z. B. vom Tempel des Wiswakarma, demjenigen der Asche Rawanas, der s. g. Höhle der unreinen Hindu oder Dher Varn, des Einganges in den Tempel des Dschagannatha mit seinen riesigen Elefantenköpfen und Säulenknäufen, des Dumar Leyna mit den ausgehauenen Flusspferden, Elefanten und den Säulenhallen weithin, die Kapitäler verwandt und im gleichen Stile mit denen auf Elefante, auf den ersten Blick erinnernd an die altpelasgische oder dorische Säule in Europa, die Riesen-Karyatiden aus Elefanten am s. g. Palaste des Schiwa, und dann gar die zwei Grottentempel des Indra und Parasua Rama Sabha mit ihren Säulen und Laubwerkknäufen, ein Bild frappanter als das andere, einen unbeschreiblichen Eindruck. Die Erbauer sind die fremd in Asien einwandernden Arier, während vor ihrem Eindrange der malayische Urbewohner theilweise auswandernd, auf Tinian und anderen Inseln Denkmale anderer Art zurückliess, und in Amerika landend, als Tolteke in Teotihuakan, in Cholula, Palenque, Chichen Itza, Uxmal u. a. solche, eben so riesig und in Einzelnem beinahe verwandt, errichtete, an welche der später aus Norden siegreich sich über Anahuak verbreitende Azteke und der Maya mit rohem Staunen hinauf sahen.

Diese Annahme vom hohen Alter der indischen Grottentempel, obwohl schon früher durch Gelehrte angefochten, kann kaum erschüttert werden durch die Ansicht eines der neuesten Schriftsteller, welcher, gestützt auf die Aehnlichkeit der Bauten in Indien und am Nil und das Vorkommen griechischer Ornamente an den ältesten indischen Bauten, behauptet, man habe der letzteren Alter früher überschätzt, die indische Baukunst habe Assyrisches in sich aufgenommen und ihr Beginn falle in die Zeit — in welcher die Ptolemäer auf Filä bauten und der Tempel des Jupiter Stator entstand*). Der Verfasser zählt nicht weniger als 1000 Höhlentempel in Indien, wovon etwa 900 buddhistischen Ursprunges seien und nur der Rest zu gleichen Theilen brahmanisch und dschainisch.

Aegypten.

Der Aegypter war nicht in Afrika daheim. Schon Cuvier erklärte, er habe in mehreren Ländern Europens mehr als 50 Mumienschädel untersucht und an keinem von ihnen die negerischen Kennzeichen gefunden. Wilkinson sagt: »Every one who considers the features, the language and other peculiarities of the ancient Egyptians, will feel convinced that they are not of African extraction, but that, like the Abyssinians and many inhabitants of the known valley of the Nile, they bear the evident stamp of an Asiatic origin; and Juba, according to Pliny, affirms that the people of the bancs of the Nile, from Syene to Meroe, were not Ethiopians, but Arabs.« **) Auch Bunsen fand als Resultat langen Forschens: »Von Asien empfieng Aegypten sein Leben, seine Förderung, seine Aufgabe und zuletzt seinen Tod.« »Von Kanaan her kam der bildende Stamm, und die Sprache zeigt kein anderes Element. Aber er wird dort gefasst vom afrikanischen Geiste. Die Strömungen gehen zuerst aufwärts, nach der Thebais, und dann wieder abwärts, von der Thebais nach dem unteren Lande. Memfis, als Reichsstadt, ist älter als Theben.« ***) Dass hiebei der Gang der Bewegung irrthümlich aufgefasst ist, kann kaum ein Zweifel mehr walten. Einer der

---

*) J. Fergusson, The Rock-cut temples of India. London 1864. Globus, VI. Bd. Hildburgh. 1864. S. 134.
**) Wilk. Manners. I. Bd., p. 2.
***) Bunsen, Aegyptens Stelle, V. Bd., 4. u. 5. Abth. (1857), S. 472. 473.

neueren Beobachter Aegyptens. Jos. Russegger, vergleicht die heutigen Kopten mit den alten Aegyptern auf den Denkmalen und findet in den Berbern Nubiens, sogar in der Art die Haare zu tragen, die braunen Landleute und Hirten der früheren Zeit, wovon der erste Blick in den Haarputz der Abbildungen bei Cailliaud*) den Ungläubigsten überzeugen muss. Dann fügt Russegger bei: »Die Partei der Sieger scheint die weisse Raçe gewesen zu sein, dieselbe, von der unsere Kopten stammen, der die hohen Kasten, Priester, Krieger u. dgl. angehörten. Wo kamen letztere aber her? sollten sie indischen Ursprunges, und vielleicht mit dem Kultus der alten Aegypter, der entschieden indischen Charakter an sich trägt, von der Ostküste Afrikas ins Innere eingedrungen sein, die Priesterstaaten im südlichen Nubien, Meroë u. a. gestiftet, die Felsentempel des nördlichen Nubien gebaut haben, und von da aus als Eroberer dem Nil entlang nach Aegypten gegangen sein? Ich glaube, wir werden dahin kommen, diese Fragen beantworten zu können, und wie ich so bei mir selber dachte, wenn ich zwischen jenen Trümmern menschlicher Grösse, die nach Jahrtausenden rechnen, einherging, werden wir sie mit Ja beantworten. In Aegypten sehen wir in der ganzen Reihe seiner Riesendenkmäler nichts Gemeines, nichts Rohes, nichts mit einem Worte, was auf eine totale Kindheit der Kunst hindeuten möchte; nur Hohes, Herrliches, Vollendetes. Ein Volk, welches solche Werke liefert, muss herangezogen werden durch Jahrhunderte, durch Jahrtausende, wenn seine Werke originell sind, wie die ägyptischen, und dann wird man nicht nur die Werke seiner Meisterschaft sehen, sondern den ganzen Gang seiner Ausbildung noch in den Trümmern entnehmen können. Da dies aber in Aegypten nicht der Fall ist, so muss dies Volk in der höchsten Kunstausbildung dahin gelangt sein; und gehen wir den Strom hinauf, so finden wir den Weg, den es wahrscheinlich machte. Berber trifft man in Unterägypten als eigentliche Volksmasse gar nicht, nur im südlichsten Theile von Oberägypten nehmen sie einzelne Dörfchen ein; in Nubien aber bilden sie die vorherrschende Bevölkerung.«**) Hier sehen wir den entgegengesetzten Weg der Gesittung am Nile, und sicher richtiger gezeichnet als bei Bunsen. Je weiter hinauf am Strome, desto mehr tritt das Aegypten der Denkmäler vor unsere Augen. Schon Raffles, Crawfurd und Middelkop fanden in den Javanern geradezu »verbannte Aegypter«, und die durch einen Theil des Jahres aus Indien südwestwärts wehenden Wechselwinde mussten früh die Fahrten nach Ostafrika begünstigen. Schou der Araber hat seinen Namen (ereb, Abendland) von einem weiter ostwärts wohnenden Volke erhalten.

Vom Meerbusen von Adule oder Zulla führt uralt ein Weg ins äthiopische Hochland, wo Axum in Trümmern liegt, auf die Wasserscheide zwischen dem Zebe nach Süden und dem Nile nach Norden, wie noch heute

---

*) Cailliaud, Voyage à Meroé. Paris 1826.
**) Russegger, Reisen. Stuttgart 1841. S. 302 ff. Vergl. Waddington 1820.

der Völkerscheide zwischen heller farbigen Aethiopen und den negerischen Gallas. Kulturspuren nach Süden will man bis 20 und 21 Grad Südbreite im alten Goldlande westlich von Sofala in kuklopischen Mauern (Symbaoë, Agisymba) mit fremden Inschriften gefunden haben*), während westwärts nicht nur im Osttheile der libyischen Wüste die alten Garamanten, jetzt Tibbos (Aethiopen?) in der westlichen die Tuariken, die altnumidischen Kabilen und Amazirghen im Atlas bis Miknâs, von da an die Schilhu bis zu den auf den Kanarien ausgestorbenen Guanchen mit ihren Mumien unnegerisch sind (wohl eher von Osten als aus Europa, wie der Gang des Islam), sondern im Innern die auf die ebenfalls nicht krausen, nicht plattnasigen, den Neger verachtenden, am Scholiba weit verbreiteten Fullah, Fellata, Futa stürzenden Mandingos mit gelblichem, regelmässig ovalem Gesichte und schlanker, bärtiger Gestalt Rittern als ursprüngliche Inder vorkamen. Ich musste schon vor 30 Jahren bei den biblischen Namen von Hams Söhnen: Chus oder Hus, Misraim, Fut und Chanaan unwillkürlich an die Reiche und Stämme Hussa oder Haussa, Futa, Aegypten und die von dort und dem rothen Meere (Herod. 1, 1) nordwärts ziehenden Kanaaniten denken**). Am Nil hinab steigend gründeten die Arier das vielbesprochene Priesterland Meroë zwischen zwei Armen des Landesstromes, wo die Pyramiden als Grabmäler beginnen, deren mehrere Lepsius im Jahre 1844 öffnen liess. Die erste Anlage der Grottentempel in den natürlichen Felsen ausgehöhlt, wie zu Abu Simbul (Ibsambul) in Nubien mit den ungeheuern Façaden, vor dem grössern Tempel vier riesige Figuren sitzend, 65 Fuss hoch (aufgerichtet 80 Fuss), erinnern eben so lebhaft an Indien, als des Manethos grosse Zahlen von der anfänglichen Regierung der 7 ältesten Haupt- und dann der 8 Halbgötter, hierauf der Priesterkönige, in Allem 13900 Jahre, »bis auf den Bydis«, welchen Bunsen 9085 v. Chr. setzen möchte***), sich an die ähnlichen Rechnungen der Brahmanen anzuschliessen scheinen, indem ich in Bydis den Budias der letzteren finden zu sollen glaube †).

Dem Inder, welcher sich der aufgehenden Sonne zuwendet, ist der Ost vorne (parva, purva, prastha, daher die Prasier), der Süd rechts (dakschina, dexter, daher Dekhan), der Nord links, aussen (uttara, daher die Gebirge dort Uttara Kuru, wie in der Edda die äussere Riesenheimat Utgard), der West hinten (apara, altteutsch afar, after, daher Afrika, Ofir und der Wind dorther Zefyros), und nördlicher Ayrawata, Europa (wie Arabien). Der Augenbildung an vielen ägyptischen Denkmalen nach (ob jetzt oder wohl erst in der Ramesidenzeit) muss man auch sakische, schinesische Beimischung anerkennen. Auch ist der'Gehörgang an den Mumienschädeln nicht gleichlinig mit den Nasenflügeln, sondern mit den Augen, die Ohren somit höher angebracht.

---

*) Ritter, S. 139—142.
**) Leitfaden zur Geografie, St. Gallen 1837 u. 38. S. 88.
***) Bunsen cit., S. 346.
†) Der arm. Eusebios, S. 93. Sync. p. 18. 19. 51.

Sprache und Schrift und deren Verhältniss zum Norden anbelangend, erwähne ich, ohne Schlüsse ziehen zu wollen, folgende Thatsachen: Aru, auru äg. Fluss. Man vergleiche oben die Wassernamen. Kom äg. Feste, Schloss, oben Kome, cham, hanu; Kahi äg. Erde, und das altteutsche gawi, kewi, und griech. ge, gaeu; api äg. Kopf und apex, caput; ar sich erheben, aufsteigen, und oben bei den Höhennamen ar (und oriri); atf äg. Vater und atta; aha äg. Kuh und vacca; mer äg. lieben und amare; mere kopt. Ueberschwemmung (mare); kna äg. biegen, kneb äg. Knie, genu; chret äg. Kind und das alte corred. Zwerg und Cretin; kefa äg. Hand, hebr. kaf und unser capio; pti äg. Fuss und podos, pedis, pada; Osiris und das ind. Eswara, Iswara, und das assyrische Nisroch, Asarach; Ftah, Ptah, der Zwergevater Hefästos und die fönikischen, zwergigen Patäken; der hebräische, samaritische und fönikische Buchstabe Alef (Rind), Kalb, und der griechische, oskische und lateinische A und ihre Form; Beth (Haus, Stadt), die Hieroglyfe Heerd, die Rune borg und das Wort Bett u. a.; Waf, der F, die Hornschlange, und unser ophis und der mythische Wurm fafnir, fofnir; Chet, Zauu, unser Chett (der Kanal zum Mühlenrade) und die Wurzeln chata, gada oben bei Einzäunung, Wohnung; Mem hebr. M (Wasser), runisch bereits Man, madr, Mann; P und die Hieroglyfe Pferch, besonders griechisch und oskisch; R, das Sonnerad (Ra) und die Rune rât, reid, Rad.

Eine bestimmte Zeitrechnung beginnt erst mit des Manethos drei Geschichtbüchern, wie oben gesagt ist (sein drittes 1646 Jahre vor 350 v. Chr. = 1996; sein zweites 2121 Jahre früher, 4117 v. Chr., und sein erstes 2350 Jahre vorher) mit dem Jahre 6467 v. Chr.

Das erste Buch des Manethos haben wir in folgender Gestalt, wobei die Seiten-Summationen (in der Pariser Ausgabe von 1752 augenfällig verschrieben) von Synkellos sind.

	Jul. Africanus:	Eusebius:	Kritisch:
1. Dyn.	8 Far. in 253 J.	8 Far. in 252 J.	8 Far. in 253 J. 6467 v. Chr.
2. »	9 » » 302 » 555 J.	9 » » 297 » 549 J.	9 » » 302 » 6214 »
3. »	9 » » 214 » 769 »	8 » » 198 » 747 »	9 » » 214 » 5912 »
4. »	8 » » 274 » 1046 »	17 » » 448 » 1195 »	8 » » 274 » 5698 »
5. »	9 » » 248 » 1294 »	31 » » 100 » 1295 »	9 » » 248 » 5424 »
6. »	6 » » 203 » 1497 »	x » » 203 » 1498 »	6 » » 203 » 5176 »
7. »	70 » anarch.	5 » anarch.	70 » anarch. 4973 »
8. »	27 » in 146 J. 1639 »	5 » in 100 J. 1598 »	18 » in 146 J. 4973 »
9. »	19 » » 409 »	4 » » 100 »	19 » » 100 » 4827 »
10. »	19 » » 185 »	19 » » 185 »	19 » » 185 » 4727 »
11. »	17 » » 59 » 2350 »	17 » » 59 » 2300 »	17 » » 425 » 4542 »
Macht:	201 Far. u. 2293 J.	123 Far. in 1942 J.	192 Far. in 2350 J.
	Afric. nahm jedoch an (Sync., p. 59): 192 Far. u. 2350 J. 70 T.	Eus. (Sync., p. 60; Maio, p. 98): 192 Far. in 2300 J. 75 od. 79 T.	

Des Manethos' Zeitrechnung 6467 v. Chr. steht hier beinahe allein, ausser dass die persische ihren Zoroaster um 6348 und die indische ihren Dionüsos um oder vor 6342 v. Chr. angiebt*). Nun zählte Africanus (Sync., p. 59) ausdrücklich im ersten Manethobuche 192 Faraone (»φαραών« heisst ägyptisch König«, sagt Jos. Ant. VIII. 6, 2) und 2350 Jahre und 70 Tage, und Eusebios (Sync., p. 60 und A. Maio, p. 98) 192 Faraone und 2300 Jahre und 75 oder 79 Tage. Die Posten zusammen gezählt, geben jedoch diese Summen nicht, müssen somit verschrieben sein. Was ist hier zu thun? Sicher nicht, wie die Gelehrten bisher thaten, den Muth aufgeben und Selbstfabrizirtes an dessen Stelle setzen. Versuchen wir eine Lösung, eine Herstellung.

In der 4. Dynastie scheint der Abschreiber des Eusebios die Faraone der 4. und 5. zusammengezählt zu haben (8 + 9 = 17), und in der 5. ist ähnlich kumulirt. Diodor hilft die Schwierigkeit sogleich mehr als zur Hälfte heben, indem er klar berichtet: »Auf den König Menas folgte eine Reihe seiner Abkömmlinge, welche über 1400 Jahre herrschten.«**) Der Grieche giebt uns hier, ausser dem Belege, dass man wenigstens zu seiner Zeit, 60 Jahre v. Chr., diese Reihe nicht als neben, sondern nach einander herrschend kannte, alle 6 ersten Dynastien, wie sie hier Manethos bei Africanus hat, freilich blos 48 ausser Menes, nicht 52, aber genau auf diesen ersten Farao »über 1400«, nämlich 1432 Jahre durch. Wir haben somit den Manethos so weit bei Africanus richtig. Bunsen zieht all diesem vor, die 6 Dynastien in einer Liste von 22 Königen zu suchen, welche Synkellos (p. 91) angeblich nach Apollodor und Eratosthenes giebt, und Alles mit 1146 Jahren abzuthun***). —

Die 7. Dynastie macht stutzen. »70 Memfiter, welche 70 Tage herrschten«, sagt Synkellos p. 58, und Eusebios »5 Memfiter durch 75 Tage« Sync., p. 59 (79 Tage p. 60) oder im Armenischen und bei Samuel »annis 75« (Maio, p. 98 und Samuel, p. 20). Jedenfalls anarchische Zeit. Aber Eusebios muss doch 70 gezählt haben (seine 123 Faraone + 70 = 193); hingegen in der Synkellischen Ausgabe hat Africanus, nach dessen eigener Angabe 9 Faraone zu viel, und zweifelsohne in der 8. Dynastie (201 — 9 = 192 Könige), weil diese die einzige fehlerhafte in der Königszahl unter allen 11 Dynastien ist, somit 18 Faraone. Die Jahre anbelangend zählt Synkellos in den 8 bisherigen (p. 58) 1639, und es sind wirklich, wenn man die erste nur zu 252 Jahren rechnet, so viele, sonst 1640, was, da Diodor die 6 ersten eben so zählte wie Africanus, die bisherige Rechnung, auch in diesen zweien als bewährt erscheinen lässt. Synkellos tadelt den Eusebios ernst, dass er

---

*) Eine Angabe im armenischen Eusebios, p. 93: Manium Heroumque dominatio annis 5819, würde von 350 v. Chr. auf 6163 v. Chr. hinauf führen.
**) Diod. 1, 45.
***) Bunsen II, S. 33—242. Die Liste, wie er sie verbessert, im Urkundenbuche S. 62.

sowohl in Ansehung der Könige als der Jahre des Africanus Angaben entstelle*).

Am ärgsten war in des Africanus Manuskripte verschrieben die 11te, die Schlussdynastie des Buches. Sowohl Eusebios als Synkellos zählen »16 Thebäerkönige in 43 und auf sie Ammenemes in 16 Jahren«, somit 17 Faraone in 59 Jahren! Es sollen jedoch auf diese Dynastie, um die 2350 Jahre voll zu machen, deren 425 fallen.

In der oben erwähnten s. g. Eratosthenesliste bei Synkellos, p. 91, welche dort ungeschickt »Thebäer« genannt wird, obwohl kein einziger Farao bis hieher aus dieser Stadt war, sondern alle Thiniter, Memfiter, Elefantiner und Herakleopoliten, und auch diese lückenhaft, nämlich 22 Herrscher aus den 49 der ersten 6 Dynastien, und welche Bunsen trotz alle dem seinem ganzen Systeme leider zu Grunde legte, finde ich unmittelbar auf die 6. Dynastie, die Faraoninn Nitokris, folgend, also nach einer Lücke von 4, vielleicht sämmtlich als anarchisch angesehenen Dynastien, eine Reihe Könige, die sich als wirkliche Thebäer charakterisiren und als Schluss einer Abtheilung erscheinen, da der Abschreiber, kritiklos wie er ist, aus dem ihm vorliegenden Kanon (wo doch sogleich der grösste der Bisherigen, Sesostris I., gefolgt wäre) 53 folgende Namen »als überflüssig und unnützweggelassen hat. '(Und dennoch liess sich Bunsen verleiten, dies Machwerk, welches 1076 Jahre zählt, anstatt 2350, ein »kostbares Denkmal« zu nennen und dessen Verfasser den »Führer« der ältesten Epoche zu brauchen**).)

In dieser angeblichen Eratosthenesreihe (die vom gelehrten Alexandriner aber, wie der erste Blick darauf zeigt, nicht sein kann), in welcher wirklich ein König mit 43 Jahren vorkömmt, und zwei Amenemes, heisst der zweitletzte Fruron oder Neilos und der letzte Amuthartaios (oder Amyntimaios nach Bunsen); die Jahre geben indess blos 400, fehlen somit 25 Jahre. Aber Synkellos hat p. 91 ff. noch einen Kanon, dessen 17 erste Namen unverkennbar mit obigen in inniger Verbindung stehen, obwohl die Liste, was auch Bunsen fand, ein ähnliches Fabrikat ist***). Unter diesen 17 ist ein Achoreus und ebenfalls ein Amenemes.

Hier hilft abermals Diodor auf die rechte Bahn. Er nennt, und, wie jene erstere der 2 Listen die Dynastien 7 bis 10 übergehend, gleich an die sechste angeschlossen, 17 Busiriden, Gründer (Verschönerer) von Theben und Memfis, welches der letzte von ihnen nach seiner Tochter benannte. »Dieser soll, wie ein Mythos erzählt, der Flussgott Nilos in Gestalt eines Stieres genaht und mit ihr den Aegyptos gezeugt haben, von welchem das Land den Namen erhielt, als die Regierung auf ihn übergegangen.« †) Der König Fruron (nach Bunsen Fuoro) oder Neilos ist derselbe Name mit

---

*) Sync., p. 59.
**) Bunsen I, S. 156. 175. Anders Lepsius, S. 407. 408. 509, besond. 518.
***) Bunsen I, S. 265.
†) Diod. 1, 45—51.

Uchoreus*), wie in der zweiten Liste ein Achoreus und in beiden Amenemes vorkommen. Noch mehr, der Sohn der Uchoreustochter, Aegyptos, ist der Gründer der 12. Dynastie, Sesonchosis, der auch bei Manetho »der Sohn des Ammenemes«, des letzten seiner 11. Dynastie, ist, so dass die Aufeinanderfolge der Dynastien und die Identität der 4 Listen, der verstümmelten des Africanus, der Diodors, der des Eratosthenes und der Synkellischen, gar keinem Zweifel mehr unterliegen kann. Eratosthenes konnte seinen 11. Farao nur dann Ammenemes II. heissen, wenn schon ein I. vorangieng, wie in der nebenanstehenden Liste wirklich geschieht. Dieselbe Identität erhellt auch aus den Jahren des 13ten in beiden Canones.

Die 11. Dynastie wäre somit folgende:

	Diodor.	Eratosthenes (Sync., p. 104 ff.).		Synkellos (die Sothis).		Versuch einer krit. Lösung.
1.	Busiris I.	Mörtaios	22 J.	Mestraim	85 J.	22 J.
2.		Thaosimares	12 »	Kuredes	68 »	12 »
3.		Sethinillos	8 »	Aristarchos	34 »	8 »
4.		Semfukrates	18 »	Spanios	36 »	18 »
5.		Chuter	7 »	N.	} 72 »	} 7 »
6.		Meures	12 »	N.		} 12 »
7.		Chomaeftha	11 »	Serapis	23 »	23 »
8.		Soikûnios	60 »	Sesonchosis	49 »	60 »
9.	Busiris II.	Peteathûris	16 »	Amenemes	29 »	29 »
10.		(Amenemes I.	26 »)	Amosis	2 »	26 »
11.		Amenemes II.	23 »	Akesefthres	13 »	23 »
12.		Sistosichermes	55 »	Achoreus	9 »	55 »
13.		Mares	43 »	Arminses	4 »	43 »
14.		Siftbas	5 »	Chamois	12 »	5 »
15.		N.	14 »	Miamus	14 »	14 »
16.	Uchoreus I.	Fruron	5 »	Amesises	65 »	5 »
17.	Uchoreus II.	Amuthartaios	63 »	Uses	50 »	63 »
			400 J. (a. mundi 3576 bis 3976).		510 J.	425 J.

Ob hier Namen entstellt, ob sie griechische Versuche sind, die barbarischen ägyptischen zu hellenisiren, ob Busiris aus Pete-Athyris entstanden sei, oder eher der Name der Stadt Theben selbst (taph-Osiris, des Osiris Grab) und ob er nun auch europäisch und Herakleidisch klinge (da sie als des Menes Geschlecht, wirkliche Pelasger und Herakleiden sind) und Strabo mit Recht sagen konnte, es habe nie einen König des Namens Busiris gegeben**), so irrte Lepsius (S. 270. 273) eben so sehr, wenn er wähnte, diese Dynastie streichen zu sollen, als Bunsen, in ihnen eine Episode — vor Menes zu suchen***).

---

*) Auch Lepsius (S. 275) nimmt Neilos und Uchoreus als einen Namen an.
**) Strabo 17, 1. Leps., S. 273.
***) Bunsen I, 183, welcher wegen des letztern von Lepsius (S. 270. 271) getadelt wird.

Noch mehr und das Obige überraschend bestätigend, Diodors Stelle: »12 Menschenalter nach obigem Könige regierte Möris«, der Erbauer der an Pracht alle früheren übertreffenden nördlichen Vorhallen in Memfis und der Anleger des berühmten Sees*), hat schlechterdings keinen Sinn, wenn wir im »obigen« oder »vorhin genannten Könige« den letzten Uchoreus nehmen, wie man bisher that. Der Sinn ist: »nach obigem Busiris I.«, und das trifft buchstäblich zusammen (4542, wo Busiris I. beginnt, — 396 = 4146, wo Möris, welcher Uchoreus II. selbst ist, in der That noch herrscht, dessen Name einfach heisst Mi-Fra, Liebling der Sonne).

Herodot, weit früher, erzählt: »Hernach (auf Menes) sagten mir die Priester aus einem Buche noch die Namen von 330 Königen her. Unter so vielen Menschengeschlechtern waren 18 Aethiopen und eine eingeborene Frau, Nitokris. — Die übrigen Könige, sagten sie, haben keine Werke ausgeführt, und so auch nichts Glänzendes, einzig den letzten von ihnen, Möris, ausgenommen«, von welchem er dasselbe sagt, was Diodor**). Diese Worte verleiteten Lepsius, den Möris als den letzten von den 331 Faraonen anzusehen, während Herodot einfach die Könige weiter zählt, sogar die 18 Aethiopen, die 25. Dynastie des dritten Manethobuches, deren letzter in der That der 341. in meinem Kanon ist. Eben so irrig suchte Bunsen***) den Möris in der sechsten Dynastie oben im Farao Fiops oder Apafos, welcher aber bekanntlich vor der Nitokris herrschte. Die Worte Herodots »der letzte von ihnen« deuten blos an, dass auch zu seiner Zeit eine Faraonenabtheilung, das s. g. alte Reich, das erste Manethobuch schloss, dessen letzter wirklich Uchoreus, Uses oder Möris ist.

Auch Bunsen nahm an, seine Eratosthenesreihe müsse »mit einer Epoche, mit einem geschichtlichen Wendepunkte, aufhören, nicht nach einer gewöhnlichen Erscheinung, wie ein Dynastiewechsel ist« †). Nur irrt er in der Annahme dieser Erscheinung, welche ich an ihrem Orte klar bezeichnen will.

---

*) Diod. 1, 51.
**) Herod. 2, 100, 101.
***) Bunsen (II, 200), welcher S. 207 die 18 Aethiopen für die — 5. Dynastie hielt, wie Lepsius S. 255 für die 5. und 6.
†) Bunsen I, 171.

Menes. Die Pyramiden. Theben und Memfis.

Während nun (und ich überlasse es diesen Gelehrten, zu erklären warum) Champollion-Figeac mit dem Jahre 5867, Lesueur mit 5773, Böckh mit 5702 und genau am 20. Juli, Brugsch 4455, Lepsius 3893, Bunsen 3623, Seyffart 2781 des Menes Anfang und Aera beginnen, bleibe ich, eine Aufeinanderfolge der 192 Faraone in 2350 Jahren annehmend, wie Manethos und lange nach ihm Diodor thaten und auch Herodot andeutet, beim Jahre 6467 v. Chr. Mag nun das Wort *men* ägyptisch bedeutet haben »gründen, Gründer«, der Name des ersten Farao Menes (Josefus schreibt Minaios) ist oben nachgewiesen als arisch, und heisst Mann, wie Adam Mensch. Er bezeichnet in Europa, in Indien und am Nil den historischen Anfang der Menschheit. Als Nachfolger des vor ihm herrschenden Gottes Oros oder Ra ist er der Sohn, der Liebling desselben, Mis-Ra, wie Ra-Mes, indisch Ramas, und nach ihm heisst das Land in der Mehrzahl (Ober- und Unter-Aegypten) Misraim, und vom Landesstrome Aegyptos*).

Beim Namen des ersten und des Stammvaters der Faraone verlohnt sich wohl der Mühe, ihn noch recht ins Auge zu fassen. Mis-Ra oder Ra-Mes sind nicht lokal ägyptische Namen; Ramas ist schon am Ganges der Sonnengott; ja ich weiss nicht, ob ich, aber die Versuchung dazu liegt nahe, an die römischen, unzweifelhaft dioskurischen, Zwillingsnamen Romos und Remos erinnern darf**). Menes ist derselbe mit Mestraim. »E Chamo, Noachi filio, post diluvium ortus est Aegyptus sive Mestraimus, qui primus ad Aegypti incolatum profectus est«, heisst es bei Eus. Maii. p. 94. Eben so »a primo rege Mestraim, qui Manethoni Menacus« Sync., p. 53 und $M\epsilon\varsigma\varrho\alpha\iota\mu$ ὁ καὶ $M\iota\nu\eta\varsigma$ p. 91. Nach Filo war bei den Fönikern erst »der höchste Gott, von ihm die Titanen, von diesen Amynos (Amun) und Magos, von diesen Misor und Sydyk, und von Misor Taaut, der Schrifterfinder, der ägyptische Thooth, Thoyth, hellenisch Hermes«. In der syrischen Uebersetzung Apostelg. 14, 11 heisst es für Hermes Mesare, und die Karer nannten den Dionûsos (des Zeus Sohn) $M\acute{\alpha}\sigma\alpha\varrho\iota\varsigma$ (Creuz. Symb. III, 64).

Aber wir haben all das viel näher. Des argischen Sonnegottes Perseus Sohn hiess Mestor. Weiblich stammte von ihm der Tafier Pterelaos, welcher »goldenes Haar« trug und »unsterblich« war, und dessen Sohn abermal ein Mestor war (Apollod. II. 4, 5). So hiess wiederum einer der

---

*) Da Oros oder Horos ägyptisch auch Her heisst, ist der Name des Frühlings-Sonnegottes Her-mes dasselbe.
**) Mit Roma haben diese nicht nothwendig zu thun, welcher Name, wie Rama, Romein u. s., einfach das keltische rum, locus, und das teutsche »Raum« ist.

Söhne des, wie wir sehen werden, unstreitig dem Faraonenstamme angehörigen Priamos, des Bruders von Tithonos (Apollod. III. 12. 5). Auch weiblich haben wir diesen Sonnennamen. Der Thessaler Erysichthon, nach dem Tode als Ofiuchos (der Schlangenträger) am Himmel stralend, ein Pelasgername, hat eine Tochter Mestra, welche die Gabe besitzt, sich in alle Thiergestalten zu wandeln, somit unzweifelhaft eine Mondgöttinn, wie schon Creuzer (IV, 142) annahm.

Seit wir aber wissen, wer und wo daheim dieser frygische Patriarch Manes mit seiner Tochter Kübele, dieser Ausonenkönig Mares ist, wird wohl kaum ein Einwurf gegen seine ureuropäische Autochthonie mehr denkbar sein. Wie er Chrüsaor, der mit dem Goldschwerte ist, und der in seinem Pelasgerstamme besungene Perseus der Sohn des himmlischen Goldregens, ein χρυσόπατρος, so sind alle von ihm Ausgegangenen, in Argos, in Assyrien, in Persien, wie am Nil, wo sie 24 Dynastien durch, bis auf die äthiopische, mit oder ohne Unterbruch herrschen (in Ninos noch über 180 Jahre länger bis 819 v. Chr.), »vom goldenen Geschlechte«, χρυσογόνου γενεᾶς (Aeschyl. Pers. 77)*).

»Von den menschlichen Königen, sagten sie, sei Menes der erste, unter welchem, ausser dem thebäischen Bezirke, ganz Aegypten ein Sumpf gewesen sei, so dass nichts daraus hervorragte von Allem, was jetzt unterhalb des Sees Möris liegt, und es ist in diesen See, vom Meere aus, eine Fahrt von 7 Tagen stromaufwärts. Was sie über das Land sagten, darinn musste ich ihnen beipflichten. Ist es doch, auch wenn man nichts davon gehört und blos gesehen hat, ganz offenbar, wenigstens für jeden Verständigen, dass jenes Aegypten, wohin die Hellenen schiffen, ein neu gewonnenes Stück vom Aegyptenland und ein Geschenk des Flusses ist; ja sogar, was bis auf eine Fahrt von 3 Tagen über den See hinaus liegt, und wovon jene nichts mehr sagten, ist wiederum von dieser Art. So weit geht das angeschwemmte Land.«**) »Der Fluss sei ganz längs dem sandigen Gebirge gegen Libyen hin gelaufen, und nun habe Menes weiter hinten, einhundert Stadien von Memfis, seinen mittäglichen Arm (Ἀγκών, die Flussbiegung) zugedämmt und so das alte Strombett ausgetrocknet, den Fluss aber in einem Ringgraben zwischen den Gebirgen durchgeleitet. Nachdem er so das vom Damme begrenzte Stück zum festen Lande gemacht, habe er auf demselben die Stadt angelegt, welche jetzt Memfis heisst, und aussen um dieselbe herum einen See aus dem Strome gegen Norden und Westen gegraben; denn gegen Osten begrenzt sie der Nil ohnehin.«***) Diese älteste Schilderung widerlegt handgreiflich die Annahme einer Einwanderung vom untern Nile her. Menes selbst wird bezeichnet als Oberägypter aus This (Abydos oder el Birbeh).

---

*) Vergl. Herod. 7, 61. Creuz. IV, 44—48.
**) Herod. 2, 4. 5. Strabo 1, 2. 3.
***) Herod. 2, 99. Bei Diod. 1, 94 heisst der Farao Mneves, worinn Bunsen (II, 48) irrig den Crenkel sucht.

Bei Klein-Thebeu, an der Nordwestbeugung des Stromes, beginnt ein geringerer Nil-Arm in vielen Krümmungen, beim Volke genannt Bahr Jussuf, Josefskanal, nördlicher noch heute al Menhi oder Mini, den Manche für das ursprüngliche Strombett halten. Ob Memfis, bei Daschur, öffnet sich ein Thal links durch die libyische Bergkette, jetzt der Eingang erhöht und mit den Pyramiden von Sakkara wie geschützt. Das Thal dahinter heisst noch Bahr el bala ma, der Strom ohne Wasser, oder Bahr el farigh, der trockene Strom, mündet nordwestwärts, eine Strasse der Pilger aus der Berberei, ins Mittelmeer, und wurde von Mehreren (Andreossy) als der von Menes abgedämmte Nil angesehen, welcher jetzt, wie Herodot sagt, »zwischen den Gebirgen«, nicht mehr »gegen Libyen hin«, durchs Land und (ehemals in 7 Mündungen) ins Meer fliesst*). Gerade auf der Dammhöhe, ob Abusir bis Bedrachein, also am linken Ufer des jetzigen Stromes, legte der Farao (wenn er es that und nicht eher ein Späterer der 11. Dynastie) die Stadt Memfis (Menufi) an, deren Steine die Araber zum Baue ihres Kahira wegnahmen und deren Grundmauern Nilschlamm deckt, so dass wir kaum die Stätte des Ptah-Tempels bei Mit Rahineh vermuten dürfen. Seinem Sohne Athotis (des Manes Sohn und Enkel heissen Kotys und Atys) 6405 schreibt Manethos den Weiterbau der Stadt und ärztliche Kenntniss zu. Auch dessen Sohn Kenkenes hat den Beinamen Athothis, und des letztern Sohn Uenefes, 6346, unter dem eine Hungersnoth erwähnt ist, habe Pyramiden gebaut. Manethos nennt noch mehr historische Ereignisse, wie er sie verzeichnet fand: eine Seuche unter dem 7., ein Erdbeben unterm 9., die Einführung der Kulte der Sonnenstiere Apis und Mnevis und des Pan-Mendes unterm 10., die Erklärung der Herrschfähigkeit der Frauen unterm 11., das Honigfliessen des Nils unterm 15., die Riesengrösse des 16. Der 17. ist der letzte der 2. Dynastie und der letzte Thinite, von denen die s. g. Eratothenesliste nur 5 giebt. Es folgt die 3., Memfitische, 5912, wie die 4., 5698, mit Soris oder Biüris. Dessen Nachfolger Sufis I. oder Saofis (Chufu, Cheops), 5679, von Herodot, bei welchem er als Götterverächter erscheint, aus Missverstand in die 23. Dynastie hinab versetzt**), baute, nach Africanus, die grösste der 3 grossen Pyramiden (horam el kebir) für sein Grabmal (nach neuerer Forschung sei sie von seinem Nachfolger)***), von 460 Par. Fuss Höhe, jede Seite der Quadratbasis noch heute, trotz der Sandanhäufung, 716½ Fuss oder 300 Schritte, der Umfang unten 2866 Fuss, die ganze Grundfläche 550,000 Par. Quadratfuss, so dass es eine gute Viertelstunde Zeit bedarf, um sie herum zu gehen, die Höhe, seit die Marmor- oder Porfyrbekleidung herabgerutscht oder durch Menschenhände weggenommen ist, auf 203 Stufen zu ersteigen, die Grabkammer aus

---

*) Vergl. Buns. II, 38—45. Sync., p. 54 und Maio, p. 95.
**) Herod. 2, 124—127. Diod. 1, 63. Buns. II, 115. Leps., S. 260. Sync., p. 56. Maio, p. 97.
***) Buns. II, 134.

ungeheuern Tafeln ausgesuchten thebäischen Marmors, aufs kunstreichste zusammengefügt, mit dem Granitsarge. Der Nachfolger Sufis II., 5616, (Herodots Chefren) errichtete die zweite, zum Theil noch jetzt mit Quadern bekleidet, und dessen Nachfolger Mencheres (Herodots Mükerinos), 5550, begann die dritte, die schönste, obwohl nur 165 Par. Fuss hohe, mit geschliffenem Steine bekleidet. Oestlich von beiden grossen ragt aus dem zunehmenden Wüstensande die aus einem 173 Fuss langen Felsen ausgehauene liegende Sfinx, der Leib fast 90 Fuss lang, der Kopf vom Kinne zur Scheitel 26 Fuss hoch, einst mit roth gefärbtem stucco überzogen, auf den Lippen mit einem Raume, dass ein Mann drauf wandern kann, zwischen den Füssen ein kleiner Monolithentempel. Vollendet, d. h. wohl auf das Doppelte an Grundfläche und Höhe gebracht, wurde die dritte Pyramide von der 4985 herrschenden Neithokris, der 49sten, welche, ihren ermordeten Gatten und Bruder Menthesufis an den Thätern rächend, 4973 die 6. Dynastie schloss*).

Südlich von der grossen Pyramide fanden neuere Forscher (Mariette) das Apieion oder Serapeon, erst den Tempel des Hapi selbst, dann der Apise Gräber, Säulengänge, Statuen und über 2000 Sfinxe in Reihen. Durch den Eingang rechts betritt man die gewölbten Tunnels, zu deren beiden Seiten die riesigen Apissarkofage aus polirtem Granite stehen, so geräumig, einen bespannten Wagen in der Höhlung aufzunehmen, jeder mit einem Deckel**).

Bis hieher reichen des Manethos 6 Dynastien und 1494, auch von Diodor bestätigte Jahre, mit 49 Faraonen.

In der Anarchie, durch welche Neithokris umkam, erscheint die Herrschaft von 70 Tyrannen als 7., und darauf die 8. und 4827 die 9. Dynastie, so wirre, dass man uns keine Namen aufbewahrt hat, ausser dem ersten dieser letztern, Achthoes, welcher zur Qual des Landes herrschte und wahnsinnig von einem Krokodile umgebracht wurde***). Nicht nur hat Africanus keine anderen Namen, sondern, wie eben gezeigt ist, gehen Herodot und Diodor von der 6. Dynastie, Neithokris, und mit ihnen die Eratosthenesliste, sogleich zur berühmten 11., den s. g. Busiriden, über†), so dass Bunsen die 7., 8. und 11. als gleichzeitig annehmen zu sollen glaubte††), worin schon sein Missgriff genug ist, in Achthoes der 9ten den Aethioper Aktisanes (von diesem nachher) des Diodor und dann die 18 Aethioper des Herodot zu erblicken†††).

Ich will nun näher von diesen Busiriden sprechen.

---

*) Herod. 2, 127—134. 100. Sync. 58. Maio 97. Diod. 1, 64. Strabo 17. Lepsius, S. 305. 306.
**) »Ueber Land und Meer«, X. Bd. (1863), S. 725. 726.
***) Sync. 59. 60. Maio 18.
†) Herod. 2, 100. 101. Diod. 1, 45.
††) Buns. II, 243—270.
†††) Diod. 1, 60 lange nach der 18. Dynastie, und Herod. 2, 100.

Wenn die ägyptischen Priester, ob nun dem Solon oder später dem Platon, so viel und Genaues vom Volke der Atlanten, ihren Siegeszügen und davon zu erzählen wussten, dass dieselbe Göttinn (Athene, ägyptisch Athor, Neith) Athen und erst »1000 Jahre später« das ägyptische Saïs (selbstverständlich erst nach der Trockenwerdung des Delta, am kanopischen Nilarme, bei Sa el Hagar) gebaut habe*), — wenn die Alten wussten, Helios habe auf Rodos die gleichnamige Telchinentochter geliebt und nach einer grossen Flut die 7 Heliaden erzeugt, deren einer, Aktis, nach Aegypten auswanderte, dort (und wieder im Delta, am pelusischen Nilarme, unweit Matarich) seinem Vater zu Ehren die Stadt On oder Heliopolis gründete und den Aegyptern die schon von den Telchinen her ererbte Sternkunde mittheilte, welche nach einer spätern Flut die Aegypter sich als ihre eigene Erfindung zuzuschreiben wussten**), — wenn sie uns berichten, Herkules habe auf seinem Zuge gegen den Iberer Geryon, in Libyen landend, dort den Antaios und nach Aegypten kommend den Tyrannen Busiris erlegt, Libyen durchwandert und darinn »eine Stadt von ungeheurer Grösse und deshalb Hekatompylos genannt« hinterlassen, welche die Karthager später eroberten***), so sind das lauter, aus bisher Gesagtem leicht erklärliche, Verhältnisse zwischen dem arischen Norden und dem Nillande. Auch die Stadt Busiris lag im Delta, Abusir am sebennytischen Arme des Stromes, etwas südlich von des Manethos Vaterstadt.

Anknüpfend an das oben über die 11. Dynastie Vorgebrachte, führe ich Diodors Worte an, welcher, nach Aufzählung der 52 (bei Manethos genau 49) Könige der 6 ersten Dynastien, fortfährt: »Hierauf wurde Busiris (I.) König und nach ihm 8 seiner Abkömmlinge; der letzte von ihnen, mit demselben Namen wie der erste (also Busiris II., der 9te der Dynastie, der 184ste seit Menes) erbaute die Stadt des Zeus (Diospolis, No Amun, Amuns Stadt), wie die Aegypter sie nennen, und die bei den Hellenen Thebä heisst — die blühendste nicht nur von Aegypten, sondern von der ganzen Welt — bei Homer Hekatompylos.«†) »Die Thebäer behaupten, unter allen Menschen sei ihr Stamm der älteste.«††)

Nach der Natur der Sache und dem Bisherigen war Theben im obern Aegypten, von 25 Grad 41 Minuten Nordbreite an, der älteste Faraonensitz, wenn schon bisherige Herrscher nach This, Memfis, Elefantine und Herakleopel benannt erscheinen, wo sie herstammten, und auch Bunsen, obschon er, nach seiner Voraussetzung, vom Kulturgange den Nil aufwärts, Memfis als Reichssitz älter als Theben nennt, weiss: »von der 21. Dynastie an ist das Delta Wiege und Sitz der Königshäuser, während Theben mehr und

---

*) Platons Timäos. Vergl. Diod. 3, 54. 56. 57.
**) Diod. 5, 55—57.
***) Diod. 4, 17. 18.
†) Diod. 1, 45.
††) Diod. 1, 50.

mehr die Stadt heiliger, alter Erinnerungen wird«*) und »Thebens Urzeit ist die Vorzeit Aegyptens«**). Dahin deutet auch ihr Name vom ältesten der 8 Hauptgötter. Amun, welchem zu Ehren sie der spätere Osiris (Dionüsos) gestiftet hat***). Aber Dionüsos ist aus dem europäischen, ältern Theben, wo der uralte Herrscher Europens, der Autochthone Ogyges, zu Hause war, welcher, nach Aegypten auswandernd, dort die Hunderttborige baute und nach seiner Gattinn Thebe benannte†). Das böotische Theben hatte ein Ogygisches Thor (wie die Westinsel Europa selbst Ogygien hiess und Ogyges der Okeanos, der Stammvater der Fryger-Pelasger oder Inachiden, der Kinder des Idäischen Daktylos war, unter denen der Busirisname heimisch ist), und ein anderes hiess das Onkäische, von der Athene Onka, bei Statius »das Nëitische ($N\eta\bar{\iota}\tau\alpha\iota$)« genannt, »nicht jedoch«, sagt Bunsen, »von der ägyptischen Neïth, sondern von deren Urbilde, das wir als Anaït kennen« ††). Athene hat ja auch Saïs gegründet, wo ein Hauptkult von ihr war. Heute sind die Felsgrotten und »Grabmäler der Könige« (Byban el Moluk), Trümmer einer Sfingen-Allee, des Palastes von Kurnah, des Memnonion, des Osymandiasgrabes, umgestürzte Kolosse, Reste des Hippodromes bei Kum el Bayrat links und die Reste eines Palastes und Tempels, eine Allee von Widdern (Amuns Thier), eine von Sfingen u. a. der grossartigsten Ruinen bei Karnak und Luksor, wie die eines kleinern Hippodromes rechts vom Nil, Alles, was von der Amunsstadt übrig ist.

»Von den Nachkommen dieses Königes« (Busiris II. in meinem Kanon) Pete-Athyris oder Amenemes, d. h. Amun Mi, geliebt von Amun) »hiess der achte (somit der 17. und letzte der Dynastie) seinem Vater nach Uchoreus (somit II.); er gründete Memfis, die berühmteste Stadt Aegyptens. — Da der Nil an der Stadt vorbeifliesst und, wenn er steigt, die Gegend überschwemmt, liess der König gegen Mittag einen sehr grossen Wall aufwerfen, der als Schutzwehr gegen den anschwillenden Strom dienen sollte. Auf den anderen Seiten liess er rings umher ein weites und tiefes Bett für einen See graben, der den Ueberfluss des Stromes aufnahm und den ganzen Umkreis der Stadt, ausser dem Theile, wo der Wall aufgeführt war, ausfüllte. So glücklich hatte der Erbauer die Lage gewählt, dass die folgenden Könige Theben verliessen und beinahe Alle den Regierungssitz und ihre Wohnung dorthin verlegten. Daher fieng auch Theben von da an zu sinken; Memfis dagegen hob sich bis auf die Zeit Alexanders von Makedonien.« †††) Bunsen nennt dieses Diodorische Bruchstück eine »Volkssage« und »eine Ueberlieferung aus der Zeit vor Menes, und zwar wahrscheinlich aus Ober-

---

) Buns. V, 472. 473.
**) Buns. II, 46.
***) Diod. 1, 15. — Er ist Amuns Sohn Diod. 3, 68. 73.
†) Schol. macr. Arist. bei Creuzer, Symb. IV, 31; III, 128.
††) Buns. V, 344. Note.
†††) Diod. I, 50.

ägypten«*). Aber, wie ich bereits zeigte, hörte Diodor bei diesem Anlasse auch, Memfis sei dieses Uchoreus II. Tochter gewesen, mit welcher der Flussgott Neilos den Aegyptos erzeugt habe, den berühmten Farao und Nachfolger, von welchem das Land den Namen erhalten**). Dasselbe ists, wenn Manethos den letzten aus den 17 dieser Dynastie, Ammenemes (Amun Mi), den Vater (Adoptiv- oder Schwiegervater?) des Sesonchosis nennt, welcher, da die männliche Busiridenlinie ausstirbt, als der Tochtersohn die 12. Dynastie gründet und eben jener Aegyptos ist.

Wir haben hier augenscheinlich bei Diodor die richtigere Erzählung der oben durch Herodot irrigerweise bereits dem Menes zugeschriebenen Gründung von Memfis durch den letzten der 11. Dynastie, den Amenemes oder Uses (Uchoreus II.), von welcher Dynastie Herodot nichts anzugeben weiss, als vom »letzten von ihnen«. Möris, den berühmten See seines Namens***). Ich erwähnte bereits, Diodor, welcher den Möris sogleich nach Uchoreus anführt, sage: »Zwölf Menschenalter später als der vorhin genannte König herrschte Möris« †), was er irrigerweise auf Uchoreus deutete, während der erste der Dynastie, Busiris I. oder Mirtaios, der 176. Farao, gemeint ist; dieser, 4542 regierend, ist wirklich 12 Zeugungen (396 Jahre) vor Möris, dem 192. Farao, 4180 v. Chr., der ja Uchoreus II. selbst ist, »der letzte von ihnen« nach Herodot. »Er erbaute in Memfis die nördlichen Vorhallen, welche die übrigen an Pracht weit übertreffen. Zehn Schönen (600 Stadien, eines zu 125 Schritten) oberhalb der Stadt legte er einen See an von ungeheuerer Ausdehnung, dessen Umfang 3600 Stadien und die Tiefe an den meisten Stellen 50 Klafter betragen soll. Weil der Nil nicht immer auf eine bestimmte Höhe stieg, die Fruchtbarkeit des Bodens aber sich nach dem Verhältnisse dieser Höhe richtete, sollte der See den Ueberfluss des Stromes aufnehmen, damit nicht bei einer grössern Wasserfülle die Ueberschwemmung zu stark würde — und doch auch dann, wenn der Zufluss nicht hinreichte, die Früchte nicht durch Wassermangel Schaden litten. Vom Flusse bis zum See führte der König einen Graben, 80 Stadien lang und 300 Fuss breit; nun konnte man den Strom bald herein, bald hinweg leiten. — Das Auf- und Zuschliessen erforderte eine sehr künstliche und kostspielige Einrichtung. — Beim Ausgraben des Bettes liess der König in der Mitte einen Platz übrig, wo er dann ein Grabmal und zwei Pyramiden erbauen liess, die eine für sich, die andere für seine Gemalin, jede ein Stadium hoch; darauf stellte er steinerne Bildsäulen, auf Thronen sitzend.« ††) Der Einfluss in das im libyischen Gebirge liegende Thalbecken Fayum (in

---
*) Buns. I, 183; II, 105; vergl. 56.
**) Diod. 1, 51. Aechter heisst es bei Apollod. II. 1, 4: Epafos, der Pelasgerinn Jo und des Telegonos Sohn, habe des Nilos Tochter Memfis geehelicht und die Stadt erbaut.
***) Herod. 2, 101.
†) Diod. 1, 51.
††) Diod. 1, 51. Herod. 2, 149. Strabo. Buns. II, 209—235.

dessen vordern Theil, nimmt Linant und nach ihm Lepsius an, nicht, wie man bisher meinte, in den See Birket el Gorn oder Kerun)*) geschieht aus dem Arme Bahar Jussuf, etwa 29 Grad 20 Minuten N. Br. gegenüber Benisuef am Nile, bei Ptolemais (el Lahun).

Der Farao herrschte 4180—4117, 63 Jahre lang, und mit ihm enden die 11 Dynastien, die 192 Faraone und 2350 Jahre des s. g. »alten Reiches« und des ersten der drei Manethobücher**).

Des Manethos zweites Buch. Biblische Rechnung. Sethosis I.

Des Manethos zweites Buch besitzen wir in folgender Gestalt:

	Africanus.	Eusebius.	Andere.	Aritäth.
12. Dyn.	7 Thebäer 160 J.	7 Theb. 245 J. (182)		7 Far. 160 J. 4117
13. „	60 „ 453 7„	60 „ 453 „		9 „ 184 „ 3957
14. „	(76 Xoiten 184 „)	76 Xoit. 184 od. 484 J.		8 „ 191 „ 3773
15. „	6 Fönik. 284 „	Theb. 250 J.	Jos. 6 Far. 260 J.	6 „ 260 „ 3582
16. „	32 Hellen. 518 „	5 „ 190 „	8 „	(518 „ 3322
17. „	(43 Andere 43 Theb.) 151 „	4 Fönik. 103 „	Syne. (p. 408) 4 „ 254 „	48 „ 365 „ 2804
18. „	16 „ 263 „	14 Theb. 348 „	Jos. 17 „ 333 „	17 „ 333 „ 2538
19. „	6 „ 200 „	5 „ 194 „		174 „ 6 „ 209 „ 1996
Macht:	213 Far. 2271 J.	171 + 2 1967 ed. 2767 J.		96 Far. 2121 J.
Er rechnete aber:	96 Far. 2121 J.	96 Far. 2121 J.		

Auch hier geben die Posten die Rechnung nicht und sind verschrieben. Die Faraonenzahl anbelangend, ist sie ausgewiesen in den 4 Dynastien 12., 15., 18. und 19., wo die Könige namentlich aufgeführt sind, also $7+6+17+6 = 36$, so dass zu den 96 von Africanus gerechneten noch 60 gesucht werden müssen, und zwar für die 13. (wo Africanus und Eusebius wirklich, wenn auch missverstanden, die 60 haben), 14., 16. und 17. Dynastie. Die Zahl 96 ist aber richtig, denn 87 des dritten und 192 des ersten Manethobuches sind ausgemittelt und geben 279 Faraone ($+96 = 375$), da Herodot für die 25 Dynastien vor Sethon 341 Faraone zählt***), nach Sethon aber noch 34 bis auf den letzten, Nektanabos II., allbekannt sind.

---

*) Lepsius, S. 262.
**) Champollion-Figeac zählt blos 107 Faraone in 2164 Jahren, Böckh 2298 und Bunsen — 542 Jahre.
***) Herod. 2, 142.

Nun sind gerade die fraglichen Faraonenzahlen der 13., 14., 16., 17. Dynastien eben so viele Entstellungen, da sie bei Eusebius und bei Africanus viel mehr Könige ergeben, als das ganze Buch enthalten kann.

Die Zahl 43, welche Africanus in der 17ten doppelt aufführt, und die 8, welche Synkellos (p. 96. 101. 103) als Thebäer, unmittelbar vor den Fremden giebt, machen 51 Faraone, und es bleiben für die 13. Dynastie noch 9. Bunsens Textumänderung (III, S. 24. 25) wage ich nicht zu beurtheilen.

Während bisher neben den 11 Dynastien des ersten Manethobuches nur drei Traditionen anderer, sämmtlich arischer, Völker, aber wenn auch mit chronologischen Angaben, doch nur fragmentarisch vorhanden, einherliefen, die europäische des Manes-Ogyges, die persische der Mahabadeu und die indische des Manus, treten beim Beginne des zweiten Buches mit der 12. Dynastie, 4117 v. Chr., an die Seite der ägyptischen, sie nicht mehr verlassend, zwei benachbarte, die babylonische, beginnend mit dem Jahre 4169 (2000 Jahre vor Semiramis) oder 3969 v. Chr. (1800 Jahre vor derselben)*) und die biblische 4132 v. Chr. Dieses Zusammenstimmen um wenige Jahre (ich lasse die Zahlen, wie sie sind, und kann mich dem »Gleichmachen« nicht fügen, obwohl es Sitte ist und hanc veniam petimusque damusque vicissim) wird man wohl kaum einen Zufall nennen, eben so wenig als dass des Manethos folgende Abtheilung, die 12. bis 19. Dynastie, genau 2121 und die, ebenfalls 19, ersten Patriarchen 2136 Jahre zählen, und dass mit dem Jahre 1996 v. Chr. die 19. Dynastie endet und die 20. anfängt, wie mit demselben Jahre der 20. Patriarch den Abraham zeugt (somit herrscht).

Bei der babylonischen und der hebräischen Chronologie, deren letztere sich auf die erstere stützt, stehen wir verlegen da. Wir haben es hier nicht mit dem nüchternen, verständigen Aegypter, dem gewissenhaften oder doch in seinen Supputationen Gebühr und Mass haltenden Griechen, sondern mit einer durch Priester erst spät künstlich angelegten Berechnung zu thun, welche sichtbar gesucht hat, ihrem Systeme durch Losreissung von der viel älteren Geschichte am Nil eine scheinbare Ureigenthümlichkeit und Autochthonie zu verschaffen. Die Verfertiger ahnten nicht, dass es ihnen gehen werde wie den Uebertünchern und Uebermalern alter Faraonen-Bildwerke und -Schriften, wo mit der Zeit der trügerische Tünch abfällt und die ursprünglichen Gestalten und Züge rächend aus Tageslicht treten. Lepsius sagt S. 14: »Ich halte es, namentlich seit den tief eindringenden Forschungen Ewalds (Gesch. des Volkes Israel, 1843—1848) für ausgemacht, dass die erste umfassendere Redaktion alttestamentlicher Schriften in keinem Falle vor, wahrscheinlich erst nach der Blütezeit der hebräischen Poesie unter den ersten Königen stattgefunden hat« — und S. 393: »Die jeder historischen Erfahrung widersprechende Verlängerung der 30jährigen Geschlechter auf mehr als 100jährige für die nächsten Vorfahren Mosis, welche mitten

---

*) Philo in Histor. Graec. Fragmm. III, 575 und Herennius bei Eustath. ad Dionys. v. 1005.

unter den Aegyptern, deren Lebensalter den unsrigen völlig gleich kamen, lebten, müsste entweder als ein absichtliches Wunder erscheinen — oder die einfache Geschichtlichkeit der Personen selbst und der sie betreffenden Ereignisse bezweifeln lassen. Die ausgezeichnetsten und ernstesten Forscher unserer Zeit wendeten sich daher zu der Ansicht, dass die Geschichte der drei Erzväter Abraham, Isaak und Jakob weniger streng zu fassen sei, sondern gleichsam nur 3 Repräsentanten längerer Epochen dem Leser vorführe.«*) Ich habe seit mehr als 20 Jahren nach demselben Grundsatze gelehrt, finde aber die Schwierigkeit der Art, dass ich, nachdem so viele und grosse Gelehrte sich vergebens bemüht, Licht in dies Dunkel zu bringen, mich dahin bescheiden will, vielleicht anschaulicher als es bisher geschehen ist, zu zeigen, wo das Wahre stecke und dann zu retten, was noch zu retten ist.

»Man hat die 10 grossen babylonischen Epochen oder Regierungen (von Aloros bis Xisuthros) sehr vielfach mit den s. g. 10 Geschlechtern der Erzväter von Adam bis Noah verglichen. Aber die ganze Vergleichung ist unhaltbar.« Und: »Die biblische Schöpfungsgeschichte und die Angaben der Epochen der Urmenschheit stehen einzig da in den Ueberlieferungen und bieten bis auf die Flut keine Berührung dar mit den nicht-semitischen Berichten.« Das ist die Ansicht Bunsens**). So dachte man nicht vor 1500 Jahren. Eusebius nahm die 10 Babylonerkönige und die 10 Volkshäupter in Aram als identisch, und die armenischen Geschichten mit ihm***). Die ungeheuern Berosischen Jahrzahlen der 86 Babylonerkönige vor Küros (und genau so viele finden sich) sind wohl zu berechnen, und Lepsius irrt, wenn er S. 7 wähnt, das habe bisher Niemand eingesehen. Ich habe die 120 Sarenepochen der 10 ersten (und Synkellos zeigt p. 32 wie) schon vor 20 Jahren zu reduziren versucht, und der Leser mag selbst urtheilen, ob richtig oder unrichtig.

	Berosos.			Hebr. Text.				Jos.-phos.	Ihr LXX.
1.	Aloros	10 Saren	3902	Adam	geb. 4132 zeugt im	130. J.		230.	230. 3902
2.	Alaparos	3 »	3802	Seth	» 3902 »	» 105. »		205.	205. 3797
3.	Amelon	13 »	3773	Enos	» 3797 »	» 90. »		190.	190. 3707
4.	Ammenon	12 »	3645	Kenan	» 3707 »	» 70. »		170.	170. 3637
5.	Amegalaros	18 »	3525	Mahalaleel	» 3637 »	» 65. »		65.	165. 3572
6.	Daonos	10 »	3350	Jared	» 3572 »	» 162. »		162.	162. 3410
7.	Edoranchos	18 »	3251	Enoch	» 3410 »	» 65. »		165.	165. 3345
8.	Amemfsinos	10 »	3073	Methusalah	» 3345 »	» 187. »		187.	167. 3158
9.	Otiartes	8 »	2974	Lamech	» 3158 »	» 182. »		182.	188. 2976
10.	Xisuthros	18 »	2895	Noah	» 2976 »	» 500. »		500.	500. 2476
	120 Saren†).			Bis zur Flut		. 100 »		100.	100.
								1656 J.	2156. 2242.

---

*) Rich. Lepsius, Die Chronologie der Aegypter. Berlin 1849.
**) V², 40. 81.
***) Armen. Eus., p. 13. Samuel, p. 6.
†) Sync., p. 18. Eus., p. 7. Lepsius, S. 228.

Die Identität der beiden Canones wird nach diesem Ueberblicke kaum noch Jemanden zu läugnen einfallen; aber überraschen wird es, zu sehen, dass dieselben Personen, welche die Bibel einfach als Stamm- und Volkshäupter giebt, in Babylon als die ältesten vorflutlichen Könige Mesopotamiens erscheinen, etwas, das später noch deutlicher zum Vorschein kömmt. Glauben ist nur denkbar in Dingen, wo kein Wissen möglich ist. Ich hielt dies mein Verfahren gerade meiner Achtung gegen die morgenländischen Quellen angemessener, als mit Bunsen*) die Namen Arfaxad, Israel und Esau für blose Bezeichnungen von Gegenden und Stämmen, oder gar mit Nork**) die Patriarchen, ja Moses als — mythologische Wesen zu erklären. Sobald einmal das Sehen für unerlaubt ausgegeben werden sollte, müssten vor Allem die Augen abgeschafft werden.

Dass beide Canones früher, wie der ägyptische, frygische, persische und indische, ins siebente Jahrtausend v. Chr. hinauf reichten, bin ich fest überzeugt, und ist beim hebräischen augenfällig. Nehmen wir für die Flut die Rechnung der Griechen (bei Varro), als die allerbestimmteste: 1600 Jahre vor der ersten Olympiade, 776 + 1600 = 2376, so fällt nach der gewöhnlichen Lesung die Schöpfung des Menschen (2376 + 1656) auf 4032 oder 4132 v. Chr., nach Josefus, welcher die hebräische ältere Version vor sich hatte (2376 + 2156), auf 4532 v. Chr. und nach den LXX und Synkellos gar 5172 oder 5550 (Africanus 5500). Die Flut galt, da angeblich in ihr das gesammte Menschen- und Thiergeschlecht bis auf wenige umkam, als eine zweite Schöpfungsepoche, und zählen wir von der ersten, 4532 v. Chr., Josefs 2156 Jahre noch einmal, jedoch abgezogen die 230 Jahre Adams vor Seths Geburt, so ergiebt sich 4532 + 2156 — 230 = 6458, ja wenn wir mit Josef die Flut 12 statt blos 2 Jahre vor Arfaxads Geburt setzen, 6468, fast buchstäblich die Aera des Menes. Hat ja schon Panvinus den Adam 6310 v. Chr. angenommen.

Ferner liefert die hebräische Bibel zwei Stammtafeln:

1. *Gen.* 5, 9—25.	2. *Gen.* 4, 16—18.
Kenan	Kain
Mahalaleel	Hanoch
Jared	Irad
Henoch	Mahujael
Mathusala	Methusael
Lamech	Lamech,

somit eine nach der Ueberlieferung der Sethiten, die andere nach derjenigen der Kainiten, die augenscheinlich eine und dieselbe sind, wo in letzterer jene Kinder Lamechs, die Erfinder alles dessen, was das Leben der ersten Welt entwilderte, Zeltbau, Viehzucht, musikalische Werkzeuge, Erz- und

---

*) IV, 446. 427.
**) Andeutungen eines Systems der Mythologie. Lpz. 1850. Abraham = Zeus und Sarah = Mond, S. 27. 29.

Eisenschmieden geradezu von Kain abgeleitet werden, dem Ackerbaustamme, welcher dem Abelischen, dem hirtlichen, feindlich gegenübersteht. Es sind dieselben Künste und Beschäftigungen, welche an den nach Osten ziehenden Atlanten, den Ariern, mythisch an den frygischen Idäer-Daktylen, den Telchinen und Heliaden gerühmt werden.

Ich kehre zu Manethos zurück.

Das 2. Buch des Sebennyters beginnt im Jahre 4117 mit dem 193. Farao Sesonchoris, Sesonchosis, Sesortesen I. der Denkmäler, des Diodor Aegyptos, dem Sohne des Busiriden Ammenemes und der Uchoreus- oder Nilostochter. Der 194. Ammenemes wurde von seinen Eunuchen umgebracht. Ihm folgte 4033 der 195ste, Sesostris I., welcher (sagen die Listen bei Africanus und Eusebius fälschlich, den Farao mit dem grossen Sesosis der 19. Dynastie verwechselnd, eine Glosse, die, auch nach Lepsius, nicht von Manethos herrühren kann) »riesengross, binnen 9 Jahren ganz Asien und alle Provinzen bis zum europäischen Thrakien eroberte«, und bei den besiegten Völkern jene Siegesdenkmale hinterliess, welche Herodot, Manethos und Diodor richtig dem spätern Sesostris II. aus der 19. Dynastie zuschreiben*). Lepsius will S. 286 die Nachricht als Zusatz eines Glossators zu Manethos ansehen, weil die Denkmäler dieser Dynastie von einer Eroberung Asiens keine Spur zeigen. Das stimmt mit uralten nordischen Angaben und charakterisirt sich als eine in der Geschichte nicht selten vorkommende Umkehrung der Thatsachen. Trogus Pompejus nämlich oder Justin berichtet: Sesostris, älter als der Eroberer Ninos (somit ausdrücklich Sesostris I.) habe den nordischen Skythen Krieg angekündet, sei jedoch von ihnen, unter ihrem Könige Tanaos (augenscheinlich der Inachidisch-pelasgische Name Danaos) am schwarzen Meere geschlagen und »mit Zurücklassung seines Heeres und Kriegsvorrates« heimgetrieben worden, worauf die Skythen, durch die Sumpfländer von Aegypten abgehalten, »binnen 15 Jahren [Asien unterjochten, welches ihnen bis auf Ninos, welcher der Zinsentrichtung ein Ende machte, 1500 Jahre lang pflichtig blieb«. Diese Skythen haben das parthische und baktrische Reich und ihre Weiber das der Amazonen gegründet**). Bei Strabo heisst derselbe Skythenkönig Idanthyrsos, welcher »Asien bis nach Aegypten durchstürmt«***), und bei Arrian Indathyrsos, wo er »nicht nur viele Völker Asiens sich unterworfen, sondern auch siegreich in Aegypten eingedrungen«†). Auch Diodor hörte, die Nachkommen des Zeussohnes Skythes (des Manes) haben »einen beträchtlichen Landstrich jenseits des Tanais bis Thrakien erobert; dann unternahmen sie Feldzüge auf der andern Seite und erweiterten ihr Gebiet bis an den Nil in Aegypten.

---

*) Sync., p. 59. 60. Maio, p. 98. Herod. II, 102 ff.
**) Just. 1, 1; 2, 3. 1.
***) Strabo 15, 2.
†) Arrians Ind. 5.

so dass sich nun ihr Reich bis an den östlichen Ozean und auf der andern Seite bis ans kaspische Meer und den Mäotischen See erstreckte.*)

Unstreitig treffen wir hier, und darum beginnen die Verfasser der biblischen und babylonischen Jahrbücher, wie die am Nil, eine neue Abtheilung, ein neues Reich, das siegreiche Auftreten der weissen Race (eben der Skythen) in Aram, und darum dort oben der erste Stammpatriarch Adam (wiederholt), der erste König Babyloniens, Aloros, und die Züge bis Aegypten, welches jedoch der Eroberer eben so wenig erobert, als später Semiramis es zu erobern brauchte, eben weil der Sieger bereits Farao am Nil ist.

Dikäarchos von Messene (verführt von der Alexandriner Berechnung der Ilion-Epoche) setzt den Eroberer Sesostris 2500 Jahre vor Nileus (2500 + 1212 = 3712) oder 2936 Jahre vor der ersten Olympiade, 2936 + 776 = 3712, was ziemlich genau mit Justins Angabe der »1500 Jahre bis auf Ninos« stimmt (2214 + 1500 = 3714). (Nähmen wir die Olympias des Iftos, so wäre es [2936 + 828] 3764, und den Nileus in der wahren Ilionzeit, dann 2500 + 1270 = 3770.) Hier treten die biblische und babylonische Rechnung an unsere Seite. 1) Adam, geboren 4132, zeugt in seinem 130. oder 230. Jahre, 3902, was somit als seine Herrscherzeit in Aram gilt; wie Aloros in Mesopotamien 3902 herrscht. Der Sohn des Letztern ist 2) Alaparos 3802, und Adams Seth 3797, abermal beide Namen gleichzeitig. Bunsen erinnert hiebei an den ägyptischen Gott Seth, Sothis, Suti**). 3) Des Alaparos Sohn Amelon 3773 und Seths Enos 3707, mit der hochbedeutsamen Nachricht: »Damals begann man den Namen Jehovas anzurufen.«***) Es ist das Ueberhandnehmen des Monotheismus der Arier und Zoroasters unter den polytheistischen Urbewohnern Arams. Das ist aber fast buchstäblich auch die Epoche der angeblichen Siege des Farao, und ebenfalls des dritten derselben 12. Dynastie.

Auf Sesostris giebt die Liste als 196. Farao den Lachares, Lamares, Lampares, Labares, angeblich Erbauer des berühmten Labyrinthes in dem Bergbecken Arsinoïtis (Fayum), unweit der Krokodilstadt (Arsinoë). Es war ein Viereck, jede Seite ein Stadium (600 Fuss); darinn 12 Höfe mit Säulengängen und 6 Thore gegen Norden, 6 gegen Süden, alle in einer Reihe und aus weissen genau gefugten Steinen, von einer Ringmauer umschlossen, innerhalb welcher die Halle sich ausdehnte, auf jeder Seite mit 40 Säulen, in der Mitte 1500 oberirdische und 1500 unterirdische Säle; vor den Eingängen und durch die Höfe so viele Windungen, dass ohne Führer sich kein Fremder ausfinden konnte. Die Decken jedes Saales waren aus einem einzigen Steine, wie die Irrgänge der Breite nach mit ungeheuern Platten aus einem Steine gepflastert waren und nirgends Holz oder anderes

---

*) Diod. 2, 43.
**) Buns. V*, 63. 70.
***) Gen. 4, 26.

Material. Die Decke wies künstlich ausgehauenes Getäfel und bunte Gemälde und die Wände lauter Basreliefe. All das blos über der Erde, denn die unterirdischen »wollten die Aufseher«, sagt Herodot, »durchaus nicht zeigen, weil daselbst die Grüfte der Könige, die das Labyrinth erbaut, und der heiligen Krokodile sich befänden. — Dies habe ich selbst gesehen und fand es über alle Beschreibung; denn nähme man alle Bauten der Hellenen und die von ihnen aufgeführten Werke, so würde bei ihnen zusammengerechnet Arbeit und Aufwand sich doch unter diesem Labyrinthe zeigen. — Schon die Pyramiden waren über Beschreibung, allein dies übertrifft noch die Pyramiden.« Am Ende stund eine Pyramide, Seiten und Höhe 40 Klafter oder 400 Fuss.*) Lepsius fand in den Ruinen des Labyrinthes den Namen »Amenemha«. So hiess des Sesostris Vater, weshalb dieser Aegyptolog in ihm den Möris der Liste und den Gründer des Labyrinthes und des Sees sieht**). Strabo hörte einen der Erbauer Ismandes nennen, ein Name mit Osymandyas, dessen Prachtgrabmal Diodor mit seinen Vorhöfen, Sälen, Siegesdarstellungen an den Wänden und Bilderkolossen beschreibt***). Die Ausgaben des Plinius, wie wir sie besitzen, schreiben die Erbauung des Labyrinthes »vor 3600 (oder 4600) Jahren«, somit um 4564 oder 3564 v. Chr. zu »factus a Petesucco rege sive Knefroe« (oder Tithoe), was zwischen die 10. und 15. Dynastie fiele.

Die Egregoren (Hüksos).

Wie nun neben der 12. Nil-Dynastie die Aramäer ihre 2 ersten Patriarchen haben, so giebt uns Manethos eine folgende 13te von abermal Thebäern und dann eine 14te von Xoïten, die Aramäer aber 4) in Babylonien den Ammenon 3645 und in Aram des Enos Sohn Kenan 3637; 5) in Aram Mahalaleel 3572 und unten Megalaros 3525; 6) Jared (Irad) in Aram 3410, und Daonos 3350 babylonisch; 7) Henoch in Aram 3345 (Kainitisch Kains Sohn, Irads Vater), ein gefeierter Name, im persischen Register der zweite der zweiten oder Dschei-Dynastie, Kadihr, in den Arabersagen al Chedr oder al Chidr, beim Volke noch heute als nicht gestorben, sondern mit Elias am jüngsten Tage erscheinend, in Erinnerung, in Mesopo-

---

*) Herod. 2, 148. Diod. 1, 66. Strabo 17, 1.
**) Leps., S. 262 ff.
***) Diod. 1, 47—49. Ueber Osymandyas Leps., S. 276.

tamien mit augenfällig demselben Namen. Edoranchos 3251; 8) Mathusala in Aram 3158, und Amfis in Mesopotamien 3073.

Interessant geben die ächt-asiatischen Quellen um diese Zeit noch sprechendere Berichte vom Hereinbrechen einer nicht-asiatischen Macht, welche überwältigend auftritt. Josefus im Sinne des Semiten: »Diese (Seths Nachkommen) verblieben in dieser Weise, Gott für den Herrn aller Dinge erkennend, sieben Alter durch und sahen in Allem auf Tugend. Im Verlaufe der Zeit jedoch wandten sie sich von den väterlichen Einrichtungen zum Schlimmern u. s. w. und erzürnten Gott. Denn viele Engel des Herrn, mit den Weibern Umgang pflegend, erzeugten Söhne frevelhaft und alles Ehrenhafte verachtend, weil sie sich auf ihre Gewalt verliessen; denn diese vollbrachten Aehnliches, wie die Hellenen von den Thaten ihrer Giganten erzählen.«[*]) Die Bibel aber: »Als sich die Menschen auf Erden zu mehren angefangen hatten und ihnen Töchter waren geboren worden, da sahen die Söhne Gottes, wie die Menschentöchter schön seien, und nahmen sich Weiber aus Allen, die sie erwählten. Darum sprach der Herr: mein Geist wird nicht immerdar rathschlagen über diese Menschen, darum dass auch sie Fleisch sind. So seien von nun an ihre Tage 120 Jahre. In denselben Tagen waren Riesen auf Erden, und sind auch nachher gewesen, als die Söhne Gottes zu den Menschentöchtern eingiengen — die sind die Gewaltigen, welche vor Zeiten berühmte Leute gewesen sind.«[**]) Noch nähere und chronologisch fixirte Berichte giebt das s. g. »erste Buch Henoch«. Die Egregoren (Ἐγρήγοροι) entbrannten in Liebe zu den schönen Töchtern der Menschen, und ihr Haupt, Semiazas, reizte sie auf, sich mit schwerem Eide zu verbünden; sie waren 200 und es geschah auf dem Berge Hermon. Ihre Häupter waren 20: Semiazas, Atarkuf, Arakiel, Chobabiel, Horammame, Ramiel, Sampsich, Zakiel, Balkiel, Azalzel, Farmaros, Anariel, Anagemas, Thausaël, Samiel, Sarinas, Eumiel, Türiel, Jumiel und Sariel. Diese und die Uebrigen stiegen (»nach Adams Tode, im 1000sten Jahre der Welt, in Jareds 440stem(?) und Seths 770stem«, somit, je nachdem Adam 4532 oder 4132 v. Chr. angenommen wird, im Jahre 3532 oder 3132, herab und nahmen Weiber im Jahre der Welt 1077, somit 8455, oder im Jahre der Welt 1170 (dann 3362 v. Chr.), die sie besassen bis zur Zeit der Flut. Aus ihnen entstanden 3 Stämme: die Riesen (Giganten), die Nafelim (Nefilim) und aus letzteren die Elluden. Ihre Zahl nahm zu, und sie unterrichteten sich und ihre Weiber in Vergiftungen und Zauberkünsten. Sie verfertigten Schwerter, Panzer und Kriegswerkzeuge; sie schmelzten Metalle und machten Schmuck aus Gold und Silber, sie polirten Steine und wendeten Farben an. Sie hatten Sternkunde und weissagten daraus[***]). Dann bringt Synkellos aus dem Kirchenvater Efraim

---
[*]) Jos. Ant. I, 3, 1.
[**]) Gen. 6, 1—4.
[***]) Sync., p. 11—13. 19. Auf p. 16 heisst es: sie stiegen herab im 1058. Jahre der Welt, was 3474 v. Chr. wäre.

die Ansicht: Kains Nachkommen haben im Lande Od (Nod, bei Josefus Naid) gewohnt, die von Seth aber seien durch den Stammvater Adam, damit sie sich nicht mit des Brudermörders Geschlechte vermengen, im höhern Lande (Aram) untergebracht worden; die Kainiten seien klein von Körpergestalt geblieben, die Sethiten hingegen wié die Riesen und die Engel des Himmels. Aber die Töchter der ersteren haben letztere mit Flötengetön und Musik herabgelockt und sich mit ihnen verbunden*). In der That sind die Künste und Kenntnisse der Egregoren dieselben mit den erwähnten der Atlanten, Telchinen, Heliaden und Kainiten, weil die Personen dieselben sind, dieselben, welche Dionäsos vom frygischen Tmolos nach Indien brachte.

Dieser Darstellung, welche, ächt semitisch, den Eindringlingen alle Verderbniss zuschreibt und sie als die Ursache der kommenden »Sündflut« schildert, kömmt hier die ägyptische Chronologie unterstützend entgegen, wobei jedoch Africanus und Eusebios sich sehr widersprechen. Ersterer ordnet die Dynastien des zweiten Manethobuches ziemlich anders.

		Africanus.	*Eusebius.*
12.	Dyn.	Thebäer.	Thebäer.
13.	»	Thebäer.	Thebäer.
14.	»	Xoïter.	Xoïter.
15.	»	Föniker-Nomaden.	Thebäer.
16.	»	Hellenische Nomaden.	Thebäer.
17.	»	Andere Nomaden und Thebäer.	Föniker-Nomaden.
18.	»	Thebäer.	Thebäer.
19.	»	Thebäer.	Thebäer.

Mit Eusebios stimmt (er hat es vielleicht daher) die s. g. alte Chronik (κατὰ παλαιὸν χρονικόν), die Bunsen als unkritisches Machwerk charakterisirt, eine von Maio herausgegebene Dynastienliste**) und eine, oben bereits erwähnte Synkellische***). Synkellos tadelt den Eusebios p. 63 scharf, dass dieser, »seinem Privatsysteme (οἰκεῖον σκοπόν) zu lieb, die von Africanus in der 15. Dynastie angeführten Könige in die 17. herab versetzt« und Jahre und Namen verändert habe.

Des Manethos Geschichte berichtet das siegreiche Eindringen »Fremder« an den Nil, wo sie 511 Jahre lang die Herrschaft behaupten. Darüber besitzen wir zwei interessante nähere Angaben, die uns in der allerdings schwierigen Epoche nicht wenig, vielleicht sogar genug, Licht bringen.

Thatsache ist, dass die Könige, gegen welche das Ungewitter heranzog, Thebäer, Nachkommen des genannten Sesonchosis und des ersten Sesostris waren. Noch mehr, Eusebios hat, den Fremden vorangehend, quinque regum

---

*) Sync., p. 15.
**) Scriptorum vett. nova collectio e Vaticanis codd. edita. Romae 1825, t. I, 2. Abth., p. 24. 25. Die alte Chronik bei Sync., p. 51. 52.
***) Sync., p. 91. 96. 101. 103. 104. 108. 123. 147.

Thebaeorum qui regnaverunt annis 190*). Nun liefert uns die schon erwähnte Synkellische Liste, und ebenfalls vor den Eindringlingen, gleich an die Namen der 11. Dynastie, welche ich oben dieser Liste entnahm (Mestraim bis Uses), angeknüpft, die auffallend thebäisch klingenden Namen einer Dynastie von 8 Faraonen, und wirklich 191 Jahre herrschend, der letzte genannt Koncharis, und fährt fort: »Anno sexto Concharis istius regis decimae sextae dynastiae, cycli apud Manethonem dicti Cynici**) complentur anni 700. Successerunt Tanitae reges quatuor, qui sub decima septima dynastia regnum annis 254 obtinuerunt.«***) Hier haben wir, nach der Annahme, die Fremden seien die 17. Dynastie, ihre thebäischen Vorgänger, deren letzter Koncharis (Kencheres) heisst, gerade wo, leider, der Synkellische Africanus eine Lücke hat. Diese wird aber ausgefüllt durch ein kostbares Fragment, welches Josefus angeblich aus Manethos selbst giebt, somit das einzige, welches nicht blos Auszug durch Africanus wäre. »Dieser Manethos schreibt im zweiten Buche seiner Αἰγυπτιακῶν Folgendes »von uns†): Wir hatten ehemals einen König Timaos, zu dessen Zeit, »da uns die Gottheit, ich weiss nicht weshalb, mehr zürnte, aus den orien- »talischen Landen Menschen, zwar unedeln Geschlechtes, jedoch voll Kühn- »heit, in dieses Land einen Einfall machten und dasselbe leicht und ohne »Streit unter sich brachten, seine Fürsten übermächtigten, die Städte grau- »sam anzündeten und der Götter Tempel zerstörten. Gegen alle Eingeborene »aufs feindlichste verfahrend, brachten sie einige um, versetzten anderer »Kinder und Weiber in Knechtschaft, und wählten endlich einen aus ihnen, »Namens Salatis, zum Könige. Derselbe hielt sich in Memfis auf, das »obere und untere Land zinspflichtig machend und in den gelegensten »Plätzen Besatzungen zurücklassend. Am meisten befestigte er die östlichen »Landstriche, vor den Assyrern besorgt, welche dazumal am mächtigsten »waren, und vor ihrer künftigen Lust zu einem Einfalle in dieses Reich.« Dann befestigt der König im Saïtischen (wohl verschrieben für Sethroïtischen), östlich vom Bubastis-Nilarme die Stadt Avaris (Pelusion?) und er und 5 Nachfolger, 260 Jahre durch, »waren die ersten Fürsten unter ihnen, immerfort Krieg führend und Aegypten zu vertilgen suchend«. Genannt wurde ihr ganzer Stamm (ἔθνος) Hüksos, d. h. βασιλεῖς ποιμένες, Hirten- (Nomaden-) Könige; denn hyk heisst in der heiligen Sprache König und sos Hirt im Volksdialekte. — Diese Könige aber, die Hirten, und ihre Nachfolger, sagt er, haben Aegypten ungefähr 511 Jahre in ihrer Gewalt gehabt††). Manethos giebt nach Sitte der aufs genaueste aufzeichnenden Priester, die

---
*) Sync. 61. Maio 99.
**) Dieser cyclus war im Jahre 2782 oder 2781.
***) Sync. 103.
†) Josefus nimmt die Eindringenden als die Juden, und nach ihm Eusebios. Reges Aegyptiorum Pastores coaßicimus nuncupatos propter Joseph et fratres ejus, qui in principio pastores descendisse in Aegyptum comprobantur. Eus. Rosc., p. 106.
††) Jos. contra Ap. I, 14. Ueber Avaris, Abaris Lepsius, S. 337.

Namen, Jahre und Monate der einzelnen der 6 Hüksos, wie später bei der die Fremden überwältigenden und vertreibenden 18. Dynastie und der auf diese folgenden 19ten, mit welcher das zweite Buch schliesst. Da nun das dritte Manethobuch mit der 20. Dynastie im Jahre 1996 anhebt, die 19te nach Africanus 209, die siegende 18te aber 326 gerade Jahre und die Monate bei jedem zusammengezählt, noch eine bedeutende Anzahl Jahre geben (Eusebios rechnet 348, jedenfalls sind es 333, was für das Aufhören der Hüksos und das Auftreten der 18. Dynastie das Jahr 2538 v. Chr. gäbe), so fielen 1044 Jahre auf die 3 Hüksosdynastien, und zwar nach Josef 260 auf die 15te, 518 nach Africanus auf die 16te und noch 266 auf die bereits von den Thebäern angegriffene und bestrittene 17te, wo die alte Chronik, fast gleich, 254 rechnet. Der Beginn der 15ten, ersten fremden, wäre 3582.

Hienach wären die Hüksos die 15., 16. und 17. Dynastie, und Africanus hätte auch hier die richtige, Eusebios aber, wie Synkellos ihn mit Recht der absichtlichen Abänderung anklagt, die unrichtige Darstellung des Manethos, dessen 14. Dynastie, jene 8 Thebäer mit ihren 191 Jahren, 3773 v. Chr. begonnen hätte. Das passt beinahe auf der Egregoren »Herabsteigen« 3532, und ihre Verehelichung 3474, 3455 oder 3362. So erklären sich die mit den Hüksos »immerfort« kämpfenden Thebäer, weshalb Africanus schon in der 16ten »Hellenen« und in der 17ten 43 Thebäer und 43 »andere Hirten« ποιμένες ἄλλοι aufführt. Nur dann finde ich die 2121 Jahre, welche Eusebios und er einstimmig dem zweiten Buche geben. Eusebios nennt die Hüksos ἀδελφοὶ φοίνικες ξένοι βασιλεῖς, οἱ καὶ Μέμφιν εἷλον und im Armenischen »qui fratres erant Phoenices exterique reges, et Memphim occupaverunt«*). Ihr Herrschersitz war wohl Tanis.

Ich will weder mehr zu wissen scheinen als ich weiss, noch kann ich mehr geben als ich habe.

Wilkinson sagt hier: »Though the period and history of their conquest are involved in obscurity, it is evident that they entered Egypt from the side of Syria. — If we inquire what nation had sufficient power to obtain possession of Egypt at so remote an era, history furnishes us with no authority for supposing any other than Assyria to have been capable of making so difficult a conquest.«**) Sollte dem gelehrten Briten entgangen sein, was bereits Tacitus gehört hatte, »ein Zusammenlauf von Assyrern habe, aus Mangel an Land, sich eines Theiles von Aegypten bemächtiget und das Hebräergebiet und die nächsten Gegenden Syriens angebaut.«***)?

Unstreitig ist hier die Ueberwältigung der Monarchie am Nil durch

---

*) Maio, p. 99.
**) Wilk. Manners IV, 2; 1, 38. 39.
***) Tac. Hist. 5, 2. — Dasselbe führt Hug (Erfindung der Buchstabenschrift, S. 143) aus Konon an, sie Föniker nennend.

jenen Wanderstrom der weissen, skythischen Raçe. Es sind Arier, welche
früherer Arier Reich und Macht stürzen, wie die Holländer die der Portugiesen im grossen Ozean und die Briten die der Holländer in Südafrika.
Ueberflüssig dürfte es auch kaum sein, zu erwähnen, dass ich im Namen
Henoch, mit dessen Erklärung sich Bunsen unnöthig müht*), eben so
sicher den Stammvater der Pelasger, Inachos, als in den Riesen Enakīm
den der Inachiden finden zu dürfen glaube.

Die 18. Dynastie. Die Flut.

Manethos fährt (bei Josefus in wörtlicher Anführung) fort: »Hierauf
(nach den 511 Jahren) unternahmen die Könige der Thebais und des übrigen
Aegyptens einen schweren und lange dauernden Krieg wider die Nomaden.
Unter dem Könige aber, welcher Alisfragmuthosis (d. h. Mi Fra
Thotmoses) hiess, wurden die Hirten besiegt, aus dem übrigen Aegypten
vertrieben und in Avaris eingeschlossen. — Aber des Alisfragmuthosis Sohn
Thummosis (sagt Manethos) habe die Mauern mit einem Heere von
480000 Mann belagert, und nachdem er am Gelingen der Belagerung verzweifelt, einen Vertrag mit ihnen dahin geschlossen, dass sie Aegypten verlassen und frei hinziehen, wo es ihnen beliebe. Nach diesem Vergliche
haben sie mit all ihren Familien und ihrem Besitze, nicht weniger als
240000 stark, aus Aegypten durch die Wüste nach Syrien wollen, haben
jedoch aus Furcht vor der Gewalt (δυναστεία) der Assyrer, denn diese
hatten damals Asien inne, in jener Gegend, welche wir jetzt Judäa nennen,
eine Stadt erbaut, welche so viele Tausende fassen konnte, und sie Jero-
solyma genannt. — Nachdem der Hirten Volk aus Aegypten nach Jero-
solyma ausgezogen, herrschte Der, welcher sie aus dem Lande getrieben,
Tethmosis, 25 Jahre und 4 Monde, und nach ihm 16 seiner Nachkommen,
alle zusammen 326 volle Jahre, die Monate nicht gerechnet.«**)

Diesen Thummoses nun oder Tethmoses, den Gründer der 18. Dynastie,
nennt Africanus mit Eusebios und den Denkmalen Amos, Amoses (Sync.,
p. 61 und 69 »den Sohn des Aseth«). Salt Aahmos Nane Atari und seine

---

) Bunsen V, 65.
**) Jos. contr. Ap. I, 14. 15. 26. Mit den Monaten wohl 332.

Gattinn und Schwester Ramese Athur*), Champollion letztere No Fre Atari. Die Denkmale sagen nach Lepsius Nefruari und bilden sie schwarz, äthiopisch**). Justin kannte ihn als — den Gründer Syriens und Judäas, deren Stammsitz Damaskos oder Damas nach seinem Namen benannt sei, wie die Syrer das Grabmal seiner Gattinn Athare wie einen Tempel und sie von jener Zeit an als hohe Göttinn verehrten. »Nach ihm waren Azelos (Salah), bald darauf Adores (Thuoris, Tharah) und Abraham und Israel Könige« ***). Es ist damit gesagt, welches Beweises es indessen nicht bedarf, dass Amos derselbe ist, welcher nach dem 9. Aramäer Lamech 2976, in Babylon Otiartes 2974, und dem 10ten, Xisuthros 2695 oder Noah, frygisch Nannakos oder Annakos (abermal Inachos), im Perserkanon Kadschomurs, als des letztern Sohn, der 11. Aramäer-Patriarch Sem, 100 Jahre vor der Flut, 2476 geboren wird, im Persischen gleichnamig Siamuk, Sohn des Kadschomurs.

Layard bemerkt, dass zur Zeit der 18. Dynastie auf den ägyptischen Monumenten »plötzlich so viele assyrische Eigenthümlichkeiten erscheinen, dass wir unwillkürlich darauf gebracht werden, anzunehmen, eine enge und innige Verbindung müsse zwischen den beiden Ländern stattgefunden haben« †). Man vergesse nicht, dass Amoses die Hyksos nach Syrien vertrieb und dass er hier, wie in Aram, als Landesherrscher genannt wird.

Lepsius giebt, nach seinen Monumentalforschungen, und nach ihm Bunsen, folgenden Stammbaum des Amos:

1. Aahmes G. Nefru-Ari

T. Set-Amen	Aah-atep	2. *Amenatep I.* (Amen-Hept)	T. Aahmes Regentinn	G. 3. *Tuthmosis I.*
		4. Tuthmosis II.	T. Hat-Atu. (Chnumt-amn, Makara)	5. *Tuthmosis III.*
				6. *Amenofis II.*
				7. *Tuthmosis IV.*
				8. *Amenofis III.*
				9. *Horos* ††).

---

*) Essai sur le système des hiéroglyphes, übers. von L. Devere 1827, und planche 4, Nr. 4.

**) Bunsen IV, 124.

***) Just. 36, 2.

†) Niniveh, teutsche Ausg., S. 422. Babylon und Aegypten hatten nach Böckh dasselbe Mass und Gewicht.

††) Die mit Kursivschrift gedruckten und numerirten Namen sind wirkliche Faraone, T. Töchter. Bunsen III, 78. 79; vergl. III, 115; V*, 384. — Ueber diese Dynastie vergl. Lepsius I, 535—543.

Die 18. Dynastie. Die Flut.

Nach Manethos, wie ihn Josefus giebt, ist die Dynastie:

1.	Tethmosis	25 J.	4 M.	(Amoses)	2548
2.	Chebron, sein Sohn	13 »	— »		2513
3.	Amenofis	20 »	7 »	(Amenofis I.)	2499
4.	Amesses, dessen Schwester	21 »	9 »	(Aahmes und Thotm. I.)	2478
5.	Mefres (d. h. Mi Fre)	12 »	9 »	(Makara)	2456
6.	Meframuthosis (Möris)	25 »	10 »	(Thotmoses III.)	2443
7.	Thmosis (bei Theoflos Thutmoses)	9 »	8 »	(Thotmosis IV.)	2417
8.	Amenofis Mi Amun	30 »	10 »	(Amenofis III.)	2407
9.	Oros	36 »	5 »		2377
10.	Akenchres, dessen Tochter	12 »	1 »		2341
11.	Rathotis, ihr Bruder	9 »	— »		2329
12.	Akencheres I.	12 »	5 »		2320
13.	Akencheres II.	12 »	3 »		2308
14.	Armais	4 »	1 »		2296
15.	Ramesses	1 »	4 »		2292
16.	Armesses des Miammus	66 »	2 »		2291
17.	Amenofis	19 »	6 »		2225
		333 J.	x M.		

Hier tritt nun (ich weiss nicht, darf ich von Männern, viel gelehrter als ich und durch Reisen und Hilfsmittel jeder Art ausgerüstet, diesen Ausdruck gebrauchen) der Luftschlossbau der vermeinten Hersteller des Manethos abermal und um so greller ans Licht, je näher wir bekannten Zeitepochen rücken. Sie setzen diesen Amoses frischweg um mehr als 6 bis 9 Jahrhunderte herab in die Zeit des dritten Manethobuches, wo Aegypten völlig im Sinken ist: Lesueur in 1895, Champollion 1822, Brugsch 1766, Böckh 1655 (nota bene am 11. Oktober, weil diesem Gelehrten die ganze Dynastienrechnung auf Hundssternperioden beruht, erdichtet ist), Bunsen 1638 oder 1625, und scheinen nicht zu bedenken, dass sein fünfter Nachfolger, Mi Fra Thotmoses (wieder Möris genannt), noch Jahrhunderte vor dieser Zeit lebt, nämlich nach Manethos 2443 v. Chr., was auch Diodor so rechnete (»sieben Alter vor Sesostris II.« oder 2205 + 231 = 2436)*); dass unter dem Neunten der Dynastie, Horos (der Name ist = Ar-faxad aramäisch, Huschung, Siamuks Sohn, persisch), die grosse Flut vorfällt, bei Varro die des Ogüges, 1600 Jahre vor 776 = 2376 v. Chr. und biblisch 380 Jahre vor Abraham (1996 + 380 = 2376); ja dass des Amoses fünfzehnter Nachkomme noch über 650 Jahre älter ist als Bunsens Amoses. Eusebios hatte die 16. Dynastie 2016, seine 17te, die Hüksos, 1826 und diese 18te 1721 begonnen, um die Zeit der Hirten mit der Einwanderung Jakobs und seiner Söhne in Einklang zu bringen. Von letzterer zu seiner Zeit.

Mir gehen sowohl ägyptologische Gelehrsamkeit als zuverlässige Hilfsmittel allzusehr ab, um mich vorzugsweise an die bisher bekannt gewordenen

---
*) Diod. 1, 53.

Erklärungen der Denkmalnamen zu halten. Theils laufen dieselben so sehr auseinander, wenn man Champollion 1820, 1826 — 1828, Major Felix 1828, Wilkinson 1828, Rosellini 1833, Bunsen 1844—1857 mit einander vergleicht, theils haben mich die 50 Namenschilder der Abydostafel (oder vielmehr die 29 noch lesbaren) und dann gar die circa 41 der von Karnak, von denen Wilkinson es dahin gestellt sein lässt, »ob man sie für ägyptische Könige zu halten habe, oder für äthiopische« *) so oft und lange geneckt, und sind wohl, wie die Papyrusfragmente, oft kaum mehr als die unserer dynastischen Legitimitäten, worinn Regenten, wie Ludwig XVII., Heinrich V. und Napoleon II. auftreten, dass ich mich, abgemüht, gerne wieder zu meinen Listen bei Africanus und Eusebios und den Klassikern zurück begab, auch auf die Gefahr hin, dass sie von dem hie und da abweichen, was man etwa in den ägyptischen Hofregistern offiziell geltend machen wollte.

Amoses, der noch bis ins fünfte Jahr im Delta zu kämpfen hatte, stellte die Heiligthümer, namentlich in Theben und Memfis, wieder her und hinterliess nach den Denkmälern, den Nachfolger Amenofth I., der kinderlos starb, und zwei Töchter. Der einen (Amesses), welche als Regentinn erscheint, Gemal ist der Farao Thotmoses I. der Denkmale, der Hersteller des weltberühmten Tempelpalastes auf Thebens Ostseite**). In den Listen heisst des Amoses Sohn und Nachfolger Chebron und folgt erst dann Amenofis als 3. Farao, und auf diesen die Schwester Amesses, des Thotmoses Gattinn. Nach ihnen nennen die Monumente, nach Zwischenregierung der Makara (Mefres, Mi Fra) oder Chnum-t-Amen als 4. Farao Thotmoses II., Amun-Mai (der von Amun Geliebte)***), und hierauf eine zweite Regentinn, deren Namen jedoch ihr Nachfolger sorgfältig ausmeisseln und mit dem seinen habe ersetzen lassen. Sie begann die beiden grössten und herrlichsten Obelisken in ihres Vaters, Thotmoses I., Hofe†). Erst nach ihr haben die Denkmäler angeblich einen jüngern Bruder, und ebenfalls Thotmoses (III.) als jenen genannten Nachfolger. Plinius nennt in Alexandrien die 2 noch vorhandenen Obelisken (»die Nadeln der Kleopatra«), deren Schilder Namen und Titel Thotmoses' III. tragen, »die des Mesphres« (Mi Fra), welchem Namen er überhaupt die Einführung dieser Säulenart zuschreibt††). Dieser, auf die Regierung der Schwester und Vorgängerinn eifersüchtige Farao, welcher auch der letztern Herrscherjahre zu den seinen zählte und deshalb für den ersten seiner 12 Feldzüge bereits das 25. Jahr seiner Regierung nennt†††), erzählt auf den Denkmalen seine Siege über die Stämme der von Amoses Geschlagenen bis Naharain (Mesopotamien),

---
*) Bunsen giebt beide Tafeln Bd. I, S. 62—81. In der von Abydos sind Namen der 4., 5., 6. Dynastie zu erkennen.
**) Buns. IV, 122—125. 125. 126. 127.
***) Buns. 128.
†) Buns. 128. 129.
††) Plin., l. 36. Buns. 130. 135.
†††) Buns. 143.

wo man die Namen Beber (Babylon, in der Keilschrift Babiru), Ninia, Korakamosch und Singora am Eufrat und Tigris liest. Sein Beiname Mi Fra machte, dass man ihn mit Möris vermengte, welchen Diodor deshalb »sieben Alter vor Sesosis« setzte*) (2443 — 231 = 2212), was beinahe genau zusammen trifft und den vorliegenden Kalkul abermal bestätigt. Ausser seinem Antheil am genannten grossen Tempelpalaste sind von ihm ein Palast bei Medinet-Abu, ein Theil des Baues von Asassif und ein Tempel zu Amada in Nubien. Sein Bild zeigt eine schöne Statue in Turin. Der lateranische Obelisk sei von ihm. Er übertraf in Pracht und Zahl seiner Bauwerke alle seine Vorgänger**). Sein Sohn und Nachfolger war nach den Denkmalen Amenofth II.***), und dessen Sohn und Nachfolger Thotmoses IV.†), wie des letztern Amenofth III., beigenannt Mi Amun, der Hellenen Memnon, »der sprechende Stein«, als welcher sein Riesenbild im Amenofion auf Thebens Westseite galt††). In Nubien gehörten ihm der Tempel bei Soleb, 2 andere bei Silsilis, in Theben das jetzt in Trümmern um die beiden Kolosse des Erbauers (der nördliche, »der redende Stein«, vom Kopfe zu den Füssen, ohne den ehemaligen Kopfschmuck 45 1/2 Fuss, mit diesem und der Basis einst an die 70 Fuss hoch) herumliegende Amenofion (das »Haus des Ra-Neb-Ma«) auf der West- und der riesige Palast von Luksor auf der Ostseite Thebens, welchen Prachtbau er durch eine Doppelreihe herrlich gearbeiteter kolossaler Widder-Sfingen mit dem Tempel des Chonsu (Herkules, Amuns Sohn), über eine Millie lang, verband, alle vier Schritte eine Sfinx†††). Sonderbar erwähnt man unter ihm: *Αἰθίοπες ἀπὸ Ἰνδοῦ ποταμοῦ ἀναστάντες πρὸς τῇ Αἰγύπτῳ ᾤκησαν*, Aethiopes ab Indo flumine consurgentes juxta Aegyptum consederunt§).

Des Amenofth III. Sohn und Nachfolger ist ein Farao mit dem berühmten Namen Horos (auf den Denkmalen Her, beigenannt Meri Amen) mit dunklen Andeutungen einer bedeutsam unruhigen Zeit. Lepsius fand als Gegenkönig einen ältern Bruder Aakhen = Aten-Ra (er glaubt, was die Liste mit dem Namen Aken-Cheres als des Horos Tochter und Nachfolgerinn giebt) in Mittelägypten; dann einen jüngern, Amen-Tuankh; er habe Beide indessen überlebt und aus ihren Denkmalen Palast und Tempel erbaut. Religiös fand derselbe Forscher, es habe Jemand auf den Denkmalen von Thotmoses III. und Amenofth II. und III. Namen und Bild eines Gottes ausmeisseln und den des Amun an dessen Stelle setzen lassen. Der

---

*) Diod. 1, 53. Plin. V. 9, 4.
**) Buns. IV, 135—148. 168.
***) Buns. 149.
†) Buns. 150.
††) Sync. 72. 151. Maio 278. 101. Roncall. 141. Buns. 151. 152.
†††) Champ. Précis, p. 283—290. Platners Beschrb. Roms, S. 113. Salt, pl. IV, 11. 12. Prokesch, Erinnerungen I, 338. 350; II, 67. Buns. IV, 151—158. Sein Bild 106. G. Moritz in Ueber Land und Meer (1864), S. 772.
§) Eus. Ronc. 142. Maii 278. Sync. 151.

priapische Gott Khem (Pan) komme nur ausnahmsweise noch vor, vielmehr sei Amun-Ra dessen Bilde beigeschrieben, »und zwar erst von Horus an« *).

Befangenheit an vorgefassten Systemen hinderte die bisherigen Forscher, jene Fackel zu ergreifen, welche in diese dunkeln Andeutungen Sinn und Licht bringt. Nach der biblischen Chronologie, wie wir sie jetzt haben, stirbt der 9. Aramäerpatriarch Lamech (Otiartes babylonisch) 777jährig, 2381, und sein greiser Vater, Methusala = Amûs, der 8te, 969jährig, 2876 v. Chr.**). Das letztere Jahr aber ***), wenn ich 380 Jahre vor Abrahams Geburt annehme (70 Tharas, 79 mit den Samaritern, den Griechen und den LXX für Nachor, was auch Synkellos p. 115 thut — 30 Sarug, 30 Ragu, 30 Faleg, 34 Heber, 30 Salah, 30 Kainan, 35 Arfaxad und mit Josefus 12 von diesem zur Flut, was jede gesunde Kritik billigen wird) und die hellenische Angabe der »Flut des Ogüges 1600 Jahre vor den Olympiaden« †), ist dasjenige, wo Gott, nach hebräischer Ansicht, die Frevel der bisher waltenden »Egregoren, der Gewaltigen« straft und die Flut hereinbrechen lässt, welche, das kaspische Meer einsam zurück lassend, vom schwarzen weg, einen Ausweg durch die Herkulesstrasse in den Ozean findet, nördlich von den Alpen und im Süden vom Atlas abrinnt, wo an des letztern Abhängen schon Strabo die Spuren des frühern Meeres erkannte, und das heutige Mittelmeer zwischen den zwei »Libyen« und den zwei »Atlas« bildet††).

Rameses Mi Amun (Belos und Babylon).

Ob ich nun hiemit, wie mit dem gesammten bisherigen Ideengange: die weisse, atlantische Raçe der Tyrrhener-Pelasger, Föniker oder Inachiden sei aus Hocheuropa vor der genannten Flut bis Asien und Indien gedrungen, wo sie auf Tatarenstämme links und auf äthiopische rechts stiess, und erst von da an den obern Nil; ihre Stammhäupter seit Manes = Adam = Aloros

---

*) Bunsen IV, 162—166, aber irrthümlich an die Juden des Moses denkend.
**) Gen. 5, 31. 27.
***) Und nicht »2322 oder höchstens 2344 v. Chr.«, wie Bunsen, über die »rabbinische Flut« lächelnd, Bd. IV, S. 433 rechnet.
†) Scaliger de emend. tempp., p. 367.
††) Strabo 1, 3.

seien dieselben in Aram und Babylonien und repräsentiren abgeschnittene oder noch bestehende ägyptische Dynastien, unter welchen sie als syrische Egregoren die Hyksos bilden; ihr Noah und Sem = Amoses seien die auf diese folgende 18. Dynastie, zu deren Zeit die Flut mit bestimmter chronologischer Fixirung eintritt; Horos, in gerader Linie von Amoses = Sem stammend, sei des Sem 2 oder 12 Jahre nach der Flut geborener Sohn Arfaxad, iranisch Huschung, 2374, und des Africanus und Eusebius gleichzeitiger Syrus terrigena, Σύρος γηγενής, a quo Syriae factum nomen *), — von welchem Horos Diodor wusste, die Amazonen haben auf ihrem Wander- und Siegeszuge vom westlichen Atlas her, »auch nach Aegypten kommend, mit Horos, der Isis Sohne, der damals König von Aegypten war, Bündniss geschlossen« **); schliesslich, des Manethos Angabe bei Josefus, der Farao Horos habe »die Götter sehen wollen« ***), sei in Verbindung mit dessen feindlichen Demonstrationen gegen den Priapismus des Khem und letzterer ganz dasselbe, was die Bibel von Cham, zum Leidwesen von dessen Bruder Sem, Frevelhaftes berichtet †); — ob ich damit berechtigt und besonnen nach der ächten Kritik verfahren sei oder nicht, darüber mögen Die entscheiden, die kompetenter hiezu sind als ich.

Einer hat dies schon vor 16 Jahren gethan, der Orientalist und Reisende Fallmerayer, indem er im Juni 1847 über diese meine Ideen sich aussprach: »Wer die Tempelfresken in Aegyptisch-Theben sieht und die Wandbilder zu »Karnak mit dem jüdischen Tabernakelwesen zusammenstellt, dem kommen »viele lehrreiche und viele nützliche Gedanken. Aegypten mit seinen ewigen »Monumenten, mit seinen Inschriften und mit Manethos Faraonenbuch er- »schien uns von jeher als gefährlichster Gegner nicht etwa der wahren »Demut und der Gottesfurcht, wohl aber jenes Levitenregiments, das be- »kanntlich mit der wahren Religion nichts zu schaffen hat. — Hr. H. er- »kennt jeder Raçe und Hautfarbe eine exclusive Heimat zu und hält Europa »für den Ursitz der weissfarbigen Menschen (Japetiden). Alle weissen »Völker zwischen Archipelagus und Indus, meint er, seien siegreich aus »Europa gekommen, und diese Wanderung der Weissen sei das grosse, »weltumfassende Thema antediluvianischer Geschichte, deren Faden die »Genesis in Armenien erst erfasse und ostwärts gegen Indien, südwärts »gegen Babel leite. Die Thesis widerstrebt zwar allen herkömmlichen »Vorstellungen und überlieferten Begriffen, wird aber mit entschiedenem »Talent und mit schwer zu beseitigenden Argumenten unterstützt. — Das »fortlebende Andenken an diese ‚nordische Nationalität' weist Hr. H. be- »sonders in dem griechischen Mythus nach. Die Sicherheit, mit welcher er »argumentirt, ist zuweilen bewundernswerth, und von den vielen neuen

---

*) Sync. 150. Maio 278. Roc. 139.
**) Diod. 3, 55.
***) Jos. contra Ap. I, 26. Vergl. Bunsen IV, 163.
†) Gen. 9, 21—27.

»Ideen, die er in die Urgeschichte bringt, wird der Bestand einer grossen
»ägyptischen Weltmonarchie zwischen Indus und Alpen unter den Herrschern
»der 18. und 19. Faraonendynastie vielleicht am schwersten zu beseitigen
»sein.« *)

Ich darf Stellen wie diese um so unbedenklicher in Erinnerung bringen,
als dafür sattsam gesorgt ist, dass Forscher in solchen Dingen weder bei
Zustimmung übermütig werden, noch bei Spott erschrecken.

So wenig ich mit Bunsen die Jahre der 86 babylonischen Könige vor
Kyros (und dass es genau so viele sind, will ich darthun) für 34080 Mond-
jahre und für unauflösbar halten kann**), oder die Flut, von der ich eben
geredet, 10000 Jahre v. Chr. suchen***), so wenig kann ich die 18. Dynastie
mit dem 274. Farao Horos blos deshalb, weil auf ihn eine Tochter folgt,
schliessen und hier die 19te beginnen, Bunsen meint mit dem Jahre 1404
(Böckh hat Horos 1520). Wir sind noch um 8 Jahrhunderte früher, und
hier tritt uns, allseitig beglaubigt, eine grosse historische Thatsache vor
Augen, welche mein bisheriges Rechnen aufs neue bestätigt, **die Erhebung
Babylons zu einer der Residenzen der 18. Dynastie, neben
Theben und Memfis.**

Den Unterschied zwischen dem, was nach den Lese- und Erklärungs-
weisen der Berliner Schule (Lepsius und Bunsen) die Denkmäler geben, und
den alten Listen zeigt folgender Ueberblick, welchen hieher zu setzen ich
den Männern mühevoller und vieljähriger Forschung schuldig bin:

Bunsen.	Die Listen.	Die Bibel.
		10. Noah zeugt 2476
		11. Sem z. 2364
Buchanad-en-Ra (d. Horos Schw.)	274. Horos	2877 v. Chr.	12. Arfaxad z. 2399
Amenofis IV., ihr Br. z. Gem.	275. Akencheres, a. T.	8341 „
Amentuanch, dessen Br.	276. Ratholis, ihr Br.	2229 „
(Alle neben Horos) 1441 v. Chr.	277. Akencheres I.	2230 „
Nach Horos:	278. Akencheres II.	2308 „	13. Kainas z. 2299
Toti (Schw.)		
Akencher-Ai (Ihr Gem.)		
Ramesses I., ihr Sohn	279. Armais	2296 „
Seti I., dessen S. 1404 „	280. Ramesses	2272 „	Chanak
Ramesses II., d. S. 1375 „	281. Ramesses Miammun	2261 „	14. Salah z. 2269 (Belos 2276)
Menefthes, d. S. 1325 „	282. Amenofis	2235 „	15. Heber z. Peleg 2135 (Babylon 2234)
Seti II. †)	283. Sethosis Ramesses	2205 „	Nimrod
		(Ninos 1321)

Abgesehen nun von dem grenzenlosen chronologischen Verirren, diese
grossartige Dynastie um ca. neun Jahrhunderte in eine Zeit herab zu
setzen, wo, wie ich zeigen will, Aegypten seine Weltbedeutung längst verloren hat, während diese Dynastie ihr dieselbe umgekehrt erst verschafft,

---

*) Fallmerayer über mein Buch, Beilage 165 der Allg. Augsb. Zeitung, 14. Juni 1847.
**) Buns. IV, 310 ff.
***) Buns. V°, 337.
†) Buns., der Stammb. III, 86; V°, 387. Die Ramessen IV, 169. 170. 187. 208;
III, 116. 117.

nicht nur um 300 Jahre später als die Verwaltung des Josef, sondern später als des Moses Auszug, bleibe ich, sogar wenn die Listen entstellt sein sollten, bei ihnen auch hier, da die Bibel und die assyrischen Register, wie der Leser sieht, neben ihnen hergehen.

Die Bibel, wie die Babylonier, fährt mit ihren Aramäerpatriarchen fort, welche bei letzteren Könige Babyloniens und Syriens bleiben. Jene hat unter Noah (geb. 2976), wie diese unter dem Könige Xisuthros (herrschend 2895) und mit denselben Umständen die Flut von 2376[*]). Nach der Flut, 2364, zeugt der 11. Patriarch Sem den Arfaxad, ein Name mit Horos und dem Perser Huschung, somit weithin reichend. Aber nach der äthiopischen Liste ist Sems Bruder und des Noah jüngster Sohn (neben Sem und Jafet) der frevelhafte Cham (Chemi heisst Nilland), Stifter der ägyptischen und äthiopischen Genealogie.

Auf die Frauenherrschaft nach des Horos Tode (von 2341 bis 2296) folgen in den Listen, wie in den Denkmalen, 5 Faraone mit dem Namen Rameses, was ich oben erklärte als Ra-mes, geliebt von Ra (wie Mis-Ra und indisch Ramas). Von Rameses I. 2296, nach den Denkmalen Sohn der Teti (wo Rathotis Frauenname wäre) und des III. Amenofis, sind keine Werke vorhanden, und sein Grab in Biban el Moluk ist, wie der noch stehende Granitsarkofag, ganz schmucklos[**]). Seinen Sohn aber, Seti Meri-en-Pteh, möchten Bunsen (und Lepsius) zum berühmten Sethosis, Sesostris machen[***]); nicht nur aber findet er auf den Denkmälern blos 9 Herrscherjahre für ihn (die Liste für den II. Ramesses 2292 gar nur eines), sondern er geräth mit dieser Willkürlichkeit in Widerspruch mit den Listen sowohl als mit der biblischen und assyrischen Rechnung.

Nach den genannten 3 Rechnungen ist der folgende 281. Farao derjenige, welcher den Ruhm und die Grösse Aegyptens auf eine bisher nie dagewesene Höhe hob. Es ist Rameses Mi Amun, 2291, welcher 66 Jahre herrschte, nach der Darstellung im Felsentempel zu Talmis (Kalabsche) in Nubien Besieger der »Pet« und der »verkehrten Kesch« (Chusch, Aethiopen, letztere in den Denkmalen von ganz negerischem Typus). Zwei Söhne begleiten ihn, der erst geborene als Fahnenträger vor dem Könige stehend und ihm die afrikanische Beute bringend, unter den Thieren Gazellen und Giraffen. Der grossartigste aller Felsentempel bei Ibsambol (Abschek, Abukkis) am linken Ufer ist ebenfalls von ihm und die Felswände mit den herrlichsten Bildern behauen. Hier begleiten ihn 3 Söhne, und alle Besiegten deuten auf Afrika. Aber die grösste Darstellung verewigt den Sieg über die »Kheta« (Chittim, Kúpros? Hethiter Kanaans?) mit über 800 Figuren und dem Angriffe auf die feste Stadt »Atsch« »im Lande Amar« (Azot?).

---

[*]) Xisuthrum eundem esse hominem qui ab Hebraeis Noachus vocatur, plane tibi exploratum fiet. Eus. 5—16. Sync. 24. 30. 38. 39.
[**]) Buns. IV, 169.
[***]) Buns. IV, 170. Leps., S. 278.

In Theben baute er Hof und Pylon im Amenofion zu Luksor und errichtete 2 Kolosse und 2 Obelisken (einer der in Paris), und im Westtheile dieser Residenz ist das Ramoseion (Memnonion, von seinem Namen Mi Amun, griech. Memnon) sein Hauptgebäude, mit dem grössten aller Kolosse, ein Sitzbild, vom Sitze an etwa 40 Fuss hoch und mit dem Feldzuge nach Palästina und Mesopotamien, ganz an Diodors »Grabmal des Osymandyas« erinnernd. Unter den Namen ist Kanaana. Auch in Karnak baute er die Propyläen vor dem Säulensaale mit 2 Kolossen von 35 Fuss aus rothem Granite. Ein Vertrag mit dem »Kheta-Sira« (Khetafürsten) nennt als ägyptische Gottheit den Amun Ra, als khetische Sut (Seth, Sothis) und Asterta (Astaroth, Astarte). Nach Lepsius stellte er auch die Schutzmauer gegen Palästina und Arabien her, und trägt der Kanal vom Nil nach dem rothen Meere in seiner ersten, östlichen Richtung bis Seba Diar seinen Namen[*]. Champollion wollte auf einer Papyrusrolle eine Art Chronik dieser Züge, eine Schlacht am Oxos und die Einnahme der Stadt Baktrum finden, und eben so an den Wänden des grossen Tempelsaales zu Ibsambul, einem Felsgrottenbaue von wunderbarer Grösse und Kunst. Im Ramescion zu Luksor sah er ihn und seine Söhne in ihrer Altersfolge, den 4., 5., 7., 8., 9. und 10ten mit Namen und die Völkernamen Fekkari, Moschausch, Taonau, Purosato, wobei wir jedoch in der Verlegenheit stehen, dass Spätere anders lasen. Eine herrliche Pforte aus rothem Granite führt in den zweiten Hof des Palastes, wo erst die Grösse des Farao in vollem Glanze zu Tage tritt. Alles ist mit Bildhauerei überdeckt, die noch heute in ihren glänzenden Farben strallt, und die ungeheuren Säulenreihen in Ost und West und auf der Nordseite Pfeiler mit Karyatiden, hinter ihnen eine neue Säulenreihe, erfüllen mit Staunen. Das Auge weilt gerne auf dem schönen Azur der mit goldenen Sternen verzierten Decke. Der Hieroglyfenentdecker sah hier Kriege des Rameses Mai Amun gegen »Robu« (Wilkinson »Rebu«) von heller Gesichtsfarbe, Adlernase, langem Barte, grosser Tunika und blau und weiss gestreiftem Oberrocke. Gefangene in Schaaren werden der rechten Hand beraubt und entmannt, eine Strafe, die auch in Medinet Abu vorkömmt. Er giebt dem Farao 2 Frauen, 23 Söhne und mehrere Töchter.

Bei den besiegten Pet glaubte ich immer an den berühmten Namen Fut, Futa der acht äthiopischen, unnegerischen, jetzt bis in West-Sudan und noch weiter verbreiteten und in Inner-Afrika siegreichen Fullah, Fellata denken zu müssen, wie bei den Robu an die Araber. Seit jedoch der Besuch von Adalbert von Barnim und Dr. Robert Hartmann in Sennaar zwischen dem blauen und weissen Nil, im Juni 1860, bekannt geworden ist, kann hier kein Zweifel mehr obwalten, dass die (wenn richtig gelesenen) Fekkari der jetzt noch weit verzweigte und mächtige Stamm der Bakara, vom Bahr el Abjad bis Kordufan und gegen Dar Fur, die Pet der noch grössere der Bedjah, und die Robu die heutigen Rufai oder Abu Rof sind.

[*] Buns. IV, 189—199.

Diese drei führen zwar, wie alle nubischen und sennaarischen Hirtenstämme, jetzt den arabischen Kollektivnamen Urban (sing. Arab), gleichbedeutend mit Beduan (sing. Bedawi, Hirt) oder Beduinen, haben auch, zum Theil, die alte Nubasprache aufgegeben, reden meist und beten ganz, weil der Koran nicht übersetzt ist, arabisch (doch die Bedjah noch das merkwürdige Bedjawi), haben aber uralte Sitte und Körperbildung. Sie nehmen nur eine rechtmässige Frau. Ihr Hauptthier ist noch das auf den ältesten Denkmalen vorkommende Höcker-Rind und die langohrige Ziege; sie jagen kühn den Elefanten, den Strauss, die Gazelle, Antilope, Giraffe, das Wild- und Stachelschwein, die Trappe u. a., leben aber fast ausschliesslich von Viehzucht, die ihnen Milch, Butter, Käse und Fleisch liefert. Daneben pflanzen sie Durrahkorn und handeln mit Elfenbein, Straussfedern, Rindshäuten, Rinozeroshorn und Sennesblättern. Die zwen genannten Reisenden erklären sie als Zug um Zug den alten Autochthonen, den Aethiopen des Nilthales auf den Baudenkmalen gleichend. »Die im Innern von Nordostafrika hausenden Beduinen sind afrikanische Ureingeborene, Kinder ihres Grundes und Bodens — die herabgekommenen Epigonen jener hellfarbenen Aethiopier, aus deren Mitte ehedem das blühende Reich Meroë hervorgegangen. — Die Abu-Rof insbesondere sind durchschnittlich recht hübsch gewachsene, mittelgrosse Menschen von angenehmer, sehr regelmässiger Gesichtsbildung. Stirn und Hirnschädel sind gut gewölbt, die Augen weit geschlitzt, die Nase gerade oder sanft gebogen, die Lippen fleischig, das ganze Antlitz etwas länglich, Hand und Fuss klein.« Mehrere Stämme haben oft einen Gross-Schekh an der Spitze. Alle sind nationale Feinde der Neger. Sogar ihre Tracht ist noch, wie bei den Robu der Monumente, die weisse Ferdah, roth oder blau gestreift, am überraschendsten aber (und was mir an den Zeichnungen schon bei Cailliaud auffiel) der Haarputz der Weiber, welche ihr Haar zierlich in viele kleine Zöpfchen flechten, was bei den Bakara (ja sogar bei den Fellatas in Futa Djalon des fernen Senegambien) auch die Männer thun, wodurch namentlich junge Männerköpfe bei ihrer Weichheit ein fast mädchenhaftes Aussehen erhalten. Die Bakara-Frauen gelten für die schönsten in Sudan. »Einige Mädchen, welche wir zu sehen bekamen, hatten feine Züge mit grossen, feurigen Augen und schlanke, herrliche Gestalten.«[*]) Es kann nicht anders als den Beobachter ungemein ergreifen, während die Erinnerung an die Faraonen selbst fast verschollen ist, in Oberägypten und Nubien noch Stämme und Sitten wahrzunehmen, wie sie zur Zeit der ältesten Dynastien bestunden, und mit denen jene grossen Namen in Berührung kamen.

Aber die genannten Aegyptologen verschweigen, dass der grosse Farao wirklich im Jahre 2276 den letzten von 6 s. g. Arabern, welche seit 2490,

---

*) Der Globus, IV. Bd. (1863), S. 202—206. 235—238 (von Dr. Rob. Hartmann). I. Bd. (1862), S. 200; II. Bd. (1862). Abbildung auf S. 48, III. Bd. (1863), S. 160. 164. 289. 291. 296. 321.

215 Jahre in Babylonien geherrscht haben sollen, Nabon Nab, vom Throne stürzte und dort eine neue Dynastie von 41 assyrischen Königen gründete, die »über 1360 Jahre lang« die Herrschaft besassen*). Die assyrische Liste ergiebt nach Synkellos**), 1460. genau aber (2276—819) 1457 Jahre. Eusebios, obwohl Ungehöriges zusammen werfend, hat dennoch (224 + 48 + 458 + 245 + 526) 1501 Jahre »bis auf Ful« (775 + 1501) das Jahr 2276***). In Assyrien wird sein Sonnenname Mi Amun übersetzt Belos, ein Herakleide (Pelasger) nach Herodot†), und nach Diodor††) der Kultivirer Babyloniens. Biblisch ist er nach der einen Version Chusch (Aethiopien), nach der andern aber arisch und zwar des Kaïnan Sohn Selah 2269 und bei Justin eben so des Damas (Amoses) Nachkomme Azelos, König Syriens, in Damaskos †††). Selah, vom Vater in den Wissenschaften unterrichtet, sei nach Chaldäa gekommen, wo er die von den Egregoren hinterlassenen Tafeln auffand und die darauf verzeichneten Kunden sich aneignete und sie verbreitete §). Dieser Belos nun gründete, »1903 Jahre vor Alexander dem Grossen« (331 + 1903 =) 2234§§), Babylon (Bab Bel, Haus des Belos) am Eufrat, dessen Terrassentempel »im Lande Sinaar in der Ebene« die Bibel den »Thurm von Babel« nennt, erbaut von den Damaligen, »dass seine Spitze bis an den Himmel reiche«, sich einen Namen zu machen nach der Flut und damit sie »nicht zerstreut werden über die Erde« §§§). Die Stadt war ein Viereck, vom Strome durch- und umflossen, die Mauern aus Ziegeln und Erdharz, der Belstempel ebenfalls ein Viereck, jederseits 2 Stadien oder 1200 Fuss lang, der Thurm selbst ein Stadium hoch und breit, auf der Plateform ein zweites, dann ein drittes und bis zum achten Stockwerke, aussenhin alle durchschneidend eine Treppe, und oben der Tempel zu den Himmelsbeobachtungen der Chaldäer-Priester. Der Brite Ker Porter besuchte die Ruine auf seiner Reise 1817—1820. Sie heisst »Birs Nimrud«, Nimrods Burg, und misst an der Basis noch 694 Ellen. Sie beut 2 Bergstockwerke, das erste 60 Fuss hoch, auf dem zweiten die Ruine der Fortsetzung, die ganze Masse jetzt 200 Fuss bis zu dieser Ruine, und von deren Fusse 35 Fuss bis zu ihrem zerstörten Gipfel. Die thurmförmige Ruine auf letzterm ist eine solide Masse, 28 Fuss breit, aus den schönsten gebrannten Steinen aufgemauert; sie ist von oben herein bis fast zur Hälfte gespalten. Manches Mauerwerk ist durch Feuerzerstörung zum Theile in den Zustand der härtesten Verglasung übergegangen. Ker

---

*) Diodor 2, 21 nach Ktesias. Sync. 92.
**) Sync. 92.
***) Maii 18.
†) Herod. 1, 7.
††) Diod. 1, 28.
†††) Just. 36, 2.
§) Anonymus in Niebuhrs Malala. Bonn 1631. S. 11.
§§) Kallisthenes. Scalig. de emend. tempp. in fragm., p. 40.
§§§) Gen. 11, 1—4.

Porter sah die Ruine als den Anfang des 4. Stockwerkes an. Alles charakterisirt eines der ältesten, wohl das älteste Teokalli, innig verwandt mit denen in Anahuak. Die Sagen von Weltfluten in Amerika erscheinen auch nicht etwa als Ueberlieferungen christlicher Missionäre durch den Umstand, dass sowohl in Anahuak als in Kuzko nach der Flut 7 Stammväter, dort aus Nordwesten die Andes herab, in Peru vom Titikaka herauf die erste Bevölkerung bildeten, welche auffallend den 7 indischen Rischis des Manus entsprechen *). Wenn L. Ampelius den Erbauer Babylons Memnon nennt, so ist auch das eine Bestätigung des Erbautwerdens durch Mi Amun, und die Epoche betreffend, zeugt Selahs Sohn, der 15. Patriarch **Heber** (welcher, nach einer alten Erzählung, sich geweigert habe, am Thurmbaue mitzuhelfen) **), im Jahre 2235 den 16ten, »**Peleg, weil zu seiner Zeit die Erde vertheilt ward**«***), was buchstäblich zusammen trifft und meine Rechnung ebenfalls bestätigt.

Dass Rameses = Miamun = Belos bei den Persern **Dschemschid**, der Erbauer von Persepolis, ist, bin ich fest überzeugt, da dieser Huschungs Enkel heisst und man ja der Perser Namen und Fürsten für Herakleidisch hielt †). Böckh hat eine durchgängige Uebereinstimmung der babylonischen und ägyptischen Masse und Gewichte nachgewiesen ††). Nach Strabo hielten Einige den Namen Memnon für denselben mit Ismandes †††).

Nach der biblischen Ansicht verwirrte nun Gott die Menschen beim Thurmbaue, dass verschiedene Sprachen entstunden, »und zerstreute sie über die ganze Erde«. Seit den Egregoren aber verkürzte er die Lebensdauer auf »hundert und zwanzig Jahre« §). Dann giebt die Urkunde, wie wir sie jetzt haben, eine Tafel der damaligen bekannten Völker, folgendermassen:

1. *Sems* Kinder, Gen. 10, 21—29.

Jos. Ant. Jud. I, 6.

Elam (Elymiotis in Makedonien u. Persien)	Assur (Assyrien)	12. Arfaxad 2329 ⋮ 13. Kainan 2299 ⋮ 14. Selah 2269 ⋮ 15. Heber 2235 ⋮ 16. Peleg 2205	Lud (Lydien)	Aram (Ober-Eufrat- u. Tigrisland)
			Joktan	

---

*) Herod. 1, 178—182. Diod. 2, 7—9. Strabo 16. Prescott.
**) Anonymus in Niebuhrs Malala, S. 11. 12.
***) Gen. 10, 25.
†) Herod. 6, 53—55; 7, 150. Apollod. II. 4, 5.
††) Leps. I, 223. 224.
†††) Strabo 17, 1.
§) Gen. 11, 8. 9; 6, 3.

2. *Jafets* Kinder, Gen. 10, 1—5.

(A Tauro et Amano montibus, in Asia usque ad fluvium Tanaim, in Europa neque ad Gadeira. Jos. Ant. I, 6.)

Gomer	Magog	Madai	Javan	Thubal	Mesech	Thiras
(Kumbri, Kimren)	(Mygdonia u. Maked.)	(Meder)	(Joner)	(Tibareni)	(Myser)	(Thrak.? Tyrrhener?)
Askenas	Rifat	Thogorma	Elisa	Tharsis	Chittim	Dadanim
(Askanier, Fryger)	(Rifäen)	(Armenia)	(Elysiker)	(Tartessos)	(Kition?)	(Dodona)

3. *Cham* (Chemi, Aegypten), Gen. 10, 6—20.

Chusch (Kesch, Aethiopien)	Misraim (Unter- u. Oberägypten)	Fut (Futa)	Kanaan
Seba Hevila Nimbrod u. A. (Chavila, Zuila in Fezzan)	Ludim Anamim Lehabim (Libya)		Filisthim

So viel wir beurtheilen können, erscheinen hier weder Asiens Tataren noch Innerafrikas Neger; es sind **lauter Arier**.

Sethosis II. (Sesostris.)

Bunsen, in seiner Idee, die Hyksos seien die wirklichen Juden, nimmt an, Rameses sei der Despot der Moseszeit gewesen[*]); es trete in des Farao zahllosen Bauten, die bis zu seinem 62. Jahre herabgehen, plötzlich eine Lücke ein, die auf ein grosses Unglück deute[**]). Dies Unglück habe besonders gelastet auf seinem Nachfolger Menofthah oder Amenofis (dem 282. Farao, 2225, zu Hebers Zeit), von welchem die Reisenden eigentlich geschichtliche Denkmäler gar nicht finden, ausser dem dritten der kleinen Felsentempel bei Silsilis. Eine in den Felsen gebauene kleine Stele mit seinem Namen sei von einem der Söhne, und die Inschriften blos religiös, ohne Anspielung auf Thaten oder Siege, ohne rühmendes Beiwort. In ganz Aegypten keine weitere Spur als die eigenen Schilder, die er auf seines Vaters Bauten in Theben setzte, und sein Grab in Biban el Moluk, aber auch dieses unvollendet, weder von ihm noch seinem Sohne. Lepsius fand zu seiner Zeit 2 Gegenkönige, deren zweiter mit seiner Gattinn in Biban el Moluk ein ehrenvolles Grab habe und auch in den Inschriften bei Silsillis und dem Palaste von Gurneh gefeiert werde[***]).

---

[*]) Buns. IV, 203. — Eben so noch heute Brugsch, Beil. zur Allg. Ztg. (1864), S. 5363.
[**]) Buns. IV, 209.
[***]) Buns. IV, 209—211. 120.

Hier hat Josefus, ebenfalls aus Manethos, der dies aber nicht »aus den ägyptischen Urkunden, sondern nach eigenem Geständnisse aus Sagen gezogen«*), ein vom Judenhasse des Sebennytischen Priesters diktirtes und deshalb erst an seinem Orte anzuführendes Geschichtstück. Amenofis herrschte nach Manethos 19 Jahre und 6 Monde, und auf ihn Sethosis oder Ramesses (Σέθωσις ὁ καὶ Ῥαμέσσης)**).

Wer ist dieser Sethosis-Rameses, »welcher viele Kriegsmacht besass, Reiterei und Fahrzeuge«? Manethos sagt es uns näher: »Dieser setzte seinen Bruder Armaïs (es ist wieder der Name Rameses) als Verwalter über Aegypten und verlieh ihm alle übrige Königsgewalt, ausser dass er ihm untersagte, die Krone (den Pschent) zu tragen, noch die Königin und Mutter der Kinder zu misshandeln, oder das Harem zu verletzen. Er selbst aber überzog Kupros und Fönike, dann Assyrien und Medien, was er Alles theils mit Waffen, theils ohne Streit durch den Schrecken seiner grossen Macht unterjochte; dann, durch die glücklichen Erfolge sehr hochmütig, schritt er kühner weiter und unterwarf die östlichen Städte und Landschaften.«***)

Diesen Eroberer finden wir aber ganz eben so Jahrhunderte vor Manethos bei Herodot, und nachher bei Diodor, die ihn Beide gleich auf Möris anführen, Herodot unterm Namen Sesostris, Diodor unter dem von Sesoosis. Damit ist er schon vom ersten Sesostris der 12. Dynastie unterschieden, welchen Justin 1500 Jahre älter nennt. Diodor berichtet, er habe »grössere und herrlichere Thaten als die Früheren alle verrichtet«, die Nachrichten jedoch über ihn lauten nicht nur unter den Hellenen, sondern selbst bei den Priestern in Aegypten verschieden; er wolle aber das wieder geben, was am glaublichsten und den noch vorhandenen Denkmälern am entsprechendsten sei.

Der Vater habe »wahrhaft königlich« die an demselben Tage mit seinem Sohne geborenen Knaben zusammen bringen und ganz auf dieselbe Weise mit ihm erziehen und unterrichten lassen, so dass sie alle abgehärtet, stark und gebildet zugleich worden. Dann habe er ihn mit diesen und einem Heere nach Arabien geschickt, welches er unterwarf, wie darauf westlich den grössten Theil Libyens, noch im Jünglingsalter. Nach des Vaters Tode habe er, entweder auf eine schon jenem gewordene Weissagung des Fthah oder angespornt von einer hochsinnigen Tochter, sich vorgenommen, die Welt zu erobern, nachdem er seines Volkes Liebe und Zutrauen durch Wohlthaten erworben. Er habe das Land in die 36 Bezirke oder Nomen, jeden unter seinem Nomarchen, abgetheilt. Dann zog er mit grosser Macht südwärts nach Aethiopien, welches er, »der einzige Aegypter, der über dies Land herrschte«, eroberte und zu einer Abgabe in Ebenholz, Gold und

---

*) Jos. contr. Ap. 1, 16.
**) Jos. cit. 15.
***) Jos. cit. 15.

Elfenbein anhielt. Auf dieses habe er, ebenfalls der Erste darinn, im rothen
Meere eine Flotte von Langschiffen bauen lassen und dort Küsten und
Inseln bis Indien gewonnen. Er selbst sei mit seinem Heere zu Lande
nach Asien, wo er Persien eroberte, über den Ganges zog und siegte,
und die skythischen Stämme bis zum Tanais bezwang. Jetzt drang er
über diesen Strom nach Europa, wo er Skythen und Thraker sich
unterwarf. Ueberall liess er Denksäulen zurück mit seinem und seines
Vaterlandes Namen und Erwähnung, ob die Völker sich tapfer oder feig
benommen haben. Herodot sah in Ionien zwischen Efesos und Fokäa
und zwischen Sardes und Smyrna zwei Abbilder vom Farao in Stein ein-
gemeiselt, an jedem Orte einen Mann 4 Ellen und eine Spanne hoch, einen
Speer in der Rechten, einen Bogen in der Linken, in ägyptischer und
äthiopischer Tracht, und auf der Brust, von einer Schulter zur andern, in
der heiligen Aegypterschrift eingehauen, bei ihm und Diodor lautend:
»Dieses Land habe ich mit meinen Armen gewonnen, der König der Könige
und Herr der Herren, Sesoosis.« Hier kehrte er um und bis an den Fasis
in Kolchis, in dessen Bewohnern Herodot völlige Aegypter fand, die der
König als Kolonie zurückliess, »was ich selbst schon daraus schloss, weil
sie schwarzer Haut und kraushaarig sind; aber noch mehr, weil die Kolchier,
Aegypter und Aethiopen allein unter allen Menschen von jeher die Beschneidung üben, die Föniker aber und die Syrer in Palästina selber zu-
geben, dass sie das von den Aegyptern gelernt haben, die Syrer aber am
Thermodon und Parthenios und deren Nachbaren, die Makronen, von den
Kolchiern«. Auch der Kolchier Leinwandarbeit, wie Sitten und Sprache,
fand der einsichtvolle grosse Historiker den ägyptischen ähnlich. »Im
palästinischen Syrien sah ich von den genannten Säulen mit denselben Inschriften.« Manche nannten diese Kolosse, wegen des Bildes,
Memnons*).

Der Römer Germanicus besuchte im Jahre 19 n. Chr. das alte Theben.
»Noch standen an den aufgeführten Steinmassen ägyptische Schriftzüge, ein
Zeugniss vormaliger Herrlichkeit. Einer der älteren Priester, aufgefordert,
die Landesschrift zu deuten, erklärte: Ehemals haben 700000 streitbare
Männer da gewohnt (gerade so zählt Diodor 600000 zu Fuss, 24000 Reiter
und 27000 Streitwagen); mit diesem Heere habe der König Ramses Libyen, Aethiopien, der Meder und Perser Reich, Baktriana und
Skythien erobert, auch alle von den Syrern, Armeniern und den
angrenzenden Kappadokiern bewohnten Länder, dort bis zum bithy-
nischen, hier bis zum lykischen Meere unter seiner Botmässigkeit gehalten. Auch las man die den Völkern auferlegten Abgaben, die Menge
Silbers und Goldes, die Anzahl Waffen und Pferde, die Tempelgaben, Elfen-

---

*) Herod. 2, 102—106.ˉ Diod. 1, 53—85. — Nach Lepsius, S. 282, steht auf den von
ihm besuchten Bildsäulen der Name Ramses, nicht Sethosis.

Sethosis II. (Sesostris).

bein und Weihrauch, ferner welche Lieferungen an Getreide und Lebensmitteln aller Art jeder Volksstamm lieferte.«*)

Vom Oberpriester in Aegypten benachrichtigt, sein dort zurückgelassener Bruder Armais habe seine Befehle verachtet, das Harem verletzt und die Krone an sich genommen**), kehrte Sesosis, »nachdem er in 9 Jahren seinen Zug vollendet«, sagt Diodor, und buchstäblich dasselbe Africanus und Eusebius irrthümlich vom ersten Sesostris der 12. Dynastie (cujus mensura fertur cubitorum quatuor, palmarumque trium cum digitis duobus [wohl von den Steinbildern abgenommen]. Is universam Asiam annis novem spatio sibi subdidit, itemque Europae partem usque ad Thraciam)***), nach Aegypten zurück, Beute und Gefangene mit sich führend. In Pelusion angelangt, habe ihn der Bruder verstellt zu einem Mahle geladen, aber Nachts um das Haus Holz aufgeschichtet und dies anzünden lassen. Da habe der Farao, nach einer Priesterlegende, auf den Rath seiner Frau, die er auf dem Zuge mit sich hatte, von ihren 6 Söhnen zwei auf das Feuer gelegt und über sie hinaus sich gerettet. Den Bruder strafte er und errichtete, es heisst zum Andenken an jene Begebenheit, vor dem Fthahtempel in Memfis 6 Kolosse, jeden aus einem Steine: 2 von 30 Ellen Höhe von sich und der Gattinn, 4 je 20 Ellen hohe von den Söhnen†). Plinius hörte von 4 Obelisken in Heliopolis, quos statuit Sesothes††).

Strabo, wie er wusste, dass »Sesostris ganz Aethiopien durchzog bis zur Zimmtgegend, wo man jetzt noch Denkmäler seines Zuges weist, nämlich Säulen und Inschriften«, sagt von Theben: »Ueber dem Memnonion sind gegen vierzig in Höhlen ausgehauene, herrlich zugerichtete und sehenswerthe Königsgräber. Auf einigen Obelisken zeigen Inschriften den Reichthum und die Macht der damaligen Könige, die sich bis zu den Skythen, Baktriern, Indern und zum jetzigen Ionien erstreckte, und die Menge der Einkünfte und die Zahl des Heeres bei einer Million«†††), und Joannes Malala: »In späteren Zeiten herrschte in Aegypten aus Chams Stamme Sostris. Dieser unterwarf die Assyrer, Chaldäer und Perser bis Babylon, dann ganz Europa, Skythien und Mysien. Bei der Rückkehr aus Skythien verpflanzte er 15000 nach Persien, wo sie noch heute wohnen und Parther heissen, welche die skythische Tracht, Sprache und Gesetze beibehalten haben.« §)

Mit all diesem stimmt, was Lepsius und Bunsen von ihrem s. g. Seti I. (dem 280. Farao) auf den Denkmälern finden, dem »erlauchtesten und gefeiertsten Helden des Neuen Reiches«. das »Haus des Sethos« im westlichen Theben, gewöhnlich noch Gurnah benannt und von ihm errichtet; die Fort-

---
*) Tacitus Annal. 2, 60.
**) Manetho bei Jos. contr. Ap. 1, 15.
***) Diod. 1, 55. Sync. 59. 60. Maio 98. 99.
†) Herod. 2, 107. 108. 110. Diod. (ohne das Märchen) 1, 57.
††) Plin. H. N., lib. 36.
†††) Strabo 17, 1.
§) Jo. Malala, Niebuhrs Ausg. Bonn 1831. p. 25. 26.

setzung der Bauten des Horos in Luksor, in Karnak der ungeheuere von Säulen getragene Saal. dieser Prachtbau und sein herrliches Grab zwei für seine Geschichte und den Gipfelpunkt der Kunst unter ihm klassische Denkmale. Neueste Berichte schildern »jenen ungeheuern Säulensaal, desgleichen die Welt nie besessen hat, noch besitzen wird. Diese Gigantenhalle steht fest und ungebrochen da; ja man könnte glauben, dass sie gestern erst vollendet worden sei, wenn es denkbar wäre, dass unsere Zeit für eine blosse Idee so kolossale Mittel aufwenden möchte. Diese Halle ist die riesenhafteste Grossthat, welche jemals von der Kunst ausgeführt worden ist, und darum wirkt sie auch so gewaltig, dass der staunende Geist sich nur nach und nach an die Ungeheuerlichkeit der Formen gewöhnen kann.« Die ganze Notredame-Kirche von Paris fände in diesem Saale Platz, wo 134 Säulen ein steinernes Dach tragen, welches einen Raum von 164 Fuss Tiefe und 320 Fuss Breite überdeckt; jede der Mittelsäulen hat 36 Fuss Umfang und ist bis zur Architreve 66 Fuss hoch*). Im grossen Hypostile von Karnak sind seine Thaten dargestellt, deren wunderbare, unaussprechliche Schönheit Rosellini begeistert schildert**). Mit den Namen der Besiegten in den Inschriften ist entsetzlich gelehrt geklügelt worden; ich nenne blos: Remnu (Aram?), Kanaana, Schumui (Scham, Syrien?), Atsch (Azot?), Khet (Chitim?), Pet, Pone (Puner? Föniker?). Als Grenze erscheint Nhra (Naharain?), Sinkar (Sinear?), Asi, Punt. Bei der Rückkehr sieht man den Nil-Ausfluss mit einer Festung Peru oder Pelu (Pelusion), wo ihn Priester und Grosse empfangen, und es heisst: »Es ist Keiner gesehen worden ihm gleich, ausser Osiris«, eine Stelle, welche abermal Africanus und Eusebios oben wörtlich so vom ersten Sesostris gaben (adeo ut ab Aegyptiis post Osirim primus haberetur) ***).

Daheim verwendete der Sieger eine Anzahl der Gefangenen zu grossen Werken. Er liess ungeheuere Hügel aufwerfen, um in neuen Wohnungen bei Ueberschwemmungen Zuflucht zu bieten, und dann alle Kanäle graben, die das Land noch jetzt hat, um den Nil aufzudämmen und den Verkehr zu erleichtern, wodurch Aegypten, obschon Ebene, von da an zu Reit- und Fahrwesen untauglich, aber auch gegen feindliche Einfälle gedeckt blieb. Auch erhielt nun ganz Unterland, wo die nicht am Flusse Wohnenden bisher auf Ziehbrunnen und salzig Wasser beschränkt waren, treffliches trinkbares. Die Ostseite deckte er durch eine Mauer von Pelusion bis Heroopolis (Kholsum oder Pithom am rothen Meere) gegen Syrien und Arabien, und nach Einigen war er der Gründer des Königskanales. vom Nil nach Seba Biar, den er unvollendet liess. als er das Meer höher fand als das Nilland†). Jeden Nomos zierte er mit Tempeln der Nomengötter, und an allen war

---

*) G. Moritz in »Ueber Land und Meer«, 1864, S. 771.
**) Buns. IV, 170—187.
***) Sync. 59. 60.
†) Aristot. Meteorol. 1, 14. Strabo 1, 2 und Plinius. Leps., S. 349—352.

verzeichnet, es habe kein Eingeborener daran gearbeitet. Die gefangenen Babyloner siedelte er in einem Babylon am rechten Ufer, Memfis gegenüber, an, was der gelehrte Knidier Ktesias, der am Perserhofe 401 lebte, nicht diesem Farao, sondern — der Semiramis zuschrieb*).

Ich kann nicht umhin, hier zu erwähnen, dass der im Jahre 2175, also zu des Sethosis Zeit geborene 18. Patriarch Sarug nach einer alten Angabe als — Urheber der Idololatrie galt**).

Den Nachweis, welcher Rameside der Sesostris der Hellenen sei, vollenden die verschiedenen Angaben über die Epoche seiner Herrschaft. Der Bischof Isidor von Sevilla hatte den »König Zoes« 2164 v. Chr., Diodor »sieben Menschenalter nach Möris«***), d. h. 2443—231 = 2212 v. Chr. oder genauer Africanus 209 Jahre vor der 20. Dynastie, 1996+209 = 2205 v. Chr.

— — —

Ninos und Semiramis.

»A Thorgomo (Thogorma) ait (Moses Chorenensis I, 9) procreatum Haicum. Iam hic Haicus ex corum erat gigantum numero, qui arrogantia tumidi impium consilium construendae turris pepererunt. Is Belo obsistere ausus est, cuius studium eo spectabat, ut cunctis sibi subiectis, generalem tyrannidem exerceret. — Interim Belus in reliquos omnes dominatum adeptus, Haicum quoque Babylonem accersit: quumque Haicus mandata non faceret, egreditur adversus eum immani arrogantia elatus; sed enim telo ictus ab Haico vita spoliatur.«†) Belos starb, nachdem er, zu des Inachos Zeit, vereint mit Kasos, Antiochien am Orontes gegründet hatte, er ein Herrscher Aegyptens, der Libye Sohn, der Gatte der Nilstochter Anchinoë und Vater der Zwillinge Aegyptos und Danaos††), nach 55 oder 62 Jahren (2276 bis 2221 oder 2214), wo ihm sein Sohn Ninos folgte. Von Letzterm nun sagen die Alten: Ninos, der älteste durch grosse Thaten Berühmte (älter nur Sesostris und Tanaos) brachte ein grosses Heer zusammen, schloss ein

---

*) Herod. 2, 108, 109. Diod. 1, 56—58. Ctesiae Pers. Fragm. 14 (Göttingae 1823).
**) Cod. Palatinus Nr. 129 in Creuz. Symb., Bd. I, S. 151 Note 240.
***) Diod. 1, 53.
†) Moses Chor. apud Samuelem Aniensem. Editio Zohrabi et Maii. Mediol. 1818. p. 24.
††) Apollod. II, 1, 4. Sync. 96. 120. Eus. 27. 36. Sam. 15.

Bündniss mit Ariäus, dem Könige der noch nie von Jemanden bezwungenen Araber, zog mit diesem gegen Babylonien, dessen Hauptstadt noch nicht gebaut war, überwand das Volk, bekam den König sammt dessen Kindern gefangen und liess ihn tödten *). Dann fiel er in Armenien ein, dessen König Barzanes ihm mit reichen Geschenken entgegen zog und sich unterwarf, worauf Ninos ihn fortherrschen liess und ihn blos zu Kriegsdienst verpflichtete**). Jetzt bezwang er Farnos, den König Mediens, den er kreuzigen liess, und beschloss nun Alles zwischen Tanais und Nil zu erobern. Siebenzehn Jahre brachte er damit zu und gewann, ausser Indien und Baktrien, alles Asiatische. Ktesias aus Knidos nennt Aegypten, Fönikien, Kölesyrien, Kilikien, Pamfylien, Lykien. Karien, Frygien, Mysien, Lydien, Troas, Hellespontisch Frygien, Propontis, Bithynien, Kappadokien, die wilden Stämme am Pontos, dann die Kadusier, Tapyren, Hyrkanier, Dranger, Derbiker, Karmanier, Parther, die Kaspischen Pässe, Persien und Susiana. Die Bezwingung Baktriens musste er aufgeben und kehrte »nach den 17 Jahren« (um 2205) nach Assyrien zurück, wo er am Tigris die berühmte Stadt Ninos erbaute***).

Durch dieses Herrschendwerden des afrikanischen Elementes, wie durch das bereits früher stattgefundene Vordringen desselben nordwärts, wie ich es beim Erscheinen der Arier auf Asiens Boden vorne andeutete, wird uns klar, warum die Araber, Babylonier, Hebräer und Föniker in Gestalt und Sprache so genannte Semiten, hingegen Inder, Perser, Kaukasier, Slaven, Litthauer, Griechen, Romanen und Germanen Japetiden (Indogermanen, Arier) sind.

Um diese Zeit lebte in Syrien Semiramis, der Askalonischen Derketo (Atergatis) Tochter, ausgesetzt, von Tauben ernährt, von Hirten erzogen und vom königlichen Statthalter in Syrien, Onnes, geehelicht. Damals sammelte Ninos, nach vollendetem Stadtbaue, ein neues Heer gegen Baktra (Balkh), dessen König Oxüartes, Zoroados oder Zoroaster, der Mager, bis an die Grenzen entgegen rückte, ehe der Feind völlig vereinigt war, und die Assyrer furchtbar schlug. Wie aber Ninos seine Macht beisammen hatte, trieb er die Baktrer in ihre Städte, bezwang diese und belagerte Balkh. Hier liess der sehnsüchtige Onnes seine schöne Gattinn zu sich kommen, wo ihre Klugheit die Einnahme der Stadt bewirkte. Ninos nahm sie dem Onnes, der sich aus Verzweiflung erhängte, und machte sie zur Königinn. Oxüartes kam um †).

---

*) Verwechslung mit seinem Vater Belos, von dem oben dasselbe bereits, wie der Bau Babylons, nachgewiesen ist.
**) Nach Moses von Chorene bei Sam., p. 25 thut dies der von Haik stammende Aram, der den Barsamos erschlagen hat.
***) Ktesias bei Diod. 2, 1. 2. Just. 1, 1.
†) Diod. 2, 2—7. Just. 1, 1. Eus. Maii 41.

Als Ninos nach 52 Herrscherjahren starb, ergriff Semiramis, welche das s. g. medische Gewand einführte, welches für Mann und Weib dasselbe war, die Regierung für ihrer Beider Sohn Ninyas oder Zameis, warf über des Ninos Grab in Ninos beim Palaste einen Hügel auf, hoch und breit und viele Stadien weit sichtbar, und vergrösserte Babylon, wo die »hangenden Gärten« in grossen Terrassen ihren Namen führten. Auf dieses gründete sie noch andere Städte an den zwei Landesströmen und liess auch in Armenien, wo Aräos, jenes Aram Sohn, erschlagen wurde, grosse Werke zurück, deren eines, die Stadt Arsissa am See Wan, noch heute in riesigen Ueberresten mit Keilschrift, Schemiramakerta. Semiramisstadt genannt wird. Dann zog sie nach Medien, wo sie am Bagistanischen, geheiligten, Gebirge (jetzt Bisutun) gelagert sei und einen Park angelegt habe. Man hielt des Berges (eine fast senkrechte Wand von 1700 Fuss Höhe) untersten Theil von 100 Fuss Höhe und 150 Fuss Breite für von ihr abgehauen und wollte dort ihr Bild, umgeben von 100 Lanznern, erblicken. Beim medischen Chauon legte sie einen zweiten Park mit Lustschlössern an, auf dem Woge nach Agbatana eine Heerstrasse und in der letztern Stadt Paläste und eine wundervolle Wasserleitung durch den Berg Orontes (Elwund) in die Stadt. Der britische Reisende Ker Porter hat all diese Orte 1818 besucht und beschrieben und erblickte Agbatana (Hagamatana, Ahmetha, jetzt Hamadan) nach Ersteigung eines Hügels »mit der Erschütterung des Schreckens, mit welcher man einen dahin gestreckten Leichnam erblickt«. Die 7 Burgmauern Herodots waren so viele Terrassen, und Säulenreste zeigten, dass die dasige Architektur dieselbe war wie in Persepolis. Aehnliche Werke hinterliess die grosse Königinn in Persis, so dass in Asien manches Bewunderte »Werk der Semiramis« hiess. Aber nun durchwanderte sie ganz Aegypten, eroberte das meiste Libyen und kam zum Amuns-Orakel in der Oase Siwah. Sogar den grössten Theil Aethiopiens unterwarf sie sich und kehrte, nachdem sie dort und in Aegypten ihre Anordnungen getroffen, nach Baktra zurück, von wo sie nach Indien zog. Hier siegte sie am Indus erst blutig über den König Stabrobates, liess sich dann jedoch über den Strom locken und musste, geschlagen, obwohl die Inder diesseits, die Astakener und Assakener, assyrisch blieben, nach Babylon zurück. Ihr Sohn Ninyas trachtete ihr, nach Einigen weil sie ihm Unsittliches zugemutet, nach dem Leben; nach Anderen trat sie ihm nach 42 Jahren, 62jährig, die Herrschaft 2120 ab*).

Es muss höchlich befremden, dass es bisher Niemanden auffiel oder, falls es auffiel, Niemand erklärte, wie von Babylon und von Theben aus zwei gewaltige Könige genau dieselben Feldzüge und Eroberungen unternahmen, und was noch mehr ist, zu derselben Zeit.

---

*) Diod. 2, 14—24. Ctes. Pers., p. 92. 108. Just. 1, 2. Herod. 1, 184. Arrian Ind. 1, 5. Sam., p. 26.

Ninos war gestorben 2162. Dessen Epoche setzte Ktesias bei Diodor
»über 1360 Jahre vor Sardanapal«, 819 + 1360 = 2179*). oder über 1000
Jahre vor Ilion, 1184 + 1000 = 2184**), Aemilius Sura »1995 Jahre vor
dem Frieden Roms mit Antiochos«. 1995 + 190 = 2185***). Das ist genau des Sesosis Zeit.

Justin sagt bei Meldung, Damas (Amoses, das Haupt der 18. Dynastie, der Patriarch Sem) habe Damaskos, Syriens Hauptstadt, gestiftet,
»woher auch die assyrischen Könige und Semiramis stammen« †).
Ninos und Semiramis stammen somit vom 26G. Farao und von demselben
Sem, aus dessen Blute die Damaskerkönige Azelos (Selah), Adores (Thuoris,
Tharah) und Abraham stammen. L. Ampelius wusste eben so: von Belos
stammen durch den einen Sohn Aegyptos die ägyptischen,
und durch den andern, Ninos. die assyrischen Könige††), und
Joannes Malalas nannte Sostris aus Chams Stamme†††), und Tzetzes
»Sethosis König der Assyrer«§).

Die Bibel sagt:

Cham
⋮
Kusch
⋮
Nimbrod

Ich habe oben Belos als Rameses Miamun 2291 nachgewiesen; auf ihn
folgt unmittelbar Ninos 2214, der Eroberer, Sesosis; im Assyrischen ist keine
Mittelregentschaft, kein Menefthah. Diodor giebt Sesosis blos 33 Jahre,
die Listen 51; so viele wären es etwa, wenn Diodor des untreuen Bruders
Rameses (Armais) Amenofis 19 Jahre abgezogen hätte (33 + 19 = 52).
Champollion war der Ansicht, des Sethosis Vorgänger finde sich nicht nur
in einigen Geschlechtertafeln nicht, sondern in manchen Namensringen sei
die Figur des Gottes wie absichtlich zerstört. Vergleicht man damit das
oben von Menofthor, Miamuns Sohne, Gesagte, so drängt sich der Gedanke
auf, derselbe sei blos angemasster Farao gewesen und sein Bruder Sesosis,
wie in Assyrien als Ninos, der ächte und unmittelbare Nachfolger Belos-
Miamuns, wenn schon die Listen den Bruder ebenfalls zählen. Dazu tritt,
dass Ninos nach 17 Jahren zurückkehrt und seine neue Residenz baut
2205, genau wo Sesosis am Nil die 19. Dynastie gründet, und eben so genau
die Zeit des 16. Patriarchen Peleg. Ninos ist Sethosis II.

Nimbrod ist nicht Name, sondern Titel von seiner Residenz, Nin-brod
(sanskritisch Ninya-bharatha) Ninoskönig, welchen Bunsen unnöthig als

---

*) Diod. 2, 21.
**) Diod. 2, 22.
***) Vellej. 1, 6.
†) Just. 36, 2.
††) L. Ampelius, Lib. memorialis 11.
†††) Malala, Niebuhrs Ausg. Bonn 1831. p. 25. 26.
§) Tzetzes in Ctes. Pers. Fragm. 14.

»nicht unter die babylonischen Herrscher gehörig«, in die Urzeit der Einwanderung der Arier, ja »in das 40. Jahrhundert v. Chr.« versetzen zu sollen glaubte, weil er ihn nirgends einzufügen wusste[*]).
Des grossen Farao Gattinn las Champollion No Fre Ari, genau wie die des Amoses hiess: Salt Ta Si Ramerun[**]). Sollte es allzusehr gewagt gewesen sein, dass ich sie von jeher als Schwester und Gattinn des grössten Rameses — Se Mi Ramese zu sehen glaubte? zu viel gewagt, vor Miamun oder Belos jeden Welteroberer, und nenne man ihn auch Seti I., für ein Hirngespinnst zu halten?
»Kusch zeugte Nimbrod, der fieng an ein Held zu sein auf Erden; er war ein gewaltiger Jäger vor Jehova — und der Anfang seines Reiches war Babel und Erech und Akad und Chalne im Lande Sinear, und von diesem Lande gieng er aus nach Assur und baute Ninive, und Rehoboth Ir und Kalah und Resen zwischen Ninive und Kalah, die grosse Stadt.«[***]) Während des Vaters Babylon im Ebenlande unten aus blossen Backsteinen erbaut war, boten dem Sohne die nahen Gebirge Stein. »Es ist merkwürdig«, sagt der Hauptentdecker der Jahrtausende lang von Erdhügeln überdeckten Ninosresidenz, »dass des Profeten Jonas 3 Tagereisen genau den 60 Meilen bei Diodor entsprechen, und dass ein Viereck, gebildet von den grossen Ruinen des östlichen Tigrisufers, Nimrud, Kujjundschik, Khorsabad, Karamless, als die 4 Ecken genommen, ziemlich dasselbe Resultat geben würden.« Beide Entdecker, 1845 Botta für Frankreich, und dann Austen Henry Layard für England, staunten über die aufgegrabenen künstlichen Terrassen, die Palastwände, mit von Skulpturen überdeckten Marmorplatten bekleidet, wie in Theben Kriegsszenen, Belagerungen, Schlachten mit Streitwagen, Züge mit Gefangenen, Jagten, Trinkgelage u. a. darstellend, die Schrift, wie in Armenien, Medien, Persien und Babylon, lauter Keile, die Kunst der persischen verwandt, aber sie in Leben und Ausdrucke der Zeichnung an Thieren und Menschen, in Komposition, Gruppirung und Ausführung weit übertreffend, Manches sogleich an Aegypten erinnernd, obwohl eigenthümlich; über die an den Palast- und Saaleihgängen, Persepolis ähnlich, stehenden 2 bis 6 geflügelten Stiere und Löwen mit Menschenköpfen von ausserordentlicher Schönheit, die Thiere 15 Fuss hoch und 18 lang und so schwer, dass Botta nicht im Stande war, durch 4 Paare Büffel den Kopf eines derselben an den Tigris zu bringen, wozu Layard 300 Mann bedurfte. Die Westvölker heissen in der hiesigen Keilschrift immer Tsimri (Kimren) und scheinen aus dieser Provinz die Truppenmacht gebildet zu haben.
Wir stehen hier auf dem Boden, aus welchem die Arier Aegypten überzogen und kultivirt haben. Krieg erst und dann friedlicher Handel brachten die alten Völker mit einander in Berührung. Aus Smyrna, Sardes, Tyros

---
[*]) Buns. V², 311. 314. Anders sieht Lepsius S. 223 Nimrods Namen an.
[**]) Salt, pl. 4. 5.
[***]) Gen. 10, 8—12.

(letzteres im Jahre 2760 und das delfische Orakel bereits 2920 »durch Kureten«, somit gerade zur Zeit jener Hûksos-Egregoren-Züge gegründet)*), Damask, Agbatana, Ninos, Babylon und Susa (»Memnons, d. h. Miamuns Stadt«) zogen Karawanen »durch sieben anders redende Völker«, sagt Herodot, bis zu den völlig mongolisch, turkisch geschilderten »Schnellreitern«, Argippäern, unter Filzzelten am Imaos- oder Belurgebirge, wo östlichere Handelszüge von den Serikern in Nord-Sina nach der Station des »Steinthurmes« (Taschkand) am Jaxartes ihre »serischen«, später »medischen« und biblisch »bunte« genannten, seidenen Schleier und Gewande, den kostbaren Stein Yu und daraus und aus Porzellan verfertigte vasa murrhina und nordische Pelze brachten, wie aus Tûbet und Kaspamira indische Wollenzeuge (Schalas) und Baumwolle. Aus dem persischen Meerbusen kamen nach Babylon und Ninos Perlen, aus Moscha (Maskat) in Arabien Gewürze, Balsame und Räuchereien, aus dem innern Afrika (Ofir) Gold, Ebenholz, Sklaven, Vieh, wie aus dem Westen, aus Gadeira und Tartessos, zum Theil auch zu Lande herab, Erz, Zinn, Bernstein, vielleicht das erste Glas, gebracht auf Landwegen, welche Herodot andeutet, aus der Gegend jener, mit den Mythen vermengten, von den Göttern geliebten und von Apollon besuchten, bis Italien hinab genannten Hyperboreer (galt ja im Anfange hellenischer Erdkunde das ferne Rom als deren Stadt), zur See von jenen mit der alten Nautik enge verbundenen Föniker-Pelasgern, in unseren Sagen noch hoch gefeiert in den zauberhaft durch die Luft fahrenden, Erz grabenden und Bergspiegel besitzenden Fenken und Vinetiern. Hätten wir auch die obigen Angaben von des Sesosis-Ninos Eroberung des europäischen Thrakiens (Hellas) nicht mehr, so ist seine dasige Weltherrschaft bekannt und gefeiert genug in jenem »Okeanos-« (Ogûges-) oder Meersohne Inachos, den Sofokles anredet:

> »Inachos, Vater! Sohn des Okeanos,
> des Quellenerzeugers, hochgeehrt
> in Argos Gefild, auf Hera's Höhn,
> und den Tyrrhener-Pelasgern!«**)

Argos hiess damals nicht nur alles Hellas, sondern Epiros und Thessalien, Pelasgerland, ja Makedonien mit, wie Italien Argessa und von letzterm Namen (nicht wie Strabo 1, 2 wähnte, von »Schauern« oder »schnell«) hiess den Griechen der Nordwestwind Argestes. Er herrschte über diese Länder (wir kennen seine Enkel von Oenotrien und Daunien in Italien bis zum schwarzen Meere) genau 2176 v. Chr., und die denkwürdigen Königslisten in Argos, Sikyon, Makedonien, Epiros und Sparta enthalten zu einer Zeit, wo die am Nil noch fragmentarisch vorhanden sind, von Inachos-Sesosis an durch mehr als 16 Jahrhunderte, wie die dieser Schrift beigegebene Tafel (s. Anhang) weist, über 60 Könige, die Namen oft mythisch und ethnisch,

---

*) Herod. 2, 44. Plut.
**) Dionys v. Hal. 1, 25.

von Gottheiten und Völkerstämmen entlehnt (und deshalb von sehr achtbaren Gelehrten, wie Uschold, in ihrem Historischen verkannt), aber die Generationen streng chronologisch sich folgend und fixirt und so in die morgenländischen Listen eingreifend, dass dieselben Personen urkundlich über Griechenland, Kreta, Lydien, Kypros, Fönikien, Assyrien, Persien und Aegypten, mit Libyen und Aethiopien herrschend erscheinen. Inachos opferte zuerst der pelasgischen Here, deren Gemal Zeus, im epirotischen Dodona verehrt (»Dodonäischer, Pelasgischer!« redet ihn der Betende bei Homeros an), ja des Inachos Tochter Io liebt, die somit eine Here selbst ist, in Kuhgestalt nach Aegypten gelangt, wo *aha* Kuh und Mond heisst, letzteres auch *joh*, und dort Mutter der Faraone — der 20. Dynastie wird. Des Inachos Sohn, der Io Bruder Foroneus, welcher »die zerstreut lebenden Pelasger in das Asty Phoronicon oder Argos sammelte und ihnen Gesetze gab«*), folgte dem Vater 2127, ziemlich wie Ninyas der Semiramis, und mit demselben Namen wie in Aegypten, wo er aber (die Mutter nicht gerechnet) schon 2154 herrscht, der Farao Feron, der 284ste seit Menes, von welchem die Geschichte wenig weiss, als dass er erblindet und durch eine Frau, die er nach einem Orakelspruche, unter vielen suchend, rein erfand und zur Ehe nahm, geheilt worden sei**). Plinius sagt von einem der Obeliske in Rom: quem fecerat Sesostridis filius Nuncoreus (auch Nencoreus). Ejusdem remanet et alius — quem post caecitatem visu reddito ex oraculo Soli sacravit. Dem Feron folgt in der Manetholiste 2088 sein Sohn Amen-ofth (bei Plinius Sesosidis filius Menophtheus, Errichter des Obelisks im Circus Neronis?) in Argos verwandtnamig Apis und in Ninos (auch 2082) Areios. Apis sei wegen Streben nach Gewaltherrschaft, einer Verschwörung der schon gegen Foroneus ankämpfenden Telchinen und Kureten erlegen. Nach einer Sage erschlug ihn das Haupt der Verschworenen, Aetolos aus dem Japetos und Prometheus Stamme (den Pelasgern und Okeaniden feindliche Promethiden, Väter der späteren Hellenen), der darauf nordwärts floh und Kuretien den Aetolernamen gab; nach Anderen zog Apis, die Herrschaft einem Bruder überlassend, nach Aegypten, wo er — Memfis gebaut habe***). In Sikyon hiess er gleiches Namens Eur-ops†). Weil Apis in Argos kinderlos wegzog, folgte ihm dort der von seiner Schwester Niobe dem Zeus geborene Argos 2032, dessen Bruder Pelasgos I., ein »Erdegeborener«, die Pelasger Häuserbau und Kleidung lehrte††), von dessen Geschlechte ein Zweig in Arkadien noch bis zum Jahre 608 v. Chr. historisch fortdauert, der angeblich Argische in Sparta sogar bis um 200 v. Chr., wo seine Letzten in der Römer Legionen gegen den Tyrannen Nabis Schutz suchen, beinahe 2 Jahrtausende nach ihrem Ahnherrn Inachos.

―――――
*) Paus. 2, 15. 19. 20. Apollod. II. 1. 1. Eus. Rone. 110. 114.
**) Herod. 2, 111. Diod. 1, 59.
***) Paus. 2, 14; V. 1, 6. Apollod. I. 7, 6. 7; II. 1, 1. Eus. Rone. 111.
†) Paus. 2, 5. 34.
††) Apollod. II. 1, 1. Dionys 1, 17. Paus. 2, 14; 8, 1. Strabo 5, 2.

Fallmerayer sagt hier: »Müssten wir in Henne's Buche jene Parthie
»bezeichnen, in welcher sich Schärfe und Tragweite geschichtlicher Kombi-
»nations- und Auslegungskunst entstellter Sagen aufs glänzendste und stich-
»haltigste erprobten, so wären es unserm Geschmacke nach die 13 Paragraphen
»des dritten Zeitraumes mit der Ueberschrift , die Zeiten von Sesostris und
»Semiramis'. Doppelt wohlthätig und beruhigend wirkt das Licht und die
»schaffende Ordnung dieser Paragraphen auf Leser, die nicht blos vorüber-
»gehende Blicke auf die Wunderbauten der Pharaonen warfen, sondern viel
»und lange in den Felsentempeln und Freskenhallen von Ybsambol und
»Medinet-Habu herumgewandert, aber doch mit schwerem Herzen und un-
»zufriedenem Gemüte aus dieser Kunstwelt weggezogen sind, weil sie die
»grossartige Bilderchronik wohl anstaunen, aber in ihrem Zusammenhange
»mit den wechselvollen Szenen der menschlichen Geschicke nicht begreifen
»und erklären konnten. Uns hat der Verfasser vollkommen überzeugt, dass
»Semiramis und Babel im Ursprunge ägyptisch sind.«*)

Damit mir auch diese Anführung nicht übel gedeutet werde, will ich
eben so offen gestehen, dass ein Jahr früher der Grossherzoglich Badische
Geheimerath Schlosser in den Heidelberger Jahrbüchern 1846 bittern Spott
über diese meine Forschungen ergossen hatte, was man dort nachlesen kann.

Die 19. oder Sesosisdynastie endet im Jahre 1996 mit dem 6. Farao
derselben, dem 288sten seit Menes, Thuoris, und die 20. Dynastie beginnt
buchstäblich in demselben Jahre, wo ebenfalls der 20. Patriarch Tharah,
70 Jahre alt, in Chaldäa den berühmten Abraham erhält. Bei den Muham-
medanern und Rabbinen ist er, unterm Namen Azar, — Beamteter an des
Nimbrod Hofe, sogar in unerlaubtem Umgange mit dessen Gattinn Adna**),
aber bei Justin, in gerader Linie vom Damasker Amoses (Sem) abstammend,
als Adores, »Abrahams und Israels Vorfahre« König Damasks***), somit immerfort folgerichtig dieselben Aramäerpatriarchen seit Adam, Damasker
seit Damas (Amoses) und Faraone seit Menes. Genau so folgen sich in
Assyrien 6 (ohne Semiramis) seit Ninos und in Argos 6 seit Inachos.

Des Manethos zweites Buch zählt 96 Faraone in 2121 Jahren
(4117—1996).

---

*) Fallmerayers Besprechung meiner »Allg. Geschichte« (Schaffh. 1845, I. Thl.) in
der Beil. zur Allg. Ztg., 14. Juni 1847.
**) Movers, S. 472.
***) Just. 36, 2.

Des Manethos drittes Buch. Die Patriarchen.

Das dritte und letzte Buch des Manethos haben wir heute in folgender Gestalt:

	Africanus.	Eusebios.	Die Chron. u. A. Syuc. bL br.	Kritisch.
20. Dyn.	12 Theb. 135 J.	12 F. 178 (172) J.	Chr. 8 F. 228 J.	12 F. in 228 J. 1996
21. »	7 Tan. 130 »	7 » 130 J.	Chr. 121 »	7 » 186 » 1768
22. »	9 Bubast. 120 »	3 » 49 »	Chr. 44 »	9 » 204 » 1572
23. »	4 Tan. 89 »	3 » 44 »	Chr. 19 »	4 » 156 » 1368
24. »	1 Saite 6 »	1 » 44 »	Mul. 156 »	3 » 206 » 1212
25. »	3 Aethiop. 40 »	4 » 44 »	Chr. 44 »	12 » 802 » 1006
26. »	9 Saiten 150½»	8 » 168. 173. 167 J.	Chr. 7 » 177 »	21 » 179 » 704
27. »	8 Pers. 124 »	8 » 120 J.	Chr. 5 » 124 »	6 » 111 » 525
28. »	1 Saite 6 »	1 » 6 »	Chr. 39 »	1 » 6 » 413
29. »	4 Mend. 20½»	(4)5 » 21½»		4 » 20 » 407
30. »	3 Sebenn. 38 »	3 » 38 (20) J.		3 » 38 » 387
	61 Far. 859 J.	55 F. 842½ J.		87 F. in 1646 J. b. 350

Da Diodor (1, 44) von Menes an in allen 30 Dynastien zählt »470 Männer und 5 Frauen«, Herodot hingegen (2, 142) ausdrücklich vor dem Hefästospriester Sethon »341 Könige«, nach Sethon aber, in ganz bekannter Epoche, sich nur noch 34 Regierende finden, so muss Diodors Angabe Schreibfehler sein und heissen »370 Männer und 5 Frauen«. So viele zählte Manethos in der That, 375. Nach Herodot enthielten also die 20., 21., 22., 23., 24. und 25. Dynastien 53 Faraone, deren erster der 289ste und der letzte der 341ste in der Reihe war, Sethon demzufolge der 342ste.

Nun geben Eusebios und Africanus die 24. Dynastie lückenhaft, da Beide nur den Bonchoris kennen, während Herodot ausdrücklich und mit Umständen drei anführt. Auch in der 25sten kennen die 2 christlichen Schriftsteller blos: Afrikanus 3 (Sabako 758, Sebicho 746, Tarakus 734), und Eusebios, aber irrig als in der 26sten, dazu den Ammeres 691. Die Bibel nennt uns jedoch schon im Jahre 971, also über 200 Jahre früher, und ebenfalls äthiopisch, den Susak, 946 den Zarach, unter Hosea (782—724) den So (Sewech), und 716 den Tirhaka. Somit ist die Zählung von blos 3 oder 4 Aethiopen, 1006 bis 704, falsch. Herodot zählt (2, 100) ausdrücklich »achtzehn Aethioper«, und die 6 ersten Dynastien dieses dritten Manethobuches haben somit, wie gesagt ist, 53 Könige.

Die 28ste, 29ste und 30ste sind bekannt und zählen 8, macht +53 = 61, so das bloss die 26ste und 27ste auszumitteln sind, auf welche noch 26 fallen müssen, nicht blos des Afrikanus 17; Letzteres rührt daher, dass er die

Dodekarchen nicht mitzählte, blos Psammitich allein, während doch in der 7ten die 70 Tyrannen mitgezählt sind. In der 27sten dagegen zählen Africanus und Eusebios alle 8 Perser von Kambüses bis Dareios Ochos, sogar den Mager, also 525 bis 413, wo sie den Amürtäos haben, während uns zu Ausfüllung der 375 nur 5 Zahlen fehlen, somit unfehlbar entweder Xerxes II., Sogdianos und Ochos, alle 3 vom Jahre 424, blos als einer zu zählen sind oder der Mager zu des Kambüses Zeit wegfallen muss, abgesehen davon, dass Amürtäos in Wirklichkeit bereits im Jahre 455, also unter Artaxerxes, in einem Theile Aegyptens als anerkannter Farao galt und als solcher handelte.

Die Jahre anbelangend, welche der armenische Eusebios p. 250 ausdrücklich vor der 107. Olympias (352 bis 349) als 1646 angiebt, was unstreitig richtig ist, geben die Posten bei Afrikanus, wie bei Eusebios, kaum mehr als die Hälfte dieser Summe, und, wie obiger Ueberblick zeigt, weichen sie so von einander ab, dass ich das, was sich aus der Geschichte (mehr darf ich nicht sagen) sehr mutmasslich ergiebt, hier nicht vorläufig rechtfertigen kann, sondern dies der folgenden Untersuchung überlassen muss.

So manche Blössen meine Chronologie im Einzelnen noch bieten mag — ich bin nicht Chronolog von Beruf, ich kam blos auf diese Wissenschaft, weil ich ohne sie im unbetretenen Urwalde rein keinen Weg mehr fand, und noch heute sind mir viel wichtiger als sie die Thatsachen, das Ziel mir weit mehr am Herzen als der Weg —, so konnte ich es nicht für Zufall halten, dass gerade wo am Nil das Licht erlischt, wo die grossen Faraone mit ihren welterfüllenden Namen, die Mi Amun und Sesosis, in ihre stillen Todtenkammern bei Biban el Moluk hinab gestiegen sind, die 19. Dynastie, die letzte des zweiten Manethobuches, und der Sebennyter Priester wusste sicher warum, mit dem 288. Farao Thuoris genau in dem Jahre 1996 v. Chr. schliesst und die 20. Dynastie beginnt, wo in den Aramäer Urkunden ebenfalls der 20. Patriarch und mit gleichem Namen (Tharah, Azar, Adores) in Chaldäa auftritt und den Stammvater eines interessanten Volkes erzeugt. Das musste meinen Mut erhalten.

Mit dem Anfange des dritten Manethoregisters herrschen am Nil noch 12 Thebäer; ihr Wirken jedoch zog sich dermassen von Aegypten in andere Theile der Weltmonarchie zurück, dass entweder schon Manethos oder dann seine Abschreiber die 12 Namen nicht mehr bedeutend genug fanden, sie der Nachwelt zu überliefern. Genug, die Liste sagt bei Africanus und Eusebios, nur in der Zahl der Herrscherjahre verschieden, ärmlich blos: Εἰκοστὴ δυναστεία βασιλέων Διοσπολιτῶν ιβ', οἳ ἐβασίλευσαν ἔτη (ροη' bei Eusebios, ρλε' bei Africanus, somit 178 dort, 135 hier).

Die Denkmäler geben, wenn auch nicht Klares, doch etwas mehr. Die XII tragen noch immer, wenigstens 11 davon, aber das letztemal, den kaiserlichen Namen der Ramesiden. Bunsen hat mit dem ihm eigenen ungeheuern Fleisse, aber selbst von Jahr zu Jahr unsicher schwankend in

Namen und Titeln*), aus den Denkmalforschungen seines, an Unterstützung und Hilfsmitteln überglücklichen, Freundes Lepsius uns ein Dynastiebild geliefert, das am Ende folgenden Ueberblick beut.

Fuoris? (Nilos, Setnekht Mererra) 1305 v. Chr.
⋮
1. Ramses III. Hek Pen 1298 v. Chr.

2. Rams. IV.	3. Rams. V.	4. Rams. VI.	5. Rams. VII.	6. Rams. VIII.
Meri Amn	Amn	Meri Amn	Amn Hr	Amn Hr
Hek Ma	Hik Hepsch	Hk Neter Pen	Khps	Khps Mri St
	Mri Amn		7. Rams. IX. Mri Amn Si Ptah	

8. Rams. X. Satr N Ra Mri Amn
⋮
9. Rams. XI. Mri Amn Si Ptah
⋮
10. Rams. XII. Satr Ra Mri Amn
⋮
11. Rams. XIII. (XIV.?) Satr N Ptah Ntr Hik Pas
⋮
12. Rams. XIV.? herrschend bis s. J. 1110 v. Chr.

Nach Bunsens Rechnungssysteme herrschte diese Dynastie also in der israelitischen Richterzeit, von Deborah bis Heli. Von Thuoris (Bunsens Fuoris) sagt dieser Forscher: »Wilkinsons Angabe, er sei Vater von Ramses III., hat sich nicht bestätigt; es ist also zweifelhaft, ob wir ihn nicht zur vorigen Dynastie rechnen müssen.«**) Was mich betrifft, erlaube ich mir auch hier nicht, die Liste zu ändern, fand aber auch ohnedies, dass Thuoris in die 19. Dynastie gehört, wo er um 2013 herrscht, wie in Ninos Xerxes 2012 und in Chaldäa und Syrien als Tharah seit 2066 lebt, wo unter ihm der letzte Patriarch der Egregorenzeit, Noah 950jährig zu seinen Vätern gieng***). Von einem Beinamen Nilos ist eben so wenig zu reden, als man zweifeln darf, ob er der Vater der 20. Dynastie sei.

Die Denkmale bezeichnen das 26. Jahr des 289. Farao, Rameses, und wirklich herrscht er als Arma-Mithres in Ninos 38 Jahre. Bunsen erwähnt aus den Bildern zweier Paläste in Medinet-Habu Gefangene aus seinen 12 Jahre lang dauernden Feldzügen als Karyatiden angebracht: bärtige Rabu, abermal die Kheta, Amar, Falkkrui (Akkaron?), Saïrtana am Meere (Sidon?), Tuirsa am Meere (Tyros?), die Pursata (Peleset, Palästina?), Masuas (Damask?) u. a. Sein Grab in Biban el Moluk komme an Pracht und Schönheit dem von Sethos gleich; der Sarkofag aus rothem Granit ist in Paris. »Mit dieses Königes Regierung verschwindet recht sichtlich die Macht und der Ruhm Aegyptens für Jahrhunderte. Seine Eroberungen

---

) Man vergleiche diese Dynastie in seinem III., IV. und V. Bande, 1845. 1856. 1857.
**) Buns. IV, 229.
***) Gen. 9, 28. 29.

enden in Bauten. Der Schmuck seines grossartig angelegten Grabes ist nie vollendet. Die Denkmäler werden immer seltener nach ihm.« (Vom 2. Sohne hat Bunsen blos, er habe allenthalben die Namensschilder des ältesten Bruders vertilgt und die Seiteninschriften auf des Tuthmosis I. Obelisk in Karnak machen lassen, nach denen »er alle fremden Länder unterworfen«, d. h. dass die Nachbaren — ihn ruhig gelassen. Sein Grab sei eines der prächtigsten, aber ohne alles Historische, das des dritten wie in Eile errichtet*).)

Vom Sohne Ramses VIII. (Bunsen sagt jedoch Hek Ma) weiss Lepsius, dass »die letzte Epoche dieses Hauses« beginnt. In Ninos hat er seit 1944 als Belochos 35 Jahre. Mariette grub 1853 prächtige Trümmer von seinen Bauten in Memfis aus. »Dieses und die Pracht der Privatgräber zeugt zwar nicht für die Selbständigkeit der ägyptischen Macht, aber doch für des Königes Reichthum und den Wohlstand Einzelner. Unter ihm zeigen sich die ersten Spuren des Eingriffes der Ammonspriester, welche, nach einer kurzen Wiedererhebung der königlichen Macht, endlich die Dynastie stürzen.«**)

Es ist zu verwundern, dass Bunsen das in diesen letzten Worten liegende Gewicht nicht ahnte. Ich, der ich nicht mit Nork den Tharah, Abraham und Isaak als mythische Wesen (dass Mythisches ihnen anklebt, liegt im Geiste der ältern Geschichte) ansehen und Abraham für Eines mit Zeus und Sarai mit dem Monde halten kann***), sah von jeher hierinn den aus Aram schon früher heranrückenden und von mir oben bei Horos angedeuteten Kampf des Monotheismus gegen den krassen hamitischen Polytheismus, die Folgen jenes Noahfluches:

>»Verflucht sei Kanaan,
>ein Knecht der Knechte sei er seinen Brüdern!
>Gesegnet sei Jehova, der Gott Sems,
>und Kanaan sei sein Knecht.
>Jafet breite Gott aus,
>er wohne in den Zelten des Ruhmes,
>und Kanaan sei sein Knecht!«†)

»Tharah nahm Abraham seinen Sohn und Lot, Harans seines Sohnes Sohn, und Sarai seine Schwiegertochter, das Weib Abrahams seines Sohnes, und gieng mit ihnen aus Ur in Chaldäa, um in das Land Kanaan††) zu ziehen; und sie kamen bis Haran (Charrae in Mesopotamien), und wohnten daselbst. Und das Alter Tharahs war 205 Jahre, und er starb in Haran.«†††)

---

*) Buns. IV, 230—243.
**) Bunsen über Hek Ma IV, 343 nach Mariette im Bulletin archéologique, und dem 7. Band von Lepsius Denkmälern, III. Abth., Taf. 207—242.
***) Nork, Andeutungen eines Systems d. Mythol. Lps. 1850. S. 27, 29.
†) Gen. 9, 25—27.
††) Also unter Hamitan, denn Kanaan war Hams Sohn.
†††) Gen. 11, 31. 32.

Da dieser Tod somit vor Abrahams Weiterzuge aus Haran vorfiel, müsste Tharahs Alter verschrieben sein und blos 105 Jahre heissen, wo es dann im Jahre 1961 wäre. Die Alten wussten übrigens, wie Abraham 61jährig seines Vaters Götzenbilder (theraphim, είδωλα) noch in Ur verbrannt hatte*), was auf das Jahr 1935 fiele. Auf Gottes Geheiss zog Abraham, 75 Jahre alt, 1921 aus Haran weg, und nahm Sarai und Lot und alle ihre Habe und Sklaven (vom Vater Tharah geschieht keinerlei Erwähnung mehr, was meine Vermutung zu bestätigen scheint) und zog mit ihnen weiter nach Kanaan, bis Sichem, wo er dem Herrn einen Altar baute, dann einen bei Bethel, und gelangte weiter südwärts. Als Hungersnoth das Land drückte, begab er sich nach Einigen im Jahre 1916**) nach Aegypten, an der Grenze seiner schönen, aber unfruchtbaren Sarai anbefehlend, sie solle sich für seine Schwester ausgeben, damit die Aegypter ihn nicht ihretwegen umbringen, es ihm aber wohl gehe. So that sie. »Als nun Abraham nach Aegypten kam, sahen die Aegypter das Weib, wie sehr schön sie war, und die Grossen des Farao priesen sie vor dem Farao, und man nahm das Weib in des Farao Haus, und der that Abraham Gutes um ihretwillen, und er bekam Schafe, Rinder, Esel und Kameele, und Knechte und Mägde.« Als jedoch Gott dem Farao und seinem Hause wegen Sarai Plagen sandte, tadelte er den Abraham ernst, ihn getäuscht und verhehlt zu haben, dass Sarai sein Weib sei. Er habe sie ehelichen wollen, gab sie ihm aber zurück und liess ihn aus dem Lande geleiten***). Nach Josefus hatte er den Aegyptern chaldäische Wissenschaft, Zahlen- und Sternkunde gebracht†). Sehr reich an Heerden, Silber und Gold, zog er wieder nach Bethel, wo es, wegen Grösse ihrer Heerden, zwischen seinen und Lots Hirten zu Streit über die Weiden kam, Abraham aber den Brudersohn beredete, sich zu trennen, welcher dann in das fruchtbare Jordanthal wegzog, wo Sodom und Gomorrha lagen. Damals hatten Könige der umliegenden Landschaften Krieg mit Kedorlaomer, demjenigen von Elam, dem sie 12 Jahre lang zinsbar gewesen, in welchem Kriege Lots Habe geplündert und er selbst gefangen wurde, worauf Abraham mit 318 seiner Hausgenossen auszog, die Feinde bis nördlich von Damask verfolgte und Lot frei machte. Als der Patriarch bekümmert war, dass er keine Nachkommen habe und sein Knecht, der Damasker Elieser, sein Erbe sein werde, habe ihn Gott im Traume getröstet: »Vernimm, dass dein Same Fremdling sein wird in einem Lande, das nicht sein ist, und man wird sie zu dienen zwingen und quälen 400 Jahre (später genauer 430 Jahre); — sie aber sollen im vierten Geschlechte hieher zurückkehren.«††) Auch diese kostbare Urkunde bestätigt meine Rechnung und

---
*) Sync. 99. Conf. 94. 95. 98. (wo das Verbrennen der Götzen in Abrahams 14. Jahr, 1962, gesetzt ist). Die Samariter geben Tharah 145 Jahre. Dann starb er 1921.
**) Sync. 99 im 7. Jahre der Auswanderung. Es ist dies blosse Hypothese.
***) Gen. 12, 1—20.
†) Jos. Ant. I. 8, 2.
††) Gen. 15, 13—16. Exod. 12, 40 und Galat. 3, 17.

widerlegt die erkünstelten der Aegyptologen (Lesueur hat diese Dynastie um 1353, Bunsen 1298, Brugsch 1288, Champollion 1279 und Böckh genau am 15. Juni 1183, weil Manethos [oder seine Kopisten] unter Thuoris Troja erobert wähnten). Es ist genau: 1921 — 430 = 1491, nach meinem Kanon und der jetzt allgemeinen Annahme von des Moses Auszuge*). In Abrahams 86. Jahre, 1910, gebar ihm seine ägyptische Sklavinn Hagar den Ismael, einen Stammvater von 12 Araberstämmen, bei denen er im Jahre 1773 im Alter von 137 Jahren starb**). 99 Jahre alt, Ismael zählte 13, also 1897, habe der Patriarch die Beschneidung eingeführt***), ein Kennzeichen seiner Religionsgenossen, ursprünglich wohl des Sinnes, statt der Menschenopfer freiwillig Blut zu vergiessen, und sah Sodoma und Gomorrha untergehen, worauf dem Hundertjährigen 1896 Sarai den 22. Patriarchen den Isaak gebar†). Nach der Genesis††) wäre Tharah erst 1861 gestorben. Im Jahre 1856, Isaak war 40 Jahre alt, ehelichte dieser Bethuels, des Brudersohnes von Abraham, des Aramäers in Mesopotamien, Tochter Rebekka, nach welcher Abraham seinen Haushofmeister gesendet, und diese gebar Isaaken in dessen 60. Jahre, 1836, die zwen ungleichen Zwillinge, Esau und Jakob (Israel)†††), welche Bunsen »uralte mythologische Namen« nennt§), worauf Abraham, 175jährig, 1821 starb§§).

Hier hat nun jeder Leser die Wahl, die Genannten entweder als blosse Patriarchen Arams und Abraham nur aus Hungersnoth nach Aegypten gekommen anzusehen, wo seine Sarai in des Farao Harem kömmt, oder aber mit Justins Quellen »Damas, Azelos, Adores, Abraham und Israel als Könige von Damaskos«, welches der erste von ihnen gegründet§§), und einen derselben, Adores, für eines mit Thuoris, dem letzten Farao der 19. Dynastie. Die Wahl wird durch Folgendes erleichtert.

Wegen Reibung zwischen den Zwillingen entwich Jakob, angeblich 75 Jahre alt*†), 1761 zu seiner Mutter Rebekka Bruder, Laban zu Haran in Mesopotamien, dem er diente, wofür er nach 7 Jahren, 1754 die Tochter Liah und um abermal 7 Jahre die schöne Rahel zur Ehe erhielt. Diese und Sklavinnen gebaren ihm 12 Söhne, darunter (in seinem 91. Jahre?), 6 Jahre vor dem Wegzuge, 1746 Rahel den Josef, den 24ten und letzten der Patriarchen*††), worauf Jakob, nach 20 Jahren Dienens, 1740 heim-

---

*) Lepsius (S. 315 ff.) missversteht die 430 Jahre.
**) Gen. 16, 16; 25, 12—18.
***) Gen. 17, 1. 24. 25.
†) Gen. 21, 5.
††) Gen. 11, 32.
†††) Gen. 25, 20. 26.
§) Buns. IV, 427.
§§) Gen. 25, 7. 9.
§§§) Just. 36, 2.
*†) Alexander in Eus. Praep. evang. 9.
*††) Gen. 30, 24. 25—34. Sync. 105. 106. 112. 116.

kehrte*), von dem versöhnlichen Esau (Edom) mit 400 Mann eingeholt. Die älteren Söhne, bei ihren Heerden, Josef, den Träumeausleger, um den Vorzug beim Vater beneidend, verkauften den Siebzehnjährigen im Jahre 1729 an vorbeiziehende Ismaeliten, welche aus Gilead kamen und Gewürze und Balsam nach Aegypten führten**). Hier kam der schöne Jüngling in den Dienst des Obersten der Leibwache des Farao, Potifar oder Pete-Fre***).

Während in Ninos 6 Ninyaden durch 207 Jahre (1982—1775) herrschten, walteten in Aegypten die Ramesiden der 20. Dynastie. Diodor weiss blos, dass auf des Sesosis Sohn Feron aus der 19ten »eine lange Reihe Könige nichts thaten, was der Aufzeichnung werth wäre. Viele Menschenalter später herrschte Amoses«. Seyffarth fand die Planetenstellung bei des Amoses Geburt, den er freilich für den berühmten der 18. Dynastie hält, beim Jahre 1833, und da der Farao derselbe ist, wie der Ogüges der Flut (von ihm sogleich), welcher 1796 herrscht, würde das zusammenstimmen. Den Sturz der Dynastie leitet Diodor ab vom Uebermute und der Despotie des Ramesiden, wodurch, als »der Aethioperkönig Aktisanes gegen ihn zog, Viele abtrünnig wurden und der Aethioper Aegypten in seine Herrschaft bekam«, welcher an Syriens Grenze Rhinokolura als Verbrecherkolonie angelegt habe†).

So wäre Amoses der 11. Rameside der Dynastie und der Aethioper der 12. Farao, von dem Bunsen zweifelte, ob er Rameside sei. Dieser Forscher, anknüpfend an das, was er über Rameses Hek Ma gesagt, fährt fort: nach Aussterben der Ramesiden müsse eine grosse Umwälzung in Aegypten vorgegangen sein; alle thebäischen Dynastien verschwinden für immer und es gehe die Herrschaft über an Unteraegypter, und zwar an die 21. Dynastie von Tanis (Zoan, San, östlich am gleichnamigen Nilarme, südlich von Menzaleh), »welche wohl ursprünglich mit den Ammonspriestern zusammenhieng, sei es nun, dass sie durch die aufstrebende Priesterkaste auf den Thron gelangte, oder durch den Einfluss der Assyrer, welche die Faraonengewalt mehr und mehr auf priesterliche Thätigkeit und die Herrschaft über den Bezirk von Tan beschränkten«††). Sie beginnt nach meiner Rechnung nach den 228 Jahren der 20sten (auch die assyrischen VI regieren 207 Jahre) im Jahre 1768 mit Smendes, dem 301. Farao (in den Denkmalen Si Amn Her Hor, Oberpriester, der in Karnak baute)†††). »Nach dem Tode des Aethiopers machten sich die Aegypter wieder unabhängig und wählten einen einheimischen König, Mendes, welchen Einige auch Marrhos nennen. Er verrichtete nicht die geringste Kriegsthat, erbaute sich aber

---

*) Gen. 31, 38. 41. Sync. 105. 106.
**) Gen. 37, 2. 25—28.
***) Gen. 39, 1. Jos. Ant. II, cap. 4.
†) Diod. 1, 60. — Lepsius (S. 295) möchte den Aktisanes im Sabako der 25. Dynastie finden.
††) Buns. IV, 244. 245; vergl. III, 121.
†††) Buns. IV, 244; V², 395.

ein Grabmal, das Labyrinth genannt.«*) Smendes ist wohl der Errichter eines Obeliskes. »a Zmante positus«, wie Plinius fand. Isokrates fixirt diese Dynastie ebenfalls so, indem er den Farao unter dem Priesternamen Busiris (Rosellini las statt Her Hor wirklich Pehor) »200 Jahre vor Perseus« ansetzt, welcher im argischen Register bis 1573 und im assyrischen 1573 erscheint **).

Unzweifelhaft ist das von Bunsen geahnte Uebermächtigwerden der Amunspriesterkaste, welches Manethos in dem von den Aussätzigen Gesagten ebenfalls erwähnt und an den Priester Osarsif in Heliopolis anknüpft, das biblische Annähern des Patriarchenelementes. Als nämlich 1742 auf Smendes Psusennes I. Farao wird, hören wir, Josef sei, in der Gunst des Potifar gestiegen, aber durch dessen buhlerische Frau, welcher er nicht willfahrte, verleumdet, 1718 in den Kerker gekommen, habe nach 2 Jahren des Farao Träume durch Weissagen der 7 Hungerjahre gedeutet und sei deshalb, 30 Jahre alt, 1716 zum Statthalter des ganzen Landes gesetzt worden. »Und der Farao sprach zu Josef: ich bin der Farao, und ohne dich soll kein Mensch seine Hand oder seinen Fuss erheben im ganzen Lande Aegypten. Und der Farao nannte den Namen Josefs Zafnath-Faneach (bei Josefus Psothom-Fanechos) und gab ihm Asnath, die Tochter Potiferas, des Priesters zu On (Heliopolis), zum Weibe.«***) All das wird erzählt von Einem aus der in Aegypten für unrein geachteten Hirtenkaste. Malalas nennt den Psusennes Petissonios †).

Diodor sagt nach des Smendes Tode kurz: »Nach dieses Königes Tode hatte das Volk kein Oberhaupt 5 Menschenalter durch« ††), was abermal, wie denn dieses Griechen Rechnungen fast immer genau sind, auf die folgende Dynastie führt (1742—165 = 1577). Recht bedeutsam klingen an Josefs erwähnten ägyptischen Namen Psothom-Fanechos die letzten 2 Faraonennamen Psinaches und Psusennes II. Bei Chäremon heisst Josef Petesef. Nachdem Isaak, 180jährig, 1716, zur Zeit der Erhöhung Josefs, gestorben war †††), sandte Jakob seine älteren Söhne wegen der Hungersnoth im 8. Jahre, in Josefs 39stem, um Korn nach Aegypten 1708 und abermal 1707, und zog in seinem 130. Jahre selbst zum Sohne (215 Jahre seit Abrahams Auswanderung). Er starb dort nach 17 Jahren, 147 Jahre alt, 1689 und Josef selbst, 110 Jahre alt, 71 Jahre nach Jakobs Ankunft, 1636§), unter dem 306. Farao Psinaches (seit 1642?). Eusebios sagt richtig 144 Jahre vor des Moses Auszuge (1491 + 144 = 1635)§§).

---

*) Diod. 1, 61. Sync. 73. 74. Eus. Mai. 306. Ronc. 241.
**) Isokr. Busiris 5. 15.
***) Gen. 39, 20; 41, 1. 37—46. Jos. Ant. II, cap. 4. 5. Just. 36, 2.]
†) Malalas, p. 63.
††) Diod. 1, 62.
†††) Gen. 35, 28. 29.
§) Gen. 41, 47. 53. 54; 45, 6. 11; 47, 9. 28; 50, 22. 26. Sync. 109. 111.
§§) Eus. Mai, p. 242.

Ich habe mich bemüht, diese Alterthumsstücke, um sie nicht zu zerbrechen, eines um das andere, sorgsam aus der Erde zu heben. Es folgt nun das grösste und vielleicht bedeutungsvollste.

Die Pelasger und die Hellenen.

In den Pelasgerverzeichnissen erscheint, von des 3. Inachiden Apis Schwester Niobe dem Zeus geboren, wie der 4. Argosherrscher Argos 2032, sein Bruder Pelasgos I. um 2029, dann dessen Sohn Lükaon, welcher Lükosura baute, die Luperkalien stiftete und »17 Alter vor dem Troërkriege« (17 × 33 = 561 + 1270 = 1831) nach Dionys 22, nach Apollodor 50 Söhne zeugte*), lauter ethnische Namen, eine pelasgische Stämmetafel Europas von Italien bis ans schwarze Meer. Ich nenne davon Oenotros (schon im rätischen Hochlande Oenotrium, Onodres, jetzt Nauders), Peuketios oder Japyx, Daunios, Thesprotos (damals noch westwärts des Pindosrückens, später in Thessalien), Teleboas, Makednos, Fthios, Hämon, Titanas, Mänalos, Mantinos, Klitor, Stymfalos, Orchomenos, Aegeon, Lüklos u. a. als Beleg der Richtigkeit der früheren Annahme von des Inachos weitem Herrschen.

In der Argischen Königsliste der Pelasger aber folgen auf die 6 ersten Inachiden (parallel mit den 6 Ninyaden und deren 232 und den 6 Secondden der 19. Dynastie und ihren 209 Jahren), wie die Tafel zeigt, 7 Stammhäupter des ältern Zweiges von Jasos I. und Agenor an: 1) Argos Panoptes, dessen Name an Amenoptes erinnert, der Erleger des Arkadien verwüstenden Stieres und Rächer des ermordeten Apis an Aetolos. 2) Jasos II. (von dem Argos das Jasische hiess, auch Inachos genannt, 1394 Jahr vor der Ogügischen Flut, 1760 + 133½ = 1894; 700 Jahre älter als Ilion, 1183 + 700 = 1883, und endlich 1108 Jahre vor Ol. 1 oder 1108 + 776 = 1884)**). 3) Dessen Tochter Io II., eine Wiederholung Io's I. Von dieser Io II. heisst im »gefesselten Prometheus« Herkules »die dreizehnte Zeugung«, da er von Io I. die 20ste wäre. Sie ehelichte in Aegypten

---

*) Dionys 1, 11. 13. 17. Apollod. III. 8, 1. Antonin (Lib. 31) macht die Zahl 50 durch Daunios voll. Strabo 5. Paus. 8, 2. 3. Plin. III. 16, 1. Aelian 10, 48. Eus. Maii 197.

**) Clem. Alex. Eus. Maii 125. 127. 130. 132. Sync. 66. Strabo 6, 6.

den Farao Telegonos — bei Eusebios Oris pastoris filius, septimus ab Io (Io I.) et ab Inacho —, welchem sie gebar 4) den Epafos (äg. Apofi). Gatten der Nilostochter Memfis und angeblichen Erbauer der Stadt letztern Namens. 5) Ihre Tochter Libye, welche dem Belos gebiert 6) den Agenor II. oder Fönix, Herrn Fönikiens, und 7) Belos, welcher Aegypten erbte (wie der Libye Schwester Lysianassa den bereits genannten Busiris)*). Vom jüngern Zweige aber (von des Jasos I. Bruder Forbas 1908) dem als in Argos herrschend Verzeichneten: 8) Triopas 1873. 9) Jasos III. 1827, dessen Bruder Xanthos 7 Alter vor Deukalions Flut, nach anderer Rechnung 1843, mit Pelasgern einen Theil Lykiens einnahm und Lesbos anbaute**). 10) Krotopus 1796, vom mythischen Namen der Pelasgerlande Ogyges genannt, als über Attika und Böotien herrschend (»ein Autochthon, 1020 Jahre vor der ersten Olympiade, 1020+776 = 1796, oder 150 Jahre vor Kekrops (1646+150 = 1796) oder endlich 1235 vor Küros (560+1235 = 1795)***). 11) Sthenelos 1775, 12) Gelanor 1764.

Hier sind 12 Pelasger, genau wie gleichzeitig die XII der 20. Dynastie, in Argos wie am Nil herrschend, wie vor ihnen die 19. Inachidische und die 11. der Busiriden schon im so genannten alten Reiche. Da die Faraone von Anbeginn an arische Herakleiden waren, wundert sich Lepsius ohne Noth über so viel hellenisch klingende Namen†). Herodot sagt ausdrücklich: »Die Perser, wie die Hellenen, nennen des Akrisios Ahnen — Aegypter.«††)

Der Libye oben genannter Sohn Belos erzeugte mit des Nilos Tochter Anchinoe die Zwillinge Aegyptos und Danaos, dann den Kefeus und Fineus. Dem Danaos gab der Vater Libyen, dem Aegyptos Arabien, wozu später Aegypten kam. Der Mythos giebt ihm 50 Söhne (darunter die Namen Lynkeus, Proteus, Busiris, Lykos, Agenor, Sthenelos, Pandion), dem Danaos 50 Töchter, mit denen der Vater (sie heissen im »gefesselten Prometheus« das 5. Geschlecht von der Io II. Sohne Epafos), vor den feindlichen Neffen fliehend, nach Europa segelte, auf Rodos landete und dann 1763 nach Argos fuhr, wo er, der ältern Inachidenlinie von Mutterseite entstammend, dem Gelanor, bei Aeschylos bedeutsam genannt »Pelasgos, Sohn des Erde-gebornen Palaichthon, Herr der Peloponnes, bis Dodona, an das Adriameer und an den Hämos, über alle Pelasger« die Herrschaft streitig machte. Die pelasgischen Männer schwankten unschlüssig, welchen von beiden sie anerkennen sollten. Als aber am andern Morgen ein Wolf in Gelanors Rinderheerde stürzte und den Heerdestier niedermachte, verglichen sie den

---
*) Apollod. II. 1, 3. 4. Eus. Ronc. 157.
**) Diod. 5, 81.
***) Africanus bei Sync. 63. 64. 65. 148. Conf. 70. 71. Eus. Ronc. 114 (1795).
†) Leps., S. 274—277.
††) Herod. 6, 54.

Fremdankömmling mit dem Wolfe, gaben dem Aegypter den Vorzug und setzten die Danaiden an die Stelle der Inachiden*).

»Und die man noch zuvor Pelasgioten hiess,
Die liess er Danaer nennen.«**) —

Um diese Zeit (Pausanias sagt, im dritten Alter nach Pelasgos) sollte die Uebermütigen, die Pelasger, deren üppiges Wesen die Gottheit so kränkte, dass sie in unseren Sagen deren reiche Alpweiden vergletscherte und mit Steinschutt überdeckte, wie sie ihre Burgen, von diesen Lares (Lar etrusk., auch Lars, kelt. laird. lord) Larissen geheissen, unter den Boden oder in Seen versinken liess, wo ihre Thürme sich zuweilen noch zeigen, wo sie in den Gewölben noch mit goldenen Kegeln spielen, wie ihre Sennen noch aus den Alpengletschern herauf rufen, allgemein Strafe treffen. Zeus, heisst es ganz wie in unseren Volkssagen, kam, um die Ruchlosen zu versuchen, in dürftiger Taglöhnergestalt zu Lükaon und seinen Söhnen nach Arkadien (wie Gott zu Abraham in den Tagen Gomorrhas). Sie luden den Fremdling zu Tische, setzten ihm aber das Fleisch eines geschlachteten Knaben vor. Da stiess Zeus den Tisch um, erschlug den Lükaon und dessen Söhne mit dem Donner, bis auf den Jüngsten, den Nüktimos, und liess die Flut hereinbrechen, welche Einige die Deukalionische, Andere aber die (zweite) Ogügische nennen***). Diodor erwähnt diese Flut zur Zeit von des Danaos Ankunft†), und Eusebios im 37. Jahre jenes Ogüges, 1760††), welcher um diese Zeit Dodona gestiftet habe. Wenn Plutarch hörte, Pelasgos sei »nach der grossen Ueberschwemmung« mit des Helios Sohne Faëthon in das Thesproter- und Molosserland gekommen†††), so ist das eine andere Version jener Besetzung Thessaliens durch der Larissa und des Posidon 3 Söhne, Pelasgos II., Achaios und Fthios, und stimmt mit der Gleichzeitigkeit anderer Posidonsöhne (Agenor, Belos, Busiris), die Zeitbestimmung jedoch bei Dionys, wohl durch oft stattfindende Verwechselung der zwei Fluten, 1760 und 1535, verwirrt. Er sagt: »Sechs Menschenalter nach Pelasgos I. verliessen sie die Peloponnes und wanderten in das damalige Hämonien, heute Thessalien, unter Anführung von Achaios, Fthios und Pelasgos, Larissas und des Poseidon Söhnen. — Allein nach einem dortigen Aufenthalte von 5 Altern wurden sie um das 6. Alter durch die Kureten und Leleger, jetzt Aetoler und Lokrer, und viele andere am Parnassos wohnende Völker unter Anführung des Deukalion, Sohnes von Prometheus, daraus verdrängt.« §)

---

*) Apollod. II. 1, 4. Diod. 5, 57. 58. Herod. 2, 91. Paus. 2, 16. 19.
**) Strabo 5, 2; 8, 6.
***) Apollod. III. 8, 1. 2.
†) Diod. 5, 57. 58.
††) Eus. Ronc. 118. Praep. evang. 10.
†††) Plut. Pürrh. 1.
§) Dionys 1, 17. 28.

Foroneus 2127		Io I.		
Apis 2057 Niobe G. Zeus				
Argos 2062		Pelasgos I. 2029	1. Geschlecht.	
Jasos I. Krinsos 1963 Forbas 1966				
Agenor				
Argos Panoptes				
Jasos II.	Triopas 1873			
Io II. G. Telegonos	Agenor			
Epafos	Krotopus 1796	Lükaon 17 Alter (561 Jahre) vor Ilion 1691	2. „	1691
Libye	Stheneloa 1775 Nüktimos		3. „	
Belos	Gelanor 1764	Flut des Ogüges 1760		1760
Danaos 1763				
		Larissa G. Poseidon	4. „	
	Arkas	Pelasgos II. 6 Alter (Zeugungen) nach Pelasgos I.	5. „	1. Geschlecht.
		Praetor		2. „
		Amüntor		3. „
		Teutamios		4. „
		Nanas 6 Alter nach Pelasgos II., Flut 235 Jahre nach der Ogügischen, 1525.		5. „

Hieraus gienge hervor, dass die »6 Alter nach Pelasgos I.« nicht Alter von je 33 Jahren, sondern einfach Geschlechter, Ahnen bedeuteten, und eben so die 6 des Nanas nach Pelasgos II.; und so finden wir nach dieser Flut den alten Pelasgerstamm nur noch zu Larissa in Thessalien (Pelasgiotis) unter Pelasgos und seinen Brüdern noch 5 Geschlechter lang, unten aber in Arkadien unter Arkas, Sohn der Kallisto, des übrig gebliebenen Lükaoniden Nüktimos Schwester*), der vom Attiker Triptolemos den Getreidebau lernte**) und dessen Nachkommen wir kennen bis auf die, welche mit vor Ilion zogen. Das historische Verderben (die Flut war das der Sage) zieht sich immer enger zusammen um den alten Stamm, der 400 Jahre später verschwinden soll.

Danaos, obschon in der Dichtersage an die Aegypter geknüpft, was er so wenig ist als zur Zeit der 12. Dynastie deren Gegner, der nordische Tanaos, gehört der neuern Zeit, der bereits seit länger drohend hereinbrechenden Wanderung an, was ich hier noch nicht als Gewissheit, aber als starke Vermutung gebe, weil die Sage mit der Historie so enge verquikt ist, als in der Nagelfluh Kitt und Kiesel. Aber letztere sind, als längst vor der Verkittung in den Wassern rund gerieben, das ältere Verbindungsglied. Was ist das Auftreten der Arier, Fryger, unter Menes selbst, über 6000 Jahre vor unserer Zeitrechnung, Anderes als das Herankommen des Nordstammes, der Okeaniden, Ogügier, Atlanten, und ihr Oberhandgewinnen über eine, wohl schon dort weit nach Südeuropa und Südasien vorgedrungene, dem Süden entstammte, iberische, pelasgische, tyrrhenische Macht, deren Jahrtausende die Aegypter, Chaldäer und Brahmanen wohl verzeichnet haben, aber ohne sie beleuchten zu können, wofür diese libri lintei der Ur-pontifices an Nil, Eufrat und Ganges das Kopfschütteln, ja der Spott der Forscher von heute traf, denen jene, wie dem

---

*) Apollod. III. 8, 2.
**) Paus. 8, 4.

Solon, lächelnd antworten könnten: »ihr Hellenen bleibet Knaben«? Was waren jene Luder, Müser und Karer, die Manes-Enkel, welche Asien betraten? deren erster Ogüges Theben am Nil baute und nach dem seinigen benannte? deren Tanaos dann Asien völlig bezwang und dessen Kinder am Nil aufs neue als Huksos Dynastien gründeten? deren neuer Ogüges, Annakos, Inachos, 2376 eine neue (nicht die erste) Weltflut erlebte? wie sein Enkel als Rameses Mi Amun, Belos oder Salah 2234 Babylon und dessen Sohn, wieder Inachos oder Ninos-Sesosis, 2205 die neue Residenz am getreidereichen, bergkühlern Tigrisufer gründete?*) —

Warum erscheint um diese Zeit so plötzlich (gerade wie Portugiesen, Holländer und Briten sich um den Besitz ihrer Entdeckungen und Kolonien im grossen Ozean streiten und darinn, obwohl sämmtlich Europäer, ja verwandt, sich einander ablösen) und bedeutsam nicht dem ältern Titanen O k e a n o s entstammt, wie die bisherigen Inachiden oder Ogügier, sondern dem jüngeren Bruder des Okeanos, dem J a p e t o s (dem sie auch biblisch, als Jafetiden angehören), »drei Menschenalter früher als Pelasgos« der Japetide P r o m e t h e u s (also 2029 + 99 = 2128)**), als Herr von K u r e t e n und L e l e g e r n, auf einmal genannt in Akarnanien***), wie in Aetolien, Lokris, Böotien und endlich auf den Kukladen? Das sind die »Telchinen und Kureten«, welche gerade um die Zeit gegen den Inachiden Foroneus (2127) streiten†), deren einer als Aetolos 2032 den Foroneussohn Apis erschlägt††), worauf in Sikyon Telchin 2030, Apis 2010 und Thelxion 1985 als Herrscher genannt werden, von Europa (2075) stammend. Aetolos aber von des Apis Urenkel Panoptes getödtet wird, und Eusebios die Stelle hat: »Die Telchinen, besiegt, gründen Rodos, das frühere Ofiusa.«†††) Leleger übrigens, von denen ich später bei Sparta reden will, und Kureten nennen die neu ankommenden Hellenen sich blos, weil sie dies Urvolk besiegten und in seine Sitze eintraten, mit demselben Rechte wie der in Italien siegende Latiner sich Quiriten und der Angelsachse Briten nannte, was beide nicht waren. Des Prometheussohnes D e u k a l i o n Name ist, wie bereits angedeutet worden, mit zwei Ueberschwemmungen verbunden. Er ist ein abermaliger O g ü g e s, von dem schon geredet ist, 1796, »welcher in Attika 1780 E l e u s i s baute, früher Akte genannt, zu welcher Zeit Athene erschien« §), als welcher er selbst Eleusin oder Keleus heisst. Zu diesem Könige sei die wandernde Demeter gekommen

---

*) »Vom Eufrat bis an den Tigris, an welchem die Ninosstadt gelegen war. Unter allen Ländern aber, von denen wir wissen, ist dieses das beste im Ertrage der Demeterfrucht.« Merod. 1, 193 und dazu Sandrocuks Reise nach Mosul (Stuttg. 1857), S. 17. 18.
**) Paus. 2, 14.
***) Strabo 7; 10, 2. 3. Plin. IV, 211. Vergl. Dionys 1, 17.
†) Bei Eusebius etwas verschrieben Τελχῖνες καὶ Καρυᾶται πρὸς Φορωνέα καὶ παρρυσίους. Sync. 126. Maii 273.
††) Apollod. I. 7, 6. 7.
†††) Sync. 149. Maii 274.
§) Eus. im Berner- und Rav. Codex; s. Ronc. 114. Maii 273.

und habe dessen Sohne, dem schon genannten Triptolemos, den ersten Waizen gegeben*), worauf die Attiker die anderen Stämme das Pflügen und Säen, Oel und Wein und Wollearbeit lehrten. Unter ihm die zweite, bekannte, Flut, in seinem 37. Jahre, 1763 oder 1760**). Ebenfalls ein Ogüges ist »der Bringer der Tritonischen Athene und des Oelbaumes«, Kekrops, »der mit der Doppelgestalt« ($διφυής$) ***) »vor Deukalions Zeiten«, sagt Justin, während die jetzige Rechnung sagt: 150 Jahre nach Ogüges (1796—150 = 1646) oder 530 nach Inachos (2176—530 = 1646) oder 375 Jahre vor dem Troerkriege (1270 + 375 = 1645)†). Er sprach als Schiedsrichter zwischen Posidon und Athene das Land dieser Göttinn zu ††). Von ihm hiess Athen die Kekropische Burg. Pausanias nennt ihn »Schwiegersohn des Aktaos«. Bei Pausanias (Att.) nennt eine Sage den Eleusis »des Ogüges Sohn«: Dass, weil zwei Sais existirten, das in Attika (Athen) und das am Nil, Kekrops aus Aegypten eingewandert galt, muss heute als Märchen angesehen werden; Aegypter ist er nur in dem Sinne, dass sein Name Kekrops derselbe ist mit dem des 304. Farao aus der 21. oder Smendesdynastie, Amen-ofth †††). (Die Flut heisst bald die des Ogüges, bald des Kekrops, welchem Posidon über sein Urtheil zürnte, bald die des Deukalion, welcher sich mit seiner Gattinn Pyrrha auf den Parnassos rettete, und dann mit ihr durch über die Schultern geworfene Steine (laos heisst Volk und laas Stein, lithos dasselbe und liti altteutsch Leute, lluti) ein neues Menschengeschlecht gründete, welches wieder Leleger heisst, von denen Hesiodos sagt:

»Denn es führete Lokros als Fürst die Lelegischen Völker,
die einst Zeus, der Kronide, der ewigen Weisheit kundig,
von der Erd' auflesend, zum Volk dem Deukalion zuschied.« ‡)

Des Deukalion Kinder waren: Hellen, von welchem das südliche Thessalien oder Fthia und Achaia Hellas und das neu einwandernde Volk Hellenen hiess §§), genannt als Herrscher in Fthia zwischen Peneios und Asopos §§§), die Tochter Protogeneia, vom ätolischen Zeus Mutter des Aethlios, Stammvaters der ätolischen Könige zu Kalydon *†) und der Sohn Amfiktyon. Letzterer vertrieb den auf Kekrops in Athen herrschenden Kranaos (»unter

---

*) Apollod. I. 5, 2.
**) Eus. Ronc. 118. Im Rav. und im Arm. Cod. erst 1755.
***) Justin (2, 6) meint, weil er die Ehe einführte; Diodor 1, 28 und Eusebios: als zugleich Aegypter und Europäer. Apollod. III. 14, 1: halb Mann, halb Drache. Vergl. Creuz. II, 727.
†) Sync. 70. 71. Eus. Mali 125. 134. Parische Chron.
††) Apollod. III. 14, 1. 2. Paus. 1, 2.
†††) Darüber Creuz. II, 266 ff., natürlich von seinem Standpunkte aus.
‡) Strabo 7, 7. Apollod. I. 7, 2; III. 14, 1. Just. 2, 6. — Thessalien hiess früher, nach Deukalions Gemalinn, Pyrrhäa. Strabo 9, 5.
§§) Strabo 8. 7; 9, 5. Ilias 2, 683; 9, 395. 474. Od. 11, 495. Herod. 1, 56.
§§§) Strabo 8, 7. Apollod. I. 7, 2. 8. Thukyd. 1, 3; 2, 102. Herod. 1, 56.
*†) Apollod. I. 7, 2.

welchem die Deukalionische Flut entstanden sein soll*) und herrschte 1587 durch 10 Jahre*). Er stiftete die erste hellenische Festgenossenschaft (Amfiktyonie, Synägorie) der Ioner, Dorer, Doloper, Thessaler, Aenianer, Magneten, Malier, Fthioten, Fokier und der knemischen Lokrer**).

Deukalion habe in Athen den Tempel des olympischen Zeus gebaut und sei dort begraben, wie seine Frau Pürrha***).

Hellens Söhne waren Doros, der Dorer Stammvater, wohnend am Ossa und Olympos, in Histiäotis, und im hohen Doris, von wo der Kefissos nach Böotien hinabfliesst†), Xuthos und Aeolos, von welchem Thessalien damals noch Aeolis hiess. Als den Xuthos die Brüder nach Hellens Tode aus Thessalien verdrängten, begab er sich nach Athen, wo er den Achaios und Ion zeugte und sich später in der Peloponnes, zu Aegialos oder Sikyon in Achaia, niederliess††). Diese sind die Hellenenstämme in Griechenland (Γραικοί, Γραῖκες, bei Alkman, 'Ραικοί, πρότερον οἱ τῆς Ἑλλάδος ἐκαλοῦντο. Schol. Lycophr. 532. Γραικοὶ τότε μὲν [in Deukalions Tagen] νῦν δὲ Ἕλληνες Aristot. Meteorol. I, 14 und Marm. Par.).

Danaos hatte die älteren Inachiden 1763 gestürzt, 413 Jahre nach ihrem Auftreten (2176—413)†††). Seine Töchter brachten (Attisches!) das Fest der Thesmoforien und »lehrten sie die pelasgischen Frauen«§). Ceres, als Gründerinn von Gesetz und Sitte, hiess Θεσμοφόρος. Auch die Lernäen, ein Fest zur Feier von Acker- und Weinbau, werden dem Danaos zugeschrieben§§). Der Name Danaer verdrängte den der Pelasger. Nun landeten seines Bruders Aegyptos Söhne in Nauplia und warben um die Danaïden. Der Oheim, auf Rache sinnend, verlobte sie ihnen, liess aber durch jede ihren Bräutigam im Schlafe ermorden; die einzige Hypermnestra schonte den Lynkeus, ihn nach Lyrkea weisend, wo der Gerettete, nach Abrede, eine Fackel emporhob, welcher aus der Larissa die der Braut antwortete. Danaos kerkerte die unfolgsame Tochter zornig ein und stellte sie vor das Gericht der Argier. Sie wurde losgesprochen und weihte der siegspendenden Afrodite Bild, welches Pausanias noch sah. Nun gab sie Danaos dem Neffen; die anderen Töchter erhielten die im Wettlaufe Siegenden§§§). Ist auch die Fünfzigzahl der Söhne und Töchter, der Mord, die Fackeln des Bräutigams und der Braut, wie der Wettlauf baarer Mythos, so sind

---

*) Apollod. III. 14, 5. 6. Paus. 1, 2. Just. 2, 6.
**) Paus. 1, 2; 9, 1; 10, 8. Apollod. cit. Just. 2, 6. Dionys 4, 25.
***) Paus. 1, 18. Strabo 9.
†) Herod. 1, 56. Strabo 8, 7.
††) Apollod. I. 7, 3. Herod. 7, 95. Strabo 8, 7. Paus. 7, 1.
†††) Wo es heisst 382 Jahre, ist Jasos III. ausgefallen, denn Paus. 2, 16 hat Sync. 124 hat die 413 Jahre richtig.
§) Herod. 2, 171.
§§) Perizonius, Origg. Aegypt. 16. Creuz. II, 284.
§§§) Apollod. II. 1, 4. 5. Paus. 2, 24. 25. 19. 20; 3, 12; 4, 35.

die Thesmoforien (Gesetzeinführung) und der Beginn des Acker- und Weinbaues Thatsachen, wie die Chronologie der Gegensatz zur Mythe ist, eben so der Aufbau von Rodos durch die Telchinen 1741 oder 1736*). Lynkeus folgte dem Danaos 1715, und Pausanias sah sein und der Hypermnestra angebliches Grab**); diesem 1673 sein Sohn Abas, Gründer von Abai am Kefissos mit seinem Apollo-Orakel***). Nach dessen Tode bekämpften sich die 2 Söhne; Prötos, der jüngere, herrschte 1650, zu dessen Zeit Kallithyia, des Peiras Tochter, 1641 in Argos als Erste im Verzeichnisse der Herapriesterinnen erscheint†). Der ältere Bruder Akrisios vertrieb den Prötos 1638, theilte aber so mit ihm, dass er Argos behielt, Prötos aber das Heräon, Midea, Tiryns und Alles am Meere. Letzterer liess Tiryns durch Küklopen ummauern ††). Strabo schreibt dem Akrisios die Gründung der delfischen Amfiktyonie zu und die Amfiktyonengerichte †††). Da ihm das Orakel den Tod durch einen Enkel vorgesagt, verschloss er (mythisch) seine Tochter Danaë in ein unterirdisches Gemach, wo jedoch von Zeus ein Goldregen in ihren Schooss träufelte und sie zur Mutter des Perseus machte. Der ergrimmte Vater habe sie und den Knaben in eine Kiste verschlossen und diese ins Meer gestossen, wo sie (ein uralt Sonnebild) an der Insel Serifos landete. Der König auf Serifos erzog den Knaben und sandte ihn auf Abenteuer. Er kömmt zu den 3 Gräen in Westeuropa, erhält durch diese Flügelschuhe und den unsichtbar machenden Helm, von Hermes eine Harpe (Sichelschwert, chareeb, hairus) und haut der schlafenden Gorgo Medusa ihr versteinerndes Haupt ab. In Aethiopien — Kefeus ist aber des Belos Sohn, des Aegyptos Bruder, und man zeigte den Schauplatz bei Joppe in Fönikien§) — erlegt er (der nordische Sigfridmythos) das Meerthier, welches des Königes Kefeus Tochter Andromeda verschlingen soll, gewinnt sie zur Braut, versteinert heimgekehrt den schlimmen Pflegevater, schenkt die Schuhe dem Hermes, das Gorgohaupt der Athene als Brustschild (Brünne), und kömmt mit Danaë und Andromeden nach Argos. Hier flieht Akrisios wegen des Orakels zu den Pelasgern nach Thessalien, wo Perseus ebenfalls eben anlangt, als Teutamios oder Teutamidas, das vierte Geschlecht seit Pelasgos II. in Larissa zu seines Vaters Amyntor Todtenfeier Kampfspiele hält. Perseus spielt mit, macht die fünf Uebungen durch und tödtet unversehens den Grossvater, ihn mit der Wurfscheibe am Fusse verwundend. In der Argischen Liste regiert 1601 Akrisios nicht mehr, sondern Danaë und dann Perseus, welcher jedoch mit des Prötos Sohne Megapenthes tauschte, nach Tiryns zog und, ebenfalls durch Küklopen, Mykenä baute,

---

*) Eus. Ronc. 119.
**) Paus. 2, 21. Apollod. II. 2, 1.
***) Apollod. cit. Paus. X. 35, 1.
†) Eus. Ronc. 188.
††) Apollod. cit. Paus. 2, 16. Strabo 8.
†††) Strabo 9, 3.
§) Strabo 1, 2. Plin. V. 14, 2. 3.

dessen Löwenthor noch steht und dessen Quelle Persea noch heute kühl zwischen den Trümmern rinnt*). Im Jahre 1589 entstund Epidauros und 1578 oder 1576 nennt man in Thessalien Hämon**).

Wenn man nun später, »225 Jahre nach der Ogügischen« (1760—225) im Jahre 1535 eine dritte Flut, abermal des Deukalion genannt, anführte, und wie dem Deukalion aus Steinen, Zeus seinem Sohne Aeakos, erzeugt mit der Pelasgerinn Aegina, aus Ameisen (Myrmokan) die thessalischen Myrmidonen in Fthia entstehen liess***), so ist das nichts als das völlige Sichfestsetzen des Hellenenstammes unter den Pelasgern, Urbewohnern, Nichtgriechen. »Hekatäos, der Milesier, sagt von der Peloponnes, diese sei vor den Hellenen von Barbaren bewohnt gewesen, und es befand sich auch in alten Zeiten ganz Hellas im Besitze der Barbaren.«†) Das ist, »nach einem Aufenthalte (der Pelasger in Thessalien) von 5 Altern, binnen welcher Zeit sie sich zur grössten Wohlfahrt emporgeschwungen, um das sechste Menschenalter (seit Pelasgos II.), ihre Verdrängung daraus durch die Kureten und Leleger, die jetzt Aetoler und Lokrer heissen, und viele andere am Parnassos wohnende Völker unter Anführung des Deukalion, eines Sohnes des Prometheus«. »Die Vertreibung fand Statt unter dem Könige Nanas, dem Sohne des Teutamides«††), zu welchem letztern Perseus gekommen war.

Wenn nun der gelehrte Landsmann des Herodotos an dieser Stelle der Pelasger Zerstreuung und Weiterwandern, nach Kreta, den Kükladen, Thessalien, Böotien, Fokis, Euböa, Dodona, Italien und Kleinasien berichtet, so folgt er zwar den urältesten Ueberlieferungen, fasst aber hier zusammen, was ausgemacht längst und nicht auf einmal, sondern in schichten- und stossweisse aufeinander folgendem Vorrücken stattgefunden hatte. Jedenfalls jedoch gewahren wir, und zwar gerade um diese Zeit, eine Hauptbewegung und Umwandlung des Bisherigen, und ich wage auch hier eine neue, den vorgefassten Meinungen und Annahmen total zuwider laufende Idee auszusprechen und dieselbe sowohl durch die europäischen als ägyptischen und biblischen Urkunden als richtig nachzuweisen, obschon deren Wahrheit bereits in der bisherigen Darstellung sich kund gegeben hat. Wenn wir den Proteus frisch und beharrlich anfassen, wird er, seinen mythischen Windungen und Verwandlungen zum Trotz, uns belehren und leiten müssen.

In Italien sind, nicht Mythen, sondern greifbare Thatsachen und zum Theil vor aller geschriebenen Geschichte, von Norden nach Süden gehend, z. g. küklopische, riesige Bauwerke, Stadtmauern, Thore, Grabmäler, Säulen, Vasen, Münzen mit Schrift, in Arretium, Fäsulä, Volaterrä, Vetulonia, Populonia,

---

*) Apollod. II. 2, 2; 4, 1—4. Paus. 2, 16. Prokesch und W. Fischer.
**) Eus. Ronc. 146 erstere Jahrzahl im Berner-Codex.
***) Eus. Ronc. 154. Diod. 5, 79. 84. Paus. 7, 3. Apollod. III. 12, 6. II. 2, 684. Strabo 8, 6.
†) Strabo 7, 7.
††) Dionys 1, 17. 28.

Ruselläa, Kortona, Roma, Tarquinii, Käre, Präneste. Signia. Arpinum, Nola u. a., Fussstapfen. einst betreten von den Tyrrhener- oder Türsener-Pelasgern, Kureten (bei den Sabinern und der vorrömischen Gemeinde in der Form Quirites, wie die zwei Landesgottheiten Quirinus und Quiritis). Das ist historisch. Aelter aber und mythisch sind jene Wesen, nach denen man die Urbewohner benannt hat, die an das Westgebirge, den Atlas oder Ida angeknüpften Atlanten. Idäer-Daktylen, Kureten, im Volke noch heute lebend, als die Corred-Zwerge der ächten Kelten, Baukünstler und Schmiede, bei uns Alfen (schwarze und weisse), Niflungen, Fauken, Fenken und Vinetier, ganz dieselben Baumeister, Metallschmelzer, Hammerkünstler, Besitzer von Bergspiegeln, durch die Luft fahrend und bekleidet mit ihren frygischen Mänteln und Spitzmützen, Wohlthäter der alten Welt und trotz Synoden und Schulen noch viel geglaubt, als wohlthuend und lohnend, rathend verehrt, als strafend und neckend gefürchtet. Der ächte Volksglaube ist auch eine Urkunde, und was Entstellung betrifft, so unterlagen solcher von jeher die in Schrift verfassten nicht weniger.

Aber wir treffen, mitten durch diese Urwälder der Sage führend und aus behauenen Küklopensteinen bestehend, wie der auf dem Odilienberg im Elsass, auch den Weg der Geschichte, den wir getrost betreten dürfen. Der Fenken-Name jener kunstreichen Zwerge, den ich oben, da sie Sonnenkinder, Gestirne sind, erklären zu dürfen glaubte von $\varphi\alpha\iota\nu\omega$, leuchten, $\varphi o \tilde{\iota} \nu\iota o\varsigma$, $\varphi o \tilde{\iota}\nu\iota\xi$, puniceus, roth, feuerroth, weshalb auch die sich alljährlich wieder verjüngende Sonne selbst Phönix heisst, ist historisch übergegangen auf das alte Volk der genannten Kunstwerke, die Föniker. Er hat so wenig Asiatisches, dass er aus den Sprachen Asiens, was allein schon hätte belehren können und sollen, gar nicht erklärt werden kann, während er bei uns heimisch und viel vorkommend ist.

Jener Pelasgerfürst Nanas in Larissa, zu dessen Zeit die Vertreibung durch die Helleuen stattfindet, ist auch zu Pisa in Italien und im küklopischen Korythos oder Kortona (d. h. Stadt, gorod, Karth), wo er begraben ist und in den etruskischen Sagen als der »vielgewanderte Odüsseus« erscheint, natürlich ein älterer Odüsseus*) und erst später in die troische Zeit herab gerückt oder in ihr wiederholt, wie seine Kalüpso, welche ja des um diese Zeit lebenden Atlas Tochter, des Auson Mutter ist**). 12 Alter vor Ilion. Dieser ältere, ächte Odüsseus ist Hermes selbst, wovon dem Homerischen noch genug anklebt. Aber die Alten sagen: die Türsener neunen den Hermes Kadmos, Kadmilos, Camillus***), und hier haben wir den Erfinder

---

*) Dionys 1, 27. 28. Müllers Etrusk. II, 268—270; I, 93. Klausens Aeneas 603.
**) Odyssee 1, 52—55.
***) Κάδμος λέγεται δ Ἑρμῆς παρὰ τοῖς Τυρσηνοῖς Etymologicum Gudianum. Κάδμος οὐ κύριον μόνον, ἀλλὰ καὶ Ἑρμοῦ ἐπίθετον, οὐ παράγωγον ὁ Κάδμιλος παρὰ Ἀντιφώντι, nämlich Kassandra, V. 162, wo Καδμίλου γένος steht, und der Scholiast bemerkt Καδμίλος ὁ Ἑρμῆς Βοιωτικῶς. Favorin. Bei Nonnus 4, 89 Kadmelos. Müller, Etrusk. II, 71.

der pelasgischen oder fönikischen Schrift*), weshalb die Römer sogleich im Erfinder der nordischen Runen, Othins (Odusseus), ihren Merkur erkennen mussten. »In Latium eas (literas) attulerunt Pelasgi«, sagt Plinius 7, 56.

Ich wies früher den Gang der arischen Völkerwanderung nach Iberien, nach Italien und der Donau folgend ost- und dann südwärts nach. Kadmos, der Sohn des Inachiden Agenor (der auch Fönix heisst und den Kadmos, Fönix, Kilix, Fineus und Kefeus erzeugte)**), ehelichte des Atlantiden Dardanos (ebenfalls im altitalischen Korythos bekannt) Schwester Harmonia und herrschte auch in Istrien, eines Illyrios Vater, wo in Pola seiner Gattinn Grabmal gezeigt wurde***). Gleich nach Illyrien, in Epiros, ob Buthroton war die Stadt Fönike†), lebten pelasgische Thesproten von den Akrokeraunien an, war der See Acherusia, einst mit Thesprotien als Westende der Erde, als See der Unterwelt angesehen und an ihm das uralte Efyra oder Kichyros, der Sitz des Pluto im Molosserlande, wo auch der Acheron floss. Oben im Gebirge, wo des Margos Wasser nach Norden zum Istros und die des Axios südwärts rannen, sassen die Dardauer im alten mysischen Lande, thrakischen Stammes, Fryger, von des Manes Enkel Mysos aus Westen, vom daktylischen Ida am Istros hergewandert und von da am Axios herab nach Ematthien und Mygdonia, wo sie in ersterm am Ludias ein Gnossos gründeten, überm Strymon Edoner genannt. Da lebte des Manes Geschlecht gefeiert in einem neuen Frygien, namentlich seine Tochter Kübele, als Kind ausgesetzt und von Thieren genährt, mit ihrer Liebe zu Attis, ihren Thränen um den früh Hingemordeten, was zu einem reichen Mythos wurde, und ihrer, der »Göttermutter« und des Attis Verehrung durch rauschende, wilde Musik und Tänze††). Ihre Begleiter waren eben die Daktylen vom Ida, von denen der älteste Herkules, Hefästos und der ältere Zeus genannt werden und von denen es bald heisst: Hefästos habe mit der Kabira den Kamillos, bald die Kabiren erzeugt, zwerghaft abgebildet wie er selbst, bald: die Daktylen, Kabiren, Korybanten, Kureten und Telchinen seien eines und dasselbe; die Göttinn habe sie »aus Frygien nach Kreta« gerufen, um ihren geheim geborenen Sohn Zeus vor dem Vater zu verbergen, wo sie ihn in der Grotte mit Waffenlärm und Tänzen verhehlten†††). Ganz falsch legten das die »vielfügenden« Kreter von ihrer Insel aus, die vielleicht damals noch unterm Meere lag; es ist das Kuretenland Epiros, wo südlich von jenem Acherusiasee (dem von Janina, auf dem Hügel von Gardhiki, wo Pouqueville dessen küklopische Reste fand und ein Kloster zum heiligen Geiste, Proskünesis, Anbetung, noch ein Andenken bewahrt)

---

*) Diod. 3, 67.
**) Apollod. III, 1, 1; I. 9, 21; II. 1, 4; 4, 3; III. 15, 5. Herod. 4, 147. Diod. 5, 58; 19, 53. Strabo 9, 2. Ant. Lib. 40.
***) Strabo 1, 2.
†) Strabo 7, 7.
††) Diod. 3, 58. 59.
†††) Strabo 10, 1. Herod. 3, 37.

Deukalion, »der Kureten und Leleger König« das älteste Zeus-Heiligthum und Orakel, Dodona, baute. Auch das südlichere Akarnanien hiess früher Kuretis, wie überm Acheloos Aetolien*), und überm Gebirge, im ebenfalls pelasgischen Thessalien leuchtete ja der XII Götter, der Besieger der Titanen und Giganten, Wohnsitz, der Olympos mit seinem Schneehaupte, und floss in den Peneios rechts ein abermal Fönix genannter Strom, ein abermaliger Höllenfluss Orkos und stund ein kuretisches Gortyn und am Jolkosmeerbusen ein pelasgisches Theben, wie zwei Larissa und eine Stadt Pürrha von Deukalions Gattinn benannt, ein Pürrha auch südlicher in Lokris. Auch im Trachinischen floss ein Fönix, »mit gleichem Namen wie der Heros, dessen Grab in der Nähe gezeigt wird«**).

Apollon und Dionüsos.

Hier nun begegnen wir zweien, mit einander anfänglich gegnerisch zusammen treffenden Kirchen. Die eine, die schon genannte arische, ist die Apollische im fokischen Delfi. Apollo sei mit seiner Schwester Diana, Artemis, bald im Hyperboreerlande, dem der Greife und Schwäne, geboren, ein Kind des »Wolfes« (λύκος heisst Wolf, die Wintersonne, aber lux Licht) Lükogenes, bald deshalb in Lukania, wo sein Name Apulu in Apulien lebte, bald in Delos. Hyperboreer oder Lükier brachten diese Lichtreligion***). Thessalien galt, wie schon das mygdonische Pierien, als Lieblingssitz von ihm, wie Böotien (Tegyra) und in Delfi (Pytho) blieb sein Hauptorakelplatz, wo er, altmythisch, den Pythodrachen tödtete, der seine Mutter verfolgte. Kureten (Kreter abermal) galten als die Stifter, und noch heute sprudelt die reinigende Kastalien- (jetzt St. Johannes-) Quelle, von der der alte Dichter sang:

»Rein von Herzen erschein' im Tempel des lauteren Gottes,
wenn jungfräulicher Quell eben die Glieder benetzt!
Guten, o Pilger, genügt ein Tröpfchen; aber dem Bösen
wüsche das Weltmeer selbst nimmer die Sünden hinweg.«†)

Es ist dies eine reine, sündenvergebende, rathertheilende Anstalt, wie die in Eleusis eine der Gesittung durch Ackerbau und Gesetze war. —

*) Strabo 10, 2. 3. Plin.
**) Strabo 9, 4.
***) Herod. 4, 35. 34.
†) Anthol. gr.

Aber eine ganz andere, ursprünglich in dem gleichen Norden entstandene, einfach der Verehrung der Herbstsonne und ihres Früchtespendens geweihte, später jedoch durch das oben früh angedeutete, sinnliche Element aus Süden umgewandelte Religion hat sich um diese Zeit, von Thrakien ausgehend, die weiteste Ausbreitung erworben. Es ist die des umgebrachten, beweinten frygischen Attis. Wie der erstern Religion Sinnbild der Wolf, ist es dieser der Stier. Attis hiess »der Stiergehörnte«, der mit dem Stierhaupte. Minotauros, $\Upsilon_\eta\varsigma$ Άττις (der Regen-Attis), Dionüsos*) oder Sabazios, der Sohn des Zeus und der Demeter oder des Zeus und der Persefone, oder der Kadmostochter Semele, nachdem Kadmos auf Samothrake von den Atlantiden die dortige Kabirenweihe empfangen. Thasos besucht (wo er ein Heiligthum der Kabirischen Demeter gegründet), in Thrakien seine Mutter begraben, dann, nach dem Orakel, einer Kuh folgend, sich in Böotien niedergelassen, dort an der Quelle ebenfalls einen Drachen getödtet, die alten Bewohner, Aonen, Leleger und Hüanten besiegend, »nach Deukalions Flut«, sagt Diodor, Theben gegründet (erneuert) hatte, dessen Burg von ihm Kadmea hiess**). Aber der Gott ist viel älter und längst in Thrakien verehrt worden. Man wollte seinen Namen Sabazios bald mit dem indischen, ganz gleich mit lärmender Musik gefeierten Siwas in Verbindung bringen, bald mit dem Festrufe an Sabazios und die Göttermutter: »Evoi Saboi Hyes Attes«. Σάβος ein Geweihter, wie ein Verrückter (und Strabo: »Da die Korybanten tanzten und in Begeisterung geriethen, gebrauchen wir auch das Wort Korybantian von Solchen, die sich rasend geberden«), den des Jakchos mit Ἰαχω schreien, rufen. Das Orakel des klarischen Apollon nannte die Sonnengottnamen:

»Wisse, der sämmtlichen Götter Erhabenster nennt sich Jao;
Aïdes erst im Winter, und Zeus im beginnenden Frühling,
Helios dann im Sommer, im Herbst dann milder Jao.«

Bakchos und Kübelefeier waren den Dichtern Pindaros und Euripides Eines, wie die Kuretische auf Kreta. »Dionüsos mit seiner Mutter freut sich auf Ida des Paukengelärmes.« »Die Göttinn Kotys bei den Edonern hat ähnliche Lärmfeste im Gebirge.« »Die Fryger sind ja Abkömmlinge der Thraker und haben ihre heiligen Gebräuche von dort her. Das erhellt auch aus den Orten, wo die Musen verehrt werden: Pieria, Olympos, Pimpla, Libethron — lauter ursprünglich thrakische, jetzt makedonische Gegenden und Berge.« »Die, welche die alte Musik pflegten, werden Thraker genannt, Orfeus, Musäos, Thamyris. Auch Eumolpos hat den Namen daher.«***) Derselbe sagt: »Diese Gebräuche haben Gemeinschaft mit Samothrake und Lemnos.« Herodot hörte bereits in Makedonien oben von »den sogenannten

---

*) Creuzer, Symb. II, 41; III, 361.
**) Apollod. III. 1, 1; 4, 1. 2. Diod. 3, 62—64; 4, 2; 5, 49; 19, 53. Paus. 9, 5. 12. Strabo 9, 2. Creuz. III, 17.
***) Strabo 10, 3.

Gärten des Midas, Sohnes von Gordios. in welchen die Rosen wild wachsen. In diesen Gärten ward auch Silenos (des Dionūsos Begleiter) gefangen.*) Sogar als historisch der Sohn von des Kadmos Tochter Semele gedacht, fiele Dionūsos in das 148. Menesalter (1616—1583). Sagten ja die Alten. Amfiktyon, welcher 1587—1575 in Athen herrschte, habe den Dionūsos bewirthet**); in Theben, wo Kadmos dem Sohne seiner Tochter Agave, Pentheus, die Herrschaft überlassen, habe dieser sich widersetzt, als die Weiber auf des Gottes Geheiss ihre Häuser verlassen, um auf dem Kithäron die Orgien zu feiern, worauf er von seiner eigenen Mutter, die ihn im Rasen für ein wildes Thier hielt, und den Bakchantinnen zerrissen wurde; in Argos habe Perseus, herrschend bis 1573, der als Danaide, der Wolfsreligion zugethan war, ebenfalls gegen ihn gestritten und den grössten Theil der Bakchantinnen umgebracht, Dionūsos aber dafür die Argischen Weiber rasend gemacht***). Schon in Thrakien hatte der König der Edoner, Lūkurgos (der Wolfsmann), den Gott ebenfalls bekämpft, die begleitenden Satyren und Bakchanten gefangen (wie Midas den Silen) und war vom Gotte rasend gemacht und von Pferden auf dem Pangäos zerrissen worden. Aber wie er in Thrakien den Lūkurgos tödtet, lässt er seinen Sohn Makedo, in der Wolfshaut, in dem nach ihm benannten thrakischen Lande zurück†). Als Dionūsos nach Naxos übersetzte, wollten ihn die Tyrrhener, von denen er ein Schiff gemietet, nach Asien entführen und dort nach ihrer Sitte verkaufen; er aber verwandelte Mastbaum und Ruder in Schlangen, das Schiff füllte sich mit Epheu und Oboëtönen, und die Tyrrhener stürzten sich als — Delfine ins Meer††). Mag all das, wie des Danaos auf den Gelanorschen Stier sich stürzender Wolf, wie der in den Mithrasmysterien in der Grotte den Stier opfernde frygische Jüngling und der dasselbe thuende Theseus im Labyrinth, grossentheils mythisch der Kampf zwischen der Sommersonne des Stieres und der winterigen des Wolfes sein (dem Ernährer des Osiris und der römischen Zwillinge, dem im Februar die Luperkalien gefeiert wurden), so bleibt historisch der Kampf zwischen den zwei Religionen. Eusebios hat den Musäos, des Thrakers Orfeus Schüler, erst beim Jahre 1537, Herodot den Dionūsos 1060 Jahre vor seiner Zeit (450 + 1060 = 1510), Eusebios den Weinbau 1512 oder 1507†††).

Von den verdrängten Pelasgern lässt Dionys mehrere nach Kreta auswandern, wohin aber des Doros Sohn, des Hellen Enkel, Tektamos schon früher »mit Aeoliern und Pelasgern« gezogen und König geworden war.

---

*) Herod. 8, 138.
**) Paus. 1, 2.
***) Apollod. III. 5, 2. Paus. 2, 2; 9, 5; 2, 20. 22. 23. Strabo 9. Nonnus, Dionysiaca 25. 47.
†) Apollod. III. 5, 1. Diod. 1, 20.
††) Apollod. III. 5, 3. — Der Delfin hiess aber ohnehin »Tyrrhenus piscis« und war der seefahrenden Tyrrhener Wappen (Creuz. II, 601). $\delta\epsilon\lambda\varphi\iota\nu$ und $\tau\epsilon\lambda\chi\iota\nu$ (ibid. 603).
†††) Herod. 2, 145.

Dieser ehelichte eine Tochter seines Neffen, des Aeolossohnes Kretheus, des Erbauers von Jolkos in Thessalien, und baute 1544 (Eusebios) auch hier mit »Kureten und Korybanten« ein Knossos und abermal ein Gortyna. Sein Sohn war Asterios, zu dessen Zeit die Fönikerinn Europe, des Kadmos Schwester, nach Kreta kam. Sie gebar ihm Minos I., Radamanthos und Sarpedon, deren Ersterer sein Nachfolger wurde*).

Des Kadmos Bruder Kilix benannte das kleinasiatische Kilikien nach sich, wo abermal ein Argos erbaut wurde, während dessen Sohn Thasos anbaute, wo er »5 Alter vor Herakles, des Amfitryon Sohne« (1350+165 =) 1515 dem Idäischen ein Heiligthum gründete; der dritte Kadmosbruder, Fönix, benannte Fönikien nach sich, und Kefeus sass in Syrien (bei Joppe), wo Perseus Andromeden befreit haben soll**).

So bevölkerte angeblich Minos I. die Kukladen und versetzte die alten Leleger nach Karien, welches ja ebenfalls Fönike hiess und einen Berg Fönix hatte, wohin sich auch sein Bruder Radamanthos begab, dessen Sohn Erythros die gleichnamige Stadt baute, wie der ihn begleitende Miletos die gleichbenannte; Sarpedon nach Lükien, welches sein Oheim Kilix ihm abtrat***).

Aus diesem, wie Früherm, geht hervor, dass europäische Tyrrhener, Föniker, Inachiden-Pelasger, welche Theben in Böotien und die Insel Thasos bauten, nach Asien übersetzten und dort Kilikien und Fönikien den Namen brachten und Städte. Wenn Herodot gehört hat, die Föniker seien vom rothen Meere herauf in ihr Land gekommen†), so ist das vollkommen richtig, gilt aber blos dem afrikanischen Urbewohner Kanaan, dem Sohne Hams, welcher auch eine der ägyptischen ähnliche Sprache redete, wie der unter ihm wohnende Hebräer, während der ächte Föniker, der jene besiegt und kultivirte, Pelasger war. Hatten diese Eindringlinge ja schon zur Zeit ihrer Egregorenwanderung, »2300 Jahre vor Herodot« (um 450+2300 = 2750 v. Chr.) das Heiligthum des tyrischen Herakles gestiftet††) und als Falasthim jene Stadtmauern gebaut, welche dem unter Josua einwandernden Flüchtlinge aus Aegypten so himmelhoch vorkamen.

Hier kann ich nicht umhin, auf früher Erwähntes zurückzuweisen, auf die Verehrung »eines unbekannten Gottes« in mondhellen Nächten unter Fest und Tänzen in Iberien†††); auf die Jungfrauen auf der Insel an der Ligermündung mit dem Kultus, worinn Strabo den des »Dionüsos« erkannte; auf die Insel bei Britannien mit einem »der Persefone, des Dionüsos Mutter

---

*) Diod. 4, 60; 5, 78. 80. Odyssee 19, 175. Strabo 10, 4.
**) Apollod. III. 1, 1. Herod. 2, 44. Strabo 16, 2.
***) Odyssee 19, 178. 179; 11, 568—570; 4, 563. Herod. 1, 171. Diod. 5, 84. Strabo 14, 1. Thuk. 1, 8.
†) Herod. 1, 1. Strabo 1, 2. Apollod. III. 1, 1.
††) Herod. 2, 44.
†††) Strabo 3, 2.

und der Ceres, ähnlich dem Geheimdienste auf Samothrake*), unstreitig der in Wales noch im 15. Jahrhunderte nicht vergessene monotheistische Kult des Hu (Hy, wie auch Dionüsos-Sabazios Hyes hiess), auch genannt Teithan und Belen, des »Riesenbesiegers, des Manues mit dem Pfluge, des Löwen, des Hinabsteigers in den Tod«, wo er Aeddon (Attis, Adonis, Aidoneus) heisst und woher er »mit dem Epheu« wieder erscheint**); auf das aus dem Hamitischen Süden (nicht aus Asien) zu den Kelten gekommene fallische, sinnliche Element Naturdienstes (oben S. 36); diesem gegenüber aber auch den reinern Druidenkult, in welchem die ältesten Landesgottheiten, die zwergigen Daktylen, Kureten, Korybanten, auf ihrem heimischen Ida um den jungen Gott mit Musik ihre Reigen schlangen im seligen Hyperboreerlande; auf jene unterirdischen Grotten, in denen der frygische Mithras den Sonnenstier tödtet und die Erde befruchtet; auf den Orden und die Prüfungen und Einweihungen dieses Gottes. Unstreitig ist derselbe Eines mit dem ächt europäischen Japetossohne und des Atlas Bruder Pro-metheus, dem Heros, der, sich der hülflosen Menschheit erbarmend, ihnen das Feuer vom Himmel holte und sie sittigte, wofür er am heimischen »Kaukasos«, nahe dem Okeanos«, er der unterliegende, frühere Sonnegott vom jüngern, jetzt siegenden, angeschmiedet und gequält wird, was in demselben Wesen, dem Gegner der jüngeren Asen und ihrem einstigen Verderber, Loki (Feuer) in der Edda, durch dieselbe Strafe ein auffallendes Andenken bewahrt hat. Solches Leiden und Erniedrigtwerden für die Menschheit, das Hinuntersteigen in den Hades und die leuchtende Wiederkehr aus demselben (Epifanie), versinnbildend das Leuchten, das Verkümmern und die Wiedererhebung der Sonne, bildete, wie es der Kernpunkt in einer Unzahl unserer Sagen geblieben ist, denjenigen des ältesten Geheimdienstes, sei der Gefeierte nun der kuretisch-atlantische Jasios, der Liebling der Getreidegöttinn Demeter, des Dardanos Bruder, den der eifersüchtige Zeus auf der umgeackerten Erde mit dem Blitze erschlug, ein »Heiland« (von $\iota\alpha\tau\varrho\varepsilon\acute{\upsilon}\omega$, ich heile, $\iota\alpha\sigma\iota\varsigma$ Heilung), ein »Führer und Arzt der Seelen«***), oder Mithras, »der Mittler, $\mu\varepsilon\sigma\acute{\iota}\tau\eta\varsigma$«, Messias†), »der unbesiegte Sonnegott«, Helios oder Sol invictus, dessen Geburt, natales, am 25. Dezember, und dessen Wiedererscheinen, Epifania, $\varepsilon\acute{\upsilon}\varrho\varepsilon\sigma\iota\varsigma$, Wiederfinden, am 6. Januar gefeiert wurde††), oder Prometheus, welcher, den in den Geheimdienst Eingeweihten wohlverständlich, in des Atheners Aeschylos Drama in den Fesseln seinem Unterdrücker Zeus vor dem zuhörenden Volke trotzen und dessen Sturz durch einen kommenden noch Mächtigern vorsagen dürfte, oder der ältere Herkules, der vom

---
*) Strabo 4, 4.
**) Mone (Symb. VI), S. 496—499. — Gelehrte Briten fanden den Weinßanzer Noah in ihm. Dieses Kultes Ceridwen ist die Ceres Roms. Attis soll, wie Adonis, von einem Eber getödtet worden sein. Creuz. II, 49.
***) Creuz. III, 532.
†) Plut. Isis u. Os. 46.
††) Unter Andern Creuz. Symb. I, 708.

unnahbaren Baume auf dem Atlas den Goldapfel von der hütenden Jungfrau in Empfang nimmt, oder Triptolemos von Ceres die Getreidesamen, an welche sich Brot und Oel und Wein und Gesittung knüpfte, was schon im Druidenkulte unter dem Bilde von Brot und Wein gefeiert wurde, weshalb noch spät zur Zeit, wo jener Gralkult im Aufhören war, der Walliser Barde Taliesin nichts vom Christenthume hören wollte, weil er dessen Lehre bereits in der seinigen enthalten behauptete*). Strabo erkannte den Kabiren-Geheimdienst auf Samothrake, wo zuerst Fallische Bilder, »nicht von den Aegyptern, sondern von den Pelasgern gelernt«, vorkamen**), als Eines mit dem frygischen oder thrakischen, wie Schelling ihn fönikisch nannte***). Die pelasgisch-danaidischen Thesmoforien waren dem Eleusinischen Cereskulte verwandt, in dessen Athen, unweit dem Demetertempel zu Faleron, Jeder »die Altäre der sogenannten unbekannten Götter« †) sehen konnte, und deren einen der Apostel Paulus dem Volke geradezu als den des wahren Gottes bezeichnete ††). Es war ja das Athen, dessen Hauptgründer und Gesetzgeber (ϑεσμός, Gesetz) Theseus selbst Derjenige war, welcher in der Kuretengrotte den »Mannstier« erlegt hat.

Mag mein unvergesslicher Lehrer Creuzer und der fein und klassisch gebildete Hug auch darinn irre gegangen sein, die hellenischen Gottheiten vom Indus und Nil und die Geheimkulte unbedingt von dort und Vorderasien abzuleiten, und der gesunde, derbe Voss deren Autochthonie mit Recht behauptet haben, so ist hamitischer und orientalischer Einfluss unverkennbar und Lobeck hat nicht weniger in seinem Buche über die Mysterien gefehlt, welche Creuzer, trotz mancher Blösse, tiefer aufgefasst hat als Alle vor und nach ihm. Die Mysterien sind so alt als die älteste hellenische Kultur und älter als die sie erst später in Manchem entstellende asiatische Einwirkung (denn je östlicher und südlicher wir gehen, desto nackt-sinnlicher, fallischer und lingamischer verirrt sich der Kult). Strabo der Asiate, Nachbar der Kumana- und Anaïtis-Heiligthümer, wusste zu gut, der Ursprung des Kübelodienstes, wie des Dionüsischen, sei frygisch, thrakisch. Seine Hauptprofeten waren Musäos, des Thrakers Eumolpos und der — Selene Sohn, der Enkel der Muse Kalliope (sein Name selbst heisst der Musische, der Sänger, und die Musen waren in Pierien, Thrakien) und des Oeagros (des thrakischen Apollon) Sohn Orfeus, der Dionüsosgegner, den deshalb die Mänaden zerrissen †††). Die Geheimlehre des Orfeus stellte ausgemacht einen Monotheismus auf, neben dem die Götter der Vulgata blosse ihm unterworfene Naturkräfte waren. Der nach erfolgten Prüfungen, Unterricht und Taufe Aufgenommene

---

*) Mone (Symb., 6. Theil), S. 542. 543.
**) Herod. 2, 51.
***) Creuz. II, 364.
†) Paus. 1, 1.
††) Apostelg. 17, 23—25.
†††) Apollod. I. 3, 2. — Sickler im Kadmos brachte Μοῦσα, Μῶσα in Verbindung mit dem hebräischen Mosah, Spruch und dann Gesang. Creuz. III, 269.

lernte das und gelobte Geheimhaltung, wegen der Volksmasse, deren Opfer Sokrates wurde, so behutsam er auch die Gottheit andeutete. Er sah in dramatischen Vorstellungen das Leiden und Sterben des Gottes, dessen Hinabsteigen in die Hölle und Wiedererscheinen, aber (in höheren Graden) auch das über dies blosse Naturgötterthum erhabene Wandern der Seele aus der dunkeln Materie zum Lichte, zum Schauen, und hier bedarf ich Lobecks Aglaophamus nicht, und höre genug, wenn der gebildete Athener Euripides singt:

»O selig, wem das Glück die Götterweih'n zu kennen
verlieh! er heiliget sein Leben«*),

oder wenn einer der sinnigsten Denker der alten Welt, wo er vom Ausarten der nächtlichen Kulte redet, den ächten ausnimmt und dem Atticus zuruft: »Denn so viel Herrliches und Göttliches dein Athen hervorgebracht und in das menschliche Leben eingeführt hat, so ist nichts vorzüglicher als jene Mysterien, wodurch wir aus einem rohen und wilden Leben zur Menschlichkeit herausgebildet und gemildert worden sind. Auch haben wir, wie sie Eintrittsweihen (initia) genannt werden, dadurch in der That die ersten Eintrittsregeln (principia) des Lebens kennen und nicht nur mit Freudigkeit leben, sondern auch mit besserer Hoffnung sterben gelernt.«**) Und Diodor: »Die Weihe, die bei den Athenern in Eleusis gebräuchlich ist, die berühmteste beinahe unter allen, und die in Samothrake und die bei den Kikonen in Thrakien, woher der Stifter Orfeus war, sind geheimnissvolle Mittheilungen; hingegen in Knossos auf Kreta***) ist es von Alters her Sitte, diese Weihen öffentlich Jedermann zu ertheilen, und was an anderen Orten als Geheimniss behandelt wird, das verbirgt man dort vor Niemanden, wer sich mit solchen Dingen bekannt machen will.«†)

Welchen Einfluss die Mysterien, aus deren Mitte man besonders gerne aus dem ausgearteten Polytheismus und der Charlatanerie eines grossen Theiles der Mystagogen zum Christenthume übertrat, wo das »den Armen verkündet wurde«, was dort nur höheren Graden vorbehalten war, auf die Gestaltung des letztern ausübte, haben Einzelne angedeutet††), wäre aber gerade heutzutage völlig zu begründen von allerhöchstem Interesse und wichtigen Folgen. Kirchenväter waren über die Verwandtschaft so erstaunt, dass sie den Mithraskult dem Christenthume abgeborgt angaben.

Es ist nun ausgemacht, dass der Dionüsosgegner Perseus, wie er mythisch der Fussbeflügelte, der Tödter der Gorgo, des Wasserungeheuers (Lintwurmes) und der Befreier der Jungfrau ist, wie der demselben Ge-

---

*) Strabo 10, 3.
**) Cic. de legg. 2, 14.
***) Wo gerade um diese Zeit der Föniker Minos I. Gesetzgeber war.
†) Diod. 5, 77.
††) Creuz. IV, 501.

schlechte angehörende Herkules, im Argischen Kulte dieselbe Stelle einnahm
wie Mithras, »denn Πέρσης heisst Mithras«*), und dass er in dem durch
ihn gegründeten Tarsos als Gott verehrt wurde**). Auch Tarsos ist nicht
asiatischer Name, taras heisst keltisch Wohnung, Haus (wie Taras, Tarent.
in Italien). Dass gelehrte Forscher den Mithraskult als keltisch erklärt
und dass er mit den frygischen Sabazien auf Denkmälern unserer Gegenden
vermengt auftritt, ist längst bekannt***), und in die Grotte gehört der in
der Grotte erzeugte Perseus wirklich.

Moses.

Diodor fand nach dem Tode des Ersten der XXI. Tanitischen oder
Amunspriester-Dynastie, Smendes oder Busiris, 165 anarchische Jahre, »kein
Oberhaupt 5 Menschenalter hindurch« †), was, so gut hier zu rechnen ist
(1742—165), auf das Jahr 1577 v. Chr. führen würde. Das ist auf
dunklem Wege wenigstens ein Schimmer. Die jüdische Rechnung ist durch
Ausleger und Versuchsansteller in heillose Verwirrung gerathen. Wie schon
die Egregoren oder Hüksos der 15., 16., 17. Dynastien geradezu als die
unter Josef einwandernden Juden und ihre Besiegung durch die 18. Dynastie
der Thutmosen als die Austreibung der »Aussätzigen« unter Moses, leider
noch von unseren Koryfäen, angenommen wurde, so vermengte man die
Epoche Josefs (nach Aegypten verkauft 1729, dort 80 Jahre durch Regent 1716
und gestorben 1636, Alles die Zeit der 7 Tanitor 1768 bis 1572), mit der
des Moses, welcher Letztere sogar des Josef Sohn sein sollte††). Artapan
nannte den Farao, unter welchem Moses erzogen sein sollte, Chenefres†††),
das Chronicon Alexandrinum Chenebron, Clemens ebenfalls Chenefres, Gregor
von Tours Cenchris und eine alte Chronik unter unseren St. Galler Handschriften Mefres oder Zeutres§). Es ist augenscheinlich der dritte Taniter
Nefercheres. So führt Eusebios den Josef unmittelbar nach dem Apofis der
15. Hüksosdynastie an, beifügend »zur Zeit des Argivers Apis«, des Amen-

---

*) Porphyr. de antro Nymph. 16 und Creuz. I, 471. 737. 740. 743.
**) Creuz. IV, 52—55.
***) Creuz. I, 764. 765. 767.
†) Diod. 1, 62.
††) Just. 36, 2.
†††) Eus. praep. ev. 9, 27.
§) Cod. 628, p. 73. 78. Greg. v. Tours 1, 16.

ofth der 19ten, was auch Polemon u. A. thaten*). Beides ist Verwechslung mit dem 4. Taniter Amenofth, was abermal veranlasste, den Amenofth der 16. Dynastie, Miamuns Sohn und angeblich »Vater des Rameses oder Messones«, als den Vertreiber anzunehmen**).

»Also wohnte Josef in Aegypten, sammt dem Hause seines Vaters, und er lebte 110 Jahre. Und Josef starb 110 Jahre alt, und sie balsamirten ihn ein und legten ihn in einen Mumienkasten in Aegypten.«***) »Und Josef starb und alle seine Brüder und dasselbe ganze Geschlecht. Da stand ein neuer König auf in Aegypten, welcher nichts wusste von Josef. Und sie setzten über die Söhne Israels Fronvögte, um sie zu unterdrücken durch schwere Arbeiten, und sie mussten dem Farao Städte bauen, in denen er seine Vorratshäuser hatte, Pithom (Pachtum) und Ramses. Aber wie sie das Volk drückten, mehrte es sich und breitete sich aus.«†) Die zwei genannten Städte, oder eher Burgen, lagen in der Nähe des Süsswasserkanales, zwischen dem Nile und dem rothen Meere.

Wer ist dieser neue Farao? Daran kann kein Zweifel sein; er ist der Gründer der 22. Dynastie aus 9 Bubastitern, Sesonchosis um 1572 nach jenen 165 Anarchiejahren Diodors, nach Manethos 21 Jahre lang, oder nach den Denkmälern Scheschonk I., welchen jedoch unsere Hersteller leider für den Aethiopon Susak der Bibel (in der 25. Dynastie!) halten, und den Lesueur 995, Brugsch 980, Bunsen 979, Champollion 971 und Böckh gar 984 am 14. April ansetzen††).

Die Bestätigung meiner Annahme und die Nichtigkeit solchen Rechnens erhellt aus den unzweifelhaftesten Urkunden.

Zu derselben Zeit, wo die Argoslisten des Abas (1673) Söhne Prötus (1650) und Akreisios (1633) und des Letztern besungene Tochter Danaë, des Perseus Mutter, haben, in den letzten Tagen der 21. oder Taniter-dynastie am Nil, herrscht in Ninos der 16. Ninyade Amyntas 1643 und auf ihn sein Sohn Beloch oder Belim 25 Jahre, 1598, und ebenfalls mit einer berühmten Tochter Atossa, Badossa, Tratres oder Semiramis II., welche mit dem Vater 17 oder 7 Jahre herrschte. »Bacchus hac aetate, item Danaë, ex qua Perseus, fuerunt.«†††) Dieser Perseus tritt hier sonderbar aus der Argischen Liste in die Welt-Dynastenstellung, die ich schon bei seinen Ahnen nachgewiesen habe. Nachdem er in Mykenä den Perses, Alkäos, Sthenelos, Mestor, Elektryon und die Gorgofone mit des Kefeus Tochter Andromeda erzeugt und die Tochter dem Pericres (sei dieser nun Aeolide

---

*) Eus. Maii 100, 271, 274. Sync. 64. Vergl. Lepsius, S. 292.
**) Jos. contr. Ap. 1, 16. 26—29. 82. — Noch heute nimmt Brugsch als den Vertreiber der Juden an Menefthes, den Ramesiden und 262. Farao (statt des 310ten). Beil. zur Allg. Ztg. (1864), S. 5363.
***) Gen. 50. 22. 26, womit das erste Mosesbuch schliesst.
†) Exod. 1, 6—12.
††) Buns. V°, 399—404.
†††) Eus. Maii 45. 286. 287.

oder Lakedämoner)*) gegeben hatte, erzählt von ihm Kefalion nach dem am Perserhofe lebenden Ktesias: »Nach Verfluss von etwa 640 Jahren seit Ninos herrschte Belim. Bald landete Perseus, der Danaë Sohn, mit 100 Schiffen, den Dionüsos, der Semele Sohn, fliehend, und überzog dessen Land.« **) Und wirklich in der Ninosliste gründet im Jahre 1573 (+640 = 2213, in des Ninos Zeit) Bele-Pares, der Sonnesohn, Bel Peor der Bibel, griechisch Perseus, eine neue Dynastie. »Wie aber die Sage der Perser lautet, wäre Perseus ein Assyrer gewesen und erst er ein Hellene geworden, nicht aber bereits seine Vorfahren; die Väter des Akreisios jedoch, die indess den Perseus gar nichts angehen, seien wirklich, wie es die Hellenen sagen, Aegypter.«***) Perseus wurde in Aegypten hoch verehrt, wo die Priester Herodoten in Chemmis sein Bild zeigten, und an seinem am Nil erscheinenden Schnürschuhe den Segen des Stromes weissagten, sie »die von Hellenischen Gebräuchen nichts wissen wollen, und um es gleich ganz zu sagen, überhaupt nichts von Gebräuchen irgend anderer Menschen«†). Nach Diodor††) war Perseus Aegypter; er ist es und zwar der erste der 9 Bubastiten, Sesonchosis (aber freilich nicht der Aethioper Eindringling und Aegyptens Unterdrücker Susak!) und deshalb auch Herr des Orients, wo ja er und sein Sohn Perses Stammvater der Achämeniden waren †††). Seine Dynastie zählt am Nil und am Tigris so zu sagen gleich viel Jahre. Meine Zusammenstellung von Sesonchosis und Belepares findet sich bestärkt, wo ich es nicht gesucht hätte. Macrobius sagt: »Assyrii quoque Solem sub nomine Jovis, quem Dia Heliopoliten cognominant, celebrant in civitate Heliopoli«; das Bild sei aus letzterer Stadt geholt worden, »regnante apud Aegyptios Senemure seu Senepos — per legatum Deleboris regis Assyriorum«§). Sicher, neben all Anderm, ein frappanter Beleg für die Gleichzeitigkeit von Sesonchosis und Belepares und nicht von geringer Bedeutung für den ganzen gegenwärtigen Kalkul; denn treffen diese Zwei in der Mitte zusammen, so sind auch die vor und nachher für gleichzeitig anzunehmen. Wenn der assyrische Belepares in anderen Listen (Sync., p. 147) *Βαλετόρης* heisst, so erinnere ich an den Baal-Thares auf mehreren fönikischen Münzen (Creuz. Symb. II, 87), was heissen könnte »Bal von Tarsos«, welches — Perseus gegründet hat. Dann wäre er hier als ein Mel-Karth dieser Stadt.

Hier haben wir den angeblichen Bedrücker der Juden, deren spezielle

---

*) Apollod. II. 4, 5; I. 7, 3; 9, 5 und dann III. 10, 3. 4; 13, 1.
**) Eus. Maii 42. 38. Sync. 167.
***) Herod. 6, 54; 7, 61. 150.
†) Herod. 2, 91.
††) 1, 24.
†††) Apollod. II. 4, 5 oder Achämenes ein Sohn des Perseus und der Andromeda. Creuz. I, 792.
§) Macrob. Sat. 1, 23.

Geschichte hier beginnt, d. h. sich von der ägyptischen und assyrischen von da an völlig losschält.

Nach ihr wird dem Amram aus dem Stamme Levi im Jahre 1573 (im 83. Jahre vor dem Auszuge) ein Sohn Aaron und im 80sten vor dem Auszuge, 1491 + 80 = 1571, der zweite, der berühmte Moses geboren*), der als Kind, nach des Farao Gebote, in einem Binsenkorbe in den Nil gesetzt, aber von des Königes Tochter, die am Strome lustwandelte, wegen seiner Schönheit gerettet, von ihr als Sohn angenommen und erzogen worden sei. Josefus nennt die Faraotochter Thermuthis und den Geretteten, wie die Bibel, weil er »aus dem Wasser gezogen war« und ägyptisch μω »Wasser« und ὑσῆς »herausgezogen« bedeute, Μωϋσῆς. Die Eltern hatten ihm den Namen Melchia gegeben**). Moses habe, erzürnt über den Druck, unter welchem sein Volk schmachtete, einen Aegypter umgebracht, welcher einen Ebräer geschlagen, sei, als der Farao ihn hinrichten lassen wollte, nach Midian geflohen, wo er Zippora, die Tochter des dortigen Priesters Jethro, heiratete und dessen Schafe hütete. »Und es geschah nach langer Zeit, da starb der König von Aegypten, und die Söhne Israels seufzten über die Arbeit und schrien mit ihr Geschrei stieg empor zu Gott.«***) Belepares oder Sesonchosis starb um 1550; ihm folgte Osorkon, und um 1535 auf Osorkon Pehor (Bonchoris)†). Da ergeht Jehovas Befehl an Moses bei der Heerde in der Wüste, mit dem beredtern Aaron beim Farao um Erlaubniss anzusuchen, »drei Tagereisen wegzuziehen aus Aegypten, um dem Herrn zu opfern. Und jegliches Weib solle von ihrer Nachbarinn silberne und goldene Gefässe fordern, die sollen sie ihren Söhnen und Töchtern übergeben und so die Aegypter berauben.« Er wolle ihnen ihrer Väter Land, Palästina, wieder geben. Nun kehrt Moses mit Weib und Kind aus Midian nach Aegypten. Dass die Beschneidung den von mir angedeuteten Sinn, Bund mit Gott zum Aufhören der Menschenopfer, hatte und nicht im mindesten etwa sanitarischen Zweck oder blosse ägyptische (sondern von jener Tanitischen, monotheistischen Opposition ausgehende) Sitte war, erhellt aus dem Umstande, dass, weil jene Zeremonie an des Moses jüngstem Sohne versäumt worden war, Gott unterwegs den Knaben umbringen wollte, bis Zippora ein Messer ergriff und den Knaben beschnitt. »Da liess er ab von ihm.«††) Der Farao, statt den Abgeordneten, welche die Aeltesten versammelt hatten, den Auszug zu gestatten, verdoppelte die Fronarbeiten. »Und Mose war 80 Jahre und Aaron 83 Jahre alt, als sie mit dem Farao redeten« und Israel hatte seit Josefs Tode 145 Jahre lang geseufzt†††). Da wirkte

---

*) Exod. 7, 7. Num. 33, 38. 39.
**) Exod. 2, 10. Jos. Ant. II. 9, 5. 6. 7. Sync. 120.
***) Exod. 2, 23.
†) Buns. III, 133. 135.
††) Exod. 4, 24—26.
†††) Exod. 7, 7. Sync. 118.

Aaron mit dem Stabe vor dem Könige solche Wunder und Gott schlug Aegypten mit solchen Plagen, dass der Farao die Israeliten sogar aus dem Lande trieb, wobei sie die Aegypter befohlenermassen beraubten. Jetzt zogen sie, an die 600000 Mann, aus »Rameses« (nach Lepsius Abu Kescheb) nach Suchoth: nach Orosius 805 Jahre vor Rom, was 1559 wäre; nach der Apostelgeschichte »über 450 Jahre vor Samuel«*), also 1085+450 = vor 1535; nach der jetzigen Bibelrechnung »nach den 430 Jahren, dass sie in Aegypten gewesen« (Abrahams Ankunft 1921—430 = 1491)**), 505 Jahre nach Abrahams Geburt (1996—505 = 1491)***) und 479 Jahre vor Salomos Tempelbaue (1012+479 = 1491). »Und sie nahmen die Gebeine Josefs mit sich.«†) Moses habe sie jedoch nicht den nächsten Weg nach Palästina geführt, sondern, damit, falls es zu Streit käme, sie nicht reuig umkehrten, nach der Wüste am rothen Meere, von Suchoth nach Etham, wo die Wüste beginnt. Sogleich habe des Farao Sinn sich umgewandelt und er sie mit Heermacht und »600 Wagen« verfolgt und sie am Meere, wo sie bei Pichachiroth, Baalzefon gegenüber lagerten, eingeholt. Es zieht nördlich von Memfis das Wadi Tich, »das Thal der Verirrung«, nach El Thuarek an die Küste. Gott habe aber den Meerbusen ausgetrocknet, und die Israeliten seien hinein und hinüber, der blind verfolgende Farao aber und all die Seinen in der wieder über sie hinrollenden Flut ertrunken.

Anders sagen die heidnischen Quellen. Eine erzählt: Tyfon, des Osiris Bruder und Feind, sei aus der Schlacht mit den Göttern auf einem Esel (des Tyfon Hieroglyfon) entflohen und habe nach seiner Rettung zwei Söhne, den Hierosolymos und Judaios, gezeugt††). Eine andere, die ich oben erwähnen musste, vermengt die zwei Faraone der 18. und 19. Dynastie, Amenof und seinen Sohn Sethosis Rameses, wie leider auch mehrere heutige Gelehrte, arg mit den Zweien der 21. und 22. Dynastie, Psusennes und Sesonchosis, und die Besiegung der letzten Hüksos mit der Vertreibung der Juden, was somit Alles eher hieher gehört. Farao Amenofis, sagt Manethos bei Josefus, habe, wie einer seiner Vorfahren, Oros, die Götter zu schauen gewünscht und dies einem weisen Priester, auch Amenofis genannt, eröffnet. Dieser habe ihm gerathen, wenn er die Götter sehen wolle, »die Aussätzigen und Unreinen aus dem Lande zu treiben«. Amenofis habe hierauf alle mit irgend einer Sucht Behafteten zusammen kommen lassen und sie in die vom Nil östlich liegenden Steinbrüche gesendet und ihnen die Stadt Avaris (Tyfons Stadt) eingeräumt. Hier haben die Geplagten einen Priester aus

---

*) Apostelg. 13, 20.
**) Exod. 12, 40. 41. Jos. Ant. II. 15, 2. Eus. Sync. 99. Maii 69.
***) Eus. Maii 68.
†) Exod. 13, 19. 1 Kön. 6, 1, 37. — Was Des Vignolles, Böckh, Borthaes und nach ihnen Bunsen und Lepsius gegen die biblischen 430 und 480 Jahre vorbringen, ist hier gleichgültig, da ich blos die biblische Rechnung berichte, ohne mich darum zu kümmern, wie die jüdischen Priester zu ihr gelangten.
††) Plut. von Isis u. Os. 31.

Heliopolis, Osarsif, an ihre Spitze gestellt, welcher sie anleitete, die Götter nicht zu verehren, die den Aegyptern heiligen Thiere ohne Rücksicht zu schlachten und jeden Umgang mit den Uebrigen aufzugeben. So viel anderes den Landessitten Zuwiderlaufendes. Dann habe er gegen Amenofis Krieg gerüstet, andere Priester an sich gezogen und durch Gesandte die von Tethmoses Vertriebenen in Jerusalem zu Mithilfe beredet, welche, an die 200000 stark, nach Avaris gekommen seien, worauf der Farao, durch eine Weissagung seines Rathgebers bewogen, das Volk versammelte, mit den Vornehmsten Rath hielt, die heiligen Thiere aus den Tempeln kommen liess, den Priestern befahl, die Götterbilder sorgfältig zu verbergen »und seinen Sohn Sethon, der nach des Vaters Rampses Namen ebenfalls Ramesses hiess und 5jährig war«, zu einem Freunde sandte. Er selbst zog gegen die Feinde, lieferte diesen jedoch keine Schlacht, sondern kehrte, des Glaubens, das hiesse wider die Gottheit kämpfen, nach Memfis zurück, nahm den Apis und die anderen heiligen Thiere zu sich und begab sich mit allen Fahrzeugen und vielem Volke zu dem befreundeten Könige Aethiopiens, welcher ihnen Aufenthalt und Lebensmittel verschaffte und die ägyptischen Grenzen verhüten liess. Die Solymiten aber und die unreinen Aegypter bedrückten das Land, zündeten Städte und Dörfer an und zerstörten die Götterbilder. Ihr Anführer aber und Gesetzgeber, der Priester, vom Gotte Osiris in Heliopolis, Osarsif genannt, veränderte diesen Namen in Moyses. Nach 13 Jahren kehrte Amenofis mit seinem Sohne Rampses und einem Heere in die Heimat, wo sie die »Hirten und die Unreinen« (τοῖς ποιμέσι καὶ τοῖς μιαροῖς) besiegten, viele erschlugen und ihnen bis an die syrischen Grenzen nachsetzten. Josefus spottet dann dieses Fabelns und meint, Moses sei »viele Geschlechter früher« ausgezogen[*]).

Wenn man so früh schon die Faraone Amenofis und Sethosis mit der Mosesepoche verwechselte, darf es uns heute weniger verwundern. Aehnlich berichtete der ägyptische Geschichtschreiber Chäremon, den Josef Peteself und den Moses Tisithes nennend[**]). Der Vertreiber ist kein Rameside, kein Sethon; der aus Aethiopien heimgekehrte Farao ist Psusennes II., der letzte der 21sten und der Sohn Sesonchosis, unser Gründer der 22. Dynastie, den die Denkmäler als Scheschonk wirklich in Karnak als »Besieger der Judaha-Malek« und Juda als Gefangenen darstellen[***]), bestätigt sogar durch den gelehrten Missgriff, in ihm den Aethioper Sisak von 971 sehen zu wollen. Das habe ich schon vor 1845 in Bern gelehrt und ausgesprochen[†]). Bei Tacitus heisst es, aber auch hier Verwechslung mit den Hüksos, die Judäer haben sich, aus Kreta fliehend, zur Zeit als Saturn seine Herrschaft an Jupiter verlor (des Dodonäers Aufkommen fällt in der That

---
[*] Jos. contr. Ap. 1, 26. 27.
[**] Jos. contr. Ap. 1, 26. 27. 28. 32. Leps., S. 317—323.
[***] Bunsen IV, 268 mit dem Bilde, und V*, 401.
[†] Allg. Gesch., 1. Bd., 1. Buch (Schaffhausen 1845), S. 224.

in diese Zeit) in Libyen niedergelassen; nach Anderen habe zur Zeit der Isis eine Uebervölkerung Aegyptens sich unter Anführung des Hierosolymos und Juda (die Sage bei Plutarch) in die nächstliegenden Länder entladen. Die Meisten halten sie für einen äthiopischen Stamm, welchen unter dem Könige Kefeus (der ist in der That des Perseus Schwäher und jener Aethioper, zu welchem Psusennes geflohen war) Furcht und Hass zur Aenderung der Wohnsitze angetrieben. — Die meisten Geschichtschreiber stimmen darin überein, dass bei einer Seuche in Aegypten, welche die Leiber scheusslich entstellte (des Manethos Aussatz und des s. g. Moses Plagen), König Bokchoris, das Orakel Hammons um ein Heilmittel bittend, Befehl erhalten habe, das Reich zu säubern und diese Menschenart, als den Göttern verhasst, in andere Länder fortzuschaffen. So habe man sie herausgesucht und in den Einöden sich selbst überlassen, dann aber Moses, einer der Vertriebenen, sie ermahnt und getröstet, und als sie aus Wassermangel dem Tode nahe waren, »einer Heerde wilder Esel folgend«, Brunnquellen entdeckt, worauf sie »nach ununterbrochener Wanderung von 6 Tagen, am siebenten ein Land einnahmen und, nach Vertreibung der Anbauer, Stadt und Tempel gründeten. Moses, um sich des Volkes für die Zukunft zu versichern, gab ihnen nun aller menschlichen Sitte zuwider laufende Gebräuche.« Dann wird erwähnt die Verehrung des Esels, das Opfern des in Aegypten verehrten Ochsen, als Erinnerung an den Aussatz das Enthalten vom Schweine, der Sabbath als Ruhetag, wie das siebente Jahr, nach Einigen zu Ehren Saturns, die Abtrennung von anderen Völkern, die Beschneidung, das Nichtverbrennen der Todten, der Monotheismus, das Verabscheuen der Bilder, die Weinrebe im Tempel. Andenken an Dionüsos u. A.*). Aehnlich berichtet Lysimachos die Vertreibung wegen Aussatz durch Bokchoris, wobei ein Theil in der Wüste ins Meer gestürzt, ein anderer durch Moyses zu Menschenfeinden und Götterverächtern gemacht und nach Judäa geführt worden**). Justin, nach Aufzählung der mehrfach erwähnten Damaskerkönige Damas, Azelos, Adores, Abraham und Israhel, fügt bei, wie der jüngste von des Letztern Söhnen, Josef, nach Aegypten verkauft, dort durch seine Kenntniss künftiger Dinge des Königes Liebling geworden und sein Sohn Moyses, als die Juden durch Krätze und bösen Grind litten und vertrieben worden, zu ihrem Anführer gewählt, »ihnen ihre Heiligthümer geraubt; und als die Aegypter dieselben mit Waffen wieder holen wollten, wurden sie durch Ungewitter genöthigt, nach Hause zurückzukehren«. Er aber sei mit ihnen in die alte Heimat Damask, nachdem er am Berge Syna den siebenten Tag geheiligt. Nach ihm sei sein Sohn Aruas Priesterkönig geworden***). Nach Strabo bezeichnete die vorherrschende Ueberlieferung die Juden als Aegypter, die Moses, »einer der ägyptischen

---

*) Tac. Hist. 5, 2—5.
**) Jos. contr. Ap. 1, 34.
***) Just. 36, 2.

Priester- (wie Manethos und Chäremon), mit dem Bestehenden unzufrieden, aus dem Lande zog und die Verehrung einer einzigen Gottheit ohne Abbilder einführte*). Diese Gottheit nennt Diodor Jao**).

Letztere, wenn auch im Einzelnen verstellte, doch, sogar unbewusst, mit der biblischen Version ziemlich übereinstimmende Angaben (Bonchoris, als Pe-Hor, passt für die anti-Hamitischen Sonnenpriester aus Tanis und Heliopolis, es wäre dies Sesonchosis selbst) bringen, statt anscheinender Verwirrung, Licht. Die Epoche des Auszuges ist die auch in der Apostelgeschichte und Orosius angedeutete, und die von 1491 falsch und nur der Beginn der Isolirung der jüdischen Chronologie. Ich habe beide Versionen zur Auswahl für Aengstlichere gegeben. Sie haben hier den jedenfalls thrakischen, frygischen Bringer und Profeten eines reinern, dem Hamitisch-indischen Dionüsos entgegen tretenden, monotheistischen Kultes, Musāos, hochverehrt in Hellas und Verfasser uralter, aber vielfach entstellter und auch gefälschter Traditionen und Sprüche, mit seinen Mysterien, seinem Jao oder Sabazios, mit seinen Kureten und Korybanten, seinem Goldapfelbaume auf dem Ida, gehütet vom Drachen am Nordpol und der Jungfrau; mit dem diese Frucht Pflückenden, den draco septentrionalis mit dem Kopfe genau unter seinem Fusse, hart am Sternbilde des Aethiopers Kefeus, seiner Gattinn Kassiepeia, der angefesselten Andromeda und des Befreiers Perseus, das Gorgohaupt in der Hand, lauter Bilder um den Nordpol, mit Gold und Sternelettern geschriebene logoi und Epen nordischer Tempeldichter; mit dem Menschenwohlthäter Jasios oder Prometheus und den in der Argo fahrenden, städtebauenden Nefelesöhnen, Inachiden und ihrem Perseus, verehrt in Argos und Mykene, wie in Tarsos, Ninos und Chenmis. Sie haben aber auch den biblisch in die Heimat der an den Nil ausgewanderten Väter zurückkehrenden oder heidnisch in einer grossartigen Secessio von Heliopolis weg halb vertriebenen, halb mit Unzufriedenen in die Wüste wegziehenden gleichzeitigen Moses mit seinem Jao, Jehova Sabaoth, mit dessen um den Thron des Herrn dienenden und kampfgerüsteten Cherubim und Seraphim, seinem lieblich geschilderten Garten Eden mit dem bedeutungsvollen und folgenschweren unnahbaren Baume, dem Drachen daran, der pflückenden Frau, die Frucht dem Manne reichend, auf deren Genuss (nomaden-hirtlich gesprochen) der Ackerbau, Jammer und Noth für beide, für alle ihre Geschlechter aber der Fluch und die darauf gebaute Erlösung, die Offenbarung gebaut ist. »Da sprach Gott Jehova zur Schlange: weil du dies gethan, so sei verflucht unter allen Thieren — und ich setze Feindschaft zwischen dich und das Weib und zwischen deinen Samen und ihren Samen, und derselbe wird dir den Kopf zertreten und du wirst ihn in die Ferse stechen.«***) Damit war die Lossagung vom ägyptischen Mutterkult ausgesprochen; was

---

*) Strabo 16, 2.
**) Diod. 1, 94. — Jao ist der λόγος der dionüsischen Mysterien. Creuz. III, 335 ff.
***) Gen. 3, 14. 15.

am Nil und in Athen der Segen und das Geschenk der Gottheit war, Samen und Ackerbau, wurde hier, ächt nomadisch, die Strafe für den ersten Ungehorsam, und die alten Schlangengottheiten der Titanen, wie die heilige Weltschlange am Indus und Nil, alle noch heute in der Volkssage wohlthätige Genien, wurden hier der Same des zum Abfalle anreizenden Drachen; es begann dort schon die später bei jeder Bekehrung Mode gewordene Dämonisirung, Verteufelung der früher göttlich verehrten Wesen, wie die Kultur bringenden Niflungen- und Inachiden-Pelasger gottes- und menschenfeindliche Egregorenriesen, Nefilim, Enakim wurden.

Ist nun der Name Moses blosse Akkommodation der Chaldäersage an das Arische, wie bisher die patriarchische an die assyrische und damaskische? oder umgekehrt Musäos nur Nachhall einer aus dem Oriente herüber kommenden reinern Gotteslehre? Es gab Forscher, sie nahmen unbedenklich das Erstere an, und Einer davon erklärt, wie bei den Patriarchen, frischweg: »Moses war selber Moloch.«*) Während die Kritik, welche sich nicht scheut titanisch selbst den Olymp zu stürmen, die biblischen Urkunden zu untersuchen wagt und, wie schon zur Kirchenväterzeit, die Abfassung des Pentateuch oder doch dessen Redaktion und Vollendung in die späte Zeit der Gefangenschaft und des Bekanntwerdens mit assyrischen und persischen Lehren versetzt**) — sicher darf hier nicht von einem Buche aus des Moses Zeit die Rede sein) —, so erquicke sich der Gläubige ruhig und noch lange an dem durch und durch webenden Geiste der Gotteinheit, der trotz der vom Orientalismus untrennbaren Färbung des »Herrn«, aus dessen Nase Feuer flammt, vor dessen Zürnen Berge schmelzen wie Wachs, den es »reuen« kann die Menschen geschaffen zu haben, der sie in einer Flut ertränkt, und der, parteiisch für seine Auserkorenen, diese zu Unmoralischem gegen ihre und seine Feinde anreizt, überall hervortretenden Liebe, Vatersorge, Führung, an dem Geiste, aus dem unsere Christenkirche selbst ihre Wiege herleitet, und endlich an des Moses und Bileam und der Deborah Gesängen, am räthselhaften Hiob und dessen Naturschilderungen, an den Psalmen, dem Hohen Lied und den Profeten, einer Fülle und Wärme, einer wahren Poesie, wie wir sie weder bei den anderen Orientalen, noch den Griechen antreffen und die uns dies abgesönderte Bergvölkchen, dessen Fysiognomie noch heute, trotz Zerstreuung unter alle Völker und unhumanen Druckes, unvertilgbar geblieben ist, zu einem der interessantesten Geschichtsgegenstände machen***).

Die Akkommodation schliesslich betreffend, welche, wie beim Auszuge, mit ägyptischem Raube die eigene Geschichte oder vielmehr Sage verziert, so dass wir von Adam bis Moses wohl werthvolle chronologische Beihilfe,

---

*) Nork. Andeutungen, S. 161. 163. 197.
**) »Sive Mosen dicere volueris auctorem Pentateuchi, sive Esdram ejusdem instauratorem operis, non recuso.« S. Hieron. ep. ad Helvid.
***) Exod. 15. Num. 23, 7—10. 18—24; 24, 3—9. 15—24. Richt. 5. Hiob 38—41. etc.

aber durchaus nicht Historie besitzen, werden wir die Juden nicht verdammen, sobald wir nicht aus dem Auge lassen, dass die Babyloner, ja unsere Griechen völlig dasselbe thun und jene grossen Weltdynasten als kleine Könige Babylons und in Theben, Athen, Argos, Mykene und Ilion darstellen.

Lepsius nimmt S. 315 Anstoss an der biblischen Epoche des Auszuges, natürlich weil seine ganze Schule den Pehor mit dem der 24. Dynastie verwechselt, d. h. in eine Zeit versetzt, wo nicht nur Moses, sondern alle 15 Schoffeten und — die ersten Könige todt waren, was, mir wenigstens, etwas stark vorkömmt.

Die Canones vor der Argonautenfahrt.

Von der 22. Dynastie des Sesonchosis-Belepares an bricht in dem bisher ruhmreichen Nillande der Wurm immer deutlicher aus der Frucht und beginnt das Auseinanderfallen der Weltmonarchie. Den Hauptanstoss dazu gaben die Hellenen, und ich will auch hier die Bruchstücke, sorgfältig aus dem Schutte gehoben, vor die Augen stellen.

Das genaueste ist chronologisch das im altpelasgischen Aegialea oder Sikyon, 26 Könige seit des Inachos Sohne Aegialeus durch 967 Jahre (2127 bis 1160)*), uns erhalten bei Pausanias, Eusebios und Synkellos. Hier herrschen von dieser Epoche an: Koronos oder Echyreus 1545, des Apollon Sohn, Korax sein Sohn, 1490, Epopeus, der Tyrann, 1460, Laomedon, des Korax Bruder, 1425, Sikyon, des Erechtheus aus Athen Enkel, oder des Pelops Sohn, 1385, Polybos, der auch Koriuth hat, 1340**).

Die zweite Königsreihe, ebenfalls pelasgisch, ja vom ältern, Foroneïschen, Inachidenzweige, ist die Kadmeïsche in Theben. Dort herrschte nach dem Dionüsosgegner Pentheus des Kadmos Sohn Polydoros und nach diesem sein Sohn Labdakos, als Knabe unter Vormundschaft des Nykteus, Enkels der Atlastochter Alkyone. Des Nykteus Tochter war die von Zeus geliebte Antiope, welche vor dem Vater nach Sikyon zu Epopeus floh, der sie ehe-

---

*) Sync., p. 151. 152. Eus. Ronc., p. 219 steht 962 und im Armenischen 957 Jahre, bei Samuel 958 Jahre.

**) Paus. 2, 5. 34. Apollod. II. 1, 1. Eus. Ronc., p. 50 und Canon. Mali, p. 246 und Canon. Sync.

lichte. Die Thebäer fielen gewaffnet nach Sikyon, wo aber Epopeus siegte.
Der sterbende Nykteus übergab die Regentschaft Thebens seinem Bruder
Lükos, welcher, als in Sikyon Epopeus 1425 an einer Wunde starb, die
Nichte Antiope von dessen Nachfolger Laomedon zurück erhielt und sie
gefangen nach Eleutherä brachte, wo sie von Zeus den Zethos und Amfion
gebar. Lükos überliess dem indess erwachsenen Labdakos die Herrschaft.
Dieser hatte einen Grenzkrieg mit dem Athenerkönige Pandion II. (1397),
starb jedoch bald im noch immer andauernden Kampfe gegen den Dionüsos-
kult, wie Pentheus, und hinterliess den erst einjährigen Lajos. Jetzt riss
Lükos die Regierung abermal an sich, wurde aber von seiner Nichte Antiope
Söhnen Zethos und Amfion nach 20 Jahren erschlagen (und der Knabe
Lajos zu Pelops II. nach Elis, wo dieser 1412 bis 1353 herrscht, gerettet).
Amfion, mit seinem Bruder (nach Eusebios 1414 oder 1415) herrschend,
vermälte sich mit des Pelops Schwester, der lydischen Tantalidinn Niobe,
ein gefeiertes Paar: er selbst, mit der von Hermes erhaltenen Lyra die
thebische Kadmea und die untere Stadt mit Mauern umgebend, wo die
Steine sich seinem Gesange fügten, Niobe durch den Besitz von 6 Söhnen
und 6 Töchtern sich über Leto erhebend und deshalb durch des Föbos und
der Artemis Geschosse kinderlos bis auf den Sohn Amfion und die Töchter
Chloris, welche Neleus aus Pülos und Filomache, welche Pelias in Jolkos,
(Beide waren Brüder) ehelichte. Als Amfion und Zethos starben, begab sich
Niobe zu ihrem Vater (Tantalos?) nach Lydien zurück, wo ein Fels noch
heute der in Stein Verwandelten Jammerbild trägt, und Lajos, der Labdakide,
kam auf des Kadmos Thron. In seine Zeit fällt des Minos II. aus Kreta
Krieg wider Athen, wegen des Todes seines Sohnes Androgeos, und hier
beginnt ein Mythos von höchster Tragik. Weil ein Orakel dem Lajos sagte,
sein Sohn werde sein Mörder werden, übergab er den ihm von Jokaste
geborenen Knaben, die Fersen durchstochen, Hirten zum Aussetzen auf dem
dionüsischen Kithäron. Hier fanden ihn Hirten des Königes Polybos von
Korinth (1340?), welcher den Knaben seiner geschwollenen Füsse
Oidipus (dieselbe Sonnenidee wie bei Hefästos und Melampus) nannte und
erzog. Zum Helden geworden, fragte Oidipus in Delfi nach seiner Herkunft,
erhielt die Warnung, nicht nach Theben zu reisen, weil er sonst seinen
Vater tödten und seine Mutter heiraten werde, erschlug in einem Hohlwege
von Fokis den ihm begegnenden Lajos und traf Theben, wo Kreon, der
Jokaste Bruder, die Herrschaft ergriffen, in Wirre und Elend. Nach der
Sage, wie sie bei uns in manchen Variationen lebt, verwüstete ein Unthier,
die von Here gesendete Sfinx, eine Löwinn mit Menschenantlitze, das Böotische, indem sie Jeden, der ihr Räthsel nicht löste, umbrachte. Oidipus
löste es und erhielt den versprochenen Lohn, seiner Mutter Hand (mythisch
der Sieg des Sonnegottes über Löwen und Jungfrau, Juli und August, am
Himmel und die Gewinnung der Braut, wie die frühere Aussetzung und der
Vatermord), mit welcher er den Polyneikes und Eteokles und die Ismene
und Antigone zeugte, die wir später historisch wieder treffen, wie schon

bisher diese Bruchstücke chronologisch mehrfach anklingen und einander Hand bieten*).

Eine kostbare, abermal pelasgische, Königsliste haben wie aus Arkadien, ausgehend von jener Schwester des Oenotros und Nuktimos, der Lükaonidinn Kallisto Söhne Arkas, einerseits: Afidas, dann Aleos, Lükurgos, Ankäos 1350 und Agapenor 1280; des Ankäos Bruder Amfidamas und dessen Sohn Milanion; des Amfidamas Bruder Kefeus, dann Aeropos und Echemos 1290; des Kefeus Bruder Jasos, dessen Tochter Atalante 1350 und deren und Milanions Sohn Parthenopäos 1292; anderseits, von des Arkas jüngerm Sohne Elatos, Stymfalos, Agamedes, Kerkyon, Alope, Hippothoos, Aepytos, Küpselos 1190 und von Letzterm noch 11 Generationen, die 11te der im Messenerkriege im Jahre 668, über 11 Jahrhunderte seit der Stammmutter Kallisto, gesteinigte Aristokrates II.**)

Auch in Athen war pelasgischer, mit hellenischen Ionern glücklich vermengter Volksstamm, und herrschten seit Kekrops I., 1646 (376 vor Ilions Sturze 1270)***), bald »erdegeborene«, bald hellenische Könige. Der dritte, Amfiktyon, wurde im Jahre 1577 durch Erichthonios I. oder Erechtheus vertrieben, welcher der Athene Bild auf der Burg aufstellte und zur völligen Verschmelzung der Bewohner die Panathenäen, wohl auch die Eleusinien, stiftete, so dass die Alten den Beginn des Staates von ihm an rechneten, indem sie sagen: von des Ogüges Flut war 189 Jahre lang Anarchie in Attika (1760—189 = 1571)†). Ihm folgte 1527 sein Sohn Pandion I., unter welchem (Eusebios hat es bei den Jahren 1517 und 1508) das Gericht des Areiopagos eingesetzt worden sein soll, was Apollodor bald nach Kekrops schon erwähnt††). Damals (Eus. 1512 oder 1507) erschienen Demeter und Dionüsos, oder eher ihre Kulte, in Attika und begannen Getreide und der Weinstock. Auch den Bau des Apollotempels in Delos schrieb man Athen zu, im Jahre 1509 oder 1497†††), dessen und der berühmten Spiele Platz Prokesch deutlich erkannte§). Noch immer hiess man die nahen Anwohner Thraker, deren König Tereus im Mythos von Pandions Töchtern Prokne und Filomele bekannt ist. Auch unter Pandions Sohn und Nachfolger 1487, Erechtheus II. (sein Bruder Butes war Priester Athenens und des Poseidon), fielen Thraker unter Eumolpos ins Land, dessen Besitz ansprechend. Erechtheus siegte durch den in Attika eingewanderten

---

*) Apollod. III. 5, 5—8. Paus. 2, 6; 9, 5.

**) Paus. VIII, 3. 4. 5.

***) Eus. Maii 206. Eus. Ronc. 209 hat 375 Jahre.

†) Africanos bei Sync. 79. 148. Vergl. Eus. Maii 133. Justin 2, 6.

††) Apollod. III. 14, 2. Eus. Ronc. 158.

†††) Des Kekrops Sohne Erysichthon, Eus. Ronc. cit. — Just. 2, 6 hat die Eleusinien schon bei Erechtheus, der auch wohl unter dem eben genannten Erysichthon zu verstehen ist.

§) Prokesch, Denkwürdigkeiten und Erinnerungen aus dem Orient. Stuttg. 1836. Bd. I, S. 55.

Helleniden Xuthos Sohn Ion, erschlug des Eumolpos Sohn Immarados, fiel aber selbst; die Eleusier waren hinfort unter Athens Schirme, besorgten aber die Mysterien durch die Eumolpiden ferner. Xuthos, des Erechtheus I. Tochtermann und Gründer der Vierstädte Oinoë, Marathon, Probalinthos und Trikorythos, dessen Sohn Ion sogar an der Regierung Theil erhielt, schiedrichtete zwischen des Königes streitenden Söhnen und sprach das Reich 1437 Kekrops II. zu, weshalb er Attika verlassen musste, wie sein Sohn Achaios, eines Mordes wegen, nach Lakedämon floh*). Eine Kolonie Ionier begab sich nach Aegialea, dessen Einwohner, in 12 Städten, statt Aegialeer nun Ioner hiessen. Auf Kekrops II. folgte, als er nach Euböa auswanderte**), 1397 sein Sohn Pandion II., welcher vor seines Oheims Metion Söhnen, deren einer, Sikyon, oben, 1385 König in Sikyon wurde, nach Megara floh und durch Heirat dies Gebiet erbte. Hier wurden ihm die Söhne Aegeus, Pallas, Nisos und Lükos geboren. Seinen Grenzkrieg mit Labdakos in Theben habe ich erwähnt. Als Pandion 1372 starb, zogen die Söhne wieder nach Athen, vertrieben die Metioniden und theilten Attika in 4 Theile, so dass Aegeus die Herrschaft übte. In Trözene bei Pittheus, des Pelops Sohne, ankehrend, zeugte er mit dessen Tochter Aethra den besungenen Theseus und vertrieb seinen Bruder Lükos, welcher sich nach Messenien begab, wo er die Mysterien einführte***).

Durch Danaë an die Pelasger angeknüpft, die jedoch, meinten Einige, der Danaë Sohn Perseus nichts angiengen †), waren des Letztern Nachkommen die Argier. Perseus hatte, wie bereits gesagt ist, in Mykenä den Alkäos, Sthenelos, Mestor, Elektryon und die Gorgofone erzeugt und Letztere dem Pericres (nach Einigen des Aeolos Sohn, nach Anderen lakedämonischer Atlantide) gegeben. Alkäos zeugte den Amfitryon. Als im Kriege zwischen Mestors Nachkommen, den tafischen Teleboërn auf den Echinadeninseln und Elektryon, welcher Midea besass, des Letztern Söhne bis auf Likymnios umkamen, Amfitryon aber, dem der Oheim Elektryon die Tochter Alkmene und seine Heerde anvertraut, diesen unversehens tödtete, benützte das Sthenelos, den Neffen aus der Peloponnes zu vertreiben und die Herrschaft über des Vaters Mykene und Tiryns selbst zu übernehmen. Midea übergab er dem Sohne des Pelops, Atreus I. Amfitryon begab sich mit Alkmenen und Likymnios nach Theben, wo Kreon ihn durch die üblichen Opfer von der Blutschuld reinigte. Mit Kreons Mithilfe schlug er jetzt, um Alkmenens Hand, die Mörder ihrer Brüder, die Lelegischen Teleboër. In seiner Abwesenheit erzeugte Zeus mit Alkmenen (die letzte Sterbliche, die er umarmte, wie es die erste Niobe, des Foroneus Tochter, aus demselben Pelasgerhause, war) ††) angeblich den Herakles, umgeben mit allem Ruhme des Daktyls

---

*) Strabo 8, 7. Paus. 1, 5. 38. Apollod. III. 14, 6—8; 15, 1—5.
**) Paus. cit.
***) Apollod. III. 15, 5—7. Paus. 4, 1.
†) Herod. 6, 53. 54.
††) Diod. 4, 14.

dieses Namens, erzogen unter des Vaters Ochsenheerde. Dass er, obschon in die Pelasger eingeimpft, jüngeres dorisches Stammhaupt ist, wird sich zeigen.

So waren alte Pelasger die Aegineten; denn Asopos, der Flussgott, war des Okeanos Sohn, des Inachos und Peneios Bruder. Seine Söhne waren Pelasgos und Ismenos und die Töchter, unter anderen, Korkyra, Aegina, Ismene, Salamis, Thebe. Ismenos kam aus Pelasgiotis nach Böotien; Korkyra nach der von ihr genannten Insel, wo sie dem Poseidon den Fäax gebar; Ismene wurde Gattin des verwandten Inachiden Argos Panoptes, und Aegina gebar dem Zeus den Aeakos, Zeitgenossen des Pelops und des Arkaders Stymfalos und Vater von Peleus, Telamon und Fokos. Als die zwei älteren Brüder, sagt die Mythe aus Missverstand, den Fokos erschlugen, habe der Vater sie aus Aegina verbannt, und sei Peleus in das thessalische Fthia zu des Aktor Sohne Eurytion, der ihn entsündigte, ihm die Tochter Antigone gab und das durch Aktor aus der Hand des letzten Altpelasgers Nanas an sich gerissene Land hinterliess, wo Peleus nun Beherrscher der Myrmidonen ward; Telamon aber nach Salamis, wo er des Pelops II. Enkelinn, des Alkathoos Tochter Periböa ehelichte und den Aias zeugte*).

Wie bereits gesagt ist, sind die Bisherigen lauter Nachkommen der ältesten der Titanen, des Okeanos, oder nach anderer Angabe seines Bruders Hyperion und dessen Sohnes Helios, Heliaden, »göttliche« (δίοιοι) Pelasger. Die Besieger der letzteren, obschon auch in der Sage sich mit den Ueberwundenen vermengend, sind Kinder des jüngsten (Kronos wird fälschlich als dieser genannt) der Uraniden, Japetos und seiner zwei Söhne, Atlas und Prometheus.

Die alten Mächte waren durch den Kroniden Zeus überwunden und sausten theils unter Inseln und Vulkanen des tyrrhenischen Meeres oder, mit Ausnahme des Helios, in die Nacht geworfen,

an die äussersten Enden
alles Landes und Meers, wo Japetos drunten und Kronos
sitzen, von Helios nie, dem leuchtenden Sohn Hyperions,
noch von Winden erfreut, denn tief ist der Tartaros ringsum**).

Atlas, Sohn des Japetos und der Okeanostochter Asia (welche Abstammung allein schon, abgesehen von der ausdrücklichen Erklärung Apollodors vom »hyperboreischen, nicht dem libyischen Atlas«, wo der Goldapfelbaum stand***), jeden Gedanken an den sagenleeren Atlas in Afrika hätte abwehren sollen), wurde dadurch gestraft, dass er, nahe am Okeanos, der dort von ihm bis heute der atlantische heisst, auf seinen Schultern das Himmelsgewölbe tragen musste, als solcher weitschauend, aller Wege (er weist dem Herkules den zu den goldenen Aepfeln) und der Sterne kundig.

---

*) Apollod. III. 12, 6. 7. Diod. 4, 72.
**) Ilias 8, 478—481.
***) Apollod. II. 5, 11.

Die älteste Angabe weiss von seiner Tochter, »der schöngelockten, furchtbaren, von Göttern und Sterblichen gemiedenen« Kalypso auf der einsamen Insel Ogügia, siebenzehn Tagfahrten westlicher als die fäakische.

»Atlas Tochter, des Schädlichgesinnten, welcher des Meeres
Tiefen gesammt durchschaut, und selbst die erhabenen Säulen
aufhebt, welche die Erd' und den wölbenden Himmel sondern.« *)

Von Atlas, welcher »die Länder am Okeanos« bei der Titanentheilung erhalten hatte, hiessen die Bewohner des Westlandes Atlanten, welche schon sein Ahne Uranos als König beherrscht hatte, und bei denen »am Okeanos« die Götter geboren waren**). Er und sein Bruder Hesperos, welcher bald auf dem Atlasberge verschwand, besassen jene schönen Schafheerden von Goldfarbe, von denen der Ausdruck der Dichter, bei denen die Vliesse mela (auch Aepfel) heissen, »goldene mela« stammt. Die Atlanten heissen auch Arkader (Name der Pelasger) und daher Atlas »erster König« derselben, »am sogenannten Kaukasos« (wo sein Bruder Prometheus angeschmiedet war) oder Küllene, an welchem er mit des Hesperos Tochter Hesperis, oder nach Anderen mit des Okeanos Tochter Pleione jene sieben Töchter zeugte, die »nach dem Vater Atlantiden, nach der Mutter Hesperiden (nach ihrem Tode an den Himmel versetzt, Pleiaden) oder Nymfen hiessen«***). Ihre Namen waren: Maia, Elektra, Keläno, Alkyone, Merope, Sterope, Taygete.

Maia, »die älteste«, gebar dem Zeus, und abermal in Arkadien, »in einer Grotte des Berges Kyllene«, den Hermes, mythisch den Vielgewandten, den schlau Raubenden, aber auch Erfinder der Lyra und der Hirtenflöte, den Boten der Götter, den März-Sonnegott, daher der Widder sein Hieroglyfon †). Es kann demnach, trotz der spätern griechischen Akkommodation, vom peloponnesischen Arkadien eben so wenig die Rede sein, als bei des Zeus Geburt vom kretischen Ida. Es ist Alles kuretisch und der Ida, Kaukasos, Atlas und Kyllene derselbe Berg; Maia kann nur wohnen, wo ihr Vater herrscht und die Götter ihre Wiege hatten. Wir haben ja den Hermes dort bereits gesehen, wo ihn die Tyrrhener Kadmos nannten, den fönikisch-pelasgischen Erfinder der Schrift, welche »die Pelasger in Latium einführten« ††). Der letzte Altpelasger aus Lükaons Hause (der selbst schon Arkader heisst) war der in Korythos (Cortona) wohnende und dort begrabene Nanas, den sie Odüsseus nannten†††). Das ist, der Zeit nach, ein älterer Odüsseus, der mit des Helios Tochter, des Aietes Schwester Kirke den Auson (Agrios), des Liparos und Türrhenos Vater und Gross-

---

*) Odyss. 1, 50—54; 7, 244—247; 12, 447—449. Apollod. I. 2, 3. Diod. 3, 60; 4, 27.
**) Il. 14, 200. Diod. 3, 54. 56.
***) Apollod. III. 10, 1. Dionys 1, 61. Diod. 3, 60; 4, 27.
†) Apollod. III. 10, 2. Diod. 3, 60.
††) Plin. H. nat. 7, 56.
†††) Müll. Etrusk. II, 268. 269. Abeken 25. 26. Klausen II, 566 ff. Diod. 14, 113.

vater der Kyane zeugt und den Latinos. Vater von des Italos Gattinn Elektra, deren Söhne Sikulos und Romos waren*). Ferner ist der Sohn dieses Hermes »und einer gewissen arkadischen Nymfe, welche die Griechen Themis nennen und für eine Begeisterte halten, die römischen Geschichtschreiber aber in ihrer Sprache Carmenta«, Evander, welcher somit nicht erst aus dem griechischen Arkadien einzuwandern brauchte, sondern an der Tiber, auf dem Palatium, der Mutter des spätern Rom, längst auf altem Boden seiner Väter sass**).' Aufs klarste ist hier Alles Italien, wie auch der von Odüsseus und Kalypso erzeugte Nausithoos oder Nausinoos, bei Homer Sohn des Posidon und der Periböa, des Eurymedon Tochter, welcher Letztere, »im weiten Gefilde Hypereia, nahe dem Volke der übermütigen Küklopen die ungeheuern Giganten beherrschte, aber sie und sich selbst ins Verderben stürzte«, worauf Nausithoos die Fäaken ausführte nach Scheria und den Alkinoos und Rhexenor zeugte***). Wäre es allzu gewagt, zu sagen, weil Homer Kalypso als des Atlas Tochter bestimmt nennt, sie aber bei allen Späteren nicht mehr erscheint, sie sei »die älteste« der Atlantiden, Maia? Dass Kirke und Kalypso, beide auf den westlichsten Inseln, Aiaia und Ogügia, wohnend, dasselbe Wesen sind, kann kaum bezweifelt werden. Damit enge verbunden ist folgende Legende. Elektra, des Atlas zweite Tochter, gebar dem Zeus oder historischer dem Könige Türrhenos oder Korythos (wieder Cortona) den Jasios, den Dardanos, den Emathion und die Harmonia. Jasios, mythisch bereits genannt, zeugte den Korybas und dieser mit der Thebe die Ida, Gattin des Minossohnes Lükastos†); Dardanos aber den Idäos, Dimas und Zakynthos. Idäos wurde nach dem Vater König in des Atlas Reiche. Dardanos selbst (ethnisch der Volksstamm der Dardaner) sei, als in Arkadien eine grosse Flut ausbrach, einen Sohn auf Zakynthos zurücklassend (dieselbe Bewegung wie der Fäaken nach Korkyra), nach Thrakien, wo die müsischen Dardaner ob Makedonien einen grossen Namen hatten, wo sein Bruder Emathion in Makedonien sich niederliess, und sei nach Samothrake gekommen (die bereits erwähnte Besetzung durch Thraker), wo Jasos die Mysterien einführte und Kadmos ihre Schwester Harmonia ehelichte, und darauf nach Mösien hinüber. Hier habe er des Teukros Tochter Batieia geheiratet, Dardanos gebaut und den Erichthonios, den Ilos und die Idäa erzeugt. Den Bau von Dardanos hat Eusebios 1478. Erichthonios zeugte den Tros (von ihm Troja), dieser den Ilos und Assarakos, Ilos (Ilion) den Laomedon (1350)††).

---

*) Hesiod. Theog. 1014. Diod. 5, 7. Serv. Aen. 1, 52. Dionys 1, 12. 22. 35. 72. 73. Plut. Rom. 2. Klaus. 571.
**) Virg. Aen. 8, 138—141. Serv. 8, 130. Dionys 1, 31. Klaus. II, 1239.
***) Odyss. 6, 4—9; 7, 56—66. Hesiod. Theog. 1004.
†) Dionys 1, 61. 62. Serv. Aen. 9, 10. Müll. Etr. II, 276. 277. Orchom. 443. Odyss. 5, 125—128. Diod. 5, 49. Hyg. 270.
††) Dionys 1. 61. 50. 62. Apollod. III. 12, 1. 2. 3. Diod. 5, 48. 49; 4, 75. Just. 7, 1. Virg. Aen. 3, 167. 168; 7, 206—211. 240; 8, 134—137. Eus. Ronc. 162.

Mit zwei Atlantiden zeugte Poseidon: mit Kelåno den Lykos, »dem er auf den Inseln der Seligen seinen Wohnsitz anwies«, und mit Alkyone die Aethusa, des Eleuthcros Mutter und den Hyrieus; dieser die bereits genannten Brüder Nykteus und Lykos, die in Böotien Hyriä bauten und in Theben herrschten. Des Nykteus eine Tochter, Nykteis, hatte der Kadmossohn Polydoros, die andere, Antiope, der Sikyoner Epopeus 1460, und ihre Söhne Zethos und Amfion kamen ebenfalls schon vor*).

Merope heiratete den Aeoliden Sisyfos, von welchem bald die Rede sein wird. Sterope oder Asterope den Oenomaos, König in Elis, zu Pisa. Als ihm das Orakel den Tod durch den Vermälten seiner Tochter Hippodameia verkündete, forderte er jeden Freier um diese zum Wettrennen von Pisa nach Korinth auf; wer überwunden würde, sollte sterben, der Sieger die Tochter erhalten. Auf diese Art erlegte er Viele, bis der Fryger Pelops erschien, somit ein früherer Pelops, des 147. Menesalters, nicht der Vater des erst im 156sten vorkommenden Peleus, der Sohn des Tantalos, welcher, ein Tischgenosse der Götter, für das Ausschwatzen ihrer Geheimnisse oder weil er ihnen seinen Sohn Pelops auftischte, die Strafe in der Unterwelt erlitt, dass er (ein frygischer Sonnegott), im Strome stehend, dessen Wasser nicht trinken, noch des Baumes Aepfel essen konnte**). Pelops siegte durch List, Oenomaos tödtete sich selbst und jener war König in Elis, wo er die olympischen Spiele stiftete, und sein Gebiet so ausdehnte, dass die Peloponnes von ihm den Namen erhielt***). Seine Enkelinn, die stolze Niobe, ist erwähnt. Zu ihm war Lajos, der Erbe Thebens, als Knabe geflüchtet worden. Als Pelops in einem Grenzkriege mit Arkadien den dortigen Pelasger Stümfalos untreu umbrachte und die Gottheit das Land mit Unfruchtbarkeit strafte, half das Gebet des Aeakos. Von seinen Söhnen werden genannt: Atreus I. und Kopreus, der sich bei Eurüstheus in Mykene aufhielt†), von Atreus aber Pelops II. und von diesem Atreus II. und Alkathoos††), indem wir, wie bei Minos, zwei Pelops annehmen müssen†††). Atreus, des Vaters Nachfolger, erhielt vom Perseïden Sthenelos Miden und Pittheus Trözene, wo seine Tochter Aethra des Theseus Mutter wurde§). Des Atreus II. Bruder war noch Thyestes, der ihm die Gattinn verführte. Dafür schlachtete Atreus dessen Kinder und setzte sie ihm als Speise vor. Des Atreus Söhne waren Agamemnon und Menelaos, des Thyestes Sohn Aegisthos§§).

---

*) Paus. IX. 5, 2. 3. 4. 5; 17, 3. 4; II. 6, 2. Odyss. 11, 260—265. 281—284.
**) Odyss. 11, 582—602. Diod. 4, 74.
***) Diod. 4, 73. 74. Paus. II. 22; V. 1, 5; 8, 1; 10, 2; VI. 20. 8; VIII. 14, 7. 3. Ilias 2, 104. Strabo 8, 3. Kos. Maji 140. Mall. Etr. II, 275.
†) Apollod. II. 5, 1.
††) Apollod. III. 12, 7.
†††) Ilias 2, 104—107. Apollod. III. 2. 2.
§) Apollod. III. 15, 7.
§§) Paus. II. 16, 2.

An die oben Letztgenannte der 7 Atlastöchter, Taygete, knüpft sich Sparta, Lakedämon. Das Urvolk der Leleger hatte sich, wie in Akarnanien, Aetolien, Lokris, Böotien, auch hier und auf den Kükladen, auf seinen weiten Pelasger-Wanderungen (weshalb man diesen Namen sogar von Pelargoi, Störche, abzuleiten dachte)*) niedergelassen. Die Megarer erzählten dem Pausanias, im zwölften Alter nach des Foroneus Sohne, des Apis (2067) Bruder Kar, sei Lelex aus Aegypten gekommen und habe bei ihnen geherrscht**). Die Lakedämoner nannten ihn richtiger einen der »Erdegeborenen«, Autochthonen, also Pelasger, ja noch deutlicher Andere einen Sohn der Libye, des Epafos Tochter, und des Posidon, unzweifelhaften Pelasger, obschon wirklichen Aegypter zugleich. Pausanias sah am Meere bei Megara sein Grabmal***). Wenn Eusebios im Jahre 1717 Sparta (aber ὑπὸ Σπάρτου παιδὸς Φορωνέως) entstehen lässt†), so sind es überraschend (und eine neue Bestätigung des vorliegenden Kalküls) circa 11 Alter seit Apis (1717 + 363 = 2080). Des Lelex Söhne waren: Polykaon, der Messenien, nach des Pelasgers Triopas aus Argos (1873) Tochter, seiner Gattinn, benannte und dort in Andania wohnte††), und Myles, der in Alesiä die erste Mühle baute, der Vater des Eurotas. Ein dritter Sohn war Kleson, der Vater des Pylos, Letzterer der Vater Skirons und der Pylia, der Gattinn Pandions II. (1897), Skiron aber, welcher Pandions Tochter zur Frau hatte, der Endeïs, der Gattinn des Aeakos. Da Eurotas, des Myles Sohn, nur eine Tochter, Sparta, hinterliess, erbte das Lelegische Land der Sohn der genannten Atlantidinn Taygete und des Zeus, Lakedämon, welcher die alte Stadt am Eurotas und Taygetos nach sich benannte†††), was Eusebios beim Jahre 1487 hat. In Alesiä war sein Heroon §). Dessen Sohn war Amyklas, Gründer der gleichnamigen Stadt, Gatte von des Aeoliden Lapithas Tochter Diomede, Vater des Argalos, des nach Argalos herrschenden Künortas, dessen Grab Pausanias sah, und des Apolloliebliges Hyakinthos; des Künortas Sohn nach Einigen jener Perieres oder Oebalos, welcher des Perseus Tochter Gorgofone hatte; doch unterschieden Manche zwischen dem Namen Perieres, dem sie den Aeolos zum Vater gaben, und dem Lakedämoner Oebalos §§). Es zeugte Perieres oder Oebalos nach der einen Erzählung den Tyndareos, Ikarios, Afareus und Leukippos ehelich §§§), unehelich, aber früher, den Hippokoon, Vater von 12 Söhnen. Letzterer, nach des Vaters Tode, vertrieb, als der Ältere, den Tyndareos und Ikarios

---

*) Dionys 1, 28. Strabo 9, 1.
**) Paus. 1, 39.
***) Paus. 1, 39. 44: 3, 1.
†) Eus. Mail 275, Rom. 126 und der Berner-Codex.
††) Paus. 4, 1.
†††) Paus. 1, 39; 3, 1. 20; 4, 1. Apollod. III. 10, 3.
§) Ronc. 162.
§§) Apollod. I. 9, 2; III. 10, 4. Paus. 2, 21; 3, 1; 4, 2.
§§§) Apollod. III. 10, 3. Paus. 3, 1 nennt nur Erstere.

aus Sparta. Beide wichen zum Könige Thestios nach Aetolien, dem sie in einem Grenzkriege dienten, und dessen Tochter Leda Tyndareos ehelichte*).

Ich kehre zu den eigentlichen Hellenen zurück.

Es knüpften zwar die Alten Kreta, wegen des Kuretennamens, und durch die fönikische Europe an die Pelasger. Aber eben so sehr war Kreta dorisch, und es ist bereits gezeigt, wie des Doros Sohn Tektamos (nach Eusebios lebt dessen Sohn Asterion 1503) auf die Insel kam und Minos I. (des Zeus Sohn und mit einem viel ältern, frygischen Namen verwechselt) das Reich erbte. Der Mythos kennt seinen Umgang mit der Prokris, der Tochter des Erechtheus II. von Athen (1487) und Gattinn von Kefalos, dem Enkel des Aeolos**). Des Minos Sohn war Lükastos und des Letztern Sohn Minos II. Dieser, dem man die mythische Heliostochter Pasifaë zur Gattinn giebt, zeugte den Katreus, Deukalion (dorischer Name), Glaukos, Androgeos und die Töchter Ariadne und Fädra. Zu ihm floh des Atheners Metion Enkel, der eben so mythische Künstler Dädalos, der Erbauer des Labyrinths, als Aufenthalt des Sonnenstieres Minotauros. Als Aegeus aus Trözene nach Athen heimkehrte und dort die Panathenäen feierte, siegte des Minos Sohn Androgeos, was des Aegeus Neid erregte, welcher den Kreter gegen den Marathonischen Stier aussandte, wo er umkam. Nach Anderen haben dem Jünglinge, als er nach Theben zu des Lajos Kampfspielen wollte, die von ihm besiegten Wettkämpfer aufgelauert und ihn umgebracht. Minos rückte mit einer Flotte nach Attika und nahm durch Verrath der Tochter des in Megara herrschenden Nisos, des Sohnes Pandions II., Megara weg. Athen, von ihm belagert, musste aus Noth den Vertrag eingehen, dem Könige alle 9 Jahre 7 Jünglinge und 7 Jungfrauen zu senden, angeblich dem Minotauros zum Frasse***). Da im Jahre 1324 der dritte Tribut stattfand, führt dies (1324 + 9 + 9) zum Jahre 1342. Damals habe sich Dädalos mit dem Sohne Ikaros mittelst Flügeln aus Kreta geflüchtet, wobei der Sohn (mythisch) ins Meer sank, der Vater aber nach Sikilien kam, wo man noch in Diodors Zeit grossartige (kuretische) Werke ihm zuschrieb. Minos, dessen kuretische Angehörigkeit zu Italien die Sage nicht zu verkennen vermochte, sei dem Flüchtlinge mit einer Flotte nachgefolgt, bei Agrigent (am Orte Minoa) gelandet, aber vom dortigen Könige »im dritten Alter vor dem Troerkriege«, sagt Herodot (1270 + 66 und x), in einem warmen Bade erstickt worden. Seine Kreter blieben im Lande, und andere bauten das Japygische Messapien. Eine Tochter des Minos hiess Italia. In Kreta folgte ihm Katreus. Ein Sohn von diesem baute auf Rodos den Tempel des atabyrischen Zeus und von zwei Töchtern ehelichte Klymene den Nauplios, des Palamedes Vater. Aërope aber den Pelopiden Pleisthenes, oder Atreus II., die Mutter des

---

*) Apollod. III. 10, 5. Anders Paus. 3, 1.
**) Apollod. III. 15, 1. Eus. Ronc. 156. Maii 283. Hyg. 189. 253.
***) Apollod. III. 1, 3. 4; 15, 7. 8. Diod. 4, 60. 61. 77.

Agamemnon und Menelaos*). Auch in des Sofokles Ajas 1278 ist Agamemnons Mutter aus Kreta, und bei Vellejus 1. 1 baut dieser, von Ilion heimkehrend, auf der Insel 3 Städte.

Weit berühmter jedoch oder weiter verbreitet wurden die Nachkommen des dritten Sohnes, von Hellen, des Bruders von Doros und Xuthos, nämlich Aeolos I., des Königes im thessalischen Aeolis. Mimas, der älteste Aeolide, blieb im Lande und folgte dem Vater als König. Sein Sohn Hippotas zeugte mit Melanippe Aeolos II. Als des Letztern Tochter Arne dem Posidon Zwillinge gebar, den Aeolos III. und den Böotos, sandte der zürnende Vater sie nach Metapont in Italien, wo die Zwen die Herrschaft an sich rissen, Böotos dann zum Grossvater zurückkehrte und Böotien nach sich benannte, sein Sohn Itonos aber 4 Söhne hinterliess, die später als Anführer der Böoten mit den Hellenen gegen Ilion zogen. Aeolos III. erscheint als »Aeolos, des Hippotas Sohn«, Gatte von Ausons Enkelinn, des Liparos Tochter Kyane, Beherrscher der Liparischen Inseln, in der Odyssee als Gott der Winde besungen, Ilions Zeitgenosse und Vater von Königen in Sikilien und Rhegion**).

Von des Aeolos II. 7 oder 9 bei den anderen Schriftstellern genannten Söhnen war nach Einigen der älteste Kretheus, Erneuerer des alten Jolkos. Als sein Bruder Salmoneus, aus Aeolis ausgewandert, am Elischen Alfeus Salmone gebaut und dort, mit Zeus wetteifernd, von dessen Blitze getödtet worden war ***), kam dessen mit des Arkaderpelasgers Aleos Tochter Alkidike erzeugte Tochter Tyro zum Oheime nach Jolkos, wo Posidon mit ihr die Zwillinge Pelias und Neleus zeugte, welche, ausgesetzt, von einem Pferdehirten erzogen wurden. Jetzt ehelichte Kretheus die Tyro und sie gebar ihm den Aeson, Amythaon und Feres. Nach des Kretheus Tode stritten die zwen Posidonsöhne um den Thron in Jolkos; Pelias, schon des Kretheus Mitregent, siegte und wurde König, Neleus aber, vertrieben, zog aus Thessalien mit dem Halbbruder Amythaon nach Messene in die Peloponnes, wo er, jene vom Pelasger Pülos aus Megara herabgebrachten Leleger nach dem Elischen Pülos verdrängend†), sich niederliess und am Anigros ein neues Pülos baute, in welchem ihm Amfions aus Theben Tochter Chloris den Periklymenos, Nestor u. A. gebar; Amythaon erhielt die zwen Dionüsischen Seher Bias und Melampus. Letzterer, von seiner Mutter ebenfalls ausgesetzt, daher mythisch »der mit den schwarzen Füssen«, zog mitleidig junge Schlangen auf, die ihm dankbar im Schlafe die Ohren leckten, so dass er die Vögelsprache verstund und von Apollon die Weissagung erlernte. »Melampus ist es, der den Hellenen den Namen des Dionüsos, sein Opferfest und die Fallosprozession mitgetheilt, was er von Kadmos und dessen

---

*) Apollod. III. 2, 1. 2. Diod. 4, 77. 78. 79; 5, 59. Herod. 7, 170. 171.
**) Apollod. I. 7, 3. Diod. 4, 67; 5, 7. 8, der allein den Mimas hat.
***) Diod. 4, 68. Apollod. I. 7, 8; 9, 7. Strabo 8; 9, 2.
†) Paus. IV, 36.

Fönikern in Böotien kennen gelernt hat.«*) Er ist der Vermittler der zwei bisher feindlichen Kirchen, des Apollon und des Dionüsos. Bias warb um des Neleus Tochter Pero, sollte jedoch, ächt mythisch, die Rinder des Iúklos aus Thessalien bringen, welche ein Hund bewachte. Sein Bruder Melampus holte sie nach Pûlos und Bias erhielt die Pero. Als damals Dionüsos die Weiber in Argos rasend machte, gewann Melampus vom Könige Anaxagoras, des Prötos Urenkel, als Preis, sie zu heilen, für sich und seinen Bruder Bias zwei Drittel der Herrschaft über Argos, wo Bias den Talaos, Melampus aber den Abas, Antifates und Mantios zeugte**).

Sisyfos, des Kretheus und Salmoneus Bruder, der, auswandernd, Efyra oder Korinth erbaut (nach Eusebios 1410), wo er die Isthmischen Kampfspiele stiftete***), und dem Asopos die Entführung seiner Tochter Aegina, des Aiakos Mutter, durch Zeus verrieth, wofür die Dichter ihn im Hades den Felsen ewig wälzen liessen, »es glaube das wer will« †), zeugte mit der Atlantidinn Merope den Thersandros, Halmos, Glaukos und Ornütion. Halmos hatte zwei Töchter; mit einer, Chrûse, zeugte Ares den Flegyas, mit der andern, Chrüsogeneia, Posidon den Chrüses, Herrscher im besungenen Orchomenos, und dieser den Minyas I., der dem Volke den Namen Minyer gab und dessen Andenken das riesige Schatzgebäude dort verewigte. Sein Sohn war Orchomenos und dessen Sohn Minyas II. mit den drei webenden, dem Dionüsoskulte feindlichen Töchtern ††). Glaukos war Vater des berühmten Bellerofon I., verflochten in die Geschichte des Prötos, und Bellerofon II. der des Hippoloohos †††).

Von des Aeolos Söhne Deion, Herrschor in Fokis, stammte Aktor, der Vater des Menötios, des Vaters von Patroklos, Fylakos, der Vater des Ifiklos, Vaters von Protesilaos, endlich Kafalos, Gatte der attischen Prokris, die ich bei Minos I. nannte §).

Perieres ist jener ebenfalls mit der Perseïdinn Gorgofone vermälte und deshalb, wie gesagt ist, mit dem Lakedämoner Oebalos verwechselte, angebliche Vater der Messener Afareus und Leukippos §§).

Athamas, des Aeolos Sohn, hatte erst die Nefele und nach ihr des Kadmos Tochter, der Semele Schwester, Ino, zur Frau, und wohnte bald zu Alos in Thessalisch - Achaia, welches er erbaut hatte, bald am böotischen See Kopaïs §§§). Zu Ino sandte Zeus nach Semeles Tode den jungen Dionûsos. Ino hasste die Nefelekinder der früheren Ehe, den Frixos und die

---

*) Herod. 2, 49.
**) Apollod. I. 9, 12. 13. Diod. 4, 68. Paus. II, 18.
***) Apollod. III. 4, 2.
†) Paus. II. 5. Apollod. I. 9, 3.
††) Paus. 9, 34. 38. Strabo 9. Antonin. Lib. 10.
†††) Ilias 6, 152—211. Paus. 2, 4.
§) Apollod. I. 9, 4.
§§) Apollod. I. 9, 5; III. 10, 3. 4 und Paus. 3, 1.
§§§) Apollod. I. 9, 1. Paus. 9, 24. Herod. 7, 197. Strabo 9.

Helle und wusste (diese Sage wurzelt in Variationen mehrfach in userm Volke, sie ist mythisch die der Sonnekinder) zu bewirken, dass Athamas den Knaben opfern wollte, wo aber Nefele ihn und die Schwester auf des Hermes goldvliessigem Widder ans Ende der Erde zum Heliossohne Aietes rettete*). Here machte aus Rache Athamas und Ino rasend, so dass jener den ältesten Sohn, einen Hirsch in ihm erblickend, erschoss, Ino aber mit dem jüngern, Melikertes, fliehend ins Meer stürzte, wo sie Seegottheiten wurden, sie Leukothea, der Knabe Palämon**).

Auch den thessalischen Lapithas nennt man bald des Aeolos, bald, mit Kentauros, des Apollon Sohn. Lapithas zeugte die Lapithenkönige Forbas und Perifas; Forbas, in Olenos, vom Könige Alektor in Elis, gegen Pelops II. zu Hilfe gerufen, erhielt dort einen Theil der Herrschaft und bekam zu Söhnen den Aegeus und den Aktor, der Molioniden Vater, so dass derselbe Heros im Aeoliden- und im ätolischen Stammbaume auftritt. Perifas, der andere Sohn des Lapithas, zeugte den Antion, welchem des Amythaon Tochter den Ixion gebar, Ixion des Theseus Genossen Peirithoos und Peirithoos den Polypötes. Ein Sohn Ixions war Flegyas in Gyrton, welcher 1450 den delfischen Tempel verbrannte. Ein dritter Sohn des Lapithas, Lesbos, erhielt durch des Makareus Tochter die gleichnamige Insel***).

Kanake endlich, des Aeolos Tochter, wurde nach Einigen Mutter von Zethos und Amfion, nach Anderen des Epopeus und Aloëus, dessen Tochter den Otos und Efialtes (die Aloïden), die Götterfeinde, gebar†).

Hellens und Amfiktyons Schwester, Deukalions Tochter Protogeneia, hatte im Kuretenlande Aetolien, am ionischen Meere dem Zeus den Aëthlios geboren, der dort König wurde. Dessen Sohn war Endymion, mythisch der Sonnegott, als schlummernder Jäger von Artemis geliebt. Er bevölkerte, den Kureten Klymenos, vom Idäischen Herkules entstammt, vertreibend, welcher in Elis »50 Jahre nach Deukalions Flut« des Ahnen Spiele in Olympia erneuert (1535—50 = 1485), das Land Elis mit Aetolern. Als seine 3 Söhne um die Nachfolge stritten, siegte Epeios und das Volk hiess nun Epeier; Päon zog an den makedonischen Axios und benannte Päonien. Zu des Epeios Zeit kam der lüdische Pelops I. nach Elis. Der Bruder Aetolos wurde vom Aeoliden Salmoneus nach Aetolien zurückgetrieben. Seine Söhne waren hier Pleuron und Kalydon, Gründer der Städte mit ihren Namen. Pleuron zeugte Agenor, des Oineus Grossvater, Urgrossvater von Meleagros, Tydeus und Dejanira; von Kalydon stammen Hämon und Oxylos (1190)††).

---

*) Apollod. I. 9, 1. Paus. 9, 34.
**) Apollod. cit. Paus. 1, 44; 2, 1. 2. Odyss. 5, 333. 334.
***) Diod. 4, 69; 5, 59. 81. Eus. Rouc. 166. Strabo 9, 5.
†) Apollod. I. 7, 3. 4.
††) Apollod. I. 7, 2. 5—7; 8, 1. Paus. 5, 1. 6. Strabo 8; 10, 3.

Die Canones vor der Argonautenfahrt.

In einem Ueberblicke gewähren, wie zu der Zeit mit gelten möchte, wir uns ins Auge fassen müssen, folgendes Dynasten-Familienbild:

Assyrisch.	Argivisch.	Thebisch.	Troisch.	Lakedämonisch.	Attisch.	Aetolisch.	Lokrisch.	Thessalisch.
Aloeus	Danaë	Telefassa	Elektra	Taygete	Atthis	Protogenia	Orseïs	Aiolos I.
Belparos	Perseus	Kadmos	Dardanos	Lakedämon	Erichthonios	Aethlios	Doros	Mimas
Lamprides	Sthenelos	Polydoros	Erichthonios	Amyklas	Pandion I.	Endymion		Hellen / Strofios
Sosares	Eurystheus	Labdakos	Tros	Kynortas	Erechtheus	Aetolos	Asterion	Hippotes / Halmos
Lampares	Oenomaon	Lajos	Ilos		Kekrops II.	Pleuron	Minos I.	Chraios
Panyas	Priam			Oebalos		Agenor		Lapithes / Mangus L.
Sosarmos	Atreus	Oedipus					Lykastes	Perifas / Orchomenos
Mithräos (Κυλάς)	Pleisthenes		Laumedon	Tyndareos	Pandion II.	Porthaon	Minos II.	Antion / Mingus II.
Teutamos (Tithonos)	Agamemnon	Polyneikes	Tith. Priamos	Dioskuren	Aegeus	Oineus		Leion / Klumanos
Taulas (Mnemon)			Mem. Paris		Theseus	Meleagros	Kairaus	Peirithoos / Ergines
Arabelos (Astyanes)		Thersandros						
Chalaos (Sandakos)		Tisamenus						
Anebes (Kinyra)		Autesion						
Babios (Ὀκρυσσα)								
Thinaios								

Es muss hier vorerst sogleich auffallen, dass, wie im assyrischen, sehr genauen, Kanon, mit einer Erbtochter begonnen, circa 8 Generationen, mehr oder minder vollständig erhalten, auf und neben einander folgen, und dass der auf die Tochter Folgende überall Stadtegründer ist (Mykene, Tarsos, Theben, Dardanos, Lakedämon, Athen, Knossos, Korinth). Der oberflächlichste Beobachter wird es ferner kaum für Zufall halten wollen, dass manche dieser Namen nicht die von Männern, sondern von Städten sind, somit als solche nicht als historischen Personen angehören können; dass des Perseus Tochter Gorgofone bald die Gattinn des wirklich gleichzeitigen Acoliden Perieres, bald des spätern Lakedämoners Oebalos heisst; noch mehr aber, dass mehrere davon auffallend gleichzeitig ähnlich, sogar ganz gleich klingen und beinahe in derselben Reihe stehen (wo nicht, dann ist der Kanon wohl unrichtig oder die Namen versteilt), wie Erichthonios und Erechtheus in Athen und in Ilion, zwen Minos in Kreta und zwen Minyas in Orchomenus oben, und beide völlig gleichzeitig. Es kann ihm nicht entgehen, dass auf die Acht überall Namen in derselben Reihe folgen, reich besungen und gefeiert:

Tautanes oder Tithonos, geliebt und entführt von der leuchtenden Eos, die Dioskuren, Theseus, Meleagros, Peirithoos (und Herakles). Aber Tautanes ist assyrisch Sohn des Mithräos, eines Sonnennamens, als Tithonos Sohn der Eos selbst und des Kefalos, Letzterer aber Sohn des Hermes und abermal Sohn des Aeoliden Deion und Gatte, wie der Eos und der Minyastochter Klumene, so der Prokris, Tochter des Erechtheus aus Athen. Deren Gatte ist aber auch Minos in Kreta*). Ferner ist Tithonos Sohn des troischen Laomedon und des Priamos Bruder**). Gerade so ist der Dioskuren Schwester erst Gattinn des Theseus aus Athen, später des Sparters Menelaos und des Troers Paris.

Daraus ergab sich mir schon vor bald 30 Jahren das Resultat, dass alle diese Canones ein und derselbe, alle ihre Namen dieselben Personen und die Acht die 22ste oder Sesonchosis-Dynastie seien, weshalb ich sie bereits im Jahre 1837 publizirte als »die Faraone Aegyptens nach dem ägyptischen, assyrischen, sikyonischen, argischen, attischen, kretischen, lischen, thebischen und kyprischen Kanon«***), wozu noch der lakedämonische, ätolische, thessalisch-lapithische, hellenische, arkadische und dorisch-herakleidische kommen. Das ist in Uscholds Forschungen das Unumstössliche, dass die vorhomerischen Heroen, also auch die troischen, als Personen nicht historisch sind.

Aber ich wiederhole eben so entschieden, dass wir trotzdem historischen Boden unter unseren Füssen haben. Die assyrische, sikyonische und argische Chronologien sind eine ziemlich feste Grundlage. Ich zeigte bereits, dass auf die Sfäros-, Smendes- und Danaos-Dynastie, die 21ste, hellenisches Element siegend zu werden beginnt, und es sind wohl eben die Hellenen-Chronografen, welche jene Geschichte vor ihnen ausgebeutet, ihren lokalen Stadt- und Tempelsagen angepasst, und wie schon Herodot von den Dichtern sagte, dass sie (den einen Sonnegott und die Mondgöttinn wie Polypoden zertheilend) den Hellenen ihre Götter gegeben, so die vorhandenen Genealogien gemacht haben.

Man zähle im ätolischen Kanon von Medeager, im kretischen von Katreus, im lapithischen von Peirithoos, im Orchomenischen von des Herakles Zeitgenossen Erginos aufwärts, so gelangt man nicht blos die 8 Generationen weiter hinauf, wie ich sie so eben genetisch darstellte, und zum Beginne der 22. Dynastie, sondern Protogeneia und Hellen, des Deukalion Kinder, rücken 200 Jahre höher vor den Beginn der 21sten, denn Endymion, der Protogeneia Enkel, lebt, wie ich oben zeigte, schon 1716, zu des Danaos Zeit, ja ein Aetolos 2032 und Prometheus, des Deukalion Vater, »3 Alter vor Pelasgos«, also 2128 v. Chr. Diese Machenschaften konnten die Chronografen nur dadurch bewerkstelligen, dass sie die Genealogien hier streckten,

---

*) Apollod. I. 9, 4; II. 4. 7; III. 14, 3; 15, 1.
**) Apollod. III. 12, 3. 4.
***) St. Gallen, bei Huber & Comp., 1837.

dort aber Mittelglieder leer liessen. Der Historiker geräth in bittere Verlegenheit, wenn er den Oheim des Menötios, des Vaters von Patroklos, der nach gewöhnlicher Rechnung also eine Zeugung vor der Argofahrt, in dem 155. Menesalter leben sollte, als Gatten der Erechtheustochter Prokris, 4 ganze Alter hinauf, ins 152ste rücken muss; eben so weit hinauf Minos I, als Gatten derselben Prokris; hingegen des Hellen Enkel, des Xuthos Sohn Ion und den Xuthos selbst aus dem 144. und 145. Alter, wohin sie gehören, herab ins 152ste, weil sie zu Kekrops II. Zeit noch lebend angegeben werden. Das fühlten schon alte Chronografen, wie Apollodor, Diodor und Pausanias, und darum entstunden 2 Eurüstheus, 2 Aeakos, 2 Aetolos, 2 oder gar 3 Aeolos, 2 Pandion, 2 Kekrops, 2 Minos, 2 Minyas, 2 Pelops, 2 Melampus: Personen, die an den genannten Orten so wenig gelebt haben als Suiter, Brut, Dan und Angul.

Der Kritiker hat deshalb, und das hat Uschold nicht scharf genug gethan, genau blos mythisches, und dann ethnisches und historisches Element zu scheiden, da in manchen Namen alle drei zusammen fliessen. Er hat genau darauf zu achten, ob der Pragmatismus und Patriotismus nicht Theil an alten Erzählungen hatte, ob nicht, weil die Aetoler nach der Dorerwanderung Elis erhielten, schon Endymion und Epeios nach Elis, dem siegenden Dorismus zulieb, Tektamos und Dorer nach Kreta, Lelegische Megarer nach Lakonien und Messenien versetzt und aus ähnlichen Motiven Salmoneus und Nestor mit Aetolien, Pelops mit Elis, Minos mit Megara und Athen (dessen Prokris er gewinnt) und Teukros mit Salamis auf Kypros in Verbindung gebracht worden sein möchten. Die römischen Bischöfe haben die Kunst nicht erfunden, zu ihren Gunsten donationes Constantini zu antizipiren, und wer die Juden allzusehr tadelt, dass sie Namen von Völkerstämmen und Könige Damasks und Faraone als ihre speziellen Patriarchen darstellten, der übersicht, dass die Hellenen hier völlig dasselbe thun. Die Namen Elam, Assur, Lud, Aram, Heber, Gomer, Magog, Madai, Mesech, Chittim, Chusch, Misraim, Fut und ähnliche haben völlig dasselbe Niederlassungsrecht in der Historie als Pelasgos, Türrhenos, Mäsos, Ludos, Kar, Fönix, Kilix, Aegyptos, Libye, Busiris, Europe, Arkas, Aetolos, Ion, Doros, Achaios u. a. Wir sehen hier auch anschaulich, wie es kam, dass man die Jahressumme des ersten Manethobuches, die ersten 11 Dynastien kurzweg abschnitt, um den Adam, über alle Gebühr und wider alles Recht, um mehr als 2000 Jahre herabgesetzt, fast genau mit der 12. Dynastie auftreten zu lassen.

Erst jetzt können wir unsere Wanderung ungestört fortsetzen, indem wir von der Höhe die drei Hauptstationen überblicken, durch welche das Hellenenthum die Pelasger überwältigt und am Ende von der Erde zu vertilgen scheint; sie sind: die Argonautenfahrt im Jahre 1350, die Eroberung Ilions 1270 und die s. g. Rückkehr der Herakleiden im Jahre 1190.

Die Canones, wie sie verfertigt erscheinen, sieht der Leser in der angehängten Tabelle, über welche ich einige Bemerkungen hier beifügen muss.

Wer einen Blick auf diese Tafel wirft, gewahrt sogleich, dass der Tyrrhener-Pelasger- oder Okeaniden-Stammvater Inachos, des Okeanos (Ogüges) Sohn, blos den Okeanos und mehrere Ogüges wiederholt, wie den Fryger Manes und den Fryger Annakos (Inachos), der in der Namensform Nannakos einen ist mit Noah. Seine Urenkel Argos und Pelasgos sind ethnische Namen der Volksstämme von Italien bis zum Euxinos. Von Argos laufen bis Epafos sieben genannte Generationen, während von Pelasgos blos die siebente, Lükaon, 17 Alter vor Troia, sagt Dionys, erscheint. Die arkadische Liste hat somit Lücken, während die argische vollständig ist, und »Lükaon, des Pelasgos Sohn«, ist nicht buchstäblich zu nehmen, da die europäische Geschichte hebräische Alter von vielen Jahrhunderten nicht kennt; sie heisst blos: aus des Pelasgos Stamme, denn zwischen ihnen liegen sechs Zeugungen, wie auch die Sikyonliste indess sechs solcher aufweist.

Des Epafos Enkel, Agenor und Belos, sind das 142. Menesaltor; somit kann Agenor nicht, wie es heisst, des abermal 6 Alter jüngeren Kadmos im 149. Alter Vater sein, sondern abermal blos aus dem Blute dieses Agenor oder Fönix, wie der Vater der Europe auch genannt wird. Eben so hat Perseus (149. Alter), des Kadmos Zeitgenosse und naher Verwandter, des Kefeus Tochter Andromeda zur Gattinn; deshalb kann dieser Kefeus nicht des Agenor-Bruders Belos (142. Alter) Sohn sein, ein Bruder des Aegyptos, Danaos und Fineus nach Euripides. Aber Kadmos hat zu Brüdern den Fönix, Kilix und Fineus, und nur in diese Generation kann dieser Kefeus II. gehören.

Lükaon, der Arkader, des Pelasgos I. Abkömmling, zeugt 17 Alter (561 Jahre) vor Ilion (somit im 141. Alter) seine berühmten Pelasgersöhne und die Tochter Kallisto. Nur von Letzterer und dem jüngsten Sohne Nüktimos kennen wir Nachkommen. Es darf eben so wenig auffallen, dass auch hier der Name Kefeus wiederkehrt wie in Argos, da beides derselbe Pelasgerstamm ist, als dass der Sohn des Busiris III. (142. oder 143. Alter) auch Amfidamas heisst (Apollod. II. 5, 11), wie des Arkas Sohn, der Kallisto Enkel, das 144. Alter. Wenn dessen Bruder Elatos eine Tochter des Königes Kinüras hat, ist dieser natürlich nicht der berühmte küprische Kinüras, das 160. Alter, sondern einer der Agenoriden zwischen Agenor und Kadmos. Der Name ist bedeutungsvoll. Des Amfidamas Tochter Sthenoböa ist Gemahlinn des Argiers Prötos (147. Alter), was zutrifft; aber Parthenope und Auge, Beide von Herakles (156. Alter) geliebt, können nicht Töchter der Arkader Stümfalos und Aleos (147. Alter) sein, sondern nur eines Stümfalos II. und Aleos II. im 150. oder 152. Alter, wie des Amfidamas II. (155. Alter) Tochter Antimache nicht des Eurüstheus I. (151. Alter), sondern nur eines Eurüstheus II. (155. Alter) Gattinn sein kann und Letzterer allein als des Herakles Peiniger denkbar ist. So ist der Argier Ifiklos, des Herakles angeblicher Halbbruder (156. Alter) unmöglich des Amfitrüon (152. Alter), sondern abermal eines 5 Alter spätern Argiers oder Inachiden Sohn.

Asopos, der Flussgott, ist des Inachos Bruder, Okeanide, Pelasger, wie dieser, im 130. Alter. Die Asopidinn Ismene aber, welche Gattinn ist des Argos Panoptes im 136. Alter, ist wieder nicht dieses Asopos unmittelbare Tochter, und noch weniger die als ihre Schwester genannte Aegina, deren Umgang mit Zeus der Aeolide Salmoneus im 146. Alter verräth, und abermal Aeakos, der Zeitgenosse des Eliers Pelops und des Arkaders Stümfalos II. (Apollod. III. 12. 6) im 147. Alter nicht der Sohn der Letztern, noch Peleus im 156. Alter des Aeakos I. Sohn.

Einen Atlas rechnete Pausanias (2. 14) »zur Zeit des Prometheus, des Sohnes des Japetos, um 3 Menschenalter vor Pelasgos dem Arkader«. Da Letzterer im 133. Alter lebte, gehören Atlas und Prometheus ins 130ste. Aber auch dieser Atlas kann nicht Vater von Töchtern sein, die und deren Nachkommen wir vom 146sten bis zum 156sten und zum Theil noch weiter genau kennen, sondern auch hier wieder nur ein Atlas des 142. oder 144. Alters, welchen Dionys (1. 61) und Diodor (3. 60; 4. 27) als des Busiris Zeitgenossen und König jener Atlanten vom Ozean bis Arkadien, somit wieder an die Pelasger angeknüpft, kennen.

Die eine der sieben Töchter, Sterope, hilft uns einen der schwierigsten Stämme, den der Pelopiden, festsetzen. Sie ehelicht den Elier Oenomaos, und dessen Tochter, Hippodamia, wird Gattinn des frygischen Tantaliden Pelops (147. Alter), dessen Töchter Nikippe und Lüsidike zwei Perseussöhne, Sthenelos und Mestor, »des 150. Alters ehelichen. Aber Atreus im 156. Alter, des Agamemnon (158. Alter) Vater, kann nicht dessen Sohn sein. Er ist Atreus I. und es folgt ein Pelops II. im 155. Alter. Nur eines solchen Schwester Niobe kann des Amfion (154. Alter) in Theben unheilberühmte Gattinn sein, wie die andere Schwester Plakia des Troers Laomedon. Erst dessen Sohn ist Atreus II. (156. Alter) oder Pleisthenes (Apollodor), was zugleich das Räthsel löst, warum des Agamemnon Vater bald Atreus, bald Pleisthenes heisst, Gatte der kretischen Katreus-Tochter Aerope*). Hiemit haben wir auch des Atreus II. und Thüestes Bruder Alkathoos, dessen Töchter die Argonauten Telamon und Ifiklos (Amfitryons II. Sohn) heiraten.

Der Atlantidinn Elektra Sohn ist Dardanos, dessen Schwester Harmonia Kadmos ehelicht (Diod. 5. 48). Akreisios von Argos (147. Alter), der Danaë Vater, hat die Eurüdike, Lakedämons Tochter, der Atlantidinn Taygete Enkelinn, nach einem Kalkül, welcher eben die Atlantiden höher hinauf setzte, und wenn der Taygete Ururenkel Oebalos (154. Alter), des Tündareus Vater, in vielen anderen Sagen zugleich des Aeoliden Perieres (146. Alter) Sohn genannt wird, so ist das chronologisch unrichtig, aber historisch

---

*) »Die Aerope ehelichte Pleisthenes und sie gebar ihm die Söhne Agamemnon und Menelaos«, Apollod. III. 2, 2. Deshalb flucht auch in des Aeschylos Agamemnon Aegysthos, der Sohn des einen der feindlichen Brüder, des Thüestes, den Söhnen des andern, »dem Samen der Pleistheniden«.

bedeutsam und ein Beleg, dass die lakedämonische und äolidische Liste eine und dieselbe sind. Oebalos ist hier, wie dort, derselbe.

Nicht nur reicht, wie die Tafel durch ihre genau erhaltenen Generationen im Lapithischen, im Orchomenischen (Sisyfidischen), und im ätolischen Stammbaume nachweist, der **hellenische Kanon** bis ins 139. Alter zu **Deukalion** hinauf, sondern Zweige davon, und chronologisch fixirt, sprossen bereits im 133sten, wo dessen Aetolos den Pelasger Apis erschlägt, ja mit dem genannten Prometheus, des Atlas Bruder, im 130sten. Jener Forbas in Olenos, der Lapithe, welchen Alektor aus Elis (Diod. 4, 69) gegen Pelops II. zu Hilfe ruft, und ihm einen Theil von Elis giebt, wo er den Aegeus und Aktor zeugt, also im 154. Alter lebt, kann nicht jener Forbas sein, dessen Schwester Diomede des Amükles (149. Alter) Gattinn war, sondern der Sohn eines Lapithas des 148. Alters, und Pronoë, Gattinn des Aetolos (147. Alter), wieder nur die Tochter eines Lapithas des 146. Alters, so dass wir 3 Forbas erhalten. Fassen wir Forbas 1. ins Auge, dessen Tochter, als des Aetolos Gattinn, dem 147. Alter angehört, den Sisyfos, welcher eine der Atlantiden des 146. Alters zur Gattinn hat, den Magnes, dessen Söhne Polydektes und Diktys der Danaë Zeitgenossen im 148. Alter sind, so ist ad oculum ausgewiesen, dass die Söhne des Aeolos II., die wir nach mehreren Genealogien in letzterm Alter treffen (wie denn Athamas die Kadmidinn Ino des 149. Alters, Perieres die Gorgofone des 150sten und Salmoneus die Alkidike, Tochter des Arkaders Alëos I. [147. Alter], zur Ehe hatten), nicht seine unmittelbaren Söhne sein können, da der Stamm lapithisch, orchomenisch und ätolisch noch weiter hinauf geht; dass hier ein **Lapithas II.** lebt und sein Urgrossvater, **Lapithas I.**, und damit auch dessen übrige Aeolidenbrüder, in das Atlantidenalter, das 146ste, gehören, wo erst noch des Aeolos II. Ahnen, Hippotas und Mimas zu einem Aeolos I. ins 141ste reichen, dem ächten Sohne Hellens, ins parnassische Flut- und Steingeschlecht des Deukalion, zu den Pelasgern und Ogügen hinauf.

Wenn **Bias**, Amüthaons Sohn, und sein Bruder **Melampus** Prötidentöchter haben, sei es des Prötos selbst oder der Megapenthes, und somit bis ins 152. Alter hinauf gehören, so sind sie nicht die Brüder, die mit Neleus im 156. Alter zu thun haben, dessen Tochter Pero Bias erhält, wie Aeson ihres Vaters Amüthaon (149. Alter) Bruder, nicht Jasons (156. Alter) Vater sein kann, und Feres I. nicht Vater des Argonauten Admetos.

So ist **Bellerofon I.** des Sisüfos (146. Alter) Enkel, der Zeitgenosse des Prötos (Ilias 6, 154. 155), gewiss nicht der Bellerofon vom 156. Alter, des Glaukos (158. Alter) Grossvater (Il. 6, 196). Eben so wenig Athamas (146. Alter) Vater jenes Frixos, dessen Sohn Argos im 156. Alter die Argo erbaut.

Xuthos, des Hellen Sohn (141. Alter), hat eine Tochter Diomede, Gattinn des Deion (146. Alter); er ist somit Xuthos I., und erst Xuthos II. kann des Erechtheus (152. Alter) Tochter Kreusa haben und bei der Thronbesteigung seines Sohnes im 153. Alter schiedrichten.

Als des Herkules Ahnen nannte man:
Perseus, 149. Alter

150. Alter: Alkäos   Sthenelos   Elektruon
              :   :   :
151. Alter: Amfitrüon   Eurüstheus   Alkmene.

Nach diesem kann der dorische Stammheros des 156. Alters weder den Amfitrüon noch die Alkmene seine Eltern nennen, und der Eurüstheus, welcher 1293 stirbt, nicht mehr der obige Pelasger sein; nur ein Eurüstheus II. (156. Alter) kann des Arkaders Amfidamas II. (155. Alter) Tochter Antimache ehelichen.

Die Zeit der Argonauten.

Mythisch ist die Argofahrt einfach die des Sonnegottes im Kahne ans Ende der Welt, wo die goldenen Aepfel oder das goldene Fell des Widders am Baume hangen; das Gewinnen von Braut und Hort durch die Drachentödtung und die nach entgegengesetzter Richtung gehende gefahrvolle Rückfahrt aus dem Lande der Nacht. Als die verschiedenen Stämme verschiedene Sonnegötter zusammen brachten, füllten die Dichter das Schiff mit einer Anzahl Heroen (54), und später besang man mit den alten Liedern davon eine um diese Zeit vor sich gehende historische Völkerbewegung, die sich aber umgekehrt von Westen nach Osten wendet und eben dadurch schon den historischen Boden berührt, obwohl die Fahrt eben so wenig (was man zuweilen erklügeln wollte) nach der »goldenen Wolle« oder Seide des Morgenlandes gieng, als 3190 Jahre später andere nach der Insel Ichaboe an der Hottentottenküste. Beim Troerkriege segelt bereits eine grosse Flotte um die schöne Frau dorthin.

Jener Pelias, der Aeolidian Tyro und des Posidon Sohn, des Kretheus Nachfolger im thessalischen Jolkos, suchte den ächten Erben, Aesons Sohn Jason, durch Abenteuer zu entfernen, und sandte ihn um das goldene Vliess des Nefele-Sohnes Frixos im Sonnenlande Kolchis. Jason gewann für diese Unternehmung (es ist die erste hellenische gegen Asien) die Heroen jener Zeit, unter ihnen genannt: Theseus des Aegeus in Trözene erzeugter Sohn, Kastor und Polydeukes des Tyndareus, Maleagros des Oeneus, Peirithoos des Ixion, Peneleos und Leitos Prötiden, Amfiaraos Uronkel des Melampus, Admetos aus Ferä, Laertes des Odüsseus Vater, Argos des Frixos Sohn, Atalante des Schöneus Tochter, Menötios des Patroklos Vater, Idas

und Lynkeus aus Messenien, Periklymenos des Neleus und Akastos des
Pelias Sohn, Augeas aus Elis, Ankäos und Kefeus Arkader, Peleus und
Telamon Aeakiden. Herkules, ein Dorer und angeblich durch die Mutter ein
Danaide, wie Jolaos, seines Bruders Ifiklos Sohn und Ifitos des Sthenelos,
Bruder des Eurüstheus (aber nicht des Eurüstheus I. aus dem 151. Alter,
wir sind im 156sten), und der thrakische Sänger Orfeus, des Oeagros Sohn,
meist aus des Aeolos Stamme, die Argo selbst erbaut durch den Herrscher
im Minyischen Orchomenos, Argos, der Nefele Enkel, daher Alle auch
Minyer genannt, wie, dem Namen der Nefele verwandt, schon altnordisch
die Fahrer mit Sigfrid nach der Braut Niflungen heissen. Aus Theben und
Kreta ist Niemand dabei, und die Arkader sicher blos von den Dichtern
zugezählt.

Aus dem Minyischen Jolkos absegelnd, fuhren die Argonauten am
Athos vorbei nach Lemnos, nach Samothrake und dem mösisch-
dardanischen Kap Sigeon. In Ilion hatte des Ilos Sohn Laomedon den
Posidon erzürnt, weil er dem Gotte den Lohn für den Bau der Stadtmauer,
die himmlischen Rosse, vorenthalten. Dafür hatte dieser ein Meerthier
gesandt, welches die Bewohner zerriss, bis ihm (Wiederholung des Perseus-
Sigfrids-Mythos) alltäglich eine Jungfrau geliefert wurde. Heute traf es
Laomedons Tochter Hesione. Herkules erlegte das Thier und erklärte, den
Lohn nach der Rückkehr zu holen. Bei Küzikos erschlugen sie unwissend
den König der Stadt, gründeten auf dem Dindümos der Göttermutter Kübele
Tempel, verloren in Müsien den Herkules, welcher hier den nach Wasser
gegangenen Knaben Hülas aufsuchte, nach Anderen aber mitfuhr, kehrten
zu Salmydessos in Thrakien an, wo noch ein Bruder des Dardanos,
Fineus, herrschend angegeben wird, der sie über die Weiterfahrt belehrte,
legten Kütoros (Quitras) und Sinope an, benannten das Kap Jasonion*)
und landeten im mythischen Kolchis, wo der Heliossohn Aietes, der Hekate
Gemal, König war. Hierauf folgt, mit Hilfe der Königstochter Medea, die
Gewinnung des Vliesses, vom Drachen am Baume gehütet, welcher ein-
geschläfert wird, die Abfahrt mit Medeen, die Verfolgung durch den Aietes,
die Fahrt durch den Ister oder die Donau bis in das noch fabelhafte Westland und den Atlant zur Bernsteininsel, ja durch einen Arm des Stromes,
da unten auch ein Istrien ist, ins Adriameer, wo Medea bei den Absyrtiden-
inseln, um den immer nachsetzenden Vater aufzuhalten (lauter Mythos),
ihren Bruder Absyrtos zerstückelt, dann in den Eridanos (hier der Po und
vermengt mit Rodanos) und ins tyrrhenische Meer. Ohnehin kennt die
Sage den mythischen Goldhort im Westen beim Atlas, wo der König Atli
und dessen Schwester Brünnhild eine grosse Rolle spielen, der Hort in den
Rein versenkt wird, des Aietes (Atli) Schwester Kirke (in der Sage seine
Gattinn) Kirkeji den Namen gab, welches ihr Sitz war**). Diese habe

---

*) Strabo 1, 2.
**) Strabo 1, 8; 5, 3. Plin. III. 22, 2. 3.

die Argonauten wegen des Mordes entsündigt, Orfens dann durch seine Leier die Seirenen besiegt, und die Argo sei zwischen Skylla und Charybdis nach Korkûra zu den Fäaken gelangt. Die verfolgenden Kolchier haben in Illürien Pola gebaut und sich auch an den Akrokeraunien und auf Korfu niedergelassen *).

Es ist dies, mit überraschender Zusammenstimmung, das Ueberwältigtwerden auch in Italien der Pelasger-Tyrrhener oder Ausonen durch die Völkerwanderung der Osker, Tusker, Latiner, die Ausbreitung des äolischen Stammes, so dass schon den Alten der äolische Charakter des Latinischen auffiel, wie unsere Filologen in letzterm zwei Elemente finden: ein barbarisches, ungriechisches, pelasgisches, und ein latinisches, dem Griechischen verwandtes **).

Ein, wenn auch buntes, doch interessantes Bild, giebt folgende Tafel:

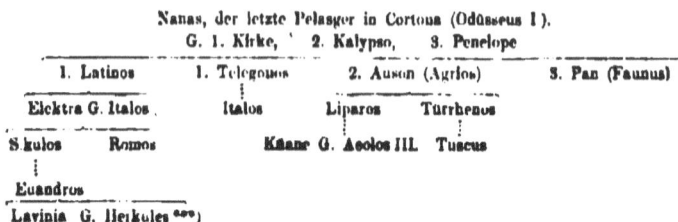

Die Urbewohner blieben entweder im Gebirge unangetastet, wie die Sabiner, Samniten, Aequer, Marser, Ausonen u. s., oder wurden Perioiken (in Italien hiessen die Leibeigenen Pelasger), oder wanderten aus. Der gelehrte Filistos aus Syrakus hat aufbewahrt, dass »80 Jahre vor dem Troerkriege« (1270 + 80 = 1350) die alten Sikuler unter Sikulos, des Italos Sohne, aus Italien nach Sikilien geflohen seien †).

An Kreta vorbei fuhr die Argo zwischen Euböa und Lokris durch und landete in Jolkos, wo Medea den Pelias tödtete und Jason den Genossen Akastos auf den Thron setzte, worauf er die Argo auf dem Isthmos dem Posidon weihte, und die Argonauten zum Andenken an den Zug und um die Gemeinsamkeit der Theilnehmer zu pflegen, die Olympischen Spiele einführten ††). Herodot rechnete den Zug ins »dritte Alter vor dem troischen Kriege« und den die Spiele anordnenden Herkules 5 Alter nach Kadmos oder 900 Jahre vor Herodot (1350 — 900 = 450) †††). —

---

*) Strabo 1, 2; 5, 1.
**) Plin. III. 19, 1. Dionys 1, 90. Müll. Etrusk. Bd. I, S. 17 ff. Abeken 8, u. A.
***) Hesiod. Theog. 1011—1015. Scymn. 225—228. Serv. Aen. 1, 273; 1, 2; 1, 67; 1, 52; 2, 43; 8, 328; 3, 171. Herod. 2, 145. Lycophr. Alex. 805. 1244 und des Tzetzes Note. Dion. 1, 72.
†) Dion. 1, 22. Thuk. 6, 2.
††) Diod. 4, 53. 14. Strabo 8, 3. Apollod. II. 7, 2.
†††) Herod. 2, 44. 145. 146. Paus. V. 25, 7; 13, 1.

Der Farao, dessen Asien dieser erste Zug bedroht hatte, ist Petubastes (von den Griechen verdorben zu Polybos), Ketes oder Proteus, aus Memfis, Stifter der 23. Dynastie 1368, und hier haben wir, und abermal übereinstimmend, den *Ισσονβάςης*, unter dem nach Afrikanus, prima Olympias duxit initium*), was Champollion, Böckh und die übrigen Forscher, komisch genug, veranlasste, ihn 600 Jahre zu tief, in die — spätere Olympiadenzeit zu versetzen**). Assyrisch heisst er Tautaues, 1369, im syrisch-kyprischen Kanon Tithonos, des Kefalos und der Eos Sohn, nach Anderen selbst von der Göttinn geliebt, und Vater des Memnon (Mi Amun), was nur ein Aegypter sein kann***), troisch des Laomedon Sohn†).

Damals hatte Oeneus von Kalydon (sein Name heisst Weinmann und er hatte von Dionüsos das erste Reben-Senkreis erhalten, also einer dieses Kultes oder ein Dionüsos selbst) beim Opfern die Artemis übergangen, und diese zur Strafe einen Eber gesandt, welcher das Gebiet verheerte. Oeneus bot dessen Fell als Preis und sein Sohn Meleagros, eben vom Argozuge heimkehrend, lud seine Genossen zur Jagt auf das Unthier (es ist abermal mythisch das Ebertödten durch den Sonnengott). Die meisten erschienen mit Jason. Der Arkader Ankäos erlag dem Eber u. a., dann traf diesen Ifiklos, des Aetolers Thestios Sohn, noch besser aber Atalante, und Meleager erlegte ihn und schenkte die Haut der Jungfrau. Als die Thestiossöhne ihr diese eifersüchtig entrissen, erschlug Meleagros einige derselben, was ihre Schwester, seine Mutter Althäa, so aufbrachte, dass sie das verhängnissvolle Scheit, an welchem, nach der drei Parzen Ausspruche, des Sohnes Leben hieng, ins Feuer warf, worauf Meleager gleich starb. Sie erhängte sich aus Reue. Oeneus ehelichte wieder und erhielt den Tüdeus††).

Peleus kam nach Jolkos, als eben Akastos seines Vaters Pelias Leichenspiele feierte, an denen Atalante den Peleus im Ringen überwand. Als sie darauf (als Kind ausgesetzt und von einer Bärinn genährt) ihre Eltern (den Arkader Jasos oder den Aeoliden Schöneus) wieder fand und sich vermälen sollte, versprach sie ihre Hand dem, welcher sie im Wettlaufe besiege. Milanion, ihr Geschwisterkind, oder Hippumenes, bewirkte dies durch das Fallenlassen goldener Aepfel im Laufe (er ein Sonnengott, sie Mondgöttinn; Beide wurden in Löwen verwandelt). Ihr, oder des Ares, Sohn war Parthenopäos†††). Peleus, einer unziemlichen Zumutung von seines Wirtes Akastos Gattinn widerstehend, wurde von ihr einer solchen beim Könige angeklagt, der ihn auf den Pelion zur Jagt führte. Im Wettstreite des Jagens schnitt Peleus allen von ihm erlegten Thieren die Zunge

---

*) Sync. 74.
**) Herod. 2, 112. Diod. 1, 62.
***) Diod. 2, 22.
†) Apollod. III. 12, 3.
††) Apollod. I. 8, 1—5; II. 6, 3; III. 13, 2. Diod. 4, 34. Paus. 1, 42.
†††) Apollod. III. 9, 2. 12; 13, 2. 3.

aus, wodurch er sich als Sieger auswies. Dann nahm Akastos dem Schlummernden das Schwert weg, so dass er den Angriffen der Kentauren mit Noth entkam. Nun vermälte sich Peleus mit der Nereide Thetis (der Silberfüssigen), um welche Zeus und Posidon geworben, aber zurück getreten waren, als Themis geweissagt, ihr Sohn werde grösser werden als sein Vater. Als sie ihm den Achilleus geboren und diesen dadurch unsterblich machen wollte, dass sie ihn Nachts in Feuer legte, überraschte sie der Gemal einst dabei und schrie laut auf, worüber erzürnt (das kehrt in einer Menge Sagen wieder) Thetis Vater und Kind verliess. Jetzt verband sich Peleus mit Jason und den Dioskuren und sie zerstörten Jolkos, worauf Jason mit Medeen zum Könige Kreon nach Korinth zog, der ihn zum Mitherrscher nahm, was er 10 Jahre lang blieb*).

Bald darauf zog der immer wandernde Herkules, das dorische Element repräsentirend, ins Amazonenland, Theseus und Telamon mit ihm. Auf Paros erlagen vier Söhne des Minos II.; zwei des Androgeos schonte er. In Themiskûra schlug er (das Ueberwinden der Jungfrau siderisch) die Amazonen und gab dem Theseus die Antiope. Erst jetzt lässt ihn Apollodor die ilische Hesione befreien und Laomedon ihn um den Lohn täuschen. Der Heros, nachdem er Thasos den Enkeln des Minos I. gegeben, kam nach Ilion, Hesione und die Rosse fordernd. Laomedon warf die Abgeordneten, Ifiklos und Telamon, in den Kerker; des Königes jüngster Sohn Priamos war allein für Worthalten und half den Verhafteten zur Freiheit. Jetzt belagerten die Hellenen Ilion, Laomedon wurde mit allen Söhnen, Priamos ausgenommen, erschlagen, Letzterm die Stadt überlassen und Hesione dem Telamon gegeben, welchem sie (er hatte aus erster Ehe den Aias) den Teukros gebar**).

Dies ist die erste hellenische That gegen Troja, nach Timāos 600 Jahre vor Korkūras Kolonisirung, Ol. 11. 2 (734 + 600 = 1334), nach dem Samier Duris 1000 Jahre vor Alexanders Ueberfahrt nach Asien (334 + 1000 = 1334), nach Tzetzes 1000 Jahre vor dem Ende des fokischen Krieges (346 + 1000 = 1346 v. Chr.), oder wie es der Armenier Samuel gefunden hat: »anno Tautanis vigesimo quinto urbs Ilium capta est« ***), und der armenische Eusebios: »Teutamus, sub quo Ilium captum est« †). Es kann somit Tautanes oder Tithonos, des Priamos Bruder, da Troja assyrische Provinz war, nur in diesen, nicht den spätern, Ilionkrieg den Sohn Memnon (welcher in Susa und in Aethiopien Memnonia errichtet und in Persien eine Memnonsstrasse gebaut hatte) nach Troja zu Hilfe geschickt haben, aus Persien, sagten Einige, Andere aus Aethiopien ††).

---

*) Apollod. III. 13, 3—6; I. 9, 28. Diod. 4, 53. 54. Paus. 2, 3.
**) Ilias 5, 638—651. Apollod. II. 5, 9; 6, 4. Diod. 4, 32. 49. Dionys 1, 34. Isokr. Evag. 6. An Filipp 47. Val. Mess. 4—7.
***) Sam. 15. Clem. Alex. Strom. 1. Scholia in Apollon. 5, 1216.
†) Malo 45.
††) Diod. 2, 22. Platon de leg. 3. Eus. Maii 39. 44.

Nun wissen wir, wie Herodot und Diodor den Farao Proteus »zur Zeit des troischen Krieges« anführen konnten, welchen Lepsius (S. 295 ff.) unrichtig in der 19. Dynastie bald in Sethosis II., bald in Thuoris sucht, blos weil ein Sethos, von dem ich bald reden werde, zu des Odüsseus Zeit genannt wird und auch Eusebios in Homers Thonis den Thuoris sehen wollte. Bunsen einen Ramses der 20. Dynastie*).

Das Zusammentreffen der ägyptischen, assyrischen und griechischen Chronologie ist abermal überraschend.

Die Geschichte fährt fort, wirklich historische Ereignisse — und diese dürfen und müssen wir festhalten — an Namen und Personen zu knüpfen, welche nicht als solche gelebt haben. Alle zwölf Arbeiten des Herkules sammt und sonders, wie die Abenteuer des Theseus, gehen den Sonnegott an, wurden schon viel früher besungen, und historisch bleibt nur bei jenem das dorische Umsichgreifen und einzelne Lokalpunkte, welche jedoch schwanken wie die Symplegaden und schwimmenden Inseln, so dass die Argo der Kritik sorgsam hindurch laugt, und bei Letzterm, den wir trotz Plutarch, als Person fallen lassen müssen, das Gewinnen ionischen bürgerlichen Elementes in Athen. Aber das Senkblei bringt in beiden Erscheinungen chronologische Erde aus dem festen Grunde herauf.

Herakles, heisst es, rüstete in Kreta (dorisch, woher auch Minos gleichzeitig einen Heerzug unternahm) eine Unternehmung gegen Westen. Das Mythische daran, doch mit ethnischer Beimischung und letztere bereits früher erwähnt, reicht bis Gadeira, Iberien, Keltenland (Alesia auf dem Berge Auxois in Bourgogne) und Ligurien. Dann setzt der Zug über die Alpen und trifft an der Tibris jene Pelasger- oder Arkaderreste unter Euandros, Sohn bald des Sikulos, bald des tyrrhenischen Hermes-Kadmos, den fünften seit jenem Lukaoniden Nanas, hier aufgenommen vom Aboriginer Faunus, des Picus (Jupiter) Sohne, des Saturnus in Latium Enkel (Faunus = Favunus, Abendländer, griechisch heisst er Pan — des ältern Odüsseus und der Penelope Sohn) auf dem palatinischen Hügel in einem pelasgischen Palanteon, Palatium. Dionysios wusste aus alten Quellen, ein Sohn des Herakles und der Lüderinn Omfale (aber das dasige Lüdien!) habe die Pelasger aus allen Städten nordhalb der Tibris vertrieben. Nach ihm herrschten die 15 Aeneaden Albas und Laviniums 428 Jahre, und vor ihnen Latinus, Faunus, Picus, Saturnus und Janus nach Eusebios 150 Jahre, somit $754 + 428 + 150 = 1332$; nach dem Kanon in der Collectio des Angelo Maio (auf demselben Boden in Rom 1825 erschienen), herrscht Faunus 29 Jahre vor Latinus ($1305 + 29 = 1334$), und Dionys hat den Euandros »etwa 60 Jahre vor Troja« ($1270 + 60 = 1330$). Wie am 17. Dezember die Saturnalien und am 25sten das Geburtsfest des jungen Sonnegottes, feierte man am 15ten des jetzigen Februar dem Lupercus oder Faunus das Luperkalienfest der von der Wölfinn dort genährten Zwillinge,

---

*) Buns. IV, 249—259. Herod. 2, 113 ff. Odyss. 4, 228.

im August dem wieder abwärts gehenden, dem Unterweltgotte Consus die Consualia als Andenken der von ihm geraubten und in die Unterwelt entführten Samengöttinn, deren Raub ja von jeher ins Sikulische Land versetzt wurde, mit Pferderennen und Darstellen der Entführung. »Wenige Jahre nach den Arkadern« laugte Herkules hier an, des Euandros Tochter Lavinia ehelichend, »und Griechen mit ihm«, sowie »Troer, die er bei Eroberung von Laomedons Stadt weggeführt«. Wusste ja eine Sage, Aeneas (der ja Dardanier, hieländisch, ein Jupiter Indiges, war und wieder der Lavinia Gemal, somit nicht erst nach der zweiten Eroberung Ilions anzulangen brauchte) habe 2 Alter vor dem Troerkriege, aus Ilion fliehend, nach seinem Sohne Romos Rom gegründet*). Wenn Euandros den der Ansiedelung sich widersetzenden Prānestekönig Herylus, den Mann mit drei Seelen**) erschlagen, so ist das derselbe Mythos von Herkules und dem dreileibigen Iberer-Lyder Geryon oder dem seine Kinder raubenden Cacus, da ja ein Caeculus, der Digitii (Daktylen) Schüler, Prāneste gegründet hat, aber eben so, historisch, das Ueberwundenwerden des Pelasgischen, Altlydischen, durch das Latinische, begonnen in der Bewegung von 1350. Ist ja Latinus selbst des Herkules Sohn von einer mitgebrachten — Hyperboreerinn***).

Von da sehen wir den Wandernden in Kumā, es entsteht Herkulanum, er ruht in Region, setzt über nach Sikilien, wo er bedeutsam wieder den Elymer Eryx und die Sikaner besiegt, und tödtet, vorbeifahrend, den ebenfalls rinderraubenden Lakinios und den Kroton†).

Inzwischen hatte Jason 10 Jahre (1350—1340?) in Korinth geherrscht, worauf er Medeen untreu wurde (mythisch, wie bei Zeus, Theseus, Odůsseus, Osiris und Sigfrid). Kreons Tochter Glauke ehelichte, Medea aber der Braut ein verzaubertes Gewand schickte, in welchem diese sammt Kreon im brennenden Palaste umkam. Dann floh Medea nach Athen zu Aegeus, der sie zur Ehe nahm. Jason habe sich nach Korkūra begeben, und in Korinth kamen Sisyfiden auf den Thron, wie Thessalos, des Jason Sohn, auf den von Jolkos††).

Erst jetzt erschien Theseus beim greisen, von des jüngern Bruders Pallas Söhnen bedrängten Vater, wo er sich jedoch nicht gleich zu erkennen gab, sondern als Gast beim Frühmahle, als Medea ihm (wie Borghild des Sigmunds Sohne Fitilu oder Sinfiotli), ihn erkennend, den Giftbecher reichte, das Schwert, das Wahrzeichen seiner Abstammung, zog. Die Zauberinn entfloh mit ihrem Sohne Medos nach Asien†††).

Aegeus zeigte den erfreuten Athenern ihren künftigen König. Dieser

---
*) Dionys 1, 81. 34. 35. 72.
**) Lydus de mensis. I. exc. 8. Serv. Aen. 8, 560.
***) Diod. 4, 21. Dionys 1, 31—34. 38—44. Tac. Ann. 11, 14. Aur. Vict. 23—27.
†) Diod. 4, 21—24. Dionys 1, 44. Apollod. II. 5, 10.
††) Apollod. I. 9, 28; III. 13, 7. Diod. 4, 54. 55. Paus. 2, 3. 4.
†††) Herod. 7, 62. Apollod. I. 9, 28. Paus. 2, 3. Diod. 4, 55. 56. Plut. Thes. 12. Just. 42, 2, 3.

schlug die sich auflehnenden Pallantiden. Um die Zeit kamen zum drittenmale (1342, 1333, 1324) kretische Boten um den Minos-Tribut. Theseus trat ohne Loos unter die Gewählten und segelte nach Kreta, indem Aegeus mit dem Steuermanne verabredete, falls es dort gut ausfalle, statt des schwarzen ein weisses, nach Anderen ein rothes, Segel aufzuziehen*).

In Kreta war des Minos Sohn Katreus, in Rodos vom eigenen Sohne ungekannt ermordet worden und sein Bruder Deukalion König. Theseus gewann (wie Jason) die Liebe der Minostochter Ariadne, die ihm (mythisch, Mondgöttinn) mit dem Knäul den Weg im Labyrinthe wies, wo er den Mannstier tödtete. Die mitgeführte Ariadne verliess er untreu auf Naxos, wo jedoch Dionäsos sie zur Gattinn nahm, deren Diadem am Himmel leuchtet; der Steuermann vergass heimkehrend das Freudesegel und Aegeus stürzte sich (der ältere Sonnegott beim Nahen des mit dunkelm Segel ausgezogenen, siegend heimkehrenden jüngern) ins — Aegeïsche Meer**).

Historisch hat der Kanon den Regierungsantritt des Theseus, des zehnten der Kekropischen Könige, 1324. Er habe die bisher auf einzelnen Höfen wohnenden Attiker (was bereits von Erichthonios 1577—1527 erzählt war) in ein Gemeinwesen verbunden, das Stadthaus des Prytaneon gegründet, die Panathenäen gestiftet, eine gemässigte Regierung eingeführt, neue Bürger aufgenommen und deshalb die Metoikien, das Fest der Hausgenossen, eingesetzt, Megara dauernd wieder mit Attika vereinigt und dem Poseidon (Aegeus ist entschieden ein Poseidon) die jedes vierte Jahr zu feiernden Isthmischen Spiele eingesetzt oder erneut, wo wirklich die Athener den Vorsitz hatten***).

Damals sei die Amazonenköniginn Orithuia, der Antiope Schwester, verbündet mit dem stammverwandten Skythenkönige Sagillos, aus Rache gegen Athen gezogen, wo sie auf dem Amazoneion lagerte. Den Kampf endete im vierten Monate (wie in Rom Hersilia den des Frauenraubes im vierten) Antiope oder Hippolyte, die Frieden schloss; nach Einigen fiel sie an des Theseus Seite, und alljährlich opferte man auf dem Platze. Nun habe Theseus Bündniss geschlossen mit Deukalion und dessen und Ariadnens Schwester Fädra geheiratet, welche ihm den Akamas und Demofon gebar, aber den Sohn aus der Amazonenehe, Hippolytos, welcher ihrer unerlaubten Zumutung widerstanden, tragisch zu Grunde gerichtet habe†).

Den heimgekehrten Herkules habe Theseus in die eleusischen Mysterien eingeführt, denen damals ein anderer Musäos, des Orfeus Sohn, vorstund††).

Helena, geboren, wie der eine ihrer Brüder, Polydeukes, aus dem Eie des himmlischen Schwanes (Helene ist = Selene, wie Helenos = Selenos,

---

*) Plut. 13—18. Diod. 4, 61.
**) Apollod. III. 2, 2. Diod. 5, 59. 79; 4, 61. Plut. 19—22.
***) Plut. 23—25. Diod. 4, 61.
†) Plut. 27. 28. Diod. 4, 28. 62. Herod. 9, 27. Just. 2, 4. Paus. 2, 31. 33. 27; 3, 12.
††) Diod. 4, 25. Plut. 30.

und das Ei war aus dem Monde gefallen*)), sollte des attischen Sonnegottes Gattinn werden. Peirithoos, der thessalisch-lapithische Argonaute, um den Theseus zu versuchen, trieb ihm aus Marathon Rinder weg. Statt zu kämpfen, schlossen die Zwen Genossenschaft. Als der Lapithe heiratete, lud er den Athener zum Mahle, an welchem die benachbarten Kentauren sich übermütig gegen die Frauen benahmen, worauf der besungene Kampf zwischen den Lapithen und Kentauren entstund, in welchem auch Peleus sich auszeichnete, und in Folge dessen letztere (Pelasger, wie die Saturnischen, das Volk des Mares, oben S. 41) aus Thessalien vertrieben, sich nach Foloë in Arkadien und Malea zurückzogen. Später begaben sich Theseus und Peirithoos nach Lakedämon und raubten für den schon 50jährigen Erstern die Helena, oder erhielten sie von den Entführern Idas und Lünkeus aus Messenien; Theseus brachte die Geraubte zu seiner Mutter Aethra nach Afidnä, wollte nun auch seinem verwitweten Freunde zu einer neuen Gattinn helfen, und stieg mit ihm in die Unterwelt, um (was klarer als Alles zeigt, wer die zwei Argonauten sind), des Pluton Gemalinn Persefoneia zu holen. Beide geriethen aber in Bande, bis Herkules, der dort den Kerberos heraufbrachte, den Theseus, nach Anderen Beide, befreite. In des Atheners Abwesenheit waren Polydeukes und Kastor nach Afidnä gefallen und hatten dort nicht nur ihre Schwester Helena, sondern auch des Theseus Mutter Aethra gefangen mit fortgeführt, welche Homer (über 100 Jahre alt!) in Ilion in Helenens Gefolge erwähnt**).

Herkules sandte von 50 in Thespiä erzeugten Söhnen, 3 in Theben, 7 in Thespiä zurücklassend (die dortigen Demuchen, Volksvorsteher), die übrigen 40 unter Jolaos nach Sardinien, wo sie die Eingeborenen besiegten und Joläeon anlegten. Auch in Sikilien liess der nach Hellas heimkehrende Jolaos eine Pflanzung zurück und wurde dort in vielen Städten verehrt***). Er ist eben der sardinisch-sikilische Herakles, dem der dorische seine Gattinn Megara aus Theben abgetreten habe. Letzterer selbst kämpfte auf Euböa um des Königes Eurytos Tochter Jole (weiblicher Name von Jolaos, Beide von *iol*, dem Sonnen- und Mondrade), die ihm aber trotz der Vorstellungen des jüngsten Sohnes Ifitos, vorenthalten wurde. Da raubte Herkules dem Könige seine Rinder. Ifitos zog aus, sich um diese zu erkundigen, traf den Herkules, der gerade von Ferä kam, wo er des Pelias Tochter, des Admetos treue, für diesen gestorbene Gattinn Alkestis aus der Unterwelt herauf geholt hatte, wurde aber von dem rasend gewordenen Heros von der Stadtmauer gestürzt. Um von diesem Morde gereinigt zu werden, begab sich Herkules nach Polos zu Neleus. Dieser, wie seine Söhne (abermal den Jüngsten, Nestor, ausgenommen) wies den Heros

---

*) Creuz. II, 842.
**) Ilias 2, 742—744. Plut. 30. 31. Diod. 4, 12. 26. 63. Paus. 1, 17. 18. Isokr. Helena 10. 13. Evag. 6. Apollod. III. 10, 7. ·
***) Diod. 4, 30; 5, 15. Strabo 5. Apollod. II. 7, 6.

unfreundlich ab, welcher nun in Amäklä Entsündigung fand. In Delfi
stritt er mit Apollon selbst um den Besitz des Dreifusses*).
Auf dieses zog Herkules mit Arkadern und Hellenen gegen Augeas in
Elis, wegen des Reinigens von dessen Viehställen, musste aber, erkrankend,
Frieden machen. Von Eurüstheus, mit Alkmenen, Ifiklos und Jolaos aus
Tiryns verwiesen, begab er sich nach Feneos in Arkadien. Aber »drei
Isthmiaden (9 Jahre) später« überfiel er die Elier, erschlug den Augeas,
gab die Stadt dem verbannten (auch hier billig gewesenen) Sohne Füleus,
feierte hier die Olympien und errichtete dem Pelops einen Altar. Nach
Vellejus siegte er an den Spielen 1320 v. Chr. (wenn ich lesen darf 1350
statt 1250 vor dem Jahre 80 n. Chr.)**). Jetzt kehrte er rächend nach
Pülos, wo er gleichermassen den Neleus, den diesem zu Hilfe kommenden
Gott der Unterwelt (der eben Neleus ist), selbst verwundend, mit allen
Söhnen, den Nestor ausgenommen, erschlug, und eben so in Lakedämon,
wo der uneheliche Sohn des Oebalos, Hippokoon, wie schon gemeldet, den
Tyndareus vertrieben und jetzt in Pülos den Neleus unterstützt hatte. Der
auf des Heros Seite fechtende Arkader Kefeus fiel mit 20 Söhnen, wie des
Herkules Bruder Ifikles; aber Hippokoon und seine Söhne erlagen dem
Gotte, welcher den Tyndareus aus Messene, wo er bei Afareus lebte, nach
Lakedämon zurückführte. Dass des Vertriebenen zwei göttliche Söhne, die
Dioskuren, hier nicht erscheinen, darf beim Mythos eben so wenig befremden,
als dass das dorische historische Stammhaupt hier Lakedämon und Messenien
anticipando gewinnt. Auf der Heimkehr umarmte dieser in Tegea des
Lükurgos Schwester Auge, die ihr Vater Alëos, weil sie der Athene
Priesterinn war und eine Pest ins Land fiel, ihren Knaben Telefos aus-
setzend, wo eine Hirschkuh ihn nährte, dem Nauplios überlieferte, um sie
ins Meer zu stürzen oder zu verkaufen; dieser jedoch übergab sie karischen
Schiffern, die sie nach Müsien führten, wo ihr Sohn Telefos König
wurde***).

»Im fünften Jahre nach der Niederlassung in Feneos« verliess Herkules
Arkadien und die Peloponnes und kam, in Begleit vieler Arkader, nach
Kalydon in Aetolien, wo er sich niederliess und mit des Oeneus Tochter
Dejanira vermälte. Er half den Aetolern gegen die Urbewohner, die pelas-
gischen Thesproten, deren Stadt Efüra oder Kichüros er einnahm, den
König Fülas erschlug und mit dessen Tochter Astüoche den Tlepolemos
zeugte. Wegen unvorsätzlichen Todtschlages zog er mit Dejaniren und dem
Knaben Hüllos aus dem Lande. Am Strome Euenos trug der Kentaur
Nessos Dejaniren über, wurde aber drüben, als er ihr Gewalt anthun wollte,
vom Heros erschossen und hiess sterbend die Frau, von seinem Blute auf-
bewahren, als Zaubermittel, ihres Mannes Liebe zu erhalten. Sie that es

---

*) Apollod. II. 6, 1. 2. 3; I. 9, 16. Diod. 4, 31.
**) Apollod. II. 7, 2. Diod. 4, 33. Dionys 5, 17. Vell. 1, 8.
***) Apollod. II. 7, 3. 4. Diod. 4, 33. Paus. 8, 1. 15. 21; 1, 4.

und sie langten beim Melierkönige Keyx in Trachis an, wo sie sich mit den Arkadern niederliessen*).

In Melis half er den Bewohnern, die auch hier älteren, Dryoper unterjochen, erlegte ihren König (auch hier Fülas), der am delfischen Heiligthume gefrevelt, vertrieb das Volk und räumte das Gebiet den Meliern ein. Mit dieses Fülas Tochter zeugte er den Antiochos. Von den Dryopern wichen Einige nach Euböa, andere nach Kupros; die übrigen zu Eurüstheus, wo sie Asine, Hermione und Eion anlegten. Jetzt entstand Krieg zwischen den Dorern unter König Aegimios in Histiäotis oder Nordthessalien, in Erineos, Boion, Pindos und Kotünion am Pindos, und den Lapithen am Olümpos; Aegimios, belagert, rief den Heros zu Hilfe und verhiess ihm den dritten Theil von Doris. Herkules vertrieb die Lapithen, deren König, wie dessen Helfer, einen Dryoperkönig, er umbrachte, und im Durchziehen durch Pelasgiotis den König Amyntor in Ormenion am pagasäischen Busen, dessen Tochter ihm den Ktesippos gebar**). Hier sehen wir die Einimpfung des mutterhalb den Perseiden verwandten Heros in den dorischen Stamm.

Nach Trachis zurückgekommen, zog er zur Rache nach Euböa, wo er mit seinen Arkadern, Meliern und Lokrern den Eurütos und seine Söhne erschlug und Jolen mit sich wegführte. Am kenäischen Vorgebirge Euböas errichtete er dem Vater Zeus einen Altar und sandte den Lichas nach Trachis zu Dejaniren um ein weisses Gewand. Diese, vom Vorgefallenen unterrichtet, bestrich das Kleid mit des Kentauren Blute, welches dem Gotte, wie er es angezogen, feurig in Mark und Bein drang. Der Sterbende (der Sonnegott im Dezember, verwundet vom Schützen des Novembers) liess sich hinüber nach Trachis schiffen, wo er, dem Sohne Hüllos die Ehe mit Jolen anbefehlend, auf dem durch des Pöas Sohn Filoktetes, der dafür die Pfeile erhielt, auf dem Oeta angezündeten Scheiterhaufen zu den Göttern stieg, bei denen er der jugendlichen Hebe Gemal wurde. Sein Freund, der Argonaute Menötios, des Patroklos Vater, war der Erste, der ihm in Opus opferte, und zwar einen Widder. Stier und Eber (Sonnenthiere des März, April und Juni, in welch letzterm die junge Sonne stirbt und die des Sommers auftritt, daher Adonis durch des Ebers Biss), Suovetaurilia. Dann thaten es die Thebäer, und förmlich als Gott anerkannten ihn allererst die Athener. Dejanira erhängte sich aus Reue. Der Dorer Aegimios nahm den Hüllos an Kindesstatt an, und dieser und seine Nachkommen erhielten die Herrschaft in Doris***).

Das historische Todesjahr des Dorer-Stammhauptes wäre nach Vellejus 120 Jahre vor der Herakleiden Heimkehr (1190 + 120 = 1310 v. Chr.)†),

---

*) Apollod. II, 7, 5. 6. Diod. 4, 34—36. Ilias 2, 653—660.
**) Apollod. II. 7, 7. Diod. 4, 37. Thuk. 7, 57. Strabo 9, 4.
***) Apollod. II. 7, 7. 8. Diod. 4, 37—39. Des Sofokles Trachinerianen. Strabo 9, 4.
†) Vell. 1, 2.

was zu der vorliegenden Rechnung passt, und auch beweist, dass ich oben seine Olympias mit Recht 1350 Jahre vor dem Jahre 30 n. Chr. annahm.

Meine Rechnung erhält noch von einer andern Seite her eine neue Bestätigung, und die ganze Zeit ein ungeahntes helles Licht. In Aegypten folgt auf Petubastes sein Sohn, der 318. Farao seit Menes, Osorchon oder Osorthon, »welchen die Aegypter den Herakles nennen«, fügt Manethos bei Afrikanus und Eusebios bei. Afrikanus hat ihn nach des Vaters 40, Syncellus (p. 177) aber nach dessen 44 Jahren, 1329 oder 1324. Das ist unseres Herkules Zeit. In Assyrien ist er Tautäos, im syrisch-kyprischen Kanon Memnon (ägyptischer Name) oder Faëthon. Zu Herodots Zeit und bei Diodor nannten ihn die ägyptischen Priester Rhampsinit oder Remfis, einen steinreichen König, »welcher lebendig, sagten sie, da hinabgestiegen, wo nach dem Glauben der Hellenen der Hades ist, woselbst er mit der Demeter Würfel gespielt und bald gegen sie gewonnen, bald verloren habe; dann seie er mit einem Geschenke von ihr wieder heraufgekommen, einem goldenen Handtuche. Und von dieser Niederfahrt des Rhampsinit begehen die Aegypter noch zu meiner Zeit ein Fest.«[*]) Daraus ist klar, dass der Farao derselbe ist mit dem hellenischen Herakles. Das ist aber nicht Alles. Es schrieben die Aegypter einem ihrer Könige die Einführung einer neuen Zeitrechnung oder aera zu, und der Franzose Larcher hat auch das Verdienst, in einer Pariser Handschrift, einem astronomischen Werke des Alexandriners Theon aus dem 4. Jahrhunderte, die Angabe gefunden zu haben, »dass von Menofres bis zum Ende des Augustus 1605 Jahre verflossen seien«. Dies Ende des Augustus erklären die Chronologen als das Ende der aera Augusti, oder den Anfang der aera Diocletiani, welche 283 Jahre nach unserer Zeitrechnung fällt. Ziehen wir diese 283 Jahre von Theons 1605 ab, so erscheint das Jahr 1322 (nach v. Gumpach 1325) v. Chr. als Anfang der aera des Menofra, und dies fällt buchstäblich in die erste Zeit unseres Farao. Ferner sind alle Chronologen einig und Censorinus berichtet es ausdrücklich, dass die ägyptische Hundsternperiode, 1461 unserer oder 1460 ägyptischer Jahre, mit dem Jahre 139 unserer aera aufhörte, was abermal auf das Jahr 1322 v. Chr. führt. Da dieser Farao aber Rhampsinit oder Remfis heisst, übersahen Bunsen und Lepsius, welche darin den Ramsesnamen hören wollen, dass dieser Name nichts Anderes ist als Ra-me-nof, oder nach der Sylbenversetzung der Aegypter Me-nof-ra, ein deutlicher Sonnenname, wie Memnon, Mi-Amun, und suchen den Farao, einen Schreibfehler supponirend, im Amenofth oder Menofthah der 19. Dynastie, des Rampses Sohne[**]). Darüber bedarf es keiner weiteren Worte. Er ist wohl der Ramises oder Rameses, sub quo Ilium captum[***]).

[*]) Herod. 2, 121—123. Diod. 1, 62.
[**]) Buns. III, 123—125; IV, 80. 82—84. Lepsius I, 172. 173. 279. 299. 360.
[***]) Plin. hist. nat. XXXVI. 8; 14, 2. — Letzteres sehe ich auch bei Lepsius (S. 297), der jedoch von der spätern Eroberung Iliona redet.

Beifügen darf ich hier, wo von den Faraonen Petubastes und seinem Sohne Menofra die Rede ist, hoffentlich die zwen gleichzeitigen Namen Peteos und Menestheus im attischen Königshause und Diodors Worte: »Auch einige Fürsten in Athen waren Aegypter. Petes, Vater des Menestheus, der den Zug nach Troja mitmachte, war unlängbar aus Aegypten. Eben so Erechtheus.«*) Die Namen Petes und Menestheus sind nicht gräcisirter aus Petu-bastes (Pete kömmt ägyptisch auch in Pete-Fre, Pete-sef und Pete-sukkos vor) und Menefra als Memnon aus Mi-Amun und Polybos aus Petubastes.

Die Zeit von Ilion und der Dorerwanderung.

In Theben, sobald Oedipus durch den blinden Seher Teiresias das Geheimniss des mythischen Vatermordes und der Blutschande erfahren, erhängte sich die Mutter und er, nachdem er sich geblendet (das Erhängen hier, wie bei Althäa, Dejanira, das am Himmel Hangen der Here und das des Gunther in der Brautnacht, ist eben so mythisch als das Blenden, auch bei Orion) gieng, geleitet von der treuen Tochter Antigone, in die Verbannung. Die Söhne Polyneikes und Eteokles verglichen sich, Jahr um Jahr abwechselnd zu herrschen, geriethen aber in Zwist, als Letzterer nach Ablauf seines Jahres nicht abtreten wollte. Polyneikes begab sich nach Argos, zu Adrastos, des Aeoliden Bias Enkel, welcher im Thronstreite mit Amfiaraos, des Melampus Urenkel, nach Sikyon hatte fliehen müssen und dort auf Polybos 1297 bis 1293 König worden war**). Hier traf er den wegen Verwandtenmordes aus Kalydon geflohenen Aetoler Tydeus, des Oeneus Sohn. Adrast gab jedem der Zwei eine seiner Töchter und verhiess, sie in ihre Herrschaften wieder einzusetzen. Er sammelte ein Heer, welches unter 7 Führern: Adrastos, seinem versöhnten Verwandten Amfiaraos, trotzdem dass Letzterer, als Melampodide, geweissagt, ausser Adrastos werde Keiner wieder heimkehren, dem Prötiden Kapaneus, des Adrastos Bruder Hippomedon, Polyneikes, Tydeus und der Atalante Sohne Parthenopäos, gegen Theben aufbrach.

In Nemea, wo Pausanias den Altar sah, an welchem sie Sieg oder Tod geschworen, und Bilder, die sie geweiht, stifteten sie oder erneuerten

---

*) Diod. 1, 28.
**) Ilias 2, 572.

die von Herakles gestifteten, jedes dritte Jahr (in 2 Olympiaden viermal) abzuhaltenden, von Argos zu leitenden, Spiele, und sandten vom Kithäron den Tydeus, von Eteokles noch einmal Recht zu fordern. Dieser weigerte es und Tydeus, einen Hinterhalt der »Kadmeionen« erschlagend, kehrte zurück, worauf die VII vor den 7 Thoren der Kadmosstadt lagerten. In der Schlacht wichen die Kadmäer, und schon erstieg Kapaneus am Ogügischen Thore die Mauer, als des Zeus Blitz ihn traf. Die Argier gaben den Sturm auf, die zwen Brüder fielen im Zweikampfe, und Alle ausser Adrastos. Kreon, der Jokaste Bruder, ergriff als Vormund von des Eteokles Knaben die Herrschaft wieder und verbot das Begraben der Erschlagenen. Nun wandte sich Adrast an Theseus und Athen, wo Oedipus eben gestorben sein soll, um Beistand, und »als das Volk dies hörte, schickte es alsobald Boten nach Theben mit dem Rathe, wegen des Bestattens einen frömmern Entschluss zu fassen und der Andeutung, ihre Gemeinde werde nicht gestatten, das allen Hellenen gemeinschaftliche Gesetz zu verletzen«*). Dass letzteres spätere Idee ist, thut hier nichts zur Sache, und es passt zu dem Athen, wie man es sich unter Theseus dachte. Nach Einigen rückte der König vor Theben und nahm die Stadt ein, nach Anderen gaben die Thebäer nach und verwilligten die Bestattung in Eleusis, wo noch Pausanias die Grabmäler sah**).

In Athen hatte Theseus unter den Blutsverwandten Todtfeinde. An der Sitze stand einer, er und des Theseus Vater stammten im dritten Gliede von zwei Brüdern, der genannte Menestheus, des Peteos Sohn. Dieser »wiegelte die Vornehmen um so leichter auf, eine Partei zu bilden, da sie schon längst gegen Theseus eingenommen waren und wähnten, er habe den Edlen ihre königliche Macht über die einzelnen Flecken (Demen) entzogen und Alle in eine Stadt hinein genöthigt, um sie als Unterthanen zu behandeln«. Sogar die Gemeinen wusste er schmeichlerisch zu bethören, als hätten sie »die vielen guten und rechtmässigen Könige« an einen Despoten vertauscht. In diesem Treiben habe er den Einfall der Lakedämonor, angeblich wegen Entführung der Helena, in des Heros Abwesenheit unterstützt und als sie Afidnä eingenommen, sie in die Stadt eingelassen***). Hier, wie oben, ist, trotz dem mythischen Wesen des Theseus, attischionische Denkart.

Um diese Zeit, heisst es, habe der 19. Herrscher seit Inachos in Argos, der Danaide Eurüstheus II. (aber um mehr als 4 Geschlechter vom Stheneliden Eurüstheus I. abstehend, der ein Sohn von des Pelops I. Tochter gewesen war und falsch mit ihm verwechselt), der mit den Aeoliden Adrastos und Sthenelos, dem Tydoiden Diomedes und den Atreiden Pleisthenes in der

---

*) Ilias 4, 376—399. Isokr. Paneg. 15. Panath. 70, 71. Hel. 16.
**) Des Sofokles Oedipus. Apollod. III. 5, 9; 6, 1—6. 7; 7, 1. Diod. 4, 65. Herod. 5, 97; 9, 27. Paus. 2, 6; 1, 39; 9, 5.
***) Plut. Thes. 32—34.

nördlichen Peloponnes die Gewalt besessen und das drohende Anwachsen der Dorer mit Besorgniss gewahrt habe, bei den Königen in Melis und Doris die Auslieferung oder Verbannung des Hüllos und der übrigen Herakleiden verlangt. Diese wandten sich an mehrere Hellenenstädte, fanden jedoch nur bei Theseus Aufnahme, welcher ihnen, ihres Vaters gedenkend, Trikorythos eingeräumt habe. Als nun Eurüstheus aus Tiryns und Mykenä heranzog, stritt der attische Heros wider ihn an der Herakleiden Seite, und Eurüstheus fiel von des Hüllos Hand und neben ihm 5 Söhne, die Letzten aus des Perseus Hause. Pausanias sah auf dem Isthmos des Eurüstheus Grab. Jetzt fielen auch Mykenä und Tiryns an die in Elis bereits herrschenden Pelopiden, Atreus II. und Thüestes*).

Das war des attischen Argonauten letzte That. In einem von Menestheus erregten Aufruhre sandte er seine Söhne nach Euböa und fuhr dann selbst nach Skûros, wo er beim Könige Lûkomedes meuchlerischen (mythischen) Tod fand, worauf im Jahre 1292 Menestheus die Herrschaft ergriff**).

Ermutigt durch den errungenen Erfolg, fielen die Herakleiden, welche das delfische Orakel geheissen hatte, »die dritte Frucht« abzuwarten, »im dritten Jahre«, 1290, in die Peloponnes ein und gewannen anfangs die Oberhand. Nun aber brach Pest aus, sie mussten zurück weichen, und ein Heer Peloponnesier (so genannte Achaier, vom Urvolke) stellte sich ihnen unter dem Pelopiden Atreus II. (oder Pleisthenes) am Isthmos entgegen. Hüllos erbot sich zum entscheidenden Zweikampfe mit dem Besten unter ihnen, mit dem Vertrage, falls er unterliege, werden die Herakleiden 100 Jahre lang (des Orakels »drei Früchte«, d. h. Menschenzeugungen) keinen Versuch mehr machen. Da stellte sich der Arkaderkönig Echemos aus Tegea, die achte Lûkaoniden-Generation, und erschlug des Herakles Sohn, worauf die Dorer abzogen***).

»Zehn Jahre« nach dem unheilvollen Zuge der Sieben wider Theben rüsteten die Nachkömmlinge (Epigonen) derselben ihre Rachefahrt. Ansporner war Adrastos aus Argos, und mit ihm zogen Alkmäon und Amfilochos, des Amfiaraos, Thersandros, Adrastos und Timeas, des Polyneikes, Aegialeus, des Adrastos, Promachos, des Parthenopäos, Polydoros, des Hippomedon, Sthenelos, des Kapaneus, und Diomedes des Tydeus, Söhne. Sie erneuerten die Nemeen ihrer Väter und erschlugen des Eteokles Sohn Laodamas. Die Thebäer, auf des Teiresias Rath, sandten um Frieden, flohen aber mit Weib und Kind an den Brunnen bei Tilfossäon, wo Teiresias trank und starb. Die Stadt wurde von den Epigonen zerstört; einen Theil der Beute und mit ihr »das Beste«, des Teiresias Tochter, die Seherinn Manto, sandten sie nach Delfi, und gaben die Herrschaft des Polyneikes Sohne Thersandros.

---

*) Apollod. II. 4, 8; 8, 1. Diod. 4, 57. Thuk. 1, 9. Isokr. Panath. 78. Hel. 15. Paus. 1, 44.

**) Plut. 35.

***) Herod. 9, 26. Diod. 4, 58. Apollod. II. 8, 2. Paus. VIII. 4, 7; 5, 1, I. 44.

Den in Kalydon durch Verwandte entthronten Greis Oeneus brachte
sein Enkel Diomedes zurück. In Mykenä. Achaia und Korinth folgte seinem
Vater Atreus II. oder Pleisthenes im Jahre 1288 Agamemnon*).
Der poetisch fühlende Grieche, der Orientale Europens, fährt fort, seine
Historie mit den Resten alter Göttersagen zu schmücken, und der Troer-
krieg wiederholt im 158. Menesalter die Argofahrt des 156sten: dort 50
oder 54 Heroen in einem Schiffe, dessen Mastbaum, eine Eiche aus dem
Walde Dodonas, weissagte, hier eine Flotte, hier wie dort Fahrt nach Asien
um eines Schatzes oder einer Frau willen, die Götter mithandelnd, endlicher
Sieg und mühselige Heimkehr, aber aus dem alten bemoosten Stamme immer
deutlicher hervorschiessende historische Zweige, sogar Personen, und wenn
sie auch blos noch den mythischen Namen auf die Nachwelt gebracht oder
die Historiker den und jenen Torso unrichtig ergänzt hätten. Wir können
Herkules, Theseus, Jason, Romulus und Horatius Kokles, trotz ihrer Mythik,
eben so wenig auf den Tafeln der Klio auswischen als die von Sigibert,
Brunhild, Dietrich, Attila, Witig, Dietlieb, Artus, Karln dem Grossen und
Roland. Das Schwankende fühlten schon die Alten: Plutarch belächelt die
Volkssage, Paris sei von den Thessaliern Achilleus und Patroklos am Sper-
cheios besiegt worden, Hektor habe aber die Stadt Trözene erobert und
die Aethra von dort weggeführt, und Herodot will alles Ernstes (und sicher
richtig) nachweisen, die Unternehmung gegen Ilion sei gar nicht wegen der
Helena geschehen und diese nie nach Troja gekommen**).

Helena gehört, wie ihre zwei Brüder und ihr erster Entführer Theseus,
ins Argo-Zeitalter, ist jedoch mit dem zweiten darauf, dem 158sten, ver-
wachsen, wie ihre in Lakedämon bei Tyndareus erscheinenden Freier klar.
zeigen. Diese waren: Odüsseus, des Laërtes Sohn aus Ithaka und Kefallenia,
die 3 Epigonen Amfilochos, Sthenelos und Diomedes, die Telamoniden Aias
und Teukros aus Aegina, der Peirithoïde Polypötes, der Nestoride Antilochos,
der Pelide Achilleus, der Menötiade Putroklos, ein anderer Aias aus Lokris,
und des Peteos Sohn Menestheus aus Athen. Der Helena Vater, auf des
»vielgewandten« Odüsseus Rath, liess die Freier schwören. Dem, der die
Tochter erhalte, in Noth und Gefahr beizustehen. Dann gab er sie dem
Menelaos, seinem Bruder Agamemnon ihre Schwester Klytemnestra, und
Odüsseus gewann im Wettlaufe Penelopeia, die Tochter des Ikarios, des
Bruders von Tyndareus***).

Nachdem des Priamos in Ilion Sohn, der, wegen Unheil verkündenden
Traumes der Mutter, als Kind ausgesetzte und von einer Bärinn genährte
Paris, der als Hirte den Streit über den mythischen Apfel zwischen den

---

*) Ilias 4, 405—409. Herod. 5, 61. 67. Apollod. III. 7, 2—7; I. 8, 6. Diod. 4,
66. 67. Paus. 2, 20. 43. 44: 9, 5; 10, 25. Strabo 9, 2. Meine allg. Gesch., Bd. 1,
S. 257—262.
**) Plut. Thes. 34. Herod. 2, 112—120.
***) Apollod. III. 10, 8. 9; 11, 2. Isokr. Hel. 19. Paus. III, 12.

drei Hauptgöttinnen entschieden, auch Alexandros genannt, die Helena, »das Kind von Argos«, aus Sparta (nach Sankellos, p. 170. in Agamemnons achtem Jahre, seit 1288 = 1281) entführt, bot Menelaos, der indessen durch des Kastor und Polydeukes Tod in einem Kampfe in Messenien Herrscher Lakedämons geworden war*), die damals Berühmtesten »der Achaier« zum Rachezuge auf, und ihre Abfahrt geschah im Jahre 1280 aus dem böotischen Aulis. Der grosse Dichter nennt: Achilleus und Patroklos aus Thessalien, Eumelos, des Admetos Sohn, aus Ferä und Jolkos, Thersandros aus Theben, mit ihm und den Böoten sieben Aeoliden, den Lokrer Aias und den Salaminer Aias, den Athener Menestheus, Diomedes mit Sthenelos aus Argos, den greisen, dreialterigen Nestor mit Antilochos aus Messenien, den Arkader Agapenor, Thoas aus Aetolien,. Odysseus, Idomeneus des Kreters Deukalion, den Herakleiden Tlepolemos aus Rodos u. a. Agamemnon war Oberanführer**). Die 10jährige Belagerung hob an.

In Ilion nennt man (aber Spätere irrthümlich hier die in die frühere Eroberung Ilions gehörenden Assyrer und Aethioper von Tithonos und Memnon und die Amazonen) Troer, Dardaner, Pelasger, Thraker und Päonen aus Europa, Paflagonen, Müser, Fryger, Lüder, Karer, Lakier u. a. unter dem Priamiden Hektor, dem Anchisiaden Aeneias und Sarpedon und Glaukos aus dem Blute des nach Asien gezogenen angeblichen Aeoliden Bellerofon***).

Dass einzelne Namen und Personen Missverstand der Dichter sind, bedarf kaum der Erwähnung. Aber noch heute erinnern Ruinen und am Hellespont hünenartige Grabhügel an jenen Krieg, welcher, nach der berühmten Entzweiung zwischen dem thessalischen Achilleus und dem pelopischen Agamemnon, nach des Erstern und Hektors Tode, unter des Achilleus Sohne Pyrrhos oder Neoptolemos, von dem das epirotische Herrscherhaus abstammen wollte, nach 10 Jahren. Dionys sagte im 16. Alter vor Rom (754 + 15 × 33, somit zwischen 1249 und 1282), Herodot »aber 800 Jahre vor mir« (450 + 800 = vor 1250), aber am genauesten das »Leben Homers« 790 Jahre vor des Xerxes Zuge wider die Hellenen (790 + 480 = 1270) sein Ende nahm†). Das wird bestätigt durch die Angabe, Ilion sei belagert worden in des Agamemnon 8tem und des Menestheus 13tem und erobert in des Letztern 23. Jahre (1292 — 12 = 1280; 1292 — 22 = 1270); oder in Agamemnons 18tem (1288 — 18 = 1270). Herodot sagt (weil durch das Ueberhandnehmen hellenischer Macht in Vorderasien die assyrisch-Ägyptische Weltmonarchie sich von der Küste ins Innere zurückzog), es habe, nach Aufhören der lüdischen Manesdynastie, in Sardes zu regieren begonnen

---

*) Apollod. III. 11, 2. Ilias 8. 385—244.
**) Ilias 2, 484—760.
***) Ilias 2, 816—877. Paus. 1, 4.
†) Dion. 1, 9. 4. & Herod. 2, 145. Larcher, Clavead. d'Herodote. Lepsius, S. 299.

Agron, Sohn des Ninos, des Sohnes von Belos, Herakleide, »und diese herrschten 22 Menschenalter lang, 505 Jahre, da die Herrschaft immer vom Vater auf den Sohn übergieng, bis auf Kandaules«*), somit 732 + 505 = 1237; ferner: das assyrische Reich habe, als sich die Meder von ihm losrissen, gedauert 520 Jahre (711 + 520 = 1231)**), nach Appian bis auf Alexander nicht ganz 900 Jahre (331 + 900 = 1231), nach Alexander Polyhistor bei Eusebios die Assyrer 526 Jahre (710 + 526 = 1236 v. Chr.). Dieser Agron ist des Herkules und der Lüderinn Omfale Sohn Agelaos***) und im assyrischen Kanon des Tautanes vierter Nachfolger oder Urenkel Chalaos, welcher wirklich 1255 regiert †). Nähme man nach den Alexandrinern das Jahr 1183 als das der Zerstörung an (davon später), so wäre Agamemnon bereits in seinem 105ten, Priamos aber gar im 163. Herrscherjahre gestanden. Beleg zu meiner Rechnung ist vielleicht auch »der Mangel öffentlicher Denkmäler in Aegypten zwischen 1270 und 985« ††), wie dass in Argos, nach Ermordung des heimgekehrten Agamemnon, Aegisthos von 1270 an König ist (1190 + 3 + 70 + 7) †††), und dass, nachdem Menestheus nach 23 Jahren, auf dem Heimwege 375 Jahre seit Kekrops, auf Melos gestorben §) (1270 + 375 = 1645), des Theseus Sohn Demofon 1269 in Athen als zwölfter König auftritt, welcher (dichtete das später an die Spitze von Hellas strebende Athen) das Palladium aus Ilion heimbrachte und den Agamemnon von Argos dabei täuschte) §§). In Aegypten nennt man »zu des Odüsseus Zeit« den Farao Sethos, es ist Zet, der vierte der Petubastes-Dynastie (von ihm später) und herrscht 1268 §§§). Von Aegisthos sagt die Odüssee:

»Sieben Jahre beherrscht' er die golddurchblinkte Mykene;
drauf im achten erschien ihm zum Weh der edle Orestes,
der von Athen heimkehrt' und des Vaters Mörder Aegisthos
tödtete, welcher ihm tückisch den herrlichen Vater gemeuchelt.
Als er ihn also gestraft, da feirt' er im Volk die Bestattung
seiner entsetzlichen Mutter zugleich und des feigen Aegisthos.
Eben den Tag auch kam ihm der Rufer im Streit Menelaos.«*†)

Letzterer wird bedeutsam als in Aegypten gewesen und dort reich geworden geschildert. Orestes, nachdem er ein Jahr in Arkadien verweilt, vom Areopag losgesprochen worden und in Delfi des Achilleus Sohn

---

*) Herod. 1, 7.
**) Herod. 1, 95.
***) Apollod. II. 7, 8.
†) Herod. 1, 7. 95. Appian. Praef. 9. Fischers Tafeln, S. 76. Eus.
††) Buns. IV, 31.
†††) Odyss. 3, 305.
§) Eus. Rosc. 209.
§§) Polyän 1, 5.
§§§) Eustath. ad Odyss. 14, 278 und Schol. Vergl. Leps. 297 und Buns. III, 136.
*†) Odyss. 3, 305—311.

Neoptolemos erschlagen, erhielt des Menelaos Tochter Hermione und mit ihr Lakonien, und herrschte auch in Mykenä, von 1263 an zu zählen, 70 Jahre*). Orestes (nicht Agamemnon, wie Pausanias angiebt) unterwarf im Jahre 1211 den auf Zeuxippos folgenden 25. König Sikyons, des Herakleiden Fästos Enkel und Liebling des delfischen Orakels, Hippolytos oder Polyfeides**), dessen Zeit, nach Generationen, genau in die des Herkules hinaufführt. —

Um diese Zeit nahte die dorische Völkerwanderung ihrer Vollendung. »60 Jahre nach Troia« (1270 - 60 = 1210) rückten die thesprotischen Thessaler (Thessalos war einer der Herkulessöhne) aus Epirus hinüber nach Aeolis und gaben dem Lande den bleibenden Namen. Sie trafen hier des Achilleus alte Myrmidonen, Doloper u. a., die sie meist unterjochten und zu Penesten machten. Die äolischen Böoten wichen ins Kadmeische, wo die Kadmeer und Minyer gebeugt wurden***). Eben so wanderte des Orestes Sohn Penthilos, Herrscher nach dem Vater in Mykenä und Achaia, 1193, unterstützt von den Böoten, über Euböa nach Lesbos, Tenedos und ins kleinasiatische Aeolien†).

»Als (des Penthilos Bruder) Tisamenos in der Peloponnes herrschte«, 1193, machte Aristomachos, des Kleodäos Sohn, des Hüllos Enkel, einen Versuch zur Rückkehr. Es fiel eine Schlacht vor, in welcher die Peloponnesier siegten und der Herakleide erschlagen wurde††).

Der fünfte seit Neleus, Melanthos, verliess, aus Besorgniss über die losgebrochene Völker-Laue, 1190 Nestors Pülos und kam nach Athen, wo er den Zweikampf, welchen der letzte Kekropide Thümötes gegen den letzten Thebäerkönig Xanthos verweigerte, übernahm, König Attikas wurde und die aus Achaia flüchtenden Ioner wieder in Attika aufnahm. In Theben war von da an kein König mehr.

Wie aber die 100 Jahre seit des Hüllos Zuge vorbei waren, fragten 1190 des Aristomachos 3 Söhne, Temenos, Kresfontes und Aristodemos, abermal in Delfi und erhielten das Orakel (erst jetzt waren die »3 Früchte«, 100 Jahre, vorbei) den Meerpass (rechts vom Isthmos) zu überfahren und »ihr Erbe« einzunehmen. Die Herakleiden (Dorer) bauten Schiffe im Lokrischen Naupaktos, griffen unter dem Aetoler Oxylos drüben an und schlugen die Peloponnesier, deren Führer Tisamenos, des Orestes Sohn, fiel. Die Peloponnes war erobert. Küpselos, der einzig noch übrige Stammhalter des arkadisch-pelasgischen Hauses, rettete sein Bergland dadurch, dass er dem zweiten der Brüder, Kresfontes, seine Tochter Merope vermälte.

*) Eurip. Orest. 1670. 1671. Vell. 1. 1.
**) Paus. II, 6. Plut. Numa 4.
***) Herod. 7. 176; 5, 57. Vell. 1, 3. Thuk 2, 101; 4. 78; 8. 3: 1, 12. Paus. 10, 8. Diod. 4, 67.
†) Strabo 13. 1; 9, 2.
††) Apollod. II 8. 2

Die Drei errichteten dem Zeus 3 Altäre und überliessen die Theilung dem Loose, indem sie, so lautet die Sage, verschiedene Steine in eine Urne mit Wasser legten. Temenos habe Argos gezogen, Aristodemos Lakonien; der fruchtbarste Theil aber, Messenien, sei dem Kresfontes geblieben, welcher eine im Wasser zergehende Erdkugel hinein gethan, wie denn auch das an seinem Altare erscheinende Wahrzeichen ein Fuchs war, das für Argos eine waffenlose Kröte, das für Lakonien ein wehrhafter Drache. Der Aetoler Oxylos, »der zehnte des Geschlechtes, Hämons Erzeuger«, sagt Strabo*), erhielt Elis, wo er die Besorgung der Olympien übernahm**).

Die Eroberung rechnete man verschieden. Die späteren gelehrten Alexandriner (Eratosthenes und Apollodor) so:

Von Troias Zerstörung		1183
bis zum Herabkommen der Herakleiden	80 J.	1103
Von da zur Kolonisirung Ioniens	60 »	1043
Von dieser bis auf des Lükurgos Vormundschaft	159 »	884
und von dieser bis zum 1. Jahre der 1. Olympiade	108 »	776
Ueberhaupt von Ilions Falle zur 1. Olympiade	107 J.***)	

Nach diesen rechnete Cato 432 Jahre vor Rom und Diodor 779 Jahre vor dem Ende des peloponnesischen Krieges (404+779 = 1183), zum Theile wohl, weil damals Archelaos, des Penthilos Sohn, nach Küzikos ziehend, die äolische Einwanderung ins Troische fortsetzte, welche erst 1140 Agamemnons Ururenkel Gras, unterstützt von den Herakleiden in Lakedämon, Eurüsthenes und Prokles, dem nach Einigen schon vor der Eroberung gestorbenen Aristodemos von seiner Gattin Argia, des Thebäers Polyneikes Ururenkelinn, als Zwillinge geboren, vollendete, wo er auf Lesbos Städte gründete†).

Thukydides sagt: »Die Dorer besetzten, 80 Jahre nach dem Troërkriege, die Peloponnes, in Verbindung mit den Herakleiden«††), und Vellejus: »120 Jahre nach des Herkules Tode«. Troja aber fiel nach der Vita Homeri 790 Jahre vor des Xerxes Zuge wider Europa (790+480 = 1270), was seit Larcher ziemlich allgemein angenommen und durch den bisherigen Gang ausser allen Zweifel gesetzt wird.

Durch die Eroberung der Peloponnes wurden die Staaten Argos, Lakonien und Messenien dorisch und die Ueberwundenen zinspflichtige Perioiken (um das Haus Wohnende, Gegensatz zum mildern attischen

---

*) Strabo 10, 3.
**) Apollod. II, 8, 2. 3. Herod. 6, 52. Paus. 4, 3; 8, 5; 5, 3; 9, 5; 7, 1. Strabo 8, 1. 3. 4. 8; 9. 1. Is. Archid. 6, 7.
***) Clem. Alex. Strom. I, 21 und Porfyrios bei Eus. Mai. p. 139. Fischers griech. Zeittafel, S. 3—18.
†) Herod. 1, 149. 151. Strabo 13, 1. 2. Paus. 3, 2. Vell. 1, 2.
††) Thuk. 1, 12. Paus. 4, 3.

Metoikate); die in Lakonien behielten den alten Namen **Lakedämoner**, während die dorischen Sieger, der Waffenadel, **Spartiaten** hiessen. Die noch tiefer herabgedrückten dedititii nannte man (von εἴλω, αἱρέω nehmen, fangen) Εἱλῶται, **Heiloten, Iloten**, oder von der Achaier später eroberten Meerstadt Helos **Heloten**. In Argos hiessen die alten Bewohner **Orneaten***). —

Als um 1132 die peloponnesischen Dorer auch **Attika** unter sich bringen wollten und das Orakel ihnen Sieg verhiess, falls sie den König der Athener nicht tödten, den Athenern aber, falls ihr König falle, da opferte sich **Kodros**, des Melanthos Sohn, für sein Land, indem er im Gewande eines Holzhackers Abends ins feindliche Lager drang, wo er erschlagen wurde. Als die Dorer der Athener Siegesgesang vernahmen und diese um den Leichnam ihres Königes sandten, gaben sie den Krieg auf. Ein Theil Lakedämoner, die Nachts in die Stadt gedrungen waren, flüchtete an die Altäre der s. g. strengen Göttinnen (Σεμναί) auf dem Areiospagos, von wo sie unverletzt entlassen wurden. Die Dorer räumten Attika, behielten aber **Megara** und die Insel **Salamis**. In Athen thaten die Grossen wie im nahen Theben, sie hoben die Königswürde aristokratisch auf und stellten an ihre Spitze einen lebenslänglichen **Archon**, und zwar als ersten des Kodros Sohn **Medon****).

»60 Jahre nach dem Dorerzuge«, 1130, wanderten, entweder aus Neid auf Medon, oder sonst unzufrieden mit der Wendung der Dinge in Attika, **Neileus** und andere Kodriden mit vielen Ionern u. A. nach der neu offenen Welt an Kleinasiens Küste, die **ionische Wanderung**, und besetzten **Miletos, Efesos, Kolofon**. Samos. Teos, Chios u. a., wo sie 12 Städte gründeten und erneuten und die weltberühmte Schule für Kunst und Wissenschaft stifteten, aus welcher bald nach dieser Zeit jene unsterblichen Gesänge hervorgiengen, die eine Familie **Homeriden** auf Chios aufbewahrte, deren Verfasser und Umwandler man bereits 1109, ja noch früher und von da an 300 Jahre durch nennt und um deren Wiege sich 7 Städte stritten***).

Sikyon. wo 1160 jenes Hippolytos Sohn, der 26. König, gestorben war und die Vornehmen, Priester des Apollon Karneios, 33 Jahre lang regiert hatten, wurde im Jahre 1127 Nachts durch Falkes, des Argiers Temenos Sohn, eingenommen, die Stadt dadurch dorisch, zu Argolis geschlagen und dem 1000jährigen Reiche seit des Inachos Sohne Aegialeus ein Ende gemacht†).

*) Strabo 8. Isokr. Panath. 78. Herod. 6, 75; 7, 234; 9, 11. Paus. 3, 2.
**) Justin 2, 6. 7. Vell. 1, 2. Paus. I. 19. 6; VII. 25, 1. Strabo 9, 1. Herod. 5, 76. Plut. Quaest. gr. 17. Polyän. 1, 18.
***) Paus. VII. 2, 1—7; 3, 2. 3. 4; 4, 3. Herod. 1, 142. 145. 146. Fischer, Taf., 8. 43—46. Vell. 1, 5.
†) Paus. II. 6.

Die Schoffeten, die Könige und Susak.

Während auf die bezeichnete Weise die schöne und fruchtbare Küste Vorderasiens und ihre Inseln, mit Hellas und Thessalien, sich von der Monarchie am Nil und Tigris ablösten, hatte am Jordan und in Syrien schon früher Aehnliches begonnen. Aber während die hellenische Chronologie sich immer mehr lichtet, befinden wir uns hier abermal in Wüstensand ohne Wegzeichen, beginnt eine wahre Babelverwirrung und der Knoten wird ein gordischer, welcher häufig zerschnitten worden, was freilich immer bequemer ist als die Lösung.

Josefus rechnete vom Auszuge unter Moses bis zum Tempelbaue in Salomos viertem Jahre 593 oder 598 Jahre. Da aber dieser Zeitraum nach 1 Kön. 6, 1. 37. wie der jetzige hebräische Text rechnet, blos 479 Jahre beträgt, hat der gelehrte Jude über 100 zu viel. Diesem suchte der Brite Pet. Brinch (s. Havercamps Ausgabe des Josefus) dadurch abzuhelfen, dass er annahm, Josef habe irrig Dienstbarkeiten Israels unter Fremden als aufeinander folgend gerechnet, welche gleichzeitig dies- und jenseits des Jordan stattgefunden, und erhielt in der That die verlangten 479 Jahre. Dieser Gelehrte nimmt jedoch für Josua die 25 Jahre des Josefus an und zitirt dafür Deut. 33 (34?), 7, wo nichts dergleichen steht, erfindet dann von Josuas Tode bis Kusan geradezu 34 Jahre, lässt Jabins, Deboras und der Midianiten 67, als in Aods Frieden (der jedoch 80 zählt) eingeschlossen, weg, und zählt für Samuel 16 Jahre zitirend 1 Sam. 7, 13, wo blos steht: »so lange er lebte«. Josefus hatte wohl im Auge, dass der Auszug eigentlich früher stattfand als wir rechnen.

Bunsen, welcher freilich Josua im 47. Jahre nach dem Auszuge, er sagt im Jahre 1268, sterben lässt, nimmt, wie Brinch, Gleichzeitigkeiten an und rechnet die Dienstbarkeiten so willkürlich und den ausdrücklichen Bibelangaben zuwider, dass z. B. Gideon nur 17 Jahre erhält statt 40, Simson 8 statt 20, Eli 20 statt 40, Samuel 12 statt 28, Saul 22 statt 2, und erhält dadurch für Alles 300 Jahre[*]).

Ich habe in Bern 1844 versucht, abgesehen von den s. g. Dienstbarkeiten, einfach die ausdrücklich angegebenen Amtsjahre der Volksrichter (Suffeten, Schophetim) zu rechnen, und fand genau die Exod. 12, 40. 41 vom Tempelbaue aufwärts gezählten 479 Jahre (1012 + 479 = 1491). Was Lepsius S. 315 gegen die 480 (479) Jahre vorbringt, ist Missverstand der Schoffetenrechnung. Die so oft angegriffene Stelle 1 Sam. 13, 1 kann ich nicht für verschrieben halten und ziehe sie derjenigen in der späten Apostelgeschichte 13, 21 vor. Ich begreife noch heute nicht, wie 1 Sam. 13, 14

---

[*]) Bunsen, IV. Bd. vom Jahre 1856, S. 833—864.

stehen könnte: »dein Königthum wird nicht bestehen«, oder Gott 15, 11 sagen: »es reuet mich, dass ich Saul zum Könige gemacht« (15, 30. 31 steht nicht entgegen, da die Strafe 15, 35 und 16, 1 wiederholt wird), wenn Saul trotzdem eben so lange herrschte als die Lieblinge des Herrn, David und Salomo. Ausserdem füllen Davids Salbung, Goliaths Tod, Sauls Rasen, die Metzelei 18, 27, Sauls Profezeien 19, 23, Jonathans Pfeileschiessen, die Flucht nach Nob u. s. w. für jeden Aufmerksamen wohl 2, aber nicht 40 Jahre. Ich fand 422 ganz bestimmt angegebene Jahre, was für Josua und Samuel genau 55 übrig lässt, der entscheidende [Beweis, sowohl dass die Epochen der Dienstbarkeit nicht mitzuzählen sind, als dass, gebe man dem Josua nun mit Josefus 25 oder mit Eusebios 27 Jahre, für Saul nirgends 40 Jahre sich auffinden lassen: es fallen auf Samuel 28 und auf Saul 2, auf Josua 27 Jahre (422 + 2 + 28 + 27 = 479). Die Gelehrten, die sich mit dieser Frage beschäftigten, scheinen übersehen zu haben, dass eine Hauptquelle, die Liste der Hohepriester bei Josefus (Ant. XX. 10), für die 18 vor der Gefangenschaft genau über 466$\frac{1}{2}$ Jahre zählt, »so lange die Juden unter Königen waren«, was (590 + 466$\frac{1}{2}$ = 1057) auf Sauls Antritt führt.

Mehr muss ich mir nicht an, in dieser von jeder benachbarten (was bisher nicht der Fall war) isolirten, für uns ausserdem nicht wichtigen, Chronologie zu bieten.

Die Schoffeten sind: 1. Josua, 1451 auf Moses folgend, der Eroberer Jerichos und anderer Städte der Falästhim, und mit Grausamkeit den Urstamm so austilgend, dass ihrer fortan nur in Gaza, Gath und Asdod und wenigen Flecken übrig waren. Die 12 Stämme theilten sich in das Land; der priesterliche von Levi erhielt eigene Städte unter dem Oberpriester Eleazar, Aarons Sohne. Josua starb 110jährig*). 2. Othniel 1424, unter dem das wankelmüthige Volk die palästinischen Baalim und die Astharoth anbetete und unter den mesopotamischen Chusan Rasathaim fiel, den Othniel nach 8 Jahren erschlug. 3. Aod 1384. 4. Samgar 1304 und Debora, die Seherin. Ihr und Baraks begeistertes Triumflied besingt die Ermordung des Sisara, Feldherrn von Jabin, durch die Jüdinn Jael. 5. Jerobaal oder Gideon 1264, der tapfere und listige Befreier aus der Hand Midians. 6. Abi Melek, sein Sohn, 1224, welcher 69 Halbbrüder umbrachte und sich 3 Jahre lang König nannte, worauf er in einem Aufruhr umkam. 7. Thola 1221. 8. Jair 1198. 9. Jeftha 1176. Neues Heidenthum und 18 Jahre Walten der Ammoniten, und Opfern von Jefthas Tochter nach einem Gelübde. Wenn Jeftha (Richt. 11, 26) den Aufenthalt der Israeliten im Lande zu 300 Jahren rechnet, so ist das nur runde Zahl, es sind seit Josuas Auftreten bis Jefthas Abtreten blos 1451—1170 = 281 Jahre, bestätigt aber meinen Kalkul**). 10. Abesan 1170. 11. Elon 1163.

---

*) Eus. Maii 242. Er giebt Josua 27 Jahre, p. 73. 77. 242. 285.
**) Sync., p. 164.

12. Abdon 1153. 13. Simson 1145, während 40jährigem Drucke unter den Palästinern, ein israelitischer Herkules und Löwentödter, unermüdeter Necker und Feind der Unterdrücker, seine Kraft mythisch in seinem Haare, durch die Palästinerinn Delila verrathen und im Tode noch, blind vor ihnen spielend, eine Anzahl durch Umreissen der Saalsäulen tödtend. 14. Eli, zugleich der 11. Oberpriester. 1125. 15. Samuel 1085, ein gotterfüllter Seher und Gründer einer Seher- und Sängerschule. Wegen seiner Söhne Uebermut verlangten die Volksältesten von ihm in Ramath einen König, nach Sitte der Umwohnenden, und er, nachdem er sie vergebens vor der Despotie gewarnt, salbte den Benjaminiten Saul im Jahre 1057 zum ersten Könige*).

Saul schlug die Ammoniten tapfer, beleidigte aber durch eigenmächtiges Handeln den eifersüchtigen Samuel, welcher den von Saul geschonten Amalekkönig niederhauen liess, und den jungen, gesangkundigen Judaiten David zum Könige salbte. Dieser wurde Sauls Schildträger und Spielmann, gewann durch Erlegung des riesigen Palästiners Goliath der Königstochter Hand und des Königssohnes Jonathan Liebe und folgte, als der ihn misstrauisch Verfolgende schon nach 2 Jahren mit Jonathan vor den Palästinern umkam (Davids Trauerlied ist aufbewahrt), im Jahre 1055 als zweiter König**). Er hob sein Volk durch Siege, Herrschtalent und einträchtiges Walten mit der Priesterschaft. Nach 7½ Jahren vertauschte er Hebron mit dem Wohnsitze in Jerusalem 1047, welches er befestigte und verschönerte. Er brachte die (nach ägyptischer Sitte tragbare) Bundeslade feierlich hin, planirte einen Tempelbau, schlug die Palästiner gänzlich, dann Moab, machte das syrische Damask zinsbar und nöthigte Idumäa (Edom) und die benachbarten Fürsten zum Frieden. Der König Hiram über Türos, Sidon und Biblos in Fönikien schloss Bund und Freundschaft mit ihm. Aber, von Glück und Gelingen geblendet, schändete er, der bereits Frauen und Kebsweiber besass, eines braven Mannes Weib, Bathseba, liess den Mann im Kriege umkommen, heiratete sie und erlebte von seinem Harem aus Unfälle und Gräuel, am empfindlichsten die Empörung des Sohnes Absalom.

Ihm folgte 1015 der Bathseba, durch die Weisesten erzogener Sohn Salomo. Dieser liess das wohl vom Vater begonnene Buch der Psalmen sammeln, worinn mehrere von David selbst sind, und mehrte sie durch eigene, eine Poesie, die an Kunstwert der griechischen wohl an die Seite stehen darf, an Erhabenheit aber und Begeisterung, wie an Reinheit der Gesinnung kaum Ihresgleichen kennt. An seinem Hofe lebten Weise und Sänger, und ihm und ihnen verdankt man die Bücher: die Sprüche, der Prediger, das Buch der Weisheit. In seinem vierten Jahre, 1012, begann er, im Bunde

---

*) Buch Josua, die Schoffeten, 1 Sam. — Es bleiben für Samuel 28 und für Saul 2 Jahre.
**) 1 Sam. 13, 1; vergl. Apostelg. 13, 21.

mit dem Türier Hiram, den Bau des gepriesenen Tempels, dessen Unterbau mit Riesensteinen noch jetzt in das Thal Josafat hinab sieht*). — Um diese Zeit sollte das Ungewitter sich völlig zerstörend über das durch die eigene frühere Grösse und Pracht erschöpfte Aegypten entladen. Auf jenen reichen Menofra (Remfis) = Herakles war um 1318 als 319. Farao gefolgt Psammos, bei Herodot Cheops, bei Diodor Chembes genannt und von Beiden verwechselt mit dem Pyramidenerbauer Sufis (Chufu) der vierten Dynastie, obschon bereits zu Herodots Zeit die Priester dem Cheops die Pyramide nicht zuschrieben. Beide Schriftsteller schildern ihn als Verschlimmerer des Landeszustandes, der die Tempel schloss und das Volk zum Arbeiten an den Bauten zwang, Letzteres sicher irrthümlich aus der ältern Zeit herüber getragen**). Nach 50 Jahren folgte ihm, 1268, sein Bruder Zetos, Sethos, den ich oben als des Odysseus Zeitgenossen nannte, bei Herodot Chefren (Kebren heisst ein Schwäher des gleichzeitigen Priamos, Kebriones einer von des Priamos Söhnen und Kebrenia eine Stadt im Troischen)***), bei Diodor auch Chabrys genannt und nach Einigen des Cheops Sohn, nicht Bruder, eben so Tyrann und angeblich Erbauer der zweiten Pyramide. Er herrschte 56 Jahre und das Volk hasste die Zwen und ihre 106 Jahre so sehr, dass es »ihre Namen aus Hass gar nicht aussprechen wollte« †), die Pyramiden (mit Recht) einem Andern zuschrieb, und Beide dafür zu sorgen sich genöthigt sahen, dass ihre Leichen an einem unbekannten Orte beigesetzt würden, weil man gedroht, sie heraus und in Stücken zu reissen.

Ganz anders als diese lauten die Nachrichten im Syrischen. Dort ist dieser Zetos der bereits erwähnte assyrische Herakleide Chalaos, Agelaos, 1255, welcher nach Ilions Falle in Sardes die Herrschaft neu fortsetzt, des Arabelos Sohn, des Tautanes Urenkel, in Syrien selbst Sandakos, des Tithonos Urenkel, welcher »aus Syrien nach Kilikien kam, die Stadt Kelenderis gründete, sich mit des Megessares Tochter Farnake vermälte und den Kinyras zeugte††).

Aegyptisch folgt nach den 106 schlimmen Jahren im Jahre 1212 (wegen der Alexandriner Ilion-Epoche zu spät angesetzt) auf Chefren »Mykerinos, des Cheops Sohn«, der an des Vaters Thun Missfallen empfunden, die Opfer wieder hergestellt, das Volk erleichtert und vor allen Königen Recht geübt habe, weshalb »sie in diesem Stücke unter sämmtlichen Königen diesen am meisten lobten« †††). Sonderbar hörte Diodor, aber missverstehend als vor Cheops, den Namen Nileus, eines Kanalerbauers am Strome§), welcher

---

*) 1 Kön. 5, 1—11. 2 Chron. 2, 3 ff. Jos. Ant. VIII. 3, 1.
**) Herod. 2, 124—126. Diod. 1, 63.
***) Apollod. III. 12, 5. Diod. 14, 38.
†) Herod. 2, 127. 128. d. h. die Zwen hiessen gar nicht Cheops und Chefren, sondern Psammos und Zetos. Diod. 1, 64.
††) Apollod. III. 14, 3. Strabo 1, 2. Ilias 11, 20. 21.
†††) Herod. 2, 129. Diod. 1, 64.
§) Diod. 1, 63.

da ihn Dikäarch aus Messene »2500 Jahre nach Sethosis und 436 vor der olympischen Zeitrechnung«. somit 1212, setzte, Mykerinos selbst sein müsste. Herodot fährt fort. des Mykerinos Unglück habe mit dem Tode seines einzigen Kindes, einer Tochter, begonnen, welche der Vater aus Leidenschaft geschwächt, worauf diese aus Betrübniss sich erhängt, der Vater aber (zum Beweise, dass das ganze Verhältniss ein mythisches und sie eine Isis war) ihre Mumie in einer hölzernen, vergoldeten Kuh in der Königsburg zu Saïs in einem Prunkgemache aufgestellt, wo Herodot sie sah und täglich Rauchwerk vor dem Bilde verbrannt, Nachts aber eine Lampe angezündet wurde. Das Kuhbild war mit Purpurgewand überzogen und nur an Kopf und Nacken sah man die dicke Vergoldung und zwischen den Hörnern den Sonnenkreis in Gold. Alljährlich trug man sie aus ihrem Gemache an dem Feste, wo die Aegypter sich schlugen »um des Gottes willen, den ich bei einer solchen Sache nicht nennen will; — denn sie soll, behauptet man, sterbend ihren Vater Mykerinos gebeten haben, einmal im Jahre sie die Sonne sehen zu lassen«*).

Dasselbe wissen die Syrer von ihrem genannten Könige Kinyras. »Dieser kam mit einer Menge Volkes nach Küpros, wo er die Stadt Pafos anlegte, sich mit Metharme, des küprischen Königes Pygmalion Tochter, vermälte und den Oxöporos und Adonis zeugte, ausserdem Töchter, welche in Aegypten ums Leben kamen. — Panyasis giebt dem Adonis den Assyrerkönig Thias zum Vater, der auch eine Tochter Smyrna hatte.«**) Von dieser Tochter nun erzählt man, sie habe Mangel an Achtung für die Göttinn von Pafos, Afrodite, blicken lassen und diese sie aus Zorn (wie sie obige Töchter ins Verderben brachte) zu Leidenschaft gegen den eigenen Vater entflammt, welche sie mit Hilfe ihrer Amme befriedigte; aber der Vater, wie er sie erkannte, verfolgte sie mit gezücktem Schwerte, und die Götter verwandelten sie in den Myrrhen- (Smyrna-) Baum, aus welchem Adonis hervorkam, der Afrodite wie Persefones Liebling, bei deren jeder er einen Theil des Jahres zubrachte***).

Hier ist offenbar derselbe Mythos vom Verhältnisse zwischen Mond und Sonne und gerade in dem syrisch-küprischen Kefalos-Tithonos-Hause, dessen Könige lauter Sonnennamen trugen. Tacitus weiss auch, dass Kinyras den pafischen Tempel dort auf Küpros geweiht, wo die Göttinn gelandet und dessen Priester immer nur Kinyraden sein durften†). Erwähnt muss hier werden, was die Eingehörigkeit des Kinyras in den Faraonenstamm noch mehr bestätigt, dass derselbe von eben dem Tithonos stammt, dessen Sohn der unzweifelbare Aegypter Memnon war.

Aber nun? Mykerinos (»Einige nennen ihn Mecherinos«, Diod.) ist

---

*) Herod. 2, 129—132.
**) Thias, »der Sohn des Belos«, auf dem Gebirge Libanos. Ant. Lib. 34.
***) Apollod. III. 14. 3. 4. Ant. Lib. 34.
†) Tac. hist. II, 3.

dasselbe, was Mi-che-ri-nos, durch die übliche Sylbenverschiebung der bekannte Faraonenname Mi-Che-ne-res, und buchstäblich so heisst er in Syrien und auf Küpros: Ki-ny-ras. Wegen seines Namens, und konsequent mit dem Bisherigen, weil die Pyramidenerbauer der 4. Dynastie heissen: Sufis I., Sufis II., Mencheres, lassen Herodot und Diodor, wie Cheops und Chefren die erste und zweite, ihn die dritte bauen, wo aber Herodot beifügt. Einige schreiben sie nicht ihm, sondern einer Buhlerinn zu, worinn augenscheinlich Kunde von der Faraoninn Nitokris aus der 6. Dynastie steckt, welche die Pyramide des Menchre vollendete. Auf eine Weissagung aus der Stadt Buto, der Farao habe nur noch 6 Jahre zu leben, und auf seine Beschwerde, warum es ihm, dem Frommen, schlimm gehen solle und denen vor ihm gut, und den weitern Ausspruch: eben deshalb, weil er nicht getban was zu thun gewesen, denn es habe mit Aegypten 150 Jahre lang schlimm gehen sollen, — habe er, um länger zu leben, Nachts eine Menge Lampen brennen lassen und dadurch Tag und durch Genuss und Lustbarkeiten aus den 6 Jahren 12 gemacht*). Nach Letzterm träfe es ihm 44 Jahre (50 + 56 + 44 = 150), von 1212 bis 1168.

Auf Mykerinos folgt 1168 (in der Manethosliste, wie wir sie haben, ausgelassen) bei Herodot Asuchis (jener Kinyrade Oxyporos?), auch Tnefachthos und Technatis genannt, der angeblich einen Feldzug nach Arabien machte und in Geldnoth das Gesetz erliess, des Vaters Mumie versetzen zu dürfen. Er hinterliess eine Ziegelpyramide**). Dessen Sohn und Nachfolger um 1050 nennt Herodot Anůsis von der Stadt Anůsis, blind; Diodor aber und Manethos Bokchoris, »im Aeussern ganz unansehnlich; aber an Scharfsinn und Einsichten übertraf er seine Vorgänger weit«***). Mit diesem trat der eben so für den Weisesten gehaltene Salomo in Verbindung und heiratete (noch vor 1006) dessen Tochter, welcher er, der »Dunkelfarbigen«, wohl den 45. Psalm und das herrliche »Hohe Lied« dichtete. Er bekam mit ihr die Stadt Gaza †).

In 7 Jahren, 1006, war der Tempelbau vollendet††), ein verhängnissvolles Jahr für Aegypten. Beim Namen Bokchoris stehen in des Afrikanus Manetholiste die Worte: »ἐφ' οὗ ἀρνίον ἐφθέγξατο ἔτη 990, cujus tempore locutus est agnus annis 990« und die Randglosse des Syncellus: »redundant haec, aut alia desunt« †††). Auch Bunsen, welcher freilich den Bokchoris erst beim Jahre 740 hat, fügt bei: »Glossa mihi nondum intellecta.« §)

---

*) Herod. 2, 133. 134. — Lepsius (S. 309) verwechselt den Farao irrig mit Psametich II. der 26. Dynastie, der ebenfalls den Beinamen Mencheres hat.
**) Herod. 2, 136. Diod. 1, 45.
***) Diod. 1, 65. 45. Herod. 2, 137.
†) 1 Kön. 3, 1; 9, 16. Hohe Lied 1, 5. 6. Jos. Ant. VII. 2, 1; VIII. 6, 1.
††) 1 Kön. 6. 28. Jos. Ant. VIII. 5, 1.
†††) Sync. 71. Eus. bei Sync. 75. Ronc. 277 und Maii 104. 818. — Letzterer Schriftsteller hat die Worte, aber ohne die Zahl, die hier mit arabischen Ziffern gesetzt werden musste.
§) Buns. III. Urkundenbuch, S. 36.

Wenn grosse Gelehrte sich so äussern, darf Unsereiner nur verlegen aussprechen, dass ihm die Stelle völlig klar vorkömmt, und die 990 Jahre einfach die 5 bisherigen Dynastien des dritten Manethobuches enthalten (1006 + 990 = 1996), wo die 20ste, Ramesidische, begann. Denn in diesem Jahre, 1006, brach der Aethioperkönig Sabako in Aegypten ein und machte der inländischen Herrschaft ein Ende. Herodot und Diodor schildern den Eroberer in 50jährigem Herrschen als fromm, als die Todesstrafe in Dammarbeiten verwandelnd, und Ersterer will, der blinde Farao sei vor ihm in die nördlichen Marschländer gewichen, wo er sich während des Aethiopers 50 Jahren mit Aufdämmung einer Delta-Insel beschäftigt*). Manethos aber, bei Afrikanus und Eusebios, sagt ausdrücklich, Sabbakon habe den Bokchoris gefangen und lebendig verbrannt**). Josefus hat die, ebenfalls meinen Kalkul bestätigende, Angabe: »Ich habe auch in unseres Volkes Schriften gefunden, dass nach dem Farao, welcher Salomos Schwäher war, kein Aegypter mehr mit diesem Titel benannt wurde.«***) Dieser Geschichtschreiber meldet, die s. g. Königinn von Saba, welche später den Salomo besuchte, sei eine gewesen, welche zu jener Zeit »Aegypten und Aethiopien zugleich beherrschte«. Dieser König Israels hatte grossen Ruf durch den Bau des Prachttempels, dann 1006 bis 994 seines Palastes, die Befestigung Jerusalems, der Stadt Thadmor oder Palmyra in der Wüste u. a. Städte, da er die Chananäer in der Nachbarschaft Fönikiens zinspflichtig gemacht hatte. Dem Türier Hiram gab er für seine Mithilfe 20 Städte und gründete im rothen Meere eine Flotte, welche, zum Theil unter Hirams Seeleuten, nach Ofir (Afrika) fuhr, woher und aus Tarsis (Tartessos) Gold, Silber, Elfenbein, Pfauen und Affen kamen, wie Kaufleute und Arabiens Emire reiche Abgaben entrichteten†). Als er jedoch, gegen das Gesetz, noch mehr heidnische Frauen nehmend, im Alter sich durch dieselben zum Götzendienste verleiten liess und der sidonischen Astharoth (Atergatis, Derketo), dem moabitischen Chamos und ammonitischen Mel-Chom oder Moloch Heiligthümer errichtete, erhoben sich Gegner wider ihn. Schon unter David war Hadad, aus dem Königsstamme Edoms, als Knabe mit Mehreren zum Farao geflohen, der ihm seiner Frau Schwester zur Ehe gegeben. Dieser machte sich nun auf zur Heimkehr. So gründete der geflüchtete Resan jetzt ein Königthum in Damask und war mit Hadad thätig wider Salomo, diesem das Syrische zu entreissen. Noch ernster war, vom Profeten Ahija aufgestachelt, der Aufstand des tapfern Jerobeam, welcher, als der König ihn hinzurichten befahl, zum Aethioper nach Aegypten entfloh, den die Bibel hier Susak nennt, wo er bis zu Salomos Tode verblieb††). Wieder ein Beleg

---

*) Herod. 2, 137—140. Diod. 1, 65.
**) Eus. Ronc. 269. Maii 104. 321. Sync. 74. 75 und in einem andern Kanon 184.
***) Jos. Ant. VIII. 6, 2.
†) 1 Kön. 6, 38; 7, 1; 9, 10. 2 Chron. 8, 1. 1 Kön. 9, 11—28. 10 u. 11.
††) 1 Kön. 11, 14—40. 12. Jos. VIII. 7, 6—8.

von der Gleichzeitigkeit der 25. Aethioperdynastie und Salomos und der Unrichtigkeit, diese mit Champollion, Böckh und Bunsen um 2 Jahrhunderte hinab zu verweisen.

Die Neu-Babyloner.

Als Salomo 975 müde starb und sein Sohn Rehabeam sich als Despoten ankündigte, fielen 10 von den 12 Stämmen, alle bis auf Juda und Benjamin, von ihm ab, und es bildeten sich zwei getrennte Reiche, Juda mit Jerusalem und Israel unter dem heimgekehrten Jerobeam, welcher, um die Spaltung vollständig zu machen, in Bethel und Dan goldene Stierbilder und Opfer stiftete. Zudem zog 971 Susak aus Aegypten (bei Josefos Σούσακος mit Libyern und Aethiopen) mit Kriegswagen, Reiterei und Fussvolk ins Land Juda und nahm Stadt um Stadt bis nach Jerusalem, wo er die Schätze des Tempels und Palastes plünderte*).

Nach 50jährigem Herrschen sei Sabako oder Susak, es heisst, beunruhigt durch eine Traumerscheinung, welche ihm rieth, alle ägyptischen Priester umzubringen, 956 freiwillig von der Regierung abgetreten und nach Aethiopien zurück, worauf, hörte Herodot, der vertriebene Anûsis aus dem Marschlande wieder ans Ruder getreten sei**). Wenn letzterer Schriftsteller beifügt, seine Versteck-Insel sei bis auf Amyrtâos — eine Lesart sagt mehr als 700, eine 500, eine 300 Jahre lang — unentdeckt geblieben, so dürfte das (450+500 = 950) in die eben angewendete Zeitrechnung passen. Hier aber findet sich sowohl bei den zwei Griechen als in des Manethos Liste eine Lücke von 2 Jahrhunderten, die uns jedoch nicht abhalten darf, die äthiopische Dynastie, in welcher Herodot »achtzehn« Könige zählt***), fortherrschend anzunehmen. Der spätere Sabako, den die Berliner Schule mit dem Gründer der 25. Dynastie verwechselt, herrscht erstens über 200 Jahre später, und dann nicht 50 Jahre, wie wir vom Erstern genau wissen, sondern blos 12. Die Bibel füllt die Lücke wenigstens in etwas aus, indem nach ihr im Jahre 946 »Zara, Serah der Aethioper« (bei Josefus Ζαραῖος βασιλεὺς Αἰθιόπων) mit einem zahllosen Heere und Wagen ebenfalls nach Juda fiel, wo Assa, Rehabeams zweiter Nachfolger, mit ihm schlug, so dass die Afrikaner, von

---

*) 1 Kön. 14, 25. 26. 2 Chron. 12, 2—9. Jos. VIII. 10, 2—4.
**) Herod. 2, 139. 140. Diod. 1, 65.
***) Herod. 2, 100.

jähem Schrecken ergriffen, mit vielem Verluste flohen, und die Juden, sie bis Gerar verfolgend, mit reicher Beute heimkehrten*).

Während im Reiche Israel Heidenthum und Königewechsel durch Mord die Geschichtblätter füllen, liess Assa alle Reste des Götzenwesens aus Juda entfernen und im Jahre 941 in Jerusalem wieder feierlich opfern. Der sechste Israelkönig Amri baute die Hauptstadt Samaria. Sein Sohn Ahab, 918, ist berüchtigt worden, namentlich durch sein Weib Jezabel, Tochter des Königes Ethbal von Sidon und Biblos (940—908), welche in Samaria den Baalskult einführte, und durch den Seher Elia, welcher 915 in einer Tröckne die Balspriester am Bache Kison umbrachte. Ahab schlug 902 den einfallenden Syrer Ben Hadad, wurde aber 899, als er mit Assas Sohne und Nachfolger in Juda, Josafat, Syrien angriff, erschlagen, und es folgte in Samaria sein Sohn Ahasja, erlag aber 895 dem sich auflehnenden Jehu, welcher die Jezabel und Ahabs ganzes Haus sammt den Balspriestern umbrachte. Dem Seher Elia folgte (in Jorams 7. Jahre, 887) Elisai, welcher im 37. Jahre des Joas in Juda, 843, starb**). —

In Assyrien dauerte, seit dem Verluste der vorderasiatischen Küste und Inseln unter Chalaos (1255), seit der Lossagung Palästinas und der äthiopischen Eroberung Aegyptens unter Bokchoris (1006), »immer der Sohn auf den Vater folgend«, sagte Ktesias, die Herrschaft derselben Beliden oder Herakleiden fort bis auf den 40sten seit Ninos. Sardanapal (Asar Adon Pal, so las auch Rawlinson in den Keilschriften) oder Θώνος ὁ λεγόμενος Κονκόλερος, Sohn des Anakindaraxes, Anabaraxes oder Akrazanes (der 881 geherrscht hatte) im Jahre 839, geschildert als Weichling und Schwelger im Harem, was Andere blos für Missverstand seines langen (serischen) Gewandes und der epikurischen Inschrift seines Grabmales erklären und von ihm Züge von Tapferkeit und die Gründung von Tarsos und Anchialos erzählen***).

Ermuntert durch die Beispiele in der Nähe, reizte im Jahre 824 der Anführer der Babylonier, Belesys (Bal Asar), aus dem Orden der Chaldäer, den Führer der medischen Truppen, Arbakes, zum Abfalle vom Könige, indem er ihm, heisst es, die Herrschaft prophezeite. Dieser gieng in den Vorschlag ein, und der Eine bereitete nun die Meder und Perser, der Andere die Babyloner, wie die Araber, vor, und im Jahre 822 erschienen die Aufgestandenen bei Anlass der Truppenablösung, die jedes Jahr stattfand, vor Ninos in starker Zahl. Sardanapal liess die Treugebliebenen aufbieten, schlug jene dann vor der Stadt und trieb sie ins Gebirge. Als sie wieder erschienen, bot der König Preise auf die Köpfe der zwei Aufrührer und lieferte ihnen eine zweite siegreiche Schlacht. Balasar erhielt des Genossen Mut, auf seine Sterne bauend, aufrecht; aber ein dritter Sieg Asar-

---
*) 2 Chron. 14, 9—15; 16, 8. Jos. VIII. 12, 1. 2.
**) Sync. 167.
***) Diod. 2, 23. Strabo 14, 4. Just. 1, 3. Arrian. Alex. 2, 5. Ktes. 85. Sync. 165.

adoupals nahm ihnen ihr Lager und drängte sie (Arbakes wund) an die Grenze Babyloniens. Auch jetzt blieb der Babyloner die Seele der Bewegung. Arbakes, einem neu aus Baktrien dem Könige zuziehenden Heere entgegen rückend, gewann dieses für sein Unternehmen, griff den Monarchen unversehens Nachts an und siegte das erste Mal. Jetzt ernannte der König seiner Gemalinn Bruder Salaimenes zum Feldherrn, übernahm die Vertheidigung von Ninos, verlor jedoch zwei neue Schlachten und den Schwager und wurde belagert. Nun traten andere Provinzen den Empörern bei. Asaradonpal sandte 3 Söhne, 2 Töchter und viele Schätze zum Satrapen Kottas in Paflagonien, rüstete mit neuem Mute und hielt sich, bis im dritten Jahre (819) der Strom (Diodor nennt irrig den Eufrat) durch Regengüsse anschwoll, einen Stadttheil überschwemmte und die Mauer einriss, worauf er sich sammt Weibern, Verschnittenen und Gold und Silber selbst verbrannte, nachdem des Ninos Reich seit 2205 »über 1360 Jahre«, sagt Ktesias (es sind 1386), bestanden hatte*). Sardanapal war seit Aloros der 64. Herrscher über Babylonien Der in Lüdien den Stamm fortsetzende Alyattes ist wohl einer seiner erwähnten 3 Söhne**), dessen Sohn Ardys um 794 in Sardes bekannt ist.

Die Erzählung, die Sieger haben hierauf den Arbakes zum Könige gewählt, dieser seine Kampfgenossen zu Statthaltern über die Völkerschaften gesetzt, den Balasar zu dem von Babylonien »ohne Zins«, welchem, auf des Schlauen Bitte, er auch den Schutt der verbrannten Königsburg überlassen, »ihn von der Brandstätte nach Babylon zu führen«, um dort nach einem dem Belos gethanen Gelübde neben des Gottes Heiligthume einen Hügel daraus zu errichten, auf dass Jeder, der den Eufrat herabschiffe, das unvergängliche Denkmal der Zerstörung des assyrischen Reiches vor sich sehe«, worauf er in den Besitz des geschmolzenen Goldes und Silbers gelangt, vom Könige durch Gerichtsspruch der Kriegsgefährten zum Tode verurtheilt, aber begnadigt und als Satrap bestätigt worden sei***), ist lediglich medische Färbung durch den am Perserhofe lebenden Ktesias, da der gründlichere Herodot ausdrücklich die (neuen) Assyrer über Asien fortherrschend kannte†), die wahre Geschichte von einem Herrschen der Meder noch über 100 Jahre lang nichts weiss und auch die biblischen Nachrichten nur von Assyrien reden. »Die Stadt (Ninos) machte er (Arbakas) dem Boden gleich.« ††).

Der von Eusebios, nach dem Polyhistor Alexander als erster (neu-) babylonischer Herrscher genannte Chaldäer Ful (verschrieben Fua) beim Jahre 791 †††) ist eben Fal oder Bal Asar, welcher als »König von

---

*) Diod. 2, 23—27. 21. — Orosius sagt: 64 oder 65 Jahre vor Rom, und Eusebios hat das Jahr 820. Bonc. 267. Vergl. Maii 46 und Sync. 168.
**) Herod. 1, 7. Eus. Maii 47.
***) Diod. 2, 27. 28. 32.
†) Herod. 1, 95.
††) Diod. 2, 28.
†††) Eus. Maii 18, 245. Samuel 16.

Assyrien« unter dem 16. Israelkönige Menahem (783—763) »in das Land fiel. Da gab Menahem dem Ful 1000 Silbertalente, damit er es mit ihm halte und damit er das Königreich unter ihm stärke; er legte das Geld auf alle Vermöglichen in Israel, um es dem Assyrerkönige zu geben, auf jeglichen Mann 50 Silbersikel. Nun kehrte der König von Assyrien um«*). So hätte Bal Asar 44 Jahre geherrscht, von 819 bis 775, denn in letzterm Jahre finden wir in Babylon und Assyrien herrschend, mit gleichem Namen Tiglath Fal Asar (Fal Asar vom Tigris), welcher unter dem 18ten, 763 in Samaria herrschenden Pekah abermal erschien, alle Städte des Stammes Nafthali eroberte und die Bewohner »wegführte nach Assyrien«**). Als jedoch Pekah, verbündet mit dem Syrer Resan, das Bruderland des 15. Judakönigs Ahas, überfiel, und Volk gefangen nach Damask geschleppt wurde, begab sich Ahas in Schutz und Botmässigkeit des Assyrers und sandte ihm Schätze aus dem Tempel und Palaste, worauf Tiglath Fal Asar Damask überzog und plünderte, den Resan erschlug und dort den Ahas empfing, welcher das assyrische Götzenthum völlig einführte und Salomos Tempel schloss. Der Assyrer verpflanzte Damasker nach Medien und Assyrer nach Damask***).

Auf Bal Asar folgte im Jahre 747 am 26. Februar der dritte Chaldäer oder Neubabyloner, mit dessen Antritte die gelehrten Chaldäer eine neue Aera begannen. Nabon Asar oder biblisch Salman Asar, welcher den 19. Israelkönig, den 741 oder 734†) dort herrschenden Hosea, tributpflichtig machte. Zu dessen Zeit finden wir die ägyptisch-äthiopische 25. Dynastie wieder. Hier nämlich herrschte zur Zeit Tiglath Fal Asars, im Jahre 758, Sabako II., dessen Name (in den Denkmalen Ra Nefru Kara oder Sabak) die zwei Griechen, Herodot und Diodor, verleitete, ihn mit Salomos Zeitgenossen Sabako I. zu verwechseln, und eben so unsere neueren Aegyptologen, jenen, wie ich erwähnte, hier herab zu setzen, während, abgesehen von Manethos, die Bibel hier den Weg klar beleuchtet. Unter Salmanasar folgte 747 am Nil des Sabako II. Sohn Sewechos, Sebichos (Denkmalname Sewekh). Mit diesem (die Bibel schreibt blos So, Synkellos Segor) schloss der Israelite Hosea heimlich Bündniss. Wie Salmanasar dies inne wurde, da der Tribut ausblieb, rückte er im Jahre 726 vor die Hauptstadt Samaria, welche er 3 Jahre belagerte und 724 (in Hoseas 9tem und Hiskias von Juda 6. Jahre) einnahm, den Hosea mit den 10 Stämmen (Tobias unter ihnen) »nach Assyrien und Medien« versetzte, und dem abgetrennten Reiche Israel nach 250 Jahren und 19 Königen ein Ende machte. 96 Jahre nach dem

---

*) 2 Kön. 15, 19. 20. Jos. IX. 11, 1.
**) 2 Kön. 15, 29. Jesaias Gesicht im Jahre 760, Jes. 6. Jos. IX. 11, 1.
***) 2 Kön. 16. 2 Chron. 28. Jes. 7 und weiter. Jos. IX. 12, 3.
†) Ersteres unrichtig 2 Kön. 15, 30; letzteres richtiger 2 Kön. 17, 1—3. Jos. IX. 13, 1. Sync., p. 206. 207 zählt von Nabonasar bis auf Alexanders d. Gr. Tod 424 Jahre (+ 323 = 747), und rechnet 747 sein annus mundi 4747 und Alexanders Tod a. m. 5170.

Umsturze des alt-assyrischen Reiches, sagt Synkellos (820—724 = 96).
Für die Weggefährten sandte der Eroberer Kolonisten aus Babylon, Kamath
u. a. Orten nach Samaria, woraus die halbjüdischen, halbheidnischen späteren
Kuthäer oder Samariter sich bildeten*).

Dann überzog Salmanassar den Iluläi in Tyros und nahm dieses und
Sidon u. a. Städte ein**).

Salmanassarn folgte im Jahre 722 sein Sohn Sanacherib. Um seines
Vaters Thaten fortzusetzen, zog er im Jahre 716 wider den 16ten frommen
Judakönig Hiskia, des Ahas Sohn, und nahm Stadt um Stadt weg. Hiskia
erbot ihm nach Lachis, wo Sanacherib lag, seine Unterwerfung und erlegte
mit Mühe die geforderten 300 Silber- und 30 Goldtalente. Gleichwohl sandte
der Assyrer ein Heer auf Jerusalem, an dessen Befestigung Hiskia eifrig
gieng, weil der Assyrer vernommen, Letzterer habe nach Aegypten um
Hilfe geschickt an den seit 734 auf Sewech dort herrschenden Aethioper
Tarakos, Tearko, Tirhaka, welcher angeblich bis an die Herkulessäulen
und Europa gedrungen sein soll***). Sanacherib liess dem Könige vorwerfen,
dass er sich »auf den zerbrochenen Rohrstab« in Aegypten stützen wolle,
seines Gottglaubens spotten und an Samarias Fall erinnern. Jetzt sandte
Hiskia zu dem grossen Seher Jesaia, welcher des Volkes Mut wieder hob.
Die Nachricht kam, der Aegypter Tirhaka rücke mit grossem Heere den
Juden zu Hilfe, und in einer Nacht soll »der Engel des Herrn« im assyrischen
Lager eine solche Niederlage angerichtet haben, dass Sanacherib das Land
verliess †).

In Medien, welches Land in den Persersagen, dem Lichtlande Iran
gegenüber, als ein feindliches, den bösen Geistern (Divs) anheimgegebenes,
mit Namen Turan erscheint, und in dessen Keilschrift-Sprachresten Gelehrte
wirklich einen skythischen (tschudischen), turkischen Dialekt finden wollen ††),
lebte damals der vierte Anführer seit Arbakes, Namens Dejokes (iranisch
Zohauk, Dhohak, mit dem bösen Wesen Ahrimanes verbündet und deshalb
Asdahages, Drachensohn, griechisch Astüages, genannt). Dieser fiel im Jahre
710 von Assyrien ab, machte Medien unabhängig, und wusste durch Gewandtheit
dessen erster König zu werden, als welcher er dessen Hauptflecken
Agmatana, Ekbatana, Ahmetha, Hamadan, befestigte. Rawlinson möchte das
ächte Agbatana nördlich in Takht i Suleiman sehen †††).

Auch in Babylon hatten sich schon unter Nabonasar Einzelne, ob als
Heerführer oder dortige Statthalter, als unabhängig benommen (Nad 788,

---

*) 2 Kön. 17, 3—6; 18, 9. 10. 11; 17, 24—34. Tob. 1, 1. 2. 3. 1 Esra 4, 10. Sync.
204. 205. Prosp. Aquit. bei Ronc. I, 535. Jos. IX. 14, 1—3.
**) Jos. IX. 14, 2.
***) Strabo 15, 1.
†) Eus. Maii 19. 20. Tob. 1, 10. 2 Kön. 18, 13—37; 19, 1—36. 2 Chron. 32, 1—21.
Jes. 36. 37. Jos. X. 1.
††) Ausland 1849. Nr. 257, S. 1026.
†††) Herod. 1. 96—101. Diod. 2. 32. Eus. Maii 20. 21. Schahnameh u. A.

Chinzir und Poros 731, Ilulai 726, Merodach Bal Adan, Bal Adans Sohn, 721, welcher, »König von Babel«, an Hiskia Geschenke geschickt hatte*), Arkean 709, Belib 702). Den Belib nun schlug Sanacherib 701 im Felde, brachte ihn sammt seiner Familie nach Assyrien und setzte seinen Sohn Asor Adon als Regenten nach Babylon. Als er bald darauf vernahm, die Hellenen Kleinasiens greifen sein Kilikien an, schlug er sie, aber mit Verlust, und erneuerte die Stadt Tarsos**).

Seinen letzten Feldzug machte Sanacherib (ich gebe die Thatsachen nicht klarer, als ich sie in den verwirrten Angaben finde, und halte mich an die Chronologie) gegen Aegypten. Dort hat Eusebios, aber falsch schon zur folgenden Dynastie gezählt, auf Tirhaka im Jahre 714 »Ἀμμερις Αἰθίωψ ἔτη ιβ´ und armenisch Ameres Aethiops annis 12.«***), welchen Namen auch Lepsius als Königinn Amnerith gefunden hat†). Der Name kann nur der letzte der »18 Aethiopen« bei Herodot sein††), und es tritt auf die 26. Dynastie. Erst hier knüpfen die Griechen den abgerissenen Faden wieder an, und nennt Diodor nach dem angeblichen Abtreten Sabakos eine »Anarchie von 2 Jahren«, Herodot aber die Herrschaft eines Fthahpriesters aus Memfis, Namens Sethon. »So weit in dieser Geschichte haben die Aegypter und ihre Priester mir gesagt und gewiesen, dass vom ersten Könige bis auf diesen Priester des Hefästos, der zuletzt König war, 341 Menschenalter und in diesen eben so viele Könige und wiederum auch eben so viele Oberpriester gewesen seien.«†††) Und wirklich ist in meinem Kanon Ammeres der 341. König; des Herodot »Alter« sind selbstverständlich einfach Zeugungen, Personen, aber nicht Generationen von 33 Jahren, wie er annahm.

Dieser Priester war ein Gegner der Kriegerkaste, welcher er ihre Bodenlehen wegnahm. Als daher 701 »Sanacheribos, König der Araber und Assyrer«, gegen ihn heranrückte, weigerten die Krieger den Auszug. Sethon aber sei in das Allerheiligste gegangen, habe seinem Gotte die Noth geklagt und in einem Traume Trost erhalten. Wie er mit den Gewerbkasten bei Pelusion lagerte, habe sich Nachts ein Heer Feldmäuse über die schlummernden Assyrer ergossen und ihnen Köcher, Bogen und Schildriemen zernagt, so dass sie am Morgen mit grossem Verluste, wie vor Jerusalem, geflohen seien§).

Als Sanacherib, aus Pelusion heimgekehrt, im Tempel des Nisroch (des habichthauptigen Asarach, Osiris) zu Ninos betete, ermordeten ihn zwei

---

*) 2 Kön. 20, 12—19. Jes. 39, welcher von Babylon her Verderben weissagt.
**) Eus. Maii 18. 19. Canon Ptolemaei.
***) Eus. Maii 104. 324. Hone. 300. Sync. 76.
†) Buns. III, 139; V*, 413.
††) Herod. 2, 100.
†††) Herod. 2, 142.
§) Herod. 2, 141.

seiner Söhne und flohen »ins Land Ararat«. Sein Nachfolger wurde der genannte Asar Adon, welcher einen der Vatermörder hinrichtete, Asdod einnahm, angeblich bis Byzanz und Aegypten drang*) und des Hiskia dem Heidenthume nachgebenden Sohn Manasse (von 700 an) gefangen nahm und eine Zeit lang in Babylon behielt**). Er versetzte neue Pflanzer nach Samaria und erhob des Tobias Neffen Archikar an den Hof, welcher den Tobias vom Könige begehrte und erhielt, und ihn zu Ehren zog***).

Psammitich und Nabo Chadon Asar.

Nach unruhiger Zeit kamen in Aegypten wieder die Krieger ans Ruder: Stefinates 699, Nechepsos 692, Nechao I. 686, welcher gegen die Aethioper umkam, bis im Jahre 678 Zwölf sich in Memfis in die Herrschaft theilten. Weil ein Orakel verkündet, derjenige aus ihnen, welcher im Fthahtempel aus eherner Schale Trankopfer spenden werde, solle zur Alleingewalt gelangen, und Einer, jenes Nechao Sohn aus Saïs, Psammitich, bei einem Opfer, wo er beim Eintreten keine goldene Schale erhalten, den Trank in seinem abgenommenen Helme empfieng, wiesen ihm die Eilf misstrauisch die unteren Marschländer und geringe Macht an. Auf einen zweiten Götterspruch, welcher ihm den Beistand »eherner Männer vom Meere her« verhiess, gewann er durch einen Sturm nach Aegypten verschlagene ionische und karische Freibeuter, stürzte mit deren Hilfe die XI. und herrschte im Jahre 663, der 357. Farao, allein. Er verlieh seinen hellenischen Freunden Land zu einer Niederlassung, öffnete das bisher allen Fremden verschlossene Aegypten dem Verkehre, vertraute Griechen Ehrenposten im Heere an, liess inländische Knaben ihre Sprache lernen, errichtete reiche Bauten in Memfis und liess 29 Jahre lang das syrische Asdod (Azot) belagern, bis er es eroberte†).

Im Ptolemäischen Kanon sind nach Sanacheribs Sohne Asar Adon in Babylon noch 3 Scheinkönige. Von einem derselben fiel sein Feldherr Parsodes, angeblich persischen Blutes, ab und begab sich nach Medien

---

*) 2 Kön. 19,*37. 2 Chron. 32, 21. Jes. 37, 38; 30, 1. Tob. 1, 22—30. 31. Eus. Maii 18. 19. 25. Jos. X. 1, 5.
**) 2 Chron. 33, 1—19. Jos. X. 3, 2.
***) 1 Esra 4, 2. 3 Esra 5, 68. Tob. Sync. 205.
†) Herod. 2, 147. 151—157. Diod. 1, 66. 67. Jes. 19. 20. 30. 31.

zu »Asdahages« (Zohauk, Dejokes), welcher sein Volk gehoben und die Herrschaft im Jahre 687 bereits bis an den Halys in Kleinasien ausgedehnt hatte*). Er gewann in Ekbatana hohe Gunst und sein Sohn des Dejokes Tochter Aroïtis**). Im Jahre 656 folgte dem Dejokes sein Sohn Fraortes oder Artäos, welcher die Perser unter Medien brachte.

In einem Rechtstreite von diesem Könige beleidigt, entwich der Genannte Parsodes aus Ekbatana mit Gleichgesinnten wieder nach Babylon, wo er den Schattenkönig in seine Gewalt brachte und (ein Pipin) im Jahre 651 die Herrschaft an sich riss***).

Jetzt zog er rächend im Jahre 640 gegen Fraortes (Arfaxad der Judith) und schlug mit ihm in der Ebene bei Ragä (das jetzige Reï), wo er siegte†). Dann sandte er hochmütig an die Perser, nach Jerusalem, Samaria, Syrien und Kleinasien, Gehorsam fordernd, schlug den gegen ihn ausgezogenen Fraortes zum zweiten Mal im Jahre 635, nahm alle medischen Städte bis Ekbatana, und des Dejokes Sohn fiel, verfolgt, im Gebirge bei Ragä††). Jetzt zwang er in Babylon den letzten der Könige, Sarakus, sich, wie Sardanapal, zu verbrennen, und galt im Jahre 634 als König, unterm Namen Nabo Pal Asar†††). Es ist dies, seit Nabon Asar 747, die zweite neubabylonische Herrschaft.

In Medien folgte dem erschlagenen Fraortes 634 dessen Sohn Kuaxares (Astibaras), welcher, noch tapferer als seine Vorgänger, die Heerordnung verbesserte und sogleich, den Vater zu rächen, 634 gegen Nabopalassar ausrückte, aber vor Nabopalasars Sohne (oder, wie Herodot es auffasste, vor den »Skythen«) vor Ninos erlag§). Um diese Zeit sandte Nabopalasar den Holofernes nach Kilikien, Lykien, Syrien, Fönikien, wo man die Unterwerfung verweigert hatte, und nach Palästina, wo aber der Feldherr von der Hand der Judith umkam §§). Auch auf Aegypten zogen diese Chasdim (Chaldäer, Skythen), wo jedoch Psammitichos sie durch Geschenke abhielt §§§).

Dem Psammitichos folgte im Jahre 624 sein Sohn Nechao II. Dieser legte wieder Hand an den Sesostriskanal aus dem Nil ins rothe Meer, gab jedoch, nach viel Kosten und Mühe, die Arbeit auf, als ein Orakel äusserte, er arbeite den Barbaren in die Hände. Dafür sandte er aus dem rothen Meere fönikische Schiffe, Afrika zu umfahren, welche nach 2 Jahren, nachdem sie staunend im Westfahren die Sonne rechts erblickt, zu den Herkules-

---

*) Herod. 1, 130.
**) Eus. 20. 21. 25. Sync. 210.
***) Herod. 1, 102. Diod. 2, 33. Fragm. des Nikolaos im Prodrom d. hellen. Bibl. Paris 1805. Eus. 21. 25. Judith 1, 13. Sync. 210. 396. 392.
†) Diod. 2, 33. Jud. 1, 56.
††) Herod. 1, 102. Jud. 1, 14. 15.
†††) Eus. 25. 26. Diod. 2, 33.
§) Herod. 1, 103. 106. Diod. 2, 34.
§§) Jud. 2, 1 ff. Jerem. 4. 6, welcher Seher seit 630 zum Volke sprach, 1, 1; 25, 3.
§§§) Herod. 1, 105.

säulen herein wieder heimkamen. Dann zog er mit Heermacht gegen die Assyrer. Als er dem Eufrat zu, bis Mageddo, gekommen war, erlag ihm 613 der 19. König in Juda, Josia, was Jeremia der Seher besang. Das Volk wählte dessen Sohn Joahas, welchen aber, der Farao nach drei Monden in Ketten schloss und ihn nach Aegypten führte, dessen Bruder Jojakim 612 auf Davids Thron setzend.

Bald darauf nahm der erkrankende Nabopalasar seinen tapfern Sohn Nabo Chadon Asar (Nebukadnezar) zum Mitherrscher und sandte ihn, den um sich greifenden Nechao zu strafen, welcher auch am Eufrat 608 erschlagen wurde, worauf alles Aegyptische vom Eufrat bis an den Nil assyrisch wurde. Als der alte Assyrerkönig, den Sohn zu ewiger Feindschaft gegen Medien ermahnend, starb, war Nabochadonasar (auch Nabo Nad, Nabo Kol Asar) in Jojakims viertem Jahre, bei Synkellos p. 169 der 17. (Neu-) Assyrer gezählt, wirklicher König 608. Judäa wurde den Chaldäern zinsbar, und hier beginnen die 70 Jahre bis 538*).

Dem Nechao folgte als Farao sein Sohn Psammis oder Psammitichos II.

Aber im Jahre 607 rückte der Meder Kйaxares ein zweites Mal, nach mehreren Treffen, vor Ninos, machte die angeblichen Skythen trunken, eroberte die Stadt und zwang Nabochadonasarn zum Frieden, wodurch die Meder die Oberherrschaft erlangten**). Dazu trug wohl bei Nabochadonasars Gattin, des Fraortes Schwester, auch Nitokris und Zarina genannt, eine Frau an Klugheit und Schöne gleich ausgezeichnet***).

Der Seher Jonas hatte die Stadt Ninive, »drei Tagereisen gross« und bewohnt von »mehr als 120000 Menschen«, noch unter ihrem eigenen Könige und als hochbedeutendes Haupt des Landes besucht, somit vor 607, und wohl als ihr im Jahre 634 Verderben von Medien her drohte. Von jetzt an verschwindet sie aus der Geschichte, und Xenofon fand sie 200 Jahre später als die Ruinen von Larissa und Mespila (Mosul), bis im Jahre 1845 Botta für Frankreich im Dorfe Khorsabad den ersten assyrischen Palast aus einem Schutthügel aufdeckte, und nach ihm Austin Henry Layard für England viel mehr in Kujjundschik und besonders bei Nimrud, Gebäude, Keilschriften, Bilder und Gegenstände aus verschiedenen Epochen.

Als im Jahre 603 (oder 587?) der 5jährige Krieg zwischen dem Meder Kйaxares und dem Lyder Alűattes aus Anlass der vom Ionier Thales aus Milet auf den 18. Mai berechneten Sonnenfinsterniss, endete, erscheinen als Mittler Söennesis von Kilikien und »Labűnetos« (Nabo Nad, Nabochadonasar) »von Babylon«. Die zwei bisherigen Gegner schnitten an ihren Armen die Haut auf und leckten einander das Blut. Des Kйaxares Sohn

---

*) Herod. 2, 158; 4, 42; 2, 159. 4 Kön. 23, 29. 31. 34. 36; 24, 7. 2 Chron. 35, 20—25; 36, 4. 5. Apokryf. Esra 1, 25—38. Jerem. 47. 46. 27; 25, 1. Eus. 30. Jos. X. 6, 1; 11, 1. Strabo 17. Sync. 214—218. 220. 221.

**) Herod. 2, 159; 1, 106. 185. Eus. ad ann. 607.

***) Herod. 1, 185. Diod. 2, 34. 10. Sync. 220. 221.

Astüages erhielt des Alüattes Tochter, des Krösus Schwester. Der Halys bildete die Grenze zwischen Lydien und Medien*). Als Jojakim von Juda nach 3 Tributjahren abgefallen war, sandte Nabochadonasar ein Heer von Chaldäern, Syrern, Moabiten und Ammoniten, das Land zu verwüsten, zog in seinem 7. Jahre**), 603, selbst gegen Jerusalem und führte den König mit einem Theile des Tempelgerätes und 3023 Juden (darunter Daniel, chaldäisch Balthasar und die 3 Jünglinge) nach Babylon***). Als König setzte er Jojakims Sohn Jojachin, liess aber nach 3 Monden, Frühlings 602, in seinem 8. Jahre, auch diesen mit den heiligen Gefässen und 8000 Juden wegführen und seinen Bruder Zedekia als 23sten (und letzten) König einsetzen †). Im Jahre 597, dem fünften seit Jojachins Wegführung, schrieb Hesekiel das erste seiner »Gesichte unter den Gefangenen am Chaboras« ††). »Der König von Aegypten zog nicht mehr aus seinem Lande, denn der König von Babel hatte Alles erobert vom Bache Aegyptens an bis zum Flusse Frath.«†††) Es war Farao seit 602 Ofra, Uafres, Apries, des Psammis Sohn. Als sich Zedekia von Juda mit diesem verbündete, welcher ein Heer gegen Küpros und Sidon führte und Tyros zur See bekämpfte§), rückte der König von Babylon im Jahre 593 abermal vor Jerusalem, welches er umschloss, aber, auf Nachricht vom Anzuge der Aegypter, wieder verliess. Jeremia weissagte dem Zedekia den Untergang der Stadt durch die Chaldäer, wofür er in den Kerker kam. In Zedekias 9. Jahre aber, 593, belagerte Nabochadonasar Jerusalem alles Ernstes und zugleich Tyros 13 Jahre lang. Es war des Chaldäers 17. Jahr. Im 18ten, 592, führte er 832 Juden fort. Im 19ten, Zedekias 11ten, 591, floh der letzte Nachfolger Sauls und Davids aus der von Hunger entkräfteten Stadt, wurde aber im Felde aufgefangen, vor den Sieger geschleppt, seine Söhne vor seinen Augen niedergemacht, er selbst geblendet und in Ketten geworfen, dann Jeremia befreit und die Stadt Davids und der Tempel Salomos verbrannt, die Mauern zerstört und Schatz und Volk, bis auf Wenige, die Weingärten und das Land zu bauen, nach Babylon geführt §§).

All das that der Babylonerkönig unter der Oberherrschaft der Meder, wie denn auch die Persersage, wenn auch chronologisch verstellt, den »Statt-

---

*) Herod. 1, 16. 74. 103. Fischers Tafeln, S. 107 a und b.
**) Jerem. 52, 28. Fehlerhaft Dan. 1, 1 Jojakims 3. Jahr, es ist sein 11tes.
***) 2 Kön. 24, 1. 2 Chron. 36, 6. Apokr. Esra 1, 40. 41.
†) 2 Kön. 24, 6—18. 2 Chron. 36, 9—11. Apokr. Esra 1, 43—46. Jer. 24. 26. 27. 29. 35; 37, 1; 52, 1. Jos. Ant. X. 6, 2. 3; 7, 1. 2. Eus. Sync. 221. 222.
††) Hes. 1, 2. Ferner 8. 1; 20, 1.
†††) 2 Kön. 24, 7.
§) Diod. 1, 68. Herod. 2, 161.
§§) Jer. 21. 25. 28. 32. 33. 34; 37. 2—21; 38, 1—28; 20, 1—14; 52, 4—29; 39, 1—14. 2 Kön. 25, 1—22. 2 Chron. 36, 17—21. Apokr. Esra 1, 52—58. Jos. contr. Ap. 1, 21. Ant. X. 7, 4—6; 8, 2—5. 7. Hes. 24. 26.

haber von Irak, Bucht-Ul-Nasser«, um das Reich im Westen auszudehnen, Jerusalem überziehen, den dort herrschenden Nachkommen Davids besiegen, nach einem Aufstande aber die Stadt plündern und das Volk fortführen lässt*).

Hier entstanden des Jeremia »Klagelieder«, die noch jetzt in der blossen schlichten Uebersetzung und der uralten Melodie in der österlichen Trauerzeit Abends wunderbar wirken. Auch Hesekiel, im 11. Jahre seines Exiles seit 601, die Kunde vernehmend, sang eines. Hier beginnen auch mit 590 die 70 Jahre der »babylonischen Verbannung« bis 521, und darum nennt Daniel das Jahr 589 Nabuchadonasars zweites (über Juda, da es sonst dessen 21stes ist). Im zweiten erzählt er des Königes Traum, und auch Baruch beginnt mit dem Jahre 586 und erwähnt des Königes und seines Sohnes Balthasar (Evil Merodach)**), in des Königes 23. Jahre, wo abermal 745 Juden aus dem Lande geführt wurden***).

Astüages (Ahasueros) und Küros.

Die Bewohner von Persis, biblisch Paras. Fars, einem, mit wenig Ausnahmen, wasserlosen und öden Lande, aber unter reinem Himmel, hatten seit ihrem uralten Lehrer Zoroaster, wie die Hebräer, abweichend von den östlicheren Indern und den westlicheren Assyrern, eine reinere Lehre von einem guten Wesen, Oromazes, und ihm gegenüber einem bösen, Ahrimanes, zwischen ihnen gute und böse Geister (Divs). Das Licht, die Sonne, war der Gottheit Bild und ihr Land das Lichtland Iran, Aria. Ihre heilige Sage, noch in Resten vorhanden in der ältesten Sprache Zend, verwandt den ältesten europäischen und dem indischen Sanskrit, beginnt, wie die ägyptische, mit einer Reihe, den 11 ersten Dynastien parallel laufender, Patriarchen, den Mahabaden, und hat, wo die hebräische jetzige sammt der babylonischen beginnt, eben so parallele weitere Erzväter, und zwar dieselben Personen wie in Babylon, in der Bibel und am Nil (Dschei Affram, der Vater der Dscheianiden = Aloros und Adam; Kadihr oder Idris = Henoch oder Kheder und Edoranchos; Paischda nach der Flut = Noah und Xisuthros; Siamuk = Sem, Amoses, Danias; Huschung sein Sohn = Arfaxad

---

*) Malcolms Pers. Gesch., u. a.
**) Hes. 88, 21 ff. Bar. 1, 2. 11. 18. Esr.
***) Jer. 52, 30. Bisher 4600 fortgeführt.

Astüages (Ahasueros) und Küres. 215

und Horos). Huschung führte die Verehrung des Nur e Khodah, »Licht Gottes«, ein und gründete die ersten Wasserleitungen und Städte. Sein Sohn Tahamurs, Besieger der bösen Divs, lernte von ihnen Lesen und Schreiben, liess aber auch die ersten Götzenbilder aufkommen. Dessen Neffe aber, Dschemschid, wohl derselbe mit Ramcses Mi Amun = Belos, führte das Sonnenjahr und den Weinbau ein und gründete Persepolis und die 4 Volkskasten.

Von da an ist in der iranischen Sage eine Lücke von 44 Zeugungen, indem sich Dschemschid in dem historisch nähern Achämenes, wiederholt, unter welchem Medien von Assyrien abfallend, mächtig wird, worauf der genannte Zohauk, Dejokes, den Dschemschid vertreibt und als der Turanier Drachensohn (Asdahages) im Jahre 687 Persien unterjocht. Wir kennen, neben der dichterischen Heroensage (vom Schmiede Kawah, dessen Schurzfell das Volksbanner wird im Aufstande, um die Turanier zu schlagen und den Achämeniden Feridun zu erheben, von dessen Nachfolger Minuschehr, vom Herkulischen Rustum, Kai Kobad und Siawusch) die ächt historischen Generationen sowohl der Meder: Dejokes 710, Fraortes 656, Küaxares 634 und dessen Sohn Astüages, welcher dem Vater im Jahre 594 folgte, als die acht persischen der Achämeniden bis auf Kambyses oder Kai-Kawus*).

Die heilige Geschichte kennt den Astüages als Ahasueros, wie er, in der medischen Hofsprache ein Herr ist »von Indien bis Aethiopien über 127 Provinzen«, und bei Anlass eines Festes in Susa, im 3. Jahre die Königin Vasthi verstiess**). Unter ihm fiel Jerusalem 590, in seine Lande kamen die jüdischen Gefangenen, in seinem 7. Jahre, 588, die schöne Jüdinn Hadadassa oder Esther in das Harem. Als ihr Adoptivvater Mardochai, welcher seit Jojachins Wegführung durch Nabochadonassar in Susa lebte, dem Könige durch Aufdeckung eines Mordplanes von Seite zweier Verschnittener das Leben rettete, suchte der von ihm beleidigte Minister und Günstling Haman die Juden zu verderben, und beredete 583 den Ahasueros zu einem Dekrete, die Gefangenen in allen Provinzen des Reiches auf einen Tag umzubringen. Mardochai ermutigte die Esther, deren Nationalität dem Könige unbekannt war, zu Rettung ihres Volkes, und es endete zu Hamans eigenem Verderben, was der greise Tobia noch erlebte, der bald darauf 158jährig starb***).

Die vergebliche Warnung des Jeremia an die nach Jerusalems Untergange Zurückgebliebenen, nicht nach Aegypten zum Farao Ofra auszuwandern, so wie Hesekiels Lieder 581, 580 und 579 über Aegyptens Weh†) erhalten ihre Bedeutung durch Nabochadonasars Kriegszug. Ofra (Apries) war von den Libyern gegen die Hellenen in Kyrene zu Hilfe gerufen, aber mit grossem Verluste geschlagen worden, worauf die Aegypter von ihm abfielen. Er sandte, sie zu beruhigen, den Amoses; die Grossen aber wählten 580

---
*) Herod. 7, 11; 1, 107 und die Keilschriften. Diod. 2, 34. Esther 1, 1.
**) Esth. 1, 2 ff. Sync. 231. 232.
***) Esth. 2 ff. Tob. 14, 14—18. Sync. 232.
†) Jer. 40—44. Hes. 29—32.

gerade diesen zum Farao. Es kam zum Kriege zwischen Beiden, Amoses hatte karische und ionische Söldner, und nach jüdischen Berichten entschied Nabochadonasars Zug. Die Aufgestandenen siegten. Ofra kam in des Amoses Hand und gefangen nach Saïs, wo er bald umgebracht und in des Psammitichos Gruft gelegt wurde. Biblisch ist es das 12. Exiljahr, was mit Diodor stimmt ($525 + 55 = 580$)*).

Eben so stimmt Hesekiels Lied im 27. Jahre Nabochadonasars, 583, wegen der Belagerung von Tyros und das im 11. Exiljahre, 580, mit Diodor und der Angabe, dass diese Stadt nach 13 Jahren, 579, fiel. In das 18. Exiljahr, des Königes 37stes, 573, gehört der Koloss von Babylon und das grosse Fest**). Der alte Nabochadonasar, in Schwäche und Trübsinn verfallen, starb nach 43 Herrscherjahren 565, zwei Söhne hinterlassend, Evilmerodach oder Balthazar, Belsazar, der wohl schon mit dem Vater regiert hatte, und Nabonad. Ersterer zog den Jojachin im 37. Jahre seiner Gefangenschaft, 564, aus dem Kerker und behandelte ihn lebenslänglich ehrenvoll***).

In die Zeit von Nabochadonasars Trübsinn mögen zum Theil die Thaten seiner Gattinn, der Mederinn, fallen, welche Babylon verschönerte und angeblich die s. g. hangenden Gärten bauen liess†).

Während die persische Dichtersage den Turanier Afrasiab (Astüages) durch seinen Feldherrn Haman die Iranier fortwährend bekriegen, dann aber, wegen eines Traumes, Frieden mit ihnen schliessen, des Kai-Kawus Sohne Siawusch seine eigene Tochter zur Ehe geben, ihn dann untreu ermorden und die Tochter seinem Wesir Pihran-Wisa in Verwahrung geben lässt, mit der Weisung, so wie sie gebäre, das Kind umzubringen, worauf der Wesir, mitleidig, den Knaben einem Schäfer zu erziehen giebt und derselbe der berühmte Kai-Khusru (Khosroesch, Koresch, griechisch Küros) wird, welchen der Grossvater Afrasiab am Leben lässt, da er sich nach des Wesirs Anweisung als dumm verstellt††), wählten die griechischen Geschichtschreiber aus den vielen Erzählungen, welche über Küros herum giengen, folgende aus. Astüages träumte von seiner Tochter Mandane, er sehe aus ihr einen Strom entspringen, welcher ganz Asien überschwemme. Die befragten medischen Priester, die Mager, weissagten ihm nun so viel, dass er die Tochter keinem aus den herrschenden Medern, sondern einem Edeln aus den unterworfenen Persern gab, dem Achämeniden Kambüses, des Arsames Sohne†††).

---

*) Hes. 32, 1. Jer. 44, 30. Vergl. Jos. X. 9, 7. Diod. 1, 68. Aber Herod. 4, 159; 2, 161—172 erst $525 + 44 = 569$.
**) Hes. 29, 17; 26, 1; 27, 1 ff.; 28, 1 ff. Jos. X. 11, 1. Dan. 3.
***) 2 Kön. 25, 27—30. Jer. 52, 21—34. Bar. 1, 11. 12. Dan. 7, 1 ff.; 8, 1 ff. Sync. 208. 209. 230. Eus. 21.
†) Herod. 1, 184 ff.; 2, 34. 10. Eus. 31. 32. 26. 27. Ktes. 118.
††) Schah Nameh u. a.
†††) Herod. 1, 107. 125; 7, 11.

Als die Zwei zusammen lebten, sah Astüages in einem zweiten Gesichte aus seiner Tochter Schoosse einen Weinstock emporwachsen und mit seinen Ranken ganz Asien überschatten. Auf der Mager Ausspruch, der Tochter Sprössling werde den Medern die Herrschaft über Asien entreissen, liess er die Tochter nach Medien holen und übergab den neugeborenen Küros seinem Vertrauten, dem Harpagos, ihn umzubringen. Der Höfling jedoch wich diesem dadurch aus, dass er einen Rinderhirten des Königes rief, das Kind in den Niederungen nördlich von Agbatana auszusetzen. Der Hirt aber, dem eben ein todtes Knäbchen geboren war, erzog den Küros unter dem Namen Agradates. Als dieser 10jährig bei einem Spiele der Knaben, wegen seiner Schöne und Klugheit zum Könige erwählt, den Sohn eines Vornehmen wegen Ungehorsames peitschte, der Vater des letztern bei Hofe klagte und Astüages den Knaben an Gestalt und Alter erkannte, liess er dem Harpagos zur Strafe den eigenen Sohn geschlachtet und gekocht vorsetzen und, als er gegessen, ihm Kopf, Hände und Füsse in einer Schüssel zeigen. Den Küros selbst schonte er, auf der Mager Aeusserung, der Traum könne spielend des Knaben Königthum im Spiele angedeutet haben, und entliess ihn nach Persien zu Kambüses und Mandanen*).

Nach Xenofons Küropädie wäre bald darauf dem Astüages sein Sohn Kiaxares II., der Mandane Bruder, gefolgt. Das habe der assyrische König (Evilmerodach oder Belsazar) benützt, um Medien zu überziehen und den Krösos in Lydien u. A. zum Mitzuge beredet. Kiaxares aber rief seinen Schwager zu Hilfe, und der junge Küros habe den Oberbefehl übernommen**). Die Bibel, damit nicht im Widerspruche, hat Daniels Visionen in Belsazars erstem und drittem Jahre, 565 und 563, und erzählt, wie der Babyloner im 30. Jahre des Exils, 561, bei einem Mahle mit seinen Grossen die Gold- und Silbergefässe herbei bringen liess, welche sein Vater »Nebuchadnezar« aus Jerusalem weggenommen, um mit seinen Grossen, den Gemalinnen und Kebsweibern daraus zu trinken; wie aber mitten in den Lobliedern auf ihre Götzen, auf der Wand dem Leuchter gegenüber, die Finger einer Hand schreibend erschienen seien; wie die gelehrten Chaldäer dem vor Entsetzen erbebenden Könige die geschriebenen Worte nicht zu entziffern vermocht, bis Daniel, welchen der König zum Haupte der Chaldäer gesetzt, sie deutete. Belsazar sei gewogen zu leicht erfunden und werde zertheilt werden. »Und in selbiger Nacht ward Belsazar, der Chaldäerkönig, getödtet und Dareios der Meder, des Ahasueros Sohn, bekam das Reich, 62 Jahre alt.« Dieser wäre Xenofons Kiaxares II. und heisst in Babylon, wirklich in diesem Jahre herrschend, Niri Kol Asar (Neriglassar, Niriglissar***).

---

*) Herod. 1, 107—122. Justin 1, 4. 5. Strabo 15, 3.
**) Küropädie 1. 5. Justin 1. 7.
***) 4 Esra 3, 1. Dan. 7, 1; 8, 1; 5, 1—30; 6. 1; 9, 1. Vergl. Tob. 14, 20.

Nach Anderen hingegen beredete Harpagos, der Rache eingedenk, erst die vornehmsten Meder zum Abfalle von Astüages, und forderte dann den Kûros auf, Persien zu befreien. Dieser verband sich mit dem entschlossenen Oebares oder Söbares, prüfte dann seine jungen Genossen dadurch, dass er sie einen Tag ein Feld von Gestrüppe reinigen, den andern an einem Festschmause sich erfreuen liess, und gewann sie, ihr Sklavenleben unter den Medern mit Selbstherrlichkeit zu vertauschen. Persien waffnete.

Astüages, blind, übergab den Heerbefehl dem Harpagos, welcher mit den Einverstandenen zu Kûros übergieng und des Königes Heer auflöste. Astüages, im Grimme die Traumdeuter spiessen lassend, rückte 560 zur Schlacht und drängte die Perser bereits zur Flucht, als die Mütter und Frauen sie zurückhielten, worauf Astüages nach Einigen gefangen, nach Ktesias aber, flüchtig, in Ekbatana durch seine Tochter Amütis versteckt wurde und dann sich dem Oebares übergab. Den Harpagos schmähte er einen eben so Thörichten als Schlechten, dass er, wenn er doch sein Volk in Knechtschaft bringen wollte, nicht lieber selbst geherrscht als dies einem Perser gegönnt habe.

So verloren die Meder, welche Asien an die 100 Jahre unter sich gehabt, die Oberherrschaft, die an Persien übergieng im Anfange der 55sten hellenischen Olympiade, 560. In Astüages behandelte Kûros den Grossvater, setzte ihn über die Hürkaner und Baktrer und ehelichte dessen Tochter Amütis. Den Söbares machte er zu seinem Statthalter (Satrap) in Persien und gab ihm seine Schwester zur Ehe. Des Artembares Vorschlag, das arme Persien an ein milderes Land zu vertauschen, habe er zurückgewiesen, um sein Volk männlich zu erhalten*).

Nach der Persersage drang Kûros über den Oxos (Amu Daria) und nahm Bochara und Marakanda. Dann gründete er an dem Orte, wo er die Meder besiegt hatte**), Pasargadä (bei Curtius Persagada, Perserstadt), »Stadt und Burg« in der Ebene von Murgaub mit dem Kûrosflusse, wo er wohl seine Grabstätte bezeichnete. Die Schlossruine heisst heute »Salomos Thron«, beherrscht den Thaleingang, und die Mauer aus weissem Marmor ist mit kaum für möglich gehaltener Genauigkeit gefügt, die Hauptfronte etwa 300 Fuss***). Der Reste im Thale sind heute noch viele, davon besonders berühmt Nakschi (Bild des) Rustam, mit alten Königsgräbern in den Felsen, vielleicht älter als Kûros, und vielen Basreliefen. Am Ende des Thales, welches der Kuraub bewässert, sind etwa 49 englische Meilen von Pasargadä, die noch grossartigeren Reste der »Königsburg« selbst †), von den Griechen Persepolis (eben so Perserstadt) geheissen, heute Tschehel-

---

*) Ktes. 5—7, 124. Herod. 1, 123—130; 9, 122. Justin 1, 5—7. Diod. Fragm. Ens. Kûrop. 8, 5. Firdusi u. A.
**) Strabo 15, 3. Plin. hist. nat. VI. 26
***) Ker Porter u. A.
†) Arrian 3, 18; 6, 30. Curt.

minar (vierzig, d. h. viele Säulen), eine grosse, von Menschenhand behauene Plateform, die steilen Seiten aus riesigen viereckigen herrlich polirten dunkelgrünen Marmorblöcken, ohne Mörtel enge gefügt, in 3 Terrassen, die Doppeltreppen von der untern zu den höhern. 212 Fuss lang, die staunenswerthesten auf Erden, aus schwarzem Marmor, so breit und geneigt, dass 10 Reiter neben einander hinauf reiten können, der Eingang bewacht durch riesige Stierstatuen und andere abenteuerliche Thiergestalten, an den Wänden der Hofstaat und die Diener des Schah (Kaisers) ausgehauen, rechts aber in mehreren Feldern eine lange Prozession verschiedener Kommenden, Abgeordneter der unterworfenen Völker, ihre Geschenke bringend und des Schahes Leibwache. Die zweite Terrasse zieren prachtvolle, an die pelasgisch-dorische erinnernde Säulen, worauf, auf einer Plateform von mehr als 350 Fuss Länge und Breite, der Palast folgt, überall Basreliefe, darunter der Schah in vollem Schmucke, die hohe Tiara und die Armbänder einst vergoldet, und wieder Fabelthiere. Die eigentliche Wohnung war wohl auf der obersten Terrasse. Die Inschriften sind, wie in der armenischen Semiramisstadt, in Babylon und Ninos, die zu allererst von Grotefend zu entziffern begonnene Keilschrift; die Bau- und Bildnerkunst, in Manchem an die ägyptische und assyrische erinnernd, woher wohl die Baumeister und Bildhauer waren, sind dennoch nicht die eines die Ebene und früher Grotten bewohnenden, sondern eines auf freien Höhen lebenden Volkes mit dem den Bergen sich anlehnenden Terrassenbaue und schlanken leichten Säulen, die Bilder treue Naturzeichnung.

In den nahen »Königsberg« sind Grabkammern eingehauen, in welche die Leichen durch Maschinen in die Höhe gewunden wurden, ebenfalls mit Bildhauereien*). —

Nach Herodot war die assyrische Herrschaft der Herakleiden über Sardes von jenes Agelaos oder Agron (1255) und des Sardanapal (+819) Nachkommen: Ardys 794, Alüattes 758, Meles 744 und Kandaules 732, unter Letzterm im Jahre 715 an einen seiner Trabanten, den Liebling und Verwandten Gûges, gekommen, welchem Kandaules, unbesonnen und aus Verliebtheit in seine schöne Frau, trotz dessen Weigern, Zutritt in das Schlafgemach verschafft, wo diese sich auskleidete, worauf die Gekränkte dem Gûges freigestellt, entweder zu sterben oder seinen König umzubringen. Er hatte Letzteres gewählt und wurde, seit Sardanapals Tode und dessen Sohne Alüattes, der fünfte lydische König und der schönen Frau Gemal**). Er war, neben Midas in Frygien, der erste Nichthellene, welcher Weihgeschenke nach Delfi sandte. Er nahm den Hellenen Kolofon***), sein Sohn Ardys (677) Priene, und Letzterer hatte mit aus Europa einfalenden Kimmeriern harte Kämpfe†). Dessen Sohn Sadûattes (628) begann 623

---
*) Heeren, Ker Porter und ganz neue Berichte.
**) Herod. 1, 7—14.
***) Herod. 1, 14.
†) Herod. 1, 15.

einen 11jährigen Krieg gegen das ionische Miletos, welchen 616 sein Sohn und Nachfolger Alüattes fortsetzte, ihnen jedes Jahr unter Pfeifen- und Saitenspiele Bäume und Früchte verderbend und sie zweimal schlagend. Die Milesier waren Meister zur See. Als 612 von seinem Verheeren ein Atheneteinpel verbrannte, baute er zwei neue und schloss Freundschaft mit den Ionern. Weil er vor dem Meder Küaxares fliehende s. g. Skythen schirmte, kam es im Jahre 608 zu jenem Kriege mit Medien. welcher im Jahre 603 (nach Anderen erst 587) mit dem schon erwähnten Frieden- und Freundschaftsvertrage endete*). Auch er sandte Weihgeschenke nach Delfi. Unter ihm blühte der frygische Fabeldichter Aesopos. Als der König, lange krank, wo sein Sohn Krösos für ihn geherrscht hatte, im Jahre 562 oder 559 starb, wurde Letzterer, 35jährig, König und errichtete dem Vater ein Grabmal, das an die ägyptischen und babylonischen erinnert. Es ist ein Hügel mit Unterlage riesiger Steine. die schiefe Höhe noch heute 648 Fuss. Oben standen 5 Denksäulen mit Inschriften, davon eine abenteuerliche und monströs fallische noch heute oben liegt. Der Umfang unten misst noch 3444 Fuss**).

Krösos hatte wohl schon als Mitregent des Vaters die Efeser angegriffen und die asiatischen Hellenen zinsbar gemacht, mit den ionischen Inseln aber, vom weisen Bias aus Priene oder Pittakos aus Mytylene belehrt, wie thöricht es wäre, ein Seevolk in seinem Elemente anzugreifen, Freundschaft geschlossen. In Kleinasien diesseits des Halys (Kisil Irmak) hatte er, ausser Lykien und Kilikien, Alles: Myser, Thraker (Bithüner), Aeoler, Ioner, Dorer, Pamfyler, Chalyber und die Fryger der jetzt aufhörenden Midas- (Gordios-) Dynastie in seiner Botmässigkeit, und sein Lydien war jetzt das reichste der bekannten Länder, ungemein fruchtbar, der Tmolos goldreich, und in Sardes kamen ägyptische, europäische, fönikische und sonst asiatische Handelsleute zu grossem Verkehr und Sklavenmarkte zusammen. Aber die Nation war verweichlicht und von der Epoche herabgesunken, wo die Lyder, aber Tyrrhenien und bis ans Meer herrschend, die Ersten waren, welche Gold- und Silbermünzen prägten in ihrem grossen Handel und die bei den Hellenen üblichen Spiele erfanden***). Eben damals (Solon reiste 572 bis 562) sollen die weisesten Hellenen am Hofe des jungen Regenten zusammengetroffen sein†).

Bald lenkten des Krösos Sinn auf sich die Ereignisse in Osten. »Den Astüages nämlich, des Küaxares Sohn, Schwager des Krösos und König der Meder, hielt Küros, des Kambüses Sohn, unter seinem Joche.«††).

---

*) Herod. 1, 15—22. Solinus, cap. 15. Euseb.
**) Herod. 1, 25. 26. 93. Prokesch, Denkwürdigkeiten und Erinnerungen aus dem Oriente. Stuttg. 1837. III. Bd.
***) Herod. 1, 94. 27. 28.
†) Herod. 1, 29. 30.
††) Herod. 1, 46. 73.

Er sandte an alle berühmten Orakel: nach Ammonion in Libyen, nach Dodona, Delfi, Lebadea, Miletos, um Rath, und als er das Delfische am zutrauenswürdigsten fand, reiche Gaben dorthin. Die Sprüche sollen gelautet haben, der eine auf die Frage, ob er kriegen solle: »Ueber den Halys gesetzt, stürzt Krösos ein mächtiges Reich um«; auf die, wen er zum Bundesgenossen wählen solle: »Die Mächtigsten unter den Hellenen«, und ein dritter warnte ihn vor der Zeit, wo ein »Maulthier« über Medien Herr sein werde*). Im Jahre 549 schloss er Freund- und Waffengenossenschaft mit den Lakedämonern, die er als vorragend in Hellas nennen hörte. Vergebens mahnte ihn der Lyder Sandanis ab, ein Volk anzugreifen, welches sich schlicht in Leder kleide, Wasser statt Weines trinke und ein rauhes Land bewohne. Das Schicksal riss den König hin; er setzte, es heisst mit Rath jenes Milesiers Thales, im Jahre 548 über den Grenzstrom Halys und dann aus dem frygischen ins syrische Kappadokien.

Küros, nachdem er durch Herolde 547 die Ioner vergebens zum Abfalle von Lydien aufgefordert, wie den Krösos, unter dem Versprechen der Statthalterschaft über Lydien, zur Unterwerfung, kam 546 mit Heermacht, und sie schlugen unentschieden. Jetzt entliess Krösos seine Truppen für einmal und beschloss, seine Bundesgenossen zu rufen: Amoses, den Aegypter, und den Babyloner Nabo Nad (Herodots Labynetos II.), welcher seit 554 dort herrschte, Nabochadonasars jüngerer Sohn. Um ihm zuvor zu kommen, rückte der Schah 545 unerwartet über den Halys ins Lydische. Krösos, in grosser Noth, erschien nichts desto weniger entschlossen und baute auf seine geübte Reiterei. Der Perser habe die Rosse der Lyder durch die ihnen widrigen Kameele in Verwirrung gebracht, und dann den Feind, trotz tapferer Gegenwehr, geschlagen. Er belagerte Sardes, dessen Mauer am 14. Tage erstiegen wurde. Im Gefechte kam einem stummen Sohne des Krösos, als er einen Perser auf seinen Vater losstürzen sah, plötzlich die Sprache. Der König fiel aber in einem Tempel in der Perser Hand und kam in des Oebares Hut. Als er hier loskam, verloren alle mit ihm Gefangenen ihre Köpfe, und Küros liess, nach Herodot, einen Scheiterhaufen errichten und den wieder Gefangenen sammt 14 lydischen Knaben darauf binden, schonte ihn aber, als, nach Diodor, ein Donnergewitter losbrach, nach Herodot aber auf den vernommenen Schmerzensruf: o Solon! Solon! und auf die Auskunft, dieser weise Athener habe, als er ihm seine Schätze gewiesen und ihn gefragt, ob er ihn nicht für den glücklichsten Sterblichen halte, viel glücklicher genannt zwei argische Jünglinge, Kleobis und Biton, welche ihre Mutter, die Heraspriesterinn jener Stadt, an einem Festtage, als das Ochsengespann ausblieb, 45 Stadien weit in den Tempel gezogen, wo die erfreute Mutter die Gottheit gebeten, ihnen das Beste zu verleihen, die Söhne aber für immer eingeschlafen seien; eben so den Athener Tellos, welcher schöne und wackere Söhne und deren Kinder um sich sah und

---

*) Herod. 1, 50—54. Diod. Fragm.

endlich bei gutem Wohlsein des Staates und in guten Umständen lebend, in einem Kampfe gegen angreifende Nachbaren in Elensis, die Feinde fliehen sehend, gefallen sei. Der Schah zog den überwundenen König in seine Nähe und behandelte ihn ehrenvoll*).

Des Krösos Reich endete im Jahre 545 v. Chr., nachdem es unter den 5 Mermnaden seit Güges 170 und unter den Herakleiden über 500 (540) Jahre bestanden hatte.

Er rieth dem Schah, den plündernden Kriegern Einhalt zu thun, da sie jetzt nicht des Krösos, sondern des Küros Schätze plündern, und bat ihn, seine Fesseln nach Delfi zu dem täuschenden Gotte zu senden. Das Orakel erklärte seinen Sturz als Strafe für seines Ahnen Güges Königsmord, als Missdeuten des Spruches vom Uebersetzen des Halys, wodurch er seinem eigenen Reiche ein Ende gemacht, und als das Maulthier den von einer edelbürtigen Mederinn und dem unterthänigen Perser erzeugten Küros**).

Küros, als sich jetzt die Ioner und Aeoler zu gleicher Zinsbarkeit in Sardes anerboten wie unter Krösos, erzählte ihren Abgeordneten die äsopische Fabel vom Fischer, welcher sich, auf der Flöte spielend, ans Ufer setzte, die Fische zu locken, dann aber, als keine kommen wollten, ein Netz nahm und sie fieng, und als sie zappelten, ihnen zurief: »Höret auf, jetzt zu tanzen, da ihr es verschmähtet, als ich euch vorgepfiffen.« Nun rüsteten sich die Ioner, ausser dem bereits verbündeten Miletos, und sie und die Aeoler sandten nach Sparta um Bund. Dieses wies sie ab, liess aber doch ein Schiff nach Asien segeln, um zu spähen und den Küros in Sardes von Angriffen auf Hellenen abzumahnen. Dieser habe, als er davon hörte, unwillig geäussert: »Noch nie habe ich mich vor Leuten gefürchtet, welche sich auf Marktplätzen der Stadt versammeln und mit Eidschwüren betrügen. Sie sollen, bleibe ich bei gesundem Verstande, bald nicht vom Geschicke der Ioner, sondern von ihrem eigenen zu schwatzen bekommen.«

Hierauf übergab der Schah Sardes dem Perser Tabalos, den Schatz dem Lyder Paktüas zur Bestellung, reiste nach Ekbatana und gab dem Krösos die Stadt Barene***).

Als nach des Küros Abreise Paktüas die Lyder abtrünnig machte, Hilfstruppen warb, die Küstenbewohner zum Bunde bewog und den Tabalos in der Burg zu Sardes einschloss, habe Krösos, aus Furcht, er möchte seiner Väter Stadt zur Oede machen und die Lyder weit fortführen, dem zürnenden Schah den Rath gegeben, diesen alle kriegerische Wehr zu verbieten, dagegen Röcke unter ihr Gewand, Schnürstiefel an die Füsse, Zitherspiel, Harfen und Krämerei zu befehlen, was sie weibisch und gefahrlos machen

---

*) Herod. 1, 56. 64. 69. 70—88. 91. Ktes. 8—10. 124. Just. 1, 7. Diod. Fragm.
**) Herod. 1, 88—91.
***) Herod. 1, 141. 152. 152. Diod. Fragm. Ktes. 10. 11. 134. Just. 1, 7.

werde. Küros liess sein Zürnen und sandte den Meder Mazares, den Paktūas lebend zu bringen*).

Heimgekommen ordnete er einen Eunuchen nach Baktra ab, weil er und seine Gattinn Amūtis den Astūages wieder zu sehen wünschten. Der Bote liess, auf des Oebares Anstiften, den gefallenen Monarchen in einer Einöde an Hunger und Durst verschmachten. Die Schuld davon wird dem Küros selbst beigemessen, und die persische Dichtersage lässt ihn bestimmt »des Afrasiab Sohn« erschlagen, den mütterlichen Grossvater aber hinrichten. Die Kaiserinn jedoch liess dem Verschnittenen die Augen ausstechen, ihn dann lebendig schinden und am Kreuze den Vögeln zum Frasse, und Oebares, obschon der Schah ihm Schutz verheissen, hungerte sich freiwillig todt. Der Mederkönig fand ein prachtvolles Grab**).

Als die Einwohner des äolschen Kūme sich, trotz wiederholter Weisung des Apollorakels im Milesischen, scheuten, den zu ihnen geflüchteten Paktūas an den Satrapen Mazares auszuliefern, antwortete der Priester dem Kūmäer Aristodikos, welcher die Vogelnester um den Tempel ausnahm und sich mit der Härte des Gottes entschuldigte: der Gott befiehlt es, damit ihr durch Frevel um so schneller zu Grunde gehet. Sie sandten den Schützling nach Chios, wo er aber an die Perser verkauft wurde. Mazares bezwang nun Stadt um Stadt, und als er starb, der Meder Harpagos, von dem früher die Rede war. Als er wider Fokäa zog, welche Stadt zuerst unter den Hellenen ins Adriameer und bis Iberien und Tartessos gefahren, bot ihnen der Tartessierkönig Arganthonios an, ihr Ionien verlassend, sich bei ihm anzusiedeln, und gab ihnen, als sie das ausschlugen, Geld, ihre Stadt zu befestigen. Als Harpagos, ihren Mut ehrend, sie aufforderte, zum Zeichen der Unterwerfung eine einzige Brustwehr einzureissen und ein Haus anzugeloben, baten sie um einen Tag Stillstand und entwichen mit Weib und Kind und Habe und Götterbildern nach Chios. Da man ihnen hier den Ankauf der Oenusseninseln weigerte, aus Besorgniss, diese möchten als Handelsplatz den Chiern Schaden bringen, versenkten die Fokäer einen Eisenklumpen ins Meer, mit dem Schwure, nicht wieder heimzukehren, bis dieser zum Vorschein komme, und segelten (die Hälfte kehrte, reuig, wieder heim, und Arganthonios war indessen 120jährig gestorben) nach Kürnos (Korsika) zu den Ligurern, wo sie 20 Jahre früher die Stadt Aleria gegründet hatten, wie schon 596 an der Rodanmündung die Stadt Massilia (Marseille), und später nach Region (Reggio), von wo aus sie im Alt-Oenotrischen Velia anlegten. So wichen die Tejer vor Harpagos nach Thrakien und erneuten Abdera. Alle Ioner ergaben sich nach männlichem Kampfe; nur Miletos genoss seines Bündnisses. Jetzt fügten sich auch die Inseln. Vergebens hatte Bias früher gerathen, nach Sardinien zu schiffen.

---

*) Herod. 1, 154—157.
**) Ktes. 11. 12. 124. Isokr. Evag. 17. Firdusi. Malkolm.

und Thales der Milesier, sie sollen in Teos, als der Mitte, eine Volksregierung aufstellen und die anderen Städte in Bund nehmen.

Auf dieses bezwang Harpagos ohne viele Gegenwehr die Karer, dann die Kaunier, die sich fast sämmtlich mit Weib und Kind umbrachten, und so überwältigte er ganz Vorderasien, das hintere Küros selbst*).

Jetzt gieng der Eroberer an Babylonien, seit 554 unter Nabochadonassars Sohne Nabonad (Labynetos II.) ein Land fruchtbar, nicht durch Regen, aber in der Ebene durch künstliche Bewässerung durch Pumpen und Handarbeit, und zu diesem Behufe, wie Aegypten, von Ringgräben ganz durchschnitten. Das Getreide kannte Herodot nirgends so ergiebig; Obst, Wein und Oel fand sich nicht, aber Sesam zum Oelmachen, und Palmen. Als »sehr weise Sitte« erwähnt der Genannte, welche auch die Eneter (Veneter) am Po hatten, dass sie alljährlich die mannbaren Mädchen in jedem Flecken an die Meistbietenden, nach Schönheit und Geschick, feil boten, den minder Schönen und Begabten aber das Geld zutheilten, wofür man erstere losgeschlagen, so dass Alle versorgt wurden. Eben so brachte man Erkrankte auf den Markt, um von Genesenen hören zu können, was Jeglichem geholfen habe. Daneben erwähnt er an den Dienst der Mülitta (Venus) geknüpfte Unsittlichkeiten**).

Küros zog wider Nabonad im Jahre 539 mit morgenländischem Pompe: Speisevorräten aus dem Palaste, Kleinvieh, in Silbergefässen Wasser des bei Susa strömenden Choaspes, das einzige, welches Dscheinschids Enkel trank. Erzürnt, dass der reissende Gündes eines der heiligen weissen Sonnenrosse wegnahm, liess er den Strom in 180 Gräben vertheilen, belagerte 538 die viereckige, stark ummauerte, vom Eufrat durch- und umflossene Stadt Babylon, mit ihrem Belostempel, leitete dann den Strom ab und drang durch dessen Bette während eines grossen Festes hinein***).

Alexander Polyhistor nannte Küros den 87. Herrscher Babylons, was buchstäblich zutrifft†). Dem besiegten Könige verlieh er die Satrapie Karmanien††).

Der Sieger, als Angehöriger der Zoroastrischen Religion, liess sogleich in einem Edikte die gefangenen Israeliten im ganzen Reiche zur Heimkehr und zum Wiederaufbaue des Tempels in Jerusalem auffordern. Er gab die von Nabochadonasar weggeschleppten heiligen Gefässe und Geräte heraus in die Hand Serubabels oder Sesbazars, des Urenkels des Königes Jojakim, aus Davids Blute, und es zogen im Jahre 537 hinauf 42360 mit 7337 Knechten und Mägden, und wieder in ihre Städte†††). Dahin gehört

---

*) Herod. 1, 157—177. Just. 43, 3. 4.
**) Herod. 1, 178. 192—200. Strabo 16, 1.
***) Herod. 1, 178—191. Zugeschrieben dem Jesaias 44. 47.
†) Eus. 17. 18. Sync. 78, seit dem Allerersten, Aloros.
††) Jos. contr. Ap. 1, 21. Eus. 28. 34.
†††) 2 Chron. 36, 22. Esra 1, 1; 5, 13—16; 6, 3. Apokr. Esra (3 Esra) 2, 1—15; 6, 17. 24—26. 1 Chron. 3, 15—17.

des angeblichen Jesaia Lied über die Grösse des »Gesalbten des Herrn, Koresch«, aber die Niederlage und den Sturz »des Bels und Nebo« und die Schmach der zur Magd gewordenen Chaldäertochter Babel*) und zwei des angeblichen Jeremia**). Die 70 Jahre des Elendes seit 609, dem ersten Nabochadonasars (Jojakims 4tem und des Jeremia 23stem) waren vorüber***). Im 7. Monde versammelte sich das Volk zu Jerusalem, baute den Altar auf, opferte und hielt das Laubhütten- und die anderen Feste wie vor Zeiten, »und gaben Geld den Steinhauern und Zimmerleuten, und Speise und Trank und Oel den Zidoniern und Tyrern, um Zedernholz vom Libanon zu bringen auf das Meer bei Joppe, nach der Erlaubniss, welche Kores, der König Persiens, ihnen gegeben« †). Und im zweiten Jahre der Rückkehr (536) legte man den Grundstein, »und stunden die Priester da in ihrer Kleidung, mit Trompeten, und die Leviten, die Söhne Assafs, mit Zimbeln, um den Herrn zu loben — und das ganze Volk erhob ein Jubelgeschrei«. Als die Juden aber die in das Land verpflanzten Samariten, die seit Asar Adon denselben Gott verehrten und sich zum Mitbauen anboten, engherzig abwiesen, wussten diese den Bau zu hemmen, »so lange Kores lebte, bis an das Reich des Darcios, des Königes in Persien« ††).

Daniels Gesicht »im dritten Jahre des Kores« †††) ist 536.

Seinen letzten Krieg führte Kûros wider die über dem Araxes (Kuwan Daria) und östlich vom Kaspischen Meere herum schweifenden Derbiker oder Massageten, von den Skythen unterschieden, ohne Ehe, ihre Alten schlachtend und verzehrend, mit ihren ehernen Doppelbeilen, Speeren und Pfeilen, an Kopf, Gürtel und Achselbändern Gold, wie an den Zügeln, Gebissen und Zierden der Pferde, die eherne Panzer hatten, da Eisen und Silber selten sei bei ihnen. Kûros begehrte zum Scheine die Hand ihrer verwitweten Königinn Tomûris, und schritt, als sie es abschlug, zur Gewalt. Er schlug Brücken über den Strom und baute Thürme auf den Fahrzeugen. Da entbot ihm Tomûris (nach Ktesias war es ein König Amoräos), er solle ablassen und zufrieden sein mit dem Seinigen; wo nicht, so wolle sie drei Tagereisen vom Strome zurück und seiner auf ihrem Boden warten, oder er möge dasselbe thun. Krösos rieth, den übrigen Anführern entgegen, den Feind nicht auf persischem Boden anzugreifen, sondern drüben, und ihn dann mit Zurücklassung des Lagers voll Speise und Wein zu täuschen. Kûros folgte dem Rathe, empfahl dann seinem anwesenden Sohne Kambûses (Kawus, Kambughia), dem Krösos Wohlthaten zu erweisen, falls der Uebergang übel ausfalle, sandte Beide nach Persien zurück und setzte über. Dort erblickte er im Traume den jung

---

*) Jes. 45; 44. 28; 45, 1; 46; 47; 48.
**) Jer. 50, 51.
***) Jer. 25, 11. 12. Dan. 1, 21; 6, 29.
†) Esra 3, 1—7.
††) Esra 3, 8—11; 4, 1—5. Apokr. Esra 5, 66—73. Jos. XI. 1, 1; 2, 1.
†††) Dan. 10. 1.

in Persien zurückgelassenen Dareios, Sohn des Hûstaspes, Gustasp. Wistaspa, welcher der Bruder war von des Kûros Vater Kambûses, beides Söhne des Arsames oder Arsama, im achten Gliede von Achâmenes (Akhamanis, Dschemschid) stammend, mit Flügeln an den Schultern, deren einer Asien, der andere Europen überschattete. Erwacht rief der Schah den anwesenden Hûstaspes vor sich und sandte ihn ebenfalls heim, den Sohn zu überwachen, welcher mit Anschlägen auf den Thron umzugehen scheine. Jetzt rückte Kûros gegen die Massageten, welchen Inder mit Elefanten zu Hilfe gekommen waren. Es erfolgte was Krösos geahnt. Ein Drittel ihres Heeres nahm das zurückgelassene Lager, dessen Besatzung schlagend, schlief, von Speise und Wein überfüllt, ein und wurde von den Persern erschlagen oder gefangen, unter Letzteren auch der Königssohn. Als Tomûris, oder Amoräos, den Sohn vergebens zurückgefordert und auf den Weigerungsfall gedroht, der junge Fürst aber sich aus Unmut und Scham entleibt, griffen die Massageten an und es ergieng eine gewaltige Feldschlacht, bis, als ein Inder den Kûros tödtlich getroffen und auf jeder Seite 10000 Mann gefallen waren, die Turanier siegten. Nach Herodot habe Tomûris der Leiche des Schah den Kopf abschneiden und in einen mit Menschenblute gefüllten Schlauch werfen lassen, damit, wie sie gedroht hatte, »der Unersättliche satt Blutes trinke«; nach dem in Persien schreibenden Ktesias hingegen hatten die Perser ihren Kaiser (auch die Griechen schreiben »Grosskönig«) noch lebend ins Lager gebracht, wo er sterbend den Kambûses zum Nachfolger und den jüngern Sohn Smerdes oder Tanûoxarkes zum Herrscher über die Baktrer, Chorasmier, Parther und Karmanen ernannte, welche keinen Tribut an den Schah zu entrichten hätten. Ein befreundeter Saker- oder Skythenkönig Amorges habe jedoch die Massageten überfallen, ihren König sammt zwei Söhnen erschlagen und ihr Gebiet unter Persien gebracht. Nach der persischen Dichtersage habe Kûros (Kai Khusru, Chosroesch) sich alt in eine Einöde begeben, wo er im Volksglauben verborgen noch lebt. Er hatte von 560 bis 530 geherrscht*).

Kambûses setzte des Vaters Leiche in dem Grabmale zu Pasargadâ bei. Es lag mitten in einem schönen von Wasser bespülten Parke, unten viereckig aus polirten grossen Quadern weissen Marmors, jede der 7 Lagen von kleinerm Umfange, pyramidenförmig, darauf eine steinerne gewölbte Halle, 21 Fuss lang (die unterste Lage 43), mit sehr engem Eingange und spitzem Dache, um das Gebäude eine weite Area mit 64 runden Säulen. In der Todtenkammer lag das Ruhebette mit goldenen Füssen, der Ueberwurf des goldenen Sarges babylonische Decken, die Unterlage purpurfarbiges Pelzwerk, drauf ein Königsmantel und andere Gewänder babylonischer Arbeit, medische Beinkleider, Ketten, Dolche, Ohrgehänge aus Gold und Edelsteinen. Neben der hinaufführenden Treppe war ein Gemach für die hier vom Vater auf den Sohn fortwachenden Mager, denen vom Hofe

---

*) Herod. 1, 201—216; 7, 11. Justin 1, 8; 37, 3. Strabo 11, 8. Ktesias.

Speise und Trank zukam. Noch heute heisst das Denkmal »das Grab der Mutter Salomos«, lautet eine Keilinschrift: »Adam Kurus Kshajathija Hakhamanisija« (ich bin Kurus, der König, der Hakhamanide), und unweit ist die ganze Ebene mit Marmorstücken, den Resten Pasargadäs bedeckt*).

Kambüses.

Am Nil herrschte seit 580 der 20. Farao der 26. Dynastie, Amoses, der Entthroner des Ofra. Von einem Theile des Volkes anfangs missachtet, als nicht von Faraonenblute, liess er aus seinem goldenen Fusswaschbecken ein Götterbild giessen, und als dieses grosse Verehrung fand, den Gegnern zu ihrer Beschämung eröffnen, was das Metall zuerst gewesen sei. Er baute der Neith (Athor, Athene) in Saïs die bewunderswerten Vorhallen, verziert durch riesige Sfingen, am Eingange eine Kammer aus einem einzigen Steine, innen über 18 Ellen lang, 12 breit und 5 hoch, mit unsäglicher Arbeit durch 2000 der Schifferkaste 20 Tagfahrten weit aus Elefantine herabgebracht. So andere Werke; Aegypten stand in lange nicht mehr erlebter Blüte. Amoses war, wie Psammitich, vorzüglicher Freund der Hellenen, die er in Naukratis begünstigte, wie in Kürene, woher er eine Frau nahm; er steuerte an den Wiederaufbau des delfischen Heiligthumes, beschenkte andere griechische Tempel und eroberte Küpros**).

Zu diesem Farao sandte Kambüses um die Hand seiner Tochter. Amoses, derselben Ansicht wie die Skythenköniginn bei Kûros, schickte dem Schah, statt seiner eigenen, seines Vorfahren Ofra Tochter, und diese, heisst es, habe den ohnehin Bereitwilligen aufgemuntert, ihren Vater zu rächen. Er brach in seinem 5. Jahre (526) auf, wobei ein aus Aegypten flüchtiger Halikarnasser dem Heere den Weg durch die Wüste wies, und ein gewonnener arabischer Fürst es mit Wasser versah. Die seefahrenden Föniker traten auf des Persers Seite und ein Verschnittener des Farao verrieth um die verheissene Satrapie des Landes dem Feinde des Amoses Kriegsplan und die Zugänge.

Als der Perser an der pelusischen Nilmündung anlangte, traf er den Amoses nicht mehr am Leben, sondern dessen Sohn Psammenit oder

---

*) Arrian. 6, 29; 3, 19. Strabo 15, 3. Heeren I A, S. 179. 164 ff. Ktes. Plin. 6, 26 und neueste Berichte.
**) Herod. 2, 169. 172—182. Diod. 1, 68.

Psammitichos, Psammacherites als Farao, von welchem Plinius (l. 36) weiss: »Is autem obeliscus, quem D. Augustus in Circo Magno statuit, excisus est a rege Psameticho Nephorphroo, quo regnante Pythagoras in Aegypto fuit«, und welchem Bunsen (Urk.-Buch, p. 85) irrig mit Psammitich I. verwechselt. Lepsius (S. 308) fand Psametich II. wirklich mit dem Beinamen Mencheres. In der Schlacht sanken beiderseits Viele, aber die Aegypter erlagen. Der über 70 Jahre später über das Schlachtfeld reisende Herodot machte die Bemerkung, dass die Schädel der Asiaten, welche ihre Köpfe mit Tüchern umwanden, schwach und brüchig waren, während die der Aegypter, wo man sich von Kindheit an schor und wenig kahl wurde, steinhart geblieben waren. Die Geschlagenen flohen in Unordnung nach Memfis, wo sie jede Unterhandlung ablehnten, aber, belagert, sich ergeben mussten. Psammenit, nach 6 Monaten Regierens, fiel in der Perser Hand. Sogleich unterwarfen sich die angrenzenden Libyer, die Kürenäer und Barkäer ohne Schwertstreich, und des Menes Reich hörte nach mehr als 59 Jahrhunderten, wo »über 4700 Jahre lang grösstentheils einheimische Könige geherrscht hatten«, sagt Diodor, auf, selbständig zu sein. Die Perserschahe erscheinen seit 525 als 27. Dynastie*).

Hier meldet Herodot, Kambüses habe den Farao nebst den anderen gefangenen Aegyptern am zehnten Tage in die Vorstadt von Memfis bringen lassen, wo Psammenit zuerst seine Tochter im Sklavengewande mit dem Eimer zum Brunnen kommen sah, und nach ihr eben so Jungfrauen der ersten Familien. Als die übrigen Väter selbe an sich vorüberschreiten sahen, schrien sie laut auf über ihre Kinder; der Farao allein schaute wohl hin, kannte sie, schlug aber blos den Blick still zur Erde. Dann sah er seinen Sohn, sammt 2000 Aegyptern desselben Alters, alle mit Stricken um den Hals und Zäume im Munde, herankommen, zum Tode geführt. Auch nun, während alle Uebrigen in Weinen ausbrachen, blieb der königliche Gefangene schweigend. Erst als er auf all das einen seiner Tischfreunde, einen bejahrten Mann, von den Soldaten Almosen bettelnd erblickte, rief er den Freund laut mit Namen und schlug sein Haupt. Als der Despot das vernahm und Krösos und die Perser ihr Mitleid nicht zurückzuhalten vermochten, sandte er Befehl, den Sohn zu schonen. Es war zu spät, da man den Jüngling vor Allen hingerichtet hatte. Nun nahm der Schah den Psammenit zu sich und sandte ihn mit 6000 Aegyptern nach Susa, wo er aber später, über Aufwiegeln seiner Landsleute ergriffen, zum Tode verurtheilt wurde**).

Von Memfis begab sich Kambüses nach Saïs, wo er übermüthig des Amoses, oder eine statt derselben in die Gruft gelegte, andere Mumie herausnehmen, peitschen und dann, beider Länder Sitte höhnend, verbrennen

---

) Herod. 3, 1—14. 19. Ktesias. Diod. 1, 68. 69. Eusebios. Bunsen V, 417. Einheimische herrschten übrigens über 5000 Jahre.
**) Herod. 3, 14. 15. Ktesias.

liess. Hierauf sandte er an den König der gross- und schöngewachsenen, s. g. langlebenden Aethioper in Nubien mit Geschenken und bot ihm Freundschaft an. Dieser durchschaute die Boten als Späher, gab ihnen einen ihrer riesigen Bogen mit und erklärte, mit Spott auf die Geschenke und der Perser Lebensweise, sobald Letztere diesen zu spannen im Stande seien, mögen sie wider die Aethioper ziehen, bei denen die Boten meist 120Jährige, Ueberfluss an Gold, aber Mangel an Erz fanden, und Mumien bewunderten, die unter einer Art Glasgusses hervorschauten. Wie der Schah die Antwort inne wurde, brach er ergrimmt nach Süden auf. Den Plan gegen Karthago musste er aufgeben, da die Föniker nicht zu bewegen waren, gegen ihre eigene Pflanzstadt zu ziehen. In Theben angelangt, sandte er 50000, den Orakelplatz Ammonion zu erobern, den Tempel zu verbrennen und das Volk zu Sklaven zu machen. Die Ausgeschickten kamen jedoch in den Sandwirbeln der libyischen Wüste spurlos um. Er selbst, ehe er ein Fünftel des Weges am Nile hinauf gemacht, sah die Speisevorräte erschöpft; man musste das Zugvieh, später in Sandregionen sogar Menschen schlachten und endlich nach Memfis zurück, wo er, nun völlig verkehrten Wesens, den nach dem Tode des bisherigen Apisstieres wiedergefundenen neuen, welchem zu Ehren eben Feste gefeiert wurden, was er als Spott auf seinen misslungenen Zug ansah, mit seinem Schwerte tödtlich verwundete, die Priester geisseln liess und die Tempel barbarisch zerstörte*).

Seinen Bruder Smerdes schickte er, weil dieser allein den äthiopischen Bogen zu spannen die Kraft hatte, aus Neid nach Persien zurück. Als er bald nachher im Traume durch einen aus der Heimat kommenden Boten die Kunde vernahm, Smerdes sitze auf des Kûros Throne und rage mit dem Haupte gen Himmel, oder: als zwei Mager, Brüder, deren einer, Gumata, dem Smerdes sehr ähnlich sah und eines Vergehens wegen von ihm bestraft worden war, den Schah mit Eifersucht und Misstrauen gegen den Bruder zu erfüllen wussten, liess er den Letztern durch seinen Vertrauten Prexaspes umbringen.

Kambûses hatte, den Persersitten zuwider, auf den Bescheid der königlichen Richter, es gebe in Persien kein Gesetz, welches die Ehe mit einer Schwester gestatte, wohl aber eines, der Wille des Kaisers sei Gesetz, nach einander zwei seiner Schwestern geheiratet. Die jüngere, welche ihm nach Aegypten gefolgt war, habe einst bei Tische einen Lattich entblättert und bei dessen Antwort auf ihre Frage, welcher Lattich ihm besser gefalle, der volle oder dieser, geseufzt: und doch hast du gethan was dies Bild andeutet und des Kûros Haus entblättert. Nach der Hellenen Erzählung aber sah sie einmal mit ihm einem Schauspiele zu, wo ein junger Hund und ein junger Löwe mit einander kämpften. Wie der Hund am Unterliegen war, habe sich dessen nahebei angebundener Bruder vom Stricke losgerissen und,

---

*) Herod. 3, 16—29. Diod. 2, 15.

dem Hunde zu Hilfe springend, ihm den Gegner überwinden geholfen. Kambüses schaute mit Vergnügen zu, die Kaiserinn aber, ausser Stand, ihre Thränen zurück zu halten, erwiderte auf seine Frage nach der Ursache: dir würde in der Stunde der Noth kein Bruder mehr beispringen können. Der Despot, von der Wahrheit getroffen, habe die Hochschwangere mit den Füssen so getreten, dass sie sterben musste.

Nach Herodot habe er früher die Perser angefragt, für was für Einen, seinem Vater Kûros gegenüber, sie ihn halten, und diese ihm erwidert: er sei noch grösser, denn er besitze Alles, was Kûros besessen, und Aegypten und das Meer noch dazu; Krösos aber, noch mehr Höfling: mir, o Sohn des Kûros, scheinst du deinem Vater doch nicht völlig gleich zu sein — denn noch hast du keinen Sohn, wie er in dir einen hinterlassen. Dass er in Memfis alte Grüfte öffnen liess und die Mumien beschaute, dann das innerste Heiligthum des Fthah betrat und des Gottes Bildniss höhnte, nämlich das eines Zwergmännuleins*), und die Bilder der Kabeiren verbrannte, ebenfalls Zwerge, »da sie als des Hefästos (Fthah) Kinder (Patäken) gelten«, tadelt der ehrwürdige Grieche, der noch mehr despotische Züge von ihm anführt, ernst: »Mir ist nun völlig klar, dass Kambüses in grosser Raserei war; sonst hätte er nicht gewagt, was heilig ist und Sitte, zu verlachen.«**)

Als des Kambüses Mutter Amûtis den Brudermord inne wurde, starb sie mit einem Fluch auf ihn an Gifte. Von da an quälten ihn Gewissen und Vorzeichen, bis er vom Nil aufbrach, um heimzuziehen, und auf die einlaufende Nachricht, jener Mager Gumata habe den Thron inne, gelte als der wahre Smerdes und sende nach allen Seiten Herolde, Erleichterungen versprechend, so dass auch im Heere bereits Einverständniss sich zeige, beim schnellen Besteigen des Pferdes sich am eigenen Schwerte verwundete und auf dem Heimwege, in Syrien, starb, »nachdem er 7 Jahre und 5 Monate König gewesen, und zwar ohne alle Nachkommenschaft«***), im Jahre 522 v. Chr.†)

---

*) Bunsen I, Taf. 10.
**) Herod. 3, 30—38.
***) Ktes. Herod. 3, 61—66.
†) Eus. Rone. 331.

Dareios.

Auf das Geheimniss des Magers Gumata (Justins Kometes, bei Ktesias Sfendadates) kam zuerst der edle Perser Otanes (Onofas), welcher durch seine in des Kambüses, jetzt des Thronanmassers, Harem befindliche Tochter Fädyme erfuhr, dass der Schah, in Folge einer früher erlittenen Strafe, keine Ohren habe. Nun zog er ins Einverständniss 6 Vertraute, unter ihnen jenen mit demselben Vorhaben in Susa anlangenden Dareios (Dareiawesch), des Hüstaspes (Wistaspa) Sohn, und an dem Tage, wo Prexaspes von einem Thurme herab den versammelten Persern vorgeben sollte, er habe den Smerdes nicht umgebracht (wo er aber im Gegentheil die That bekannte und sich dann von der Höhe herabstürzte), drangen sie in den Palast und erschlugen die zwei Magerbrüder, in welchem Kampfe Intafernes ein Auge verlor. In der hierauf folgenden Berathung der VII über die künftige Landesverfassung schlug Megabüzos (Barisses) eine Aristokratie, Dareios die bisherige Monarchie, Otanes aber die Volksherrschaft vor (»denn in der Menge liegt Alles«), und verglich sich mit den Uebrigen, als die Monarchie siegte, dahin, sammt seiner Familie frei zu bleiben, was sie auch zu Herodots Zeit (um 450) noch war. Dann kam zu der Ehre Dareios, dessen Pferd, durch seines Stallmeisters List, beim Aufreiten auf den Hauptplatz, der aufgehenden Sonne zuerst entgegen wieherte. Er bestieg 521 des Küros Thron*).

Der neue Schah, der neunte Nachkomme des Achämenes (Hakhamanis); dessen Vater und der des Küros Brüder gewesen**), vollendete die Eroberungen gegen Osten, wo er den Karier Skülax den Indos hinab und im Ozean ost- und westwärts die Küsten befahren liess, welcher im 30. Monde ins rothe Meer einlief. Die Inder und Aethioper habe Dareios unterworfen. Die orientalische Despotie charakterisirt folgender Zug. Einer der VII, jener Inta- oder Artafernes, wollte in den Kaiserpalast, und verstümmelte den Thürhüter, der ihn nach der alten Sitte, weil der Schah sich eben im Harem befinde, nicht einlassen wollte, und andere Diener. Sie klagten bei Dareios, und dieser, eine Verschwörung voraussetzend, liess den Thäter und alle die Seinen ins Gefängniss werfen. Als des Gefangenen Frau alltäglich vor dem Palaste wehklagte, stellte ihr der Schah frei, einen der Ihrigen loszubitten. Die Frau besann sich, wählte ihren Bruder, und rechtfertigte sich vor dem über diese Wahl erstaunten Dareios mit der ächt morgenländischen Erklärung, einen Mann könne sie wieder bekommen und Söhne auch, nie aber einen Bruder. Das däuchte den Herrn so »wohl-

---
*) Herod. 3, 66—87. Ktesias. Just. 1, 9. 10. Diod. XXXI. 19, 2.
**) Herod. 7, 11; 1, 125.

gesprochen«, dass er ihr auch den ältesten Sohn freigab; die Anderen wurden alle hingerichtet.

Dareios theilte das ganze Reich in 20 Satrapien (Paschalike) und setzte, statt der bisherigen Geschenke, jeder Satrapie ihre Abgaben fest. Persis zahlte keine Steuer, andere, wie die Aethiopen, Gold, Ebenholz, Elfenbein und Knaben; die Kaukasier besteuerten sich selbst an Knaben und Mädchen; die Araber lieferten Weihrauch und Wohlgerüche. Das Gold und Silber allein erstieg den Betrag von jetzigen 20 Millionen Reichsthalern*).

Die Gegner des jüdischen Tempel-Wiederaufbaues, die Beamteten der Hinverpflanzten, hatten nach des Kürus Tode an »Artasastha« (Kambases) berichtet, wie Jerusalem von jeher aufrührisch und den Königen zum Schaden gewesen und deshalb zerstört worden sei. Hierauf hatte der Schah des Vaters Befehl widerrufen und der Bau »blieb verhindert bis in das zweite Jahr des Königes Dareios«, 520, wo die 70 Exiljahre zu Ende giengen**), und wo, als der Kaiser, nach einem Festmahle mit den Grossen Persiens und Mediens und den Satrapen von Indien bis Aethiopien, sich zum Schlafe zurückgezogen, drei Männer, die bei ihm Wache hielten, mit einander wettstritten und ihre Reden aufschrieben, sie ihrem Herrn einzureichen. Der Erste pries den Wein, der Zweite den Kaiser, der Dritte, der schon genannte Serubabel, Sealthiels aus dem Stamme Davids Sohn, die Macht der Frauen und der Wahrheit. Dareios erkannte dem Letztern den Preis zu und stellte ihm eine Bitte frei. Der Urenkel des Königes Jojakim flehte, er möge, wie er bereits verheissen, Jerusalem wieder herstellen. Da erliess der Kaiser den Befehl, dass Die am Libanon Holz liefern, und gab die Tempelgeräte und Gefässe wieder heraus »im andern Jahre des Dareios«, im Jahre, wo die Seher Haggai, Sacharia und Maleachi die Israeliten in Juda und Jerusalem begeisterten***), »und der Herr erweckte den Geist Serubabels, des Fürsten in Juda, und den Geist Jehosuas (Jesua), des Sohnes Jehozadeks, des Hohenpriesters und des ganzen Volkes, dass sie kamen und arbeiteten am Hause des Herrn am 24. Tage des 6. Monats, im andern Jahre des Königes Dareios«†). Als der Landpfleger diesseits des Eufrat bei Serubabel und Jesua um ihre Vollmacht fragten und den Kaiser baten, nachsehen zu lassen »im Schatzhause Babyloniens« wegen der Erlaubniss durch Koresch, da fand man Alles »zu Achmetha in Medien, im Schlosse«, und Dareios wiederholte den Befehl schriftlich††). Ja »im 20. Jahre Artasasthas« (d. h. seit des Koresch Edikte), 519, sandte der Schah seinen Mundschenken und Liebling Nehemia als Landpfleger, was er 12 Jahre lang blieb, »vom 20. Jahre an bis zum 32sten des Königes

---

*) Herod. 3, 88—97; 2, 158.
**) Esra 4, 1—24. Apokryf. Esra 2, 16—31. Clem. Alex. Eus. Maii zählt 256 Jahre seit der 1. Olympias (776—256 = 520), p. 225; vergl. p. 84—86. Eus. Rome. 331. 333.
***) Apokr. Esra 3. 4. 5.
†) Esra 5, 1. 2. Hagg. 1, 1. 14. 15. Sach. 1, 1. Sync. 240. 242.
††) Esra 5, 6—17; 6, 1—12. Apokryf. Esra 6. 1. 2.

Artasastha«*). »Des Dareios viertes Jahr«, 518, nennt des Sacharia siebentes Lied. »Und es gieng glücklich vorwärts, und sie bauten und führten es aus nach dem Befehle des Herrn und nach dem von Koresch, von Dareios und Artasastha, und das Haus ward vollendet im sechsten Jahre der Herrschaft des Königes Dareios.« **) Es ist 516, »und nach diesen Dingen zog der Priester Esra«, der 28. Nachkomme Aarons, des ersten Hohepriesters, Jehosuas Oheim***), »aus Babel hinauf — und er kam gen Jerusalem im 5. Monde, das war das 7. Jahr des Königes Artasastha, mit einem Empfehlschreiben des Kaisers Artasastha, des höchsten Königes« — »und das Volk versammelte sich vor dem Wasserthore und bat Esra, den Schriftgelehrten, das Gesetzbuch des Moses hervorzubringen, welches der Herr Israel geboten hat, und Esra brachte das Gesetz vor die Gemeinde, Männer und Weiber und Alle, die es mit Verstand anhören konnten, und las darinn, und des ganzen Volkes Ohren waren gekehrt zu dem Gesetzbuche. — Und sie legten es aus und zeigten das Verständniss im Lesen — und Nehemia der Landpfleger und Esra der Priester, und die Leviten lehrten das Volk, — und das ganze Volk weinte, da sie die Worte des Gesetzes vernahmen.«†) Dann entfernte Esra die fremden Weiber, die Einige geheiratet hatten. In den Büchern Esra und Nehemia wird nach Dareios-Goldstücken (Dareiken) gerechnet, welche der Kaiser im hellenischen Fokäa prägen liess, wie in den Tributverzeichnissen zwar das Silber nach babylonischem, das Gold aber nach euböischem Gewichte berechnet ist (ein babylonisches Talent 70 euböische Minen, eine Mine vielleicht 100 Drachmen)††).

Der Brite Ker Porter besuchte im Jahre 1818 von Agbatana aus den Berg Bagistan (Bisitun), eine Wand von 1700 Fuss Höhe, der untere Theil 100 Fuss hoch und 150 Fuss breit geglättet. Unter dieser Stelle springt aus der festen Felsmasse eine Terrasse von gleicher Breite vor und böscht sich allmälig bis zur Ebene ab. Etwa 50 Ellen von der Plateform, ob dem Quell eines dort hervorfliessenden Baches, sind an einer breiten vorspringenden Masse Reste einer unermesslichen, in eine Art Rahmen eingefassten, aber ganz verunstalteten Bildhauerei, von der ich oben bei der Semiramis Erwähnung that, riesige Figuren, bärtige Gesichter von plumpem Meisel, in deren Mitte eine grosse und tiefe Tafel mit griechischer Schrift eine moderne aufnehmen musste, welche die alte fast vertilgt hat. Ktesias

---

*) Nehem. 1, 1; 2, 1; 5, 14.
**) Esra 6, 13—15. Apokr. Esra 6, 3—34. 1—4; 7, 4. Eus. Ronc. 331. 335.
***) Der Stammbaum bei Bunsen IV, 323 stimmt nicht mit der Bibel. Sadok ist nicht Ahias Sohn, sondern dessen und Ahimeleks jüngerer Bruder, alle Drei Ahitobs Söhne. 2 Sam. 8, 17; 1 Sam. 22, 9; 14. 3. Esra 7, 2. 2 Esra 1, 1. Vergl. Jos. Ant. VII. 9, 2; VIII. 1, 3; V. 11, 5.
†) Esra 7, 1—8. 11—26. Neh. 8, 1—9 ff. — Hieronymus hat in seinem Eusebius die in fast allen Handschriften weggelassene Stelle von Esra: »Affirmaturque divinas Scripturas memoriter condidisse.« Ronc. 342. Der Berner Codex hat sie auch nicht.
††) Herod. 3, 89.

und Diodor sahen hier ein Werk der Semiramis*). Etwas ob den Bildern, in sehr abschüssiger Felskluft, gewahrte der Reisende Bildhauerei von der Feinheit deren in Persepolis: 14 Figuren, über dem Kopfe einer jeden Keilschrift von ausgezeichneter Schönheit, unmittelbar unter diesen Bildern abermal Schrift und in der erweiterten Aushöhlung darunter drei tief und enge geschriebenen Kolumnen Keilschrift, welche, nachdem unser Grotefend im Jahre 1812 die Entzifferung der Schriftart begonnen, der britische Generalkonsul Rawlinson in Bagdad, so viel noch zu lesen war (ursprünglich jede Kolumne 500 Zeilen), im Jahre 1844 abschrieb und 1846 in London bekannt machte. Dareios, durch Grösse kennbar und auf einen der 10 Gefangenen tretend (es ist der Mager), ob ihm der segnende Geist, hat hier ein Denkmal seiner Herrschaft abbilden und eingraben lassen. Er, »Dareiawesch, der grosse König, der Könige König«, nennt darin, mit Herodot übereinstimmend, seine Achämeniden-Ahnen, die vor ihm der Perser Häupter waren:

Herodot:	Bagistan:
Hüstaspes	Wistaspa
Arsames	Arsama
Ariaramnes	Arijaramna
Teïspes II.	Tschispis
Küros	
Kambüses	
Teïspes I.	
Achämenes	Hakhamanis.

»ich der neunte, durch die Gnade des Auramazda König«. Dann die Namen seiner »23 Länder, von Sakien und Baktrien bis Aegypten und Sparda und Ionia«. Nochher wie »Kambughija, des Kuru Sohn, von unserm Stamme«, geherrscht, seinen Bruder Bartija erschlagen, und wie, während er in Aegypten war, »ein Mensch, der Mager Gumata, vom Berge Arakadris« sich für Bartija ausgegeben und das ganze Land zum Abfalle gebracht und Kambughija gestorben. »Da war kein Mensch, kein Perser, kein Meder, keiner unseres Stammes, der den Mager des Reiches berauben konnte; das Land fürchtete ihn, Alle gehorchten ihm, bis ich aufstund. Da betete ich zu Auramazda, und Auramazda half mir, und ich mit treuen Menschen erschlug den Mager und die ersten seiner Genossen, in der Burg Siktachotos (oder Sikathauvati) in Medien, und entriss ihm das Reich und befestigte es.«

Während Dareios, dem mit Polykrates aus Samos gefangen nach Persien gekommenen Arzte Demokedes aus Kroton zulieb, welcher ihn durch glückliche Kuren verbindlich gemacht, die ersten Späher mit dem Letztern nach Europa gesandt hatte, denen der gewandte Grieche in Tarent entgieng, und dann dem Samier Süloson, des ermordeten Polykrates Bruder, ein Heer

---

*) Diod. 2, 13. Ker Porter.

unter Otanes gegeben, ihn in die Insel wieder einzusetzen*), fiel 515 Babylonien ab, wo ein »Natitabiros«, sagt die erwähnte Keilschrift, sich ausgab für »Nabukhadratschar, den Sohn des Nabunita«, des letzten Königes Babylons**). Jeder Babyloner tödtete seine Frauen bis auf eine einzige. Dareios zog über den Tigris, schlug den Aufrührer am Enfrat und belagerte Babylon, welches tapfere Gegenwehr leistete, bis im zwanzigsten Monate, 514, wo Zopüros, des Megabuzos aus den Sieben Sohn, sich treu durch Abschneiden von Nase und Ohren verstümmelte, dann, als vom Schah misshandelt, zu den Aufgestandenen übergieng, welche ihm ein Heer anvertrauten, worauf er die Stadt verrieth und dem Kaiser das Belosthor öffnete. Dareios liess den gefangenen Natitabiros hinrichten, 3000 Vornehme an Pfäle spiessen, für die Uebrigen die Weiber bis auf 50000 ergänzen und die Mauern niederreissen. Doch äusserte er, er zöge den Zopüros unverstümmelt noch 20 anderen Babylonern vor und liess ihm die Verwaltung mit hohen Ehren lebenslang tributfrei***).

Während dieser Belagerung erklärten sich verschiedene Provinzen von Osten bis Armenien unabhängig, an der Spitze Frawartis (Fraortes), sich ausgebend für »Kschathrita, des Uwakschatara (Küaxares) Sohn«. Dareios sandte den Hüdarnes aus den VII ab, der Rebell verlor Nase, Ohren und Lippen und kam in »Hagamatana« ans Kreuz. Die Parther und Hyrkauer (Korkhan) schlug des Kaisers Vater Widaspa. So erlagen noch Andere, und bei jedem der neun Insurgentenanführer steht sein Name.

Auf dieses sandte Dareios den Satrapen Kappadokiens, Ariamnes, über den thrakischen Bosporos, eine Brücke nach Europa hinüber zu schlagen†).

Sparta und Messenien.

Troia fiel das erste Mal, ob nun in des Assyrers Tautanes (Tithonos) 25. Jahre, wie der Armenier Samuel verzeichnet, welcher König auch im ägyptischen Kanon als Petubastes 1368 erscheint, 1000 Jahre vor dem Ende des fokischen Krieges (346 + 1000 = 1346) oder 1000 vor Alexanders

---

*) Herod. 3, 128—148.
**) Beim Polyhistor heisst Nabochadonasar ebenfalls Nabucodrossorus. Eus. Mali 20.
***) Herod. 3, 150—160. Rawlinson. Globus, V. Bd. (1864), S. 288. 320.
†) Herod. 4. 1. Ktesias.

Ueberfahrt nach Asien (334 + 1000 = 1334)*). Das passt zu des Herodot Angabe, Herakles habe gelebt 900 Jahre vor ihm (450 + 900 = 1350), zur Zeit des Argonautenzuges**), und zu derjenigen der Aegypter, des Petubastes Sohn Rhampsinit oder Menofra, »den sie für den Herakles halten«, habe regiert nach des Vaters 44 Jahren (1368 — 44 = 1324)***), dessen Aera 1322 begann. Dann ist auch des Franzosen Larcher Berechnung nach der Vita Homeri, Ilion sei zerstört worden 790 Jahre vor des Xerxes Heerfahrt nach Hellas (480 + 790 = 1270) die richtige, und das ist die Belagerung in des Atheners Menestheus (1292) 13tem und der Fall in dessen 23. Jahre, oder in Agamemnons (1288) 18tem †). Aegisthos herrscht nach den Argiern 1270 und des Menestheus Nachfolger Demofon in Athen 1269, wie der Assyrer Agron (Agelaos, Chalaos), als Vorderasien durch jenen Kriegszug hellenisch wird, in Sardes beginnt »22 Alter vor Kandaules« (732 + 505 = 1237) oder nach Polyhistor 526 Jahre vor Dejokes (711 + 526 = 1237), oder bei Herodot 520 Jahre, 1231 ††). Somit eroberten die Dorer die Peloponnes »80 Jahre nach Ilion« †††) (1270 — 80 = 1190), um welche Zeit des Kodros Vater Melanthos, aus Pülos fliehend, in Athen die Herrschaft erlangt §), wie Kodros selbst im Jahre 1153.

Wenn nun des Herakleiden Aristodemos (dessen Gleichzeitiger, Lakestades, in Sikyon 1180 herrscht) Söhne, Eurästhenes und Prokles 1150 ihres Vaters Zeitgenossen, den Thebäer Theras und 1140 den Oresteiden Gras, mit dem sie dieselbe Generation bilden, unterstützen §§), und ihr anderer Altersgenosse und ihr Geschwisterkind, der Temenide Falkes, im Jahre 1127 Sikyon einnimmt, so hat ihr um die Zeit der Eroberung, 1190, gestorbener Vater §§§) diese Eroberung nicht erst im Jahre 1103 machen können, und diese Jahrzahl ist, wie 1184 oder 1183 für Troias Fall, ein blos späterer Computus der Alexandriner-Schule, welcher es hierin nicht besser ergieng als der alexandrinischen unserer Tage. Es ist dann auch die ionische Wanderung nicht nach ihnen erst 1043, weil gleich nach Medons, des Kodriden Antritte (1132), erfolgt, sondern 1130.

Somit begänne auch die Zeitrechnung der lakedämonischen zwei Herakleidenhäuser, wie die korinthische des Aletes, in der Wirklichkeit genau 1190, nicht wie sie Eusebios, von jenem falschen Computus fortrechnend,

---

*) Ilias 5, 638 — 651. Clem. Al. Strom. 1. Schol. in Apollon. 5, 1216. Sam. 15. Meine Allg. Gesch., 1. Buch (Schaffhausen 1845), S. 245. 246.
**) Herod. 2, 145.
***) Sync. 177.
†) Marm. Par. Eus. Rone. 210. Maii 131.
††) Herod. 1, 7. 95. Appian. Praef. 9. Fischers Tafeln, S. 76.
†††) Thuk. 1, 12.
§) Attischer Kanon, nach demjenigen in des Angelo Maio Collectio für Ox8ntes 31 Jahre angenommen.
§§) Paus. III. 1, 7; 2, 1; IV. 3, 5.
§§§) Herod. 6, 52.

uns überliefert hat: 1) Eurästhenes erst im Jahre 1101, 2) Agis 1059, 3) Egestratos 1058. 4) Leobotas 1023, 5) Dorüssos 986, der Zeit- (Generations-) Genosse des fünften im Proklidenhause, Eunomos, des Vaters der zwei Brüder Polydektes und Lükurgos. Plutarchos sagt: »Von Lükurgos lässt sich durchaus nichts sagen, was keinem Zweifel unterworfen wäre; denn über seine Abstammung, seine Reisen und sein Ende, sein Wirken als Gesetzgeber und Staatsmann lauten die Nachrichten verschieden; am wenigsten ist man in Bestimmung der Zeit einig, in welcher er lebte.« Einige nahmen deshalb mehrere Lükurge an, einen als des Homeros Zeitgenossen und einen schon zur Zeit der Herakleiden*). Wenn wir aber wissen, dass Delfi der Dorer Hauptorakel und Freundinn war, wo Sparta die Promantie führte, dass die Püthia den zu ihr kommenden Lükurgos »mehr einen Gott als Menschen« begrüsste, dass sie ihm seine Gesetzgebung eingab und dass Apollon bei den Thrakern (der Dionüsosgegner) den Namen Lükurgos führte, so wie dass dem Gesetzgeber ein Tempel erbaut und alljährlich geopfert wurde, so dass Otfr. Müller**) ihn geradezu als mythische Person bezeichnen zu sollen glaubte, so erklärt sich die Gesetzgebung als alte, ursprünglich dorische und in Delfi sanktionirte.

Als der König Polydektes starb, kam die Regierung an Lükurgos, der jedoch, als die Witwe 884 (108 Jahre vor Olymp. 1) den Charilaos gebar, blos die Vormundschaft führte, dann auf Reisen gieng, Kreta (der Dichter Thales) und Kleinasien besuchte, wo er auf Chios angeblich die nach Homeros genannten Rhapsodien (Sosibios und Herodot nennen den Sammler um 866 v. Chr.) gesammelt und den Hellenen zuerst bekannt gemacht haben soll***).

Nach Sparta heimgekehrt, wo im ältern Hause 6) Agesilaos 957, 7) Archelaos 913. 8) Taleklos 853 angegeben sind, soll er mit dem Könige Ifitos aus Elis, des Aetolerstammes, 13 Olympiaden oder 52 Jahre vor 776, somit 828 v. Chr., um im uneinigen Hellas Ruhe zu schaffen, auf den Rath aus Delfi die in Abgang gekommenen olympischen Spiele erneuert haben†). Sein Gesetzgebungswerk, oder was er daran that, fällt, da schon 823 des Charilaos Sohn, der 9. Proklide Nikandros, herrschend angegeben wird, in dieselbe Zeit, jedesfalls nicht, wie Eusebios und Kürillos angeben, erst 820 v. Chr. (Thukydides: etwas über 400 Jahre vor dem Ende des peloponnesischen Krieges, also vor 804)††). Charilaos regierte noch. Wir kennen die 3 angeblichen Retren (Satzungen): 1) Die wohl länger schon und auch in Kreta bestandene politische Eintheilung in 3 Fülen (tribus) und 30 Oben (centuriae) und deren Repräsentanten, die 2 Könige mitgezählt,

---
*) Plut. Lük. 1. Xenof. v. d. Staatsverf. d. Laked. 10. Fischer, S. 33. 34.
**) Müller, Dorer, II. Bd., S. 11,
***) Plut. Lük. Strabo 10, 4. Fischer, S. 48. 49.
†) Paus. V. 4, 4; 8, 2; 20, 1. Plut. 23.
††) Thuk. 1, 18. Fischer, S. 35. 37. 38. Eus. Ronc. 267.

30 »Aelteste« (Geronten, Gerusia, senatus). Die Gerusia versammelte den Damos (Demos), die Damoten, d. h. im Gegensatze zu den perioikischen Lakedämonern, die dorischen Aechtbürger, die »Regimentsfähigen«, Homoioi, welche, ohne Handaufheben, durch Ruf ($βοῇ$) abstimmten. 2) Eine lex agraria, eine Ausmessung des ager publicus in 30000 Loose ($κλᾶροι$), wovon 9- oder 6000 spartiatisch waren, die anderen nun den Lakedämonern zugetheilt wurden. Die altdorische Derb- und Einfachheit in Haus und Verkehre erklärt man als ein Verbot von Gold- und Silber- und Einführung einer Eisenmünze, wohl nichts Anderes als die (auch in unserm alten Bern charakterisirende) aristokratische Abneigung gegen Handel und Gewerb und das Sichstützen einzig auf Landbau. Dahin gehören die, ebenfalls in Kreta erwähnten, gemeinschaftlichen Mahle, Sussitien, auch Fiditien (= $φιλίτια$, Freundesmähler, wie fidus und $φίλος$, $Πολυδεύκης$ und $Πολυλεύκης$, dacryma und lacryma eher als von $ψείδομαι$, sparen, was nicht Sache der spartischen Edlen war), worinn verschiedene Altersstufen gemischt waren und geheime Abstimmung über die Aufnahme entschied. Die dritte Retra enthielt wohl die kriegerische Eintheilung in Enomotien (Geschworneschaaren) von 24 und dem Enomotarchen; 2 Enomotien oder 50 eine Pentekostys mit ihrem Pentekosteren; 2 Peutekostyen von 100 ein Lochos, centuria, unter ihrem Lochagen; 16 Enomotien (384 und ihre 16 Enomotarchen), 8 Pentekostyen mit ihren 8 Pentekosteren, 4 Lochen mit ihren 4 Lochagen = eine Mora (384 + 28 = 412, dazu 100 Hopliten mit ihrem Hipparmosten =) 513 Mann unter ihrem Polemarchen. Sechs Moren (513 × 6 = 3078) mit 6 Polemarchen bildeten ein lakonisches Heer, die Legion von 3084 Mann*).

Diese Verfassung, welche über 500 Jahre lang dauerte, und die dorische, abhärtende, Erziehung bewährte sich im messenischen Kriege, welches fruchtbare Land den Lakonen längst in die Augen gestochen hatte, weshalb man die Sage von dessen hinterlistigem Erwerben durch des Aristodemos ältern Bruder Kresfontes verbreitete und den Anlass davon bergriff, die Messener haben im Jahre 785 den spartischen achten Eurostheniden- oder Agidenkönig Taleklos umgebracht. Ihm folgte sein Sohn Alkamenes, und angeblich im andern Hause im gleichen Jahre der Sohn des Nikandros, der neunte Proklide Theopompos. Unter diesen Königen zerstörte Sparta das am Meere gelegene und von den alten Achaiern bewohnte Helos, dessen Bewohner nach Einigen den späteren Staatssklaven den Namen lieferten, und besiegte in einem Treffen die Argier, welche den Heloten zu Hilfe gekommen waren. In der Beiden zehntem Jahre siegte Koroibos aus Elis im Wettlaufe in den Olympien 776 v. Chr. (1014 Jahre vor 238 n. Chr.), von wo an die Sieger der Reihe nach im dortigen Tempel aufgezeichnet wurden. Die Jahre, jede Olympias 4, beginnen im Juli, im Monat Apollonios, am ersten Neumonde nach dem Sommersolstiz, damals den 8ten des

---

*) Die spartische Erziehung und Verfassung, siehe meine Allg. Gesch., II. Buch (Schaffh. 1846), S. 392 ff.

Juli*). Nach Plutarch 130 Jahre nach Lükurg (884 — 130 = 754) stellten die ihren Einfluss erweiternden Spartiaten den Königen fünf Eforen, Aufseher, an die Seite, welche die Könige kontroliren, die Gemeinde einberufen und den Krieg leiten konnten**).

Feidon II., der 14. Herakleide in Argos, welcher den Vorrang seiner Stadt in der Peloponnes gegen das herrschsüchtige Sparta kräftig behauptete und im Jahre 748 als Agonothete mit den Pisaten die 8. Olympias feierte, liess in Aegina die ersten Silbermünzen prägen und führte für die Peloponnes gleiches Mass und Gewicht ein, welche bis zum peloponnesischen Kriege blieben***).

In Korinth hörte mit dem 12. Herakleidenkönige Automenes, einem Bakchiaden, 745 das Königthum auf, wie 1132 in Athen, und begann eine Herrschaft alljährlich wechselnder Prütanen, ebenfalls Bakchiaden. Ein Bakchiade war der 744 blühende Dichter Eumelos†).

Um 776 hatte Chersifron aus Knossos auf Kreta den Artemis-Tempel in Efesos gebaut und dichtete Arktinos aus Miletos, wohl auch der Epiker Asios aus Samos; um 765 Kinäthon (aus Chios?) in Sparta.

Damals hatte in Messenien der reiche und vornehme Polychares, 764 Olympiasieger, einem Sparter Gastfreunde um einen Theil des Nutzens Vieh zur Weidung überlassen, dieser ihn aber betrogen und ihm ausserdem den Sohn ermordet. Polychares hatte wiederholt bei den Königen Alkamenes und Theopompos geklagt, aber ausweichende Bescheide bekommen und endlich zur Selbsthilfe gegriffen, wo er Lakedämoner fand. Sparta, begierig nach einem Kriegsvorwande, hatte seine Auslieferung verlangt, und beide Parteien griffen zu den Waffen. Es floss Blut. Messenien erbot sich zu einem Schiedspruche, entweder von dem Beiden verwandten argolischen Synedrion der 7 Städte auf Kalauria, oder dem attischen Areiopagos. Lakedämon gab keine Antwort. Die Messener waren uneins. Vertriebene der Friedenspartei verbanden sich 746 mit Chalkidiern, um in Italien Region zu gründen; Andere entwichen nach Sparta. Letztere Stadt rüstete geheim, und die Bürger, ohne Krieg anzukünden, schwuren einen Eid: die Waffen, so lange es dauern und was ihnen begegnen möge, nicht niederzulegen und nicht nach Hause zurückzukehren, bis Messenien das ihrige sei††). Ihr König Alkamenes wurde Heerführer, und 743 begann es mit Amfeia, welche Stadt unversehens, bei offenen Thoren, Nachts unter Gräueln eingenommen wurde. Eufäs, der 9. Kresfontide in Messenien, ermutigte sein Volk und schlug 738 tapfer gegen die Uebermacht; aber, erschöpft durch Krieg und

---

*) Fischer, S. 59. 60.
**) Paus. III. 3, 1. Plut. Lük. 6. Herod. 1, 65. Cic. de rep. 2, 33. De legg. 3. 7. Val. Max. IV. 1, ext. 8. Müll. Dorer.
***) Fischer 65. 66. Strabo 8, 3. Müll. Dorer.
†) Paus. II. 4, 4; 1, 1. Fischer 66. 67. 63. 67. Eus. Ronc. 290.
††) Eus. Ronc. ad a. 746, p. 290.

Seuche, mussten sie, ihre meisten Städte verlassend, sich in die Bergfeste auf dem Ithome zurückziehen. Der edle Aristodemos, ebenfalls vom Königshause, opferte nach einem Orakelspruche seine Tochter. In Argos, wo Feidon sich Korinths und wohl auch von Epidauros und Aegina und der ganzen lakonischen Küste bis Malea und Kytheras bemächtigt hatte, verhiess man, ohne öffentlichen Beschluss, privat, Messenien Hilfe; Arkadien, woher (S. 194 vorne) der Messenerkönige Stammmutter war, hatte man offen aufgefordert. Sparta griff, ehe die Hilfe kam, 730 an; auf beiden Seiten kämpfte man heldenmütig, aber Eufaës starb an einer Wunde kinderlos. Das Volk wählte den verwandten Aristodemos. Dieser stritt 726, und Arkadien, Sikyoner und Argier mit ihm gegen Sparta (mit Korinth) am Ithome siegreich; aber die Götter halfen der unterdrückenden Partei durch Vorzeichen, 724 entleibte sich der edle Aepütide verzweifelnd auf seiner Tochter Grabe, und durch eine List der Sparterkönige Polydoros und Theopompos drang Letzterer in die Bergfeste ein.

Nach 19 Kampfjahren zogen die noch übrigen Messener ab, Einzelne nach Sikyon und Argos, Andere nach Region und ihren Heimatorten. Die Lakedämoner zerstörten Ithome, setzten Kolonisten ins Land und erklärten ihre dorischen Verwandten als Perioiken, die von allem Gepflanzten die Hälfte ihren Herren zu entrichten und bei Leichenfesten von Königen und hohen Magistraten, Weib und Mann, schwarzgekleidet, unter Strafe, in Sparta erscheinen mussten*).

Diese Zeit war eine Mutter vieler Kolonien der Hellenen: 753 oder 750 der Milesier Seefahrten und ihre Anlegung des ägyptischen Naukratis, Kozikos u. a., 746 Region, 736 sikilisch Naxos, 734 Syrakusä und Korkūra durch aus Korinth unzufrieden auswandernde Bakchiaden, Kroton durch Müskellos, 721 durch Achaier Sybaris, 715 durch Milesier mit des Lüders Güges Erlaubniss Abüdos. Als in Sparta eine Partei, es heisst die auf der im Felde liegenden und durch ihren Eidschwur gebundenen Sparter Befehl durch Jüngere, oder gar durch Perioiken, aus Mangel an Edlen, Erzeugten und die man Parthenier, Jungfrauensöhne, Bastarte oder auch Findlinge, Epeunakten hiess ($\dot{\epsilon}\pi\epsilon\acute{v}\nu\alpha\varkappa\tau o\iota$, $\dot{\epsilon}\pi\epsilon\acute{v}\nu\alpha\sigma\sigma o\iota$, von $\dot{\epsilon}\pi\epsilon\acute{\iota}$ nachher und $\epsilon\dot{v}\nu\alpha\zeta\omega$ hinlegen) sich unter einem Herakleiden Falanthos 708 mit den Heiloten zum Morde an ihren Gegnern verschworen, die ihnen bürgerliche Rechte versagten, wusste man sie durch List zur Auswanderung zu bringen, wo sie mit Achaiern Taras, Tarent stifteten, die alten Bewohner nach Brundusium verdrängend. Um 712 blühte Kallinos aus Efesos, der Elegiker, 708 Archilochos der parische Jambendichter; 704 baute der Korinther Ameinokles den Samiern die in seiner Vaterstadt zuerst erfundenen Dreiruderer; 694

---

*) Paus. III. 18, 5; IV. 4—14. Diod. 15, 66. Fragmm. Strabo 6, 3. 4; 8, 5. Just. 3, 3. 5. Isokr. Archid. 24. Fischer, S. 67. 68. Meine Allg. Gesch., II. Buch (1846), S. 407—417.

oder 691 blühte der Chier Glaukos, Erzgiesser und Erfinder der Eisen-Löthkunst*).

Auf Theopompos in Sparta war um 724 sein Urenkel, der 10. Proklide, und bald darauf dem Alkamenes der 11. Agide Eurykrates gefolgt, Letzterm 12tens Anaxandros. Unter diesem bewirkte im 39. Jahre nach Ithomes Einnahme, 684 der hochherzige Aepütide Aristomenes, nachdem sie Arkadien und Argos abermal gegen das herrschgierige Sparta gewonnen, der Messenier Abfall und Aufstand, »denn das Geschick wollte nun die Messener aus der ganzen Peloponnes vertreiben« **). Der Held zwang die Lakonen, sich aus Athen den begeisternden Sänger Türtäos kommen zu lassen. Auch jetzt siegte Aristomenes 682 »beim Denkmale des Ebers«, um ihn 80 Auserlesene, ein wahrer Achilleus; der Seher Theoklos entflammte hier, drüben Türtäos. Nach Einigen verliess Sparta die Frauen Gefallener tapferen Heiloten zu Weibern und theilte sie in seine Lochen, denn der Messener siegte wiederholt, plünderte und fieng Jungfrauen. Als man 681 oder 679 »beim grossen Graben« schlug, verrieth Aristokrates II., König der Arkader aus Orchomenos, von den Lakonen bestochen, die Messener, so dass die Feinde siegten. Auch diesmal verliessen Erstere, auf ihres Helden Rath, die Binnenstädte grösstentheils und zogen nach Eira am Lükaion, unweit der obern Neda, wo sie sich noch 11 Jahre lang hielten, Raubzüge übten und Amüklä plünderten, wobei Aristomenes mit 50 Genossen in der Feinde Gewalt fiel, welche sie in die Grube Käadas hinabstürzten. Der Anführer, einem hineingeschlüpften Fuchse folgend, kam zu den Seinigen nach Eira zurück, übte aufs neue Heldenwerke und brachte drei Mal dem Ithomischen Zeus jenes Hekatomfonia-Opfer, weil er jedes Mal eigenhändig Hunderte erschlagen.

Aber Alles half nicht gegen Uebermacht und Schicksal. Im Jahre 668 offenbarte Theoklos seinem Freunde geheim, ihr Fall sei unvermeidlich. Da vergrub dieser das Palladion seines Volkes, die auf eine grosse Zinnplatte geschriebene Urkunde über den Dienst der »grossen Göttinnen« (Ceres und Proserpina) Nachts auf dem Ithome. Ein Weib verrieth einem sie bethörenden lakonischen Heiloten eine schwache Mauerstelle, und in einer Regennacht drangen die Feinde ein. Die erwachenden Messener rannten auf ihre Posten, Aristomenes und sein Sohn Gorgos, der Seher und sein Sohn Mantiklos und des Aristomenes Schwager Euergetidas kämpften und mähten. Am Morgen neues Fechten und so 3 Tage und Nächte, ohne Ablösung, Ruhe, Labsal. Der Seher starb, ohne sich retten zu wollen; Aristomenes, auf dessen letztes Geheiss, erzwang für Weiber und Männer freien Abzug und führte sie zu den Arkadern, welche den nochmals Verrath übenden Aristokrates,

---

*) Fischer, S. 64—66. 68. 69. 71. 72. 73. 75. 76—78. Just. 3, 4. Strabo 6, 3. Diod. Fragm. Eus. Ronc. 294. 298.
**) Paus. III. 3, 3. 4; 7, 5. 6; IV. 14. 5; 15, 1. Just. 3, 5 (wo aber die 60 Jahre auf 764 zurück führen).

die 25. Pelasgerzeugung im 46. Alter seit Inachos, ergrimmt steinigten. Die Sieger versetzten nun alle im Lande bleibenden Messener in den Heilotenstand. Aristomenes stellte Gorgos und Mantiklos an der Uebrigen Spitze, welche nach Zankle in Sikilien auswanderten, das von ihnen den Namen Messana (Messina) hat und wo sie 664 dem Herakles Mantiklos ein Heiligthum bauten. Aristomenes blieb in Hellas und starb in Rodos*).

Athen. Die Tyrannis.

Während all diesem regte sich anderuorts der Hellenen politischer Herzschlag. 378 Jahre nach des Kodros Tode, im Jahre 754, als dessen 13. Nachkomme, der Archon Alkmäon, starb, änderten die Eupatriden in Athen das Archontat und verkürzten die lebenslängliche in zehnjährige Amtsdauer. Charops, Alkmäons Bruder, wurde 753 der erste**). Aber auch das dauerte bei der ionischen Beweglichkeit, gegenüber der dorischen Zähheit in Sparta, blos 70 Jahre, und im Jahre 682 machten sie diese Würde nicht blos einjährig, sondern vertheilten sie unter 9 Archonten, nach deren erstem, Eponymos, das Jahr hiess; der zweite, Basileus, rex sacrorum, besorgte die religiösen Verrichtungen des ehemaligen Königes, der dritte war Polemarch, und die sechs Uebrigen Gesetz- und Beschlüssebewahrer, Civilrichter, Thesmotheten***). Aber auch hiebei blieb es nicht. Wie die Geschlechter hie und da das Königthum hatten eingehen lassen, machte sich um diese Zeit, nach dem Gange der Natur, an die Geschlechter das erwachende Volk, der Demos. Einzelne Gewandte, oft den Geschlechtern selbst angehörend, oft nicht, stellten sich an der Gemeinde Spitze und entrissen jenen die bisherige Gewalt. Wer das that, somit durch Umwälzung des Bestehenden zu Herrschaft gelangte, hiess griechisch τύραννος (κοίρανος, κάρανος, d. h. Mann).

Das erste Beispiel (wenn wir vom Makedoner Karanos 813, vom Römer Romulus 754 und von Dejokes in Medien 711 absehen, weil der Umsturz hier sogleich in neue Monarchie umschlug, wie später noch) finden wir in Sikyon, wo des Orthagoras Sohn Andreus, gewesener Liktor der Regenten,

---
*) Paus. IV. 16—24. Diod. Fragm. Plut. Lak. Denkspr. Marm. Par. Ep. 34. Fischer. Polyb. Müll. Dor. Meine Allg. Gesch., II. Buch (1846), S. 417—431.
**) Eus. Ronc. 286. Fischer, S. 64.
***) Eus. Ronc. 302. Fischer, S. 84.

um 673 sich als Tyrann aufwarf*) — im Jahre 663 oder 662 gründete Zaleukos die älteste geschriebene hellenische Gesetzgebung in epizefyrisch Lokroi Italiens — und 659, wo die Hellenen unter Psammitich sich in Aegypten niederliessen und Megarer das schön gelegene Byzanz gründeten **), Kûpselos in Korinth, eines Nichtdorers Sohn, die Gewalt der Bakchiaden, denen seine Mutter angehörte, aufhob und Viele vertrieb, deren einen, Demaratos (Korythos und Korinthos verwechselnd), man zum Stammvater der tarquinischen Dynastie in Rom stempeln wollte. Kûpselos liess durch seinen Bruder oder Sohn Gorgos Ambrakia und Anaktorion kolonisiren***). Im Jahre 628 oder 625 folgte auf Kûpselos sein Sohn Periander, der Freund des Dithyrambendichters Arion aus Methûmnai auf Lesbos, im Jahre, wo sein Korinth, gemeinschaftlich mit der Pflanztochter Korkûra, Epidamnos (Durrhachion, Durazzo) stiftete. Sein Schwäher war Prokles, 624 Tyrann von Epidauros und Aegina, der Schwiegersohn jenes Arkaderköniges Aristokrates, durch dessen Tochter Eristhenea, Schwester des Tyrannen von arkadisch Orchomenos, Aristodemos, ebenfalls durch den Demos gehoben und feindlich der dorischen Geschlechteraristokratie †). So war in Megara Tyrann Theagenes, ein eben so erbitterter Hasser des dorischen Adels, dessen Heerden er schlachten liess ††).

Indessen hatten in Athen das Ausgeschlossensein der Metoiken von politischen Aemtern, ein durch Wucherzinse und Heimfallen des Schuldners in Haft und Verfügung des Gläubigers drückendes Schuldenrecht, wie der Uebermut der Geschlechter, zu bedeutenden Reibungen geführt. Letztere, durch die überall um sich greifende Tyrannis erschreckt, wollten die Begehrlichkeit der Gemeinde unterdrücken, und 624 oder 621 †††) frischte der Archont Drakon die alte Kriminalgesetzgebung wieder auf, nach welcher jedes Verletzen der Gesetze Todesstrafe treffen sollte, Gemüsediebstahl und Lautwerden gegen die Herren wie Tempelraub, Ehebruch und Mord (Drakons Thesmen »mit Blute geschrieben«) §).

Um 614 machte sich Panätios zum Tyrannen in Leontinoi auf Sikilien, wo 612 der Dichter Stesichoros blühte, und 611 stürzte Pittakos auf Lesbos die Tyrannis des Melanchros in Mitylene. Damals lagen die Athener, welche Sigeon im Troîschen inne hatten, im Streite mit Lesbos über einen dortigen Landstrich und Pittakos warf im Zweikampfe den attischen Befehlshaber in Sigeon, den Olympiasieger von 636, Frynon, mit dem Netze nieder und

---

*) Diod. Fragm. Herod. 6, 126. Paus. II. 8, 1. Aristot. Pol. V. 9, 21. Fischer, S. 86.
**) Eus. Ronc. 306.
***) Herod. 5, 92. Arist. Pol. 5. Paus. II. 4, 4. Strabo 10, 2; 7, 2. Fischer, S. 92. 93. Scymn. 453. 454. Eus. Ronc. 306.
†) Herod. 3, 50. Plut., warum die Pûthia etc., 19. Fischer, S. 103.
††) Thuk. 1, 126. Arist. Rhet. 1. 2, 29. Pol. V. 4, 4. Paus. I. 40, 1; 41, 2. Eus. Ronc. 314.
†††) Eus. Ronc. 314.
§) Plut. Solon 17. Paus. IX. 36, 4. Fischer 103. 104.

erstach ihn. Den Handel schlichtete Periander von Korinth. Damals blühten in Mitylene die Dichterinn Sapfo und Alkaios, der im Kampfe seinen Schild den Athenern zur Beute zurückliess*).

Der im Jahre 640 ebenfalls als Olympiasieger gefeierte schöne und edle Athener Külon, der daheim eine eherne Bildsäule erhalten, hatte den Plan gefasst, die Aristokratie seiner Vaterstadt zu stürzen, und besetzte, wohl im Jahre 600, mit seinem Anhange und Hülfstruppen seines Schwähers, des genannten Megarer-Tyrannen Theagenes, die Akropolis. Die Regierung belagerte ihn mit den Ihrigen vom Lande. Die Külonischen geriethen aus Mangel an Lebensmitteln und Durst in grosse Noth. Nach Thukydides konnten sich der schon bejahrte Külon und Bruder retten; nach Herodotos setzten sich die Belagerten, als bereits Einige Hungers starben, als Schutzflehende vor das Bild der heiligen Jungfrau (Athene). Da vermochten die wachehaltenden Vorsteher der 48 Naukrarien (4 in jedem der 12 Stadtquartiere oder Drittel, τριττύς) sie, ihr Leben verbürgend, das Asyl zu verlassen und vor Gerichte zu erscheinen. Es heisst, sie haben, misstrauisch, eine Schnur am Throne der Göttinn festgebunden und seien daran bis zum Tempel der s. g. »hehren Göttinnen«, der Eumeniden, gelangt, wo der Faden riss und der Archon Megakles, ein Alkmäonide oder Kodride, sie bis auf Wenige niedermachen liess. Der Aufstand war unterdrückt, aber der »Külonische Frevel« (τὸ Κυλώνειον ἄγος) blieb ein Abscheu in des Volkes Augen**).

Külons Sturz hatte auch den seines Schwähers Theagenes in Megara zur Folge, nur hier nicht durch die Vornehmen, sondern durch Demagogen, von denen aufgereizt der Pöbel, ὄχλος, der bisher Herrschenden Häuser plünderte und durch einen Gemeindeschluss Herausgabe der bisher bezogenen, freilich wucherigen, Zinse erzwang (Palintokie, πάλιν wieder und τόκος Zins). Als ein toller Haufe die Wagen einer peloponnesischen Gesandtschaft nach Delfi in Aegina ins Wasser stiess, so dass viele Wallfahrter umkamen, mussten die Amfiktyonen einschreiten und die Thäter theils mit Verbannung, theils mit dem Tode bestrafen***).

Im Streite mit diesem Megara um die Insel Salamis hatte Athen nach langer, mit Stammeshass geführter Fehde, bei Lebensstrafe jeden Antrag zur Wiedereroberung untersagt. Jetzt wollte Solon, aus des Kodros Geschlechte, durch Handel und Reisen gebildet, Megaras Lage benützen, sowohl die unruhige attische Jugend aussen zu beschäftigen, als die wohlgelegene Salamis wieder zu gewinnen. Sich verrückt stellend, sang er auf öffentlichem Platze die Wiedereroberung der Insel und entflammte die Leichtbeweglichen.

---

*) Eus. Maii 146. Rose. 310. 314. 318. Herod. 5, 94. 95. Strabo 13, 1. Polyän 1, 25. Fischer 108.
**) Herod. 5, 71. Thuk. 1, 126. Plut. Solon 12. Paus. I. 28, 1. Fischer 105. Eus. Maii 145.
***) Plut. Quaest. gr. 18. 59. Fischer 108.

namentlich den ihm durch dessen Mutter verwandten jungen und schönen
Peisistratos. Die Gemeine hob jenen Beschluss auf, Solon wurde Feldherr, die Insel durch List erobert und der megarische Hafenort Nisaia
besetzt. Fünf spartische Schiedrichter, gewonnen durch des Atheners
Beredtsamkeit und alte Kundschaften, sprachen Salamis dieser Stadt zu*).
  Schon einflussreich in Attika, wurde es Solon bald in ganz Hellas, als
die Bewohner der delfischen Hafenstadt Kirrha Tempelgebiet bebaut und
sich an den Weihgeschenken selbst vergriffen, und die Amfiktyonen auf
Solons Antrag, der wohl attischer Hieromnemon (Abgeordneter nach Delfi)
war, den heiligen Krieg beschlossen. Anführer wurde der Orthagoride
Kleisthenes, Tyrann in Sikyon, dem man Solon als Rath beigab. Die
attischen Truppen befehligte jenes Megakles Sohn Alkmäon. Der Krieg
dauerte 10 Jahre. Als in Athen die Spaltung zwischen den eupatridischen
Geleonten und Hopliten und den an Wohlhabenheit und Selbstbewusstsein
wachsenden Landbau- und Gewerbsklassen der Argaden, Demiurgen und
Geomoren immer tiefer klaffte, vermochte Solon mit den Angesehensten die
Alkmäoniden, sich wegen der Kylonischen Anklage einem Gerichte von 300
der rechtschaffensten Bürger zu unterziehen, von welchem im Jahre 597
die Beklagten sämmtlich des Landes verwiesen wurden; sogar die Gebeine
ihrer Gestorbenen grub man aus und schaffte sie über die Grenze. Das
war der erste Sieg der Gemeinde. Da während diesen Unruhen die Megarer
wieder Mut gefasst und Nisaia, ja Salamis zurück erobert hatten und man
die Gemüter mit Vorzeichen und Orakelsprüchen zu ängstigen suchte, beschickte man den Weisen Epimenides aus Kreta, welcher mit Solon eine
religiöse Reform, einfachern Gottesdienst, einführte, abergläubische Gebräuche
abschaffte, das Volk durch Lehre und Reinigungen erhob und entsündigte
und die Eintracht herstellte**).
  Die Glut war jedoch nur zugedeckt, nicht gelöscht. Das gemeine Volk,
ohne Antheil am Gemeindeboden und Stimmrecht, war durch die Schuldengesetze in der Reichen Hand, welche den Schuldner verkaufen konnten.
Die Frischesten, die auf den Berghöhen der Diakria, forderten Rechtsgleichheit; die des Pedion, der Ebene Mesogaia, waren als Ackerbauer und
Pächter von der Oligarchie abhängig, und die Paralier der Küste blieben
ruhiger und liessen keine der zwei anderen Parteien aufkommen. Dennoch
bildete sich ein Kern, zu einer politischen Umgestaltung entschlossen,
beredete Solon, ihr Sachwalter zu werden, und er wurde 595 oder 594
erster Archon, mit dem Auftrage, eine Revision der Verfassung und Gesetzgebung vorzuschlagen, welche Ruhe bringe.
  Sein erster Schritt war die Aufhebung des Schuldenrechtes, die »Ent-

---

*) Plut. Sol. 8—10. Just. 2, 8. Herod. 1, 59. Strabo 9, 1. Polyän 1, 20. Aelian
7, 19. Fischer 109.
**) Aeschines Ktesif. 33. 34. Paus. X. 37, 4. 5. Plut. Sol. 11. 12. Thuk. 1, 126.
Fischer 116. 114. 116. 111. 112. Ess. Ronc. 318.

lastung«, σεισάχϑεια, indem er das Pfandrecht auf Leib und Freiheit verbot. dann den Zinsfuss herabsetzte und den Geldwert erhöhte, so dass die Mine von 73 Drachmen jetzt 100 galt. Die Marken des Heimfalles verschwanden aus den Gütern, in Haft und Sklaverei Gefallene kehrten zu den Ihrigen. Das Volk athmete auf. Dann erklärte Solon des Drakon Satzungen für aufgehoben und schlug vor, das Stimm- und Wahlrecht künftig nach Besitz und Vermögen festzusetzen, zu welchem Behufe er durch Schätzung (τίμημα, census) drei Klassen bildete. Wer unter diese fiel, blieb Thete. Fröhner und war wohl frei und stimm-, aber, ausser in den unteren Gerichten, nicht wahlfähig. Der alte Gerichtshof auf dem Areiospagos sollte von nun an lediglich aus abtretenden Archonten besetzt werden, in welche letztere Behörde blos die der ersten Censusklasse, die Pentakosiomedimnen, wahlfähig waren. Die der zweiten waren die ἱππεῖς, Ritter, die früheren Geburt-Hopliten.

Als Mittel zwischen diesem Ober- und Censurgerichte und der leicht in Gärung versetzten Gemeine (ecclesia) bildete Solon, zum Unterschiede von einer blos die Geschlechter repräsentirenden Gerusie, einen grossen Rath (βουλή) von 400 Männern, 100 aus jeder der jetzt aufgestellten 4 Zünfte (Fülen), um vorzuberathen, was vor die Ekklesia kommen sollte, »damit der Staat durch solche zwei Anker nicht leicht ein Spiel von Wind und Wellen werde«.

So war nun, statt der bisherigen Geschlechter, eine wirkliche politische Gemeinde entstanden, in welche jene auch gehörten*).

Die Beobachtung gewährt hohes Interesse, dass, wie bei uns im 14. Jahrhunderte die Schule aus den Klosterhallen hinaustrat in das Volk, so in dieser erregten Epoche ausser den Tempelmauern sich unter hervorragenden Geistern Schulen bildeten, welche an der Stelle der Theurgen und Profeten über Gottheit und Welt und Sitte dachten und lehrten. Als die sieben Weisen nennt man: 1) jenen Pittakos aus Lesbos, geboren 651; 2) Thales aus Milet, geboren 639; 3) Chilon aus Sparta; 4) Bias aus Priene; 5) Solon aus Athen; 6) Anacharsis, den Skythen und Königssohn, der um 592 Letztern in Athen besuchte, dessen geschriebene Gesetze er Spinnegeweben verglich, worinn zwar Schwache festgehalten werden, Starke aber sich durchreissen, und dessen Demokratie er tadelte, »wo zwar die Verständigeren die Vorträge halten, die Unverständigen aber den Ausschlag geben«, und 7) nach Einigen Kleobulos aus Lindos auf Rodos, nach Anderen Periander von Korinth.

Solon, dem man vergebens, sogar vom delfischen Orakel aus, eine Tyrannis in Athen zugemutet, begab sich, nach 20jährigem Wirken, um das Jahr 574 auf Reisen, zuerst'zum Farao Amoses (580—525) nach Aegypten, wo er, wie später Pythagoras, mit den Priestern Sonchis in Sais und Psenofis oder Oinufis in Heliopolis verkehrt und die berühmte Sage vom Untergange

---

*) Plut. 13 -19. Meine Allg. Gesch., II. Buch (1846). S. 443—454. Eus. Ronc. 318.

der Insel Atlantis vernommen haben soll*). Sein Besuch bei Krösos in Sardes (geboren um 595 und vielleicht während des Vaters Krankheit Regent), welcher die genannten Weisen an seinen Hof geladen habe, wird von Einigen bezweifelt, von Herodot aber, Diodor und Plutarch als historisch angenommen. Dort nennt man auch den Fryger Aesopos und kennt Solons Antwort auf des Krösos Frage, wen er, der Weitgereiste, für den Glücklichsten halte. Ist die Angabe über Aesopos richtig, so hat er diese Zeit nicht lange überlebt. Solon, um 564 heimkehrend, fand neue Spaltung in Athen und an der Spitze der beweglichen Bergpartei, wozu die Grosszahl der Theten hielt, seinen beredten, ehrgierigen Verwandten, Peisistratos, in Allem zum Volkslieblinge geeignet. Vergebens suchte ihn der Weise zurückzuhalten. Die jetzige Zeit war schon nicht mehr die seinige, und er weissagte besorgt den Untergang der alten Sitte und Wahrhaftigkeit, als er zusah, wie Thespis anfieng, im Dionüsos-Festspiele die Chöre durch Zwischenreden und Handlungen dramatisch zu beleben und vom Prunkwagen herab, um welchen die als Satyren verkleideten Sänger ihre Reigen aufführten, erst nur durch einen einzigen Komiker, bekannte Ereignisse und Personen darzustellen und auf das herbeigeströmte empfängliche Volk zu wirken, welches dem Lieblinge Peisistratos, als er, nachdem er mit des Megakles Küstebewohnern in Streit gerathen, sich und seine Maulthiere angeblich selbst verwundend auf die Agora fuhr, 50 Keulenträger als Schutzwache gab, welche Zahl bald zu 300 anwuchs, mit denen er sogleich, wie Külon vor ihm, die Burg besetzte. Megakles musste fliehen, die Tyrannis war gegründet und wir kennen die bei diesem Anlasse von Aesopos, $\mu\upsilon\vartheta\omicron\pi\omicron\iota\grave{o}\varsigma$, erzählte Fabel von den Fröschen, welche einen König verlangt. Letzterer war von Krösos mit einer Geldsumme nach Delfi geschickt, wo er von den habsüchtigen Bürgern um 564 oder 560 zutodt gestürzt wurde**). Die Fabeln übrigens, welche man dem weisen Fryger zuschreibt, sind grossentheils uralte Volksüberlieferungen und bald einem Araber Lokman, bald des Assyrers Sanacherib Wesir Heykar zugeschrieben worden. Den Namen Aesopos selbst betreffend, hiess eine solche Sammlung in Indien »Hitopadesa«, d. h. freundliche Unterweisung, im Altpersischen der Erzähler davon Pidpaï, neupersisch Sintipas (Sindbad) und das dürfte den Ursprung des Namens angeben***).

Der attische Tyrann übte indessen seine Gewalt mässig und gerecht und Solon blieb sein Freund und Rathgeber, als welcher er, an einem Werke über die angebliche Atlantis arbeitend, nach nicht ganz zwei Jahren, 559 starb†). Peisistratos half um 550 dem befreundeten Lügdamis aus Naxos zur Tyrannis dort. Des Megakles Sohn Alkmäon kam in die Gunst des

---

*) Herod. 1, 20. Diod. Fragm. Plut. Solon und Isis und Osiris. Platon.
**) Eus. Rour. 326.
***) Vergl. J. Zündel, »Aesop in Aegypten«, Bonn 1846.
†) Plut. Sol. 29–32. Herod. 1, 59. Polyän 1. 21. Just. 2, 8. Cic. de orat. 3, 34. Diod. Fragm. Fischer 134 ff. Clinton (Lpz. 1830), p. 2. Plat. Timäos 22—25.

Krösos, wie der angeblich dem Aias entstammte Miltiades in der thrakischen Chersonesos eine ähnliche Gewalt gründete. Im sikilischen Agrigent übte eine solche seit 565 der Hellene Falaris, den man bald als Herrn des grössten Theiles der schönen Insel ansehen konnte, lange berüchtigt durch den vom Künstler Perillos gegossenen fönikisch-karthagischen Molochstier, in welchem er nach einer Volkssage Menschen opferte, während er nach einer andern Ueberlieferung umgekehrt diesem Kult ein Ende machte und ein Bild vom Stier in Delfi weihte. Der Tyrann wurde gestürzt 549*).

Im Jahre 532 benützte Polykrates das Herefest auf Samos, wo man bewaffnet erschien, mit Hilfe seiner zwei Brüder, Tyrann zu werden, als welcher er durch Glück und Gelingen zu einem gefeierten Namen gelangte und zu enger Freundschaft mit dem Farao Amoses. Hingegen verliess die heimatliche Insel der grosse Denker und Lehrer Pythagoras, des Ferekydes (544) Schüler, gebildet durch Reisen in Asien, Aegypten und Hellas, welcher, den Namen des Weisen (σοφός) verschmähend, sich der Weisheit (σοφία) Liebhaber, Filosofen nannte. In Italien im vierten Jahre der Tyrannis des zweiten Tarquinius, 531, anlangend**), gründete er in Kroton die Pythogoräerschule und deren Verein junger Männer zu Wissen, Tugend und Körperausbildung, wie der Kolofoner Xenofanes in dem um 535 durch Fokäer gestifteten Elea (Velia) die spekulative Eleatenschule.

Bald nach 525 wurde der reiche Polykrates, welcher unruhige Samier auf 40 Triremen an Kambüses nach Aegypten gesendet hatte, in Magnesia vom lydischen Satrapen Orötes gekreuzigt. Es ist erzählt, wie sein Bruder Siloson durch des Dareios Beistand Samos erhielt***).

Die Peisistratiden (der Vater starb in hohem Alter 527 oder 524 und ihm folgten die Söhne Hippias und Hipparchos) hoben Athen auch geistig. Der Riesenbau des Olympischen Zeus dankte ihnen den Ursprung, und Thespis hatte zur Bühne, unweit des Dionüsostempels, ein hölzernes Theater erhalten, wo er 535 die Tragödie Alkestis aufgeführt. Die Tyrannen liessen zuerst die Homerischen Gedichte verbreiten, worinn ihre angeblichen Ahnen Nestor und dessen Söhne, wie Athen selbst, gefeiert wurden. Zu ihnen kamen die bei Polykrates in Gunst gewesenen Anakreon aus Teos und Simonides aus Keos, und damals blüheten die milesischen Historiker Hekatäos und Dionüsios†). An den grossen Athenäen (im Jahre 520 oder 519) traf in Folge einer aristokratischen Verschwörung, an der Spitze Harmodios und Aristogeiton, der Mord den einen der Brüder, Hipparchos, worauf es mit den Ausgewanderten, denen König Kleomenes spartische Hilfe zuführte, zum Kriege und im Jahre 510 zu einem Vergliche kam, nach welchem die

---
*) Eus. Rone. 326 et notae. Fischer 130. . Clint. 4. Siefert, Akragas 59—66. Diod. Fragm. Lukian. Aelian 2, 4.
**) Cic. de republ. 2, 16.
***) Herod. 3, 40—59, 120—125. Plut. de malign. 21. Clint. 14.
†) Eus. Rone. 331. Herod. 6, 103. Cic. de orat. 3, 34. Thuk. 6, 54. Clint. 11. 12. 13. 15. Droysen.

Peisistratiden, welche 36 Jahre die oberste Gewalt geübt, aus dem Lande in ihre Besitzungen bei Sigeon zogen, genau zu der Zeit, wo die, von den römischen Schriftstellern in so Manchem an die hellenische Geschichte angelehnte ihres Landes die Verdrängung der Tarquinier durch die Geschlechter aus Rom berichtet*). Des Megakles Sohn Kleisthenes, nun das Haupt der siegenden Partei, änderte Solons Verfassung im Jahre 509 durch Ausdehnung der Stimm- und Wahlfähigkeit auf 100 Demen, indem er statt der bisherigen vier Fülen zehn solche gründete, so dass die 400 Buleuten nun 500 wurden, musste aber vor dem Drängen der von Sparta unterstützten Gegner mit mehreren Anhängern in die Verbannung, worauf 508 Kleomenes 700 der Partei vertrieb; doch riefen, sich wieder ermannend, die Bürger den Kleisthenes und die Verbannten wieder zurück und wandten sich gegen Spartas Uebermut nach Persien um Bund**).

Athens Höhepunkt und Sinken.

In Persien hatte Dareios 513 mit grosser Macht, seit Sethosis der erste Ausländer, über den thrakischen Bosporos Europa betreten und jene Skythen (Thraker, Geten, Germanen) bekriegt, welche, selbst weiter gedrängt durch nachrückende asiatische Massageten (Tataren, Turken) dort die seit der Urzeit waltenden Kimmerier (Kelten) überwältigt hatten***). Hier ist es, wo der Vater der Geschichte den Ursprung der von den skythischen Weibern mit ihren zurückgelassenen Sklaven erzeugten Sarmaten (Srb, servi, Sclavini) berührt†). Der Schah eroberte Thrakien, zog über den Hämos, wo er die Geten schlug, und betrat Ister skythisches Gebiet. Nun nennt man die Taurier der Krim, Agathürsen in Siebenbürgen und Oberungarn, griechisch kultivirte Gelonor, blonde blauaugige Budiner, wie Neuren, beide an der Weichsel, Menschenfresser um und ob Kiew nicht skythischer Sprache (wohl Asiaten, Finnen), die esthnischen Schwarzröcke, asiatische Eindringlinge ins Esthnische, und nord- und ostwärts Sarmaten. Durch Noth und grosse Verluste gezwungen, wich der Schah an die Ister-

---

*) Herod. 5, 55—65. 94; 6, 123. Thuk. 6, 54—59; 8, 68. Eus. Ronc. 335. Maii 336. Just. 2, 9. Plut. über die Geschwätz. 8. Arist. V. 5, 1.
**) Herod. 5, 66—73; 1, 171.
***) Herod. 4. 11.
†) Herod. 4, 1—4. Just. 2, 1. 5.

brücke zurück, wo er ionische Truppen zur Hut zurückgelassen, denen der Athener Miltiades, Kimons Sohn, jenes ältern Miltiades Erbe in der Chersones, die Brücke abzubrechen und Freiwerden gerathen hatte, wo ihn jedoch der Milesier Histiäos durch die Aeusserung überstimmt, dann würden die leicht beweglichen Ioner unabhängig sein wollen, während unterm Kaiser jeder Machthaber in seiner Stadt Herr sei. In Thrakien liess der Schah den Megabazos zurück, der dies Volk (Herodot nennt es nach den Indern das allergrösste, und »wenn sie blos einen Herrn hätten oder zusammen hielten, nicht zu bezwingen«) vollends unterjochte. All dies und die Hermes- (Odin-) Verehrung charakterisirt die Thraker abermal als gewesene Teutsche*). Auch Makedonien überm Rodope unterwarf sich, ebenfalls thrakisch, wo Karanos, der siebente angebliche Nachkomme des Herakleiden Temenos, bei Edessa oder Aegä den Letzten jener brigischen (frygischen) Manes-Nachfolger, Midas, verdrängt und 813, 791 oder 789 ein Reich gegründet hatte**).

Nachdem 506 und 505 die Sparter vergebens versucht hatten, mittelst Bundesaufgebotes aus der Peloponnes, Theben und Euböa die Tyrannis in Athen wieder einzusetzen, nur um die völlige Demokratie zu hindern, wobei Herodot das goldene Wort spricht, die bisher nicht waffenbekannten Athener haben erst jetzt einen Namen darinn erlangt, seit sie frei geworden***), brach, durch jenen vom Hofe etwas zurückgesetzten Milesier Histiäos aufgereizt, 500 ein Aufstand aller ionischen Städte Kleinasiens wider Persien aus. Sparta wies die Hilfe suchenden Ioner ab, Athen aber segelte 499 mit 20 eigenen (und Eretria mit 5) Schiffen hinüber, sah aber die Perser (»die Meder«) siegen und bis 493 Stadt um Stadt Ioniens wieder gebeugt. Jetzt forderte Dareios 491 von allen Hellenen »Erde und Wasser«, was alle Inseln und viele im Lande befolgten. Sparta und Athen blieben fest; letzteres schlug 490 das (vom Peisistratiden Hippias geleitete) Heer der Perser unter Miltiades bei Marathon (Vrana). Der Schah rüstete zornig 3 Jahre lang Rache. Im vierten (487) fiel Aegypten von Persien ab, und als Dareios 485 im Rüsten starb, strafte sein Sohn Xerxes Aegypten und brach 481 mit zahllosem Heere nach Sardes auf, und 480 (790 Jahre nach Ilion, sagt die vita Homeri), nachdem der Kaiser die Stätte des alten Troia und des Priamos Burg Pergama besucht und bei Abados (auf dem Maltepe des Kap Nagara) das Wettstreitspiel seiner Flotte und das Landheer überschaut, bewegte sich über die zwei Hellespontbrücken eine Landmacht von mehr als einer Million, und segelte auf 1207 Dreiruderern ein Seevolk von mehr als 500000 an der thrakischen Küste hin. In drei Kampftagen fiel das hellenische Bundesheer (2 Moren Lakedämoner, 300 Spartiaten, in Allem etwa 8200 Mann) unter dem 17. Eurüstheniden Leonidas bis auf Wenige

---

*) Herod. 4, 5, 11—15. Just. 2, 5; 7, 3. Ktes. 26. 27.
**) Just. 7, 1, 2, 9; 33, 2. Herod. 8, 137, 138; 5, 17—21. Thuk. 2, 99. Diod. Fragm. Eus. Kone. 271. 287. Mail 316. 321. Sync. 198. 262. 212.
***) Herod. 5, 23—27. 73—96. Ktes. 27.

im Thermopylen-Passe, und hielten die 270 oder 280 Hellenenschiffe der persischen Uebermacht Stand im Norden Euböas. Bei Salamis siegte der grosse Athener Themistokles, dessen Vaterstadt die Feinde zerstört hatten, zur See, und nach des Xorxes Heimkehr (479) der Spartor Pausanias über des Mardonias 300000 bei Plat ä a, wie an demselben Tage der 15. Proklide Leotüchidas am ionischen Kap Mükale*).

Bald hierauf verlässt uns der unsterbliche Herodot aus Halikarnassos. Athen war der erste Name in Hellas, wo Aeschylos und Simonides die Epoche der *Μαραθωνομάχαι* verherrlichten. Damals blühte der 522 oder 518 geborene Thebäer Pindaros. Themistokles brachte, trotz der wehrenden spartischen Eifersucht, 478 den Wiederaufbau der athenischen Stadtmauern und 477 den Bau des Hafens Peiräeus zuwege, sein politischer Gegner, der unbestechliche Aristeides, als Pausanias in den Verdacht Einverständnisses mit Persien und später einer Aufwiegelung der Heloten fiel, den Uebergang des Seebefehls an Athen und eine gemeinsame Bundeskasse. Kimon, des Miltiades reicher Sohn, bewirkte um 472 des Themistokles Verbannung, welcher sich an den Perserhof begab, während sein Gegner Persien durch Seesiege demütigte, die Langmauer und die Anlagen der Akademie leitete und 464 Sparta gegen den Helotenaufstand in Lakonien und Messene Hilfe zuführte.

Als in Aegypten 463 der Libyer Inaros, eines Psammitichos Sohn, vom Perser Artaxerxes I. Bahman, abfiel (bei welchem Themistokles in hoher Gunst stund), bat er Athen um Beistand, und dieses rüstete 300 Schiffe. Der Schah sandte 459 seinem Oheime Achämenes, dem Satrapen Aegyptens, 300000 Mann. Die Hellenen entschieden den Sieg bei Papremis, wo Achämenes tödtlich verwundet wurde. Den Rest belagerte man in Memfis, von dem die Athener, mit ihren Nilschiffen heraufiahrend, zwei Drittheile einnahmen**).

Vergebens suchte Artaxerxes Sparta durch Geld wider Athen aufzustacheln; dieser Staat hatte mit seinen Unterthanen vollauf zu thun, während in Athen der beredte Perikles die Gewalt des Areiopag durch Hebung der niederen Gerichte sehr schwächte, wogegen der greise Aeschylos fruchtlos seinen »Orestes« dichtete, und Kimon wurde 458 verbannt. Als jedoch Athen Sparta die Symmachie aufkündete und mit dessen alter Feindinn Argos in Bund trat, beide sich mit Thessalien und Athen das von Korinth bedrückte Megara in Schutzbund nahmen, brach 457 der Bürgerkrieg los, worin Athen sein Bündniss weit ausdehnte. Perikles verglich sich mit Kimon, welchem er den Seebefehl überliess, und räumte 455 den endlich überwältigten Messeniern Naupaktos ein.

Damals (455) mussten die Athener in Aegypten, deren Schiffe die Perser

---

*) Herod. 7, 8, 9. Diod. 11. Just. 2. Ktes. Plut. von der Bruder], Them. Arist. Isokr. Paneg. Panath. Aeschylos. Nepos Them. Thuk. 2, 71; 3, 58. 68. Loake.
**) Diod. 11, 71. 74. Herod. 3, 12; 7, 7.

durch Abgraben jenes Nilarmes unbrauchbar gemacht hatten. Verglich schliessen. Den Inaros, das Haupt des ägyptischen Aufstandes, nahmen die Perser mit sich in ihr Land, wo ihn aber die rachesüchtige Amūtis, des Dareios Gattinn, nach 5 Jahren in ihre Hände zu bekommen wusste und für den Tod des Achämenes an drei Kreuze heften liess. Seinem Sohne Tannūros hatte man des Vaters Statthalterschaft in Libyen gelassen.

Nur Amūrtāos aus Sais blieb in den sumpfigen Niederungen des Nillandes unabhängig, was in Herodots Rechnung, Amūrtäos habe nach dem Sabako der 25. (äthiopischen) Dynastie — die Handschriften schwanken — »mehr als 700, 500, 300 Jahre« gelebt, Licht bringt und zugleich meinen Kalkul abermal bestätigt (455 + 500 = 955), somit vor letzterm Jahre — genau 551 — Sabako und Anūsis*).

Bald nach dieser Zeit, um 450, hat der im Jahre 484 geborene Herodot Aegypten bereist.

Perikles brachte 453 die Achaier in seine Symmachie und Kimon bewirkte 450 ein 5jähriges Bündniss mit Sparta, zu dem er von jeher Sympathie fühlte, um alle hellenischen Kräfte gegen Persien zu vereinigen, wo Themistokles nun, um weder den Dank für sein beim Kaiser erhaltenes Asyl noch seine Treue am Vaterlande zu verletzen, freiwillig sein Leben endete. Kimon schlug die Perserflotte bei Küpros aufs Haupt und nöthigte den Schah im Jahre 449 zu Anbahnung von Friedensunterhandlungen, welche (während Kimon selbst an einer Wunde starb) dahin führten, dass die Hellenenstädte Asiens als Athens Verbündete anerkannt und zugestanden worden zu sein scheint, dass kein persisches Kriegsfahrzeug sich näher zeigen durfte als nördlich bis zum Eingange des thrakischen Bosporos und südlich bis Faselis und den Chelidonischen Inseln; die Athener dagegen sollten in kein Land des Kaisers ferner Truppen senden. Das ist der Kimonische Friede**).

Als die mit Athen verbündeten Fokier das in ihrem Gebiete liegende Delfi einnahmen und Sparta, bei dem, als bisherigem Orakelvorstande, die delfische Priesteraristokratie klagte, die dorische Promantie nicht in Athens Hand kommen lassen wollte, welchem bereits der Vorstand in der Panegyris auf Delos zustund, wurde die alte Eifersucht abermal unter der Asche geweckt und 448 zum Kriege, da auch die Geschlechter in Megara sich wieder Sparta zuwendeten und 447 böotische Verbannte heimkehrten. Athen rückte ins Böotische, verlor die Schlacht bei Koroneia, wo des Alkibiades Vater Kleinias umkam, und ganz Böotien musste geräumt und wieder oligarchisch werden. Jetzt fielen 446 Euböa und Megara ab von Athen, und Perikles, auch gehemmt durch heimische Opposition, musste 445 einen Einfall der Peloponnesier durch Bestechung abwenden und in einem 30jährigen Waffen-

---

*) Herod. 2, 140; 3, 15. Ktes. 42—45. Diod. 11, 77. Thuk. 1. 109. 110. Clint. 48.
**) Diod. 12, 2—4. Plut. Kimon 12. Thuk. 1, 112; besonders 8, 56. Isokr. Paneg. 33. 40. Areopagit. 37. Panath. 10. Demosth. Trugges. Lükurgos gegen Leokr. Paus. 1. 8, 3. Just. 2, 15. Clint. 52. Dahlmanns Forsch. I. Meine Allg. Gesch., II. Buch, S. 588.

stillstande die zwei megarischen Häfen. Achaia und Trözene, aus der attischen Symmachie entlassen. Der dankbare Aegypter Amūrtãos half der erschöpften Stadt mit einer reichen Kornspende. Das ist die Epoche, wo der grosssinnige Perikles in des Peisistratos Fussstapfen Volksfeste und Spiele förderte und ewig schöne Kunstbauten veranlasste, wo Zeuxis malte und Feidias, der Bildhauer und Baumeister, den hoheitvollen olympischen Zeus und die Athene der Burg schuf, Kallikrates und Iktinos das Parthenon, Andere den eleusischen Tempel und die Propyläen, — Reste wohl des Schönsten auf der Erde. Dabei sendete er Kolonien aus, wie 444 nach Thurioi in Italien, wohin Herodot mitzog; aber die entfesselte Demokratie, die ihn, wie die Komik, rastlos anfeindete, nöthigte ihn 433 zum Bündnisse mit Korkūra, was Athen 432 in den peloponnesischen Krieg verflocht, worinn er 430 an der Pest starb und welcher 404 mit der Eroberung der Stadt und dem Verluste ihrer Hegemonie und der Mauern endete.

Die drei letzten Dynastien am Nil.

In der 27sten oder persischen Dynastie zählen Afrikanus und Eusebios 8 Könige, aber ungleich, nämlich Eusebios die Mager-Tyrannis mit, Afrikanus statt derselben auf Xerxes den Artabanos mit 7 Monaten. Da jedoch, nach dem beim Anfange des 3. Manethobuches Gesagten, auf diese Dynastie nur fünf Ziffern fallen können, und Amūrtãos aus Sais bereits unter dem fünften Könige, Artaxerxes, nämlich im Jahre 455 im Marschlande anerkannt war und den Athenern 40000 Scheffel Getreide senden konnte, so fallen die, ohnehin alle in demselben Jahre 424 vorkommenden, Drei: Xerxes II., Sogdianos und Dareios Ochos, weg und bleiben blos die Fünf: Kambūses, der Mager, Dareios, Xerxes und Artaxerxes, und des Amūrtãos 28. Dynastie würde mit Recht im Jahre 455 beginnen; da ihm aber Afrikanus und Eusebios blos 6 Jahre zurechnen, wollte ich daran nichts ändern, konnte jedoch für die 5 Perser blos 111 Jahre finden (524—413) und für Amūrtãos die 6 (413—407).

Artaxerxes II. hatte, wie er der Unruhe durch seinen jüngeren Bruder Kūros los war, den Tissafernes nach Vorderasien geschickt. Die bisherigen Machthaber fügten sich bis auf den mächtigsten von ihnen, Tamos, welcher Ionien verwaltet und mit seinen Schätzen nach Aegypten entwich, wo die Manetholiste, seit des Amūrtãos Ende (407), immer noch nicht die Perser, sondern eine neue, 29ste, Mendesische Dynastie, des Neforites I., giebt. Diodor nennt den Farao Psammitich, »ein Abkömmling des frühern Psammitich«. Tamos habe diesem Dienste erwiesen, der undankbare Aegypter ihn aber, um der Schätze willen, mit den Kindern umgebracht*). Die Hellenenstädte schlossen dem Satrapen ihre Thore und wandten sich an den Bundes-Vorort Lakedämon um Beistand, welcher den Tissafernes von Feindseligkeiten gegen jene Städte abmahnte, Truppen sandte und 399 den Xenofon und seine s. g. Küreier in Sold nahm. Befehlshaber wurde Derkyllidas. Stadt um Stadt fiel an Sparta, welches sogleich Vögte (Harmosten) hinsetzte. Das benützte der Athener Konon, sein Vaterland wieder aufzurichten, indem er durch den Knidier Ktesias, dessen leider verlorene Perser- und Assyrergeschichte hier endet, mit dem Schah in Verbindung trat und den Seebefehl gegen Sparta übernahm**). Im Jahre 397 wurde Agesilaos der 18. Proklidenkönig, und zog, nachdem er 396 des NichtHomoien Kinadon mit den Neodamoden und Heloten erst angezettelte Verschwörung blutig unterdrückt, selbst nach Asien, wo er rasche Fortschritte machte. Indessen gieng Sparta den Aegypter Farao (hier nennt ihn Diodor wirklich Nefereus, Justin aber sagt Herkünio, das ist des Neferites Nachfolger Achoris seit 401), Persiens ebenmässigen Feind, um Beistand an, und dieser lieferte, statt Hilfstruppen, Bauholz zu 100 Triremen und 5- oder 600000 Metzen Getreide***). Des Agesilaos Schwager Peisandros übernahm die Flotte der spartischen Symmachie 395; aber der Athener Konon stieg in der Gunst des Schah immer höher, zeigte dem neuen Satrapen Tithraustes den Vortheil, sich der in Hellas sich immer deutlicher kundgebenden Erbitterung gegen Spartas Uebermut klug zu bedienen, und der Satrap sandte eine grosse Geldsumme nach Griechenland, wo er sich in Theben mit den Patrioten Androkleidas und Ismenias (Athen war durch Konon ohnedies gewonnen), in Korinth und Argos mit Anderen in Verbindung setzte, so dass zwischen den mächtigsten Städten ein Bündniss wider Sparta sich vorbereitete, welches der mit spartischem Blicke schauende Xenofon als blos durch ausländisches Geld und Spartahass bewirkt darstellen möchte†). Lysander, ins Böotische einfallend (während die Thebäer gegen ihn ausrückten, deckte Athen Theben treu), wurde bei Haliartos erschlagen, und der 20. Eurysthenide Pausanias, des Feldherrn Enkel, der unweit gelagert, ohne ihm zu helfen, abwesend zum Tode verurtheilt und sein Sohn Agesipolis König. Jetzt schlossen Athen, die Böoten, Korinth und Argos förmlich Bund und munterten zum Abfalle von Sparta auf, was ausser der

---

*) Diod. 14, 35.
**) Just. 6, 1. Diod. 14, 39. Ktes. 73—75. Nepos Kon. 2. Isokr. Euag. 4—8. 21. Paneg. 30. Plut. Artax. 21. Vergl. Paus. I. 3, 1. Siev., S. 74, 75. Meine Allg. Gesch., II. Buch, S. 678 ff.
***) Diod. 14. 79. Just. 6, 2.
†) Polyän I. 48, 3. Xenof. Hell. 3, 5. Paus. III. 9, 4. Plut. Artax. 20. Siev., S. 52—63.

Peloponnes Viele befolgten. Das Sünedrion hatte 15000 Mann und 500 Reiter, und Sparta musste 394 den Agesilaos mitten aus der Siegesbahn heimrufen, während bei Nemea die 15000 Verbündeten mit 23000 Peloponnesischen (noch nie so viel Hellenen gegeneinander) so schlugen, dass 2800 der Ihrigen und 1100 Peloponnesier todt blieben. An der böotischen Grenze ankommend, erfuhr Agesilaos ergriffen die zweite Kunde, sein Schwager Peisandros sei bei Knidos mit seiner Flotte von der persischen unter Konon besiegt und erschlagen worden. Erbittert schlug er bei Koronea mit dem Bunde blutig und unentschieden. Jetzt fielen die Inseln, Efesos und Erüthrai, zu den Verbündeten; Derküllidas behauptete einzig noch Sestos; Spartas Thalassokratie war zu Ende. Die Böoten führte Ismenias, die Athener Söldner der Handwerkersohn Ifikrates, ein gefürchteter Plünderer. Konon erschien 393 in seiner Vaterstadt mit 80 Schiffen und persischem Gelde und baute die von Sparta zerstörten Langmauern wieder, wozu Theben 500 Bauleute und Arbeiter schickte. Der Bürgerkrieg, wie denn Feindschaft zwischen Freunden am heftigsten ist, ergieng mit aller Bitterkeit und führte so weit, dass Sparta, um Konons und Athens Einfluss beim Kaiser zu untergraben, im Jahre 392 den gewandten Antalkidas nach Sardes abordnete, um einen Frieden zu unterhandeln. Der König auf Küpros, Konons Freund, war im Aufstande und Athen näherte sich ihm 391 und dem Farao Achoris, der mit dem Küprer im Bunde war und ihm Hilfe sandte, wie Athen*). Konon, am Hofe angeschwärzt und verhaftet, starb um 388' und Antalkidas kehrte 387 aus Innerasien zurück mit einem, den Kimonischen schmählich opfernden Frieden, worinn die Städte in Asien und Klazomenä und Küpros dem Schah zugesprochen waren, die übrigen Hellenenstaaten, gross und klein, unabhängig (d. h. von Athens Hegemonie abgelöst) sein sollten, ausser dass Lemnos, Imbros und Skůros Athen blieben. »Wer diesen Frieden nicht annimmt, gegen den werde ich«, erklärte der Kaiser, »im Vereine mit Gleichgesinnten, Krieg führen zu Land und See, mit Schiffen und Gelde.« Der Barbar war hiebei der Getäuschte und biederer als die Täuschenden. Alle Betheiligten fügten sich. Theben ungern sein Böotenbündniss auflösend, aber von des Agesilaos Drohen gezwungen, wie Korinth. Die Verbannten kehrten überall heim, da die demokratischen Symmachien aufgelöst waren; von Freigeben seiner eigenen Untergebenen schwieg Sparta**).

Athen hatte den, nach Küpros zu Euagoras gesendeten Chabrias zurückrufen müssen, wo man bereits Kilikien dem Kaiser abwendig gemacht, Fönikien verwüstet und Türos genommen, wobei der Aegypter Achoris und der Karer Hekatomnos u. A. Hand geboten. Chabrias war nach Aegypten

---

*) Diod. 14, 98; 15, 2.
**) Xenof. 5, 1. Diod. 14, 110. Isokr. Paneg. 34. 37. Plut. Agas. 23. Artax. 22. Just. 6, 6.

gezogen, wohin 386 auch der Küprer floh, der sich jedoch 385 unterwerfen musste *).
Um diese Zeit war Sparta (Agesilaos) in Allem obenan, was Hellas schmerzlich genug empfand. Die Oligarchie keimte überall wieder. Sie brachte Theben in Spartas Symmachie, und half 385 das tapfere Mantinea erobern und aristokratisiren, bei welchem Kampfe die Freunde Epaminondas und Pelopidas sich auszeichneten. So Flius. Potidäa wurde dem aufstrebenden Olünth weggenommen und der Waffenplatz Spartas, welches am Athener Xenofon seinen Verherrlicher gefunden hatte. Es war die Zeit, wo der Syrakuser Tyrann Dionisios (Platon und der Dichter Filoxenos an seinem Hofe) sein Wesen trieb. Der Oligarch Leontiades, des Ismenias und Androkleidas Gegner in Theben, wusste 383 die Stadt den Spartern ganz in die Hände zu spielen und den Ismenias zur Hinrichtung zu bringen. Eine lakonische Besatzung lag auf der Kadmea**). Olynth wurde 380 und Flius 379 Sparta untergeben, was auch Thespiä und Plataia traf, Argos war gedemütigt und Athen vereinzelt, wo des Sokrates Verehrer Isokrates an Vereinigung des zerrissenen Hellas zu einer Unternehmung gegen das siechende Persien anspornte***). Von Theben allein gieng wieder ein Aufraffen aus von der jüngern Generation, deren Idee die Volksvereine, Hetairien waren, an der Spitze Gorgidas und Epaminondas, besonders aber der reiche Pelopidas. Eine Mordnacht an den Gewalthabern befreite 379 die edle Stadt vom Sparterjoche und unter republikanischen Böotarchen (Pelopidas war 13 Mal Mitglied dieser Behörde) siegten sie, ihr Kern die von Gorgidas gebildete heilige Freischaar, während Athen, eifersüchtig, sich zurückzog, den Chabrias vom Aegypter Nektanabos I. dem Sebennyten und 387 Gründer der (letzten) 30. Dynastie, 378 zurückrief, den Ifikrates zum Schah sandte, wieder an die Spitze eines anti-spartischen Bündnisses zu kommen strebte und 377 bei Tegüra, wie 376 der Athener Chabrias zur See bei Naxos über Spartas Flotte siegte†).

Von da an sind Theben und Athen, aber letzteres immer eifersüchtelnd auf den grossen Sinn und die grossen Männer des erstern, die Lichtpunkte in der Hellenengeschichte, Athen mehr zur See wirkend, Theben zu Lande.

Als nach mehrjährigem persischen Rüsten wider Aegypten der Athener Ifikrates den Feldherrn Farnabazos über das ewige Zögern tadelte, man sei mit dem Worte schnell und mit dem Thun säumig, erwiderte der Satrap ächt persisch: das Wort ist mein, das Thun des Kaisers. Endlich, 374, brachen 200000 Asier und des Atheners 20000 Söldner aus Akko mit mehr als 500 Schiffen auf, das Heer zu Lande, die Flotte rechts neben her. Der Aegypter (unter ihm renovirte am Labyrinthe Chaeremon, spado

---
*) Diod. 15, 2. 4. 8. 9.
**) Meine Allg. Gesch., II. Buch, S. 703.
***) Cit., p. 705.
†) Cit., p. 705—712.

Nectnebis, regis *A'* ante Alexandrum Magnum)*), war trefflich gerüstet, jede der 7 Nilmündungen durch eine Feste und Brücke geschirmt, die Landzugänge gesperrt. Die Mendesische Mündung fiel nach tapferer Gegenwehr, der Athener wollte rasch auf Memfis los, Farnabazos aber auf das Heer warten. Die Zeit verstrich, Nektanabos befestete Memfis, gewann Vortheile, und der heilige alte Nil trieb durch sein Austreten den Feind aus dem Lande. Ifikrates zog missmutig heim, und seine Stadt, als der Satrap seine Bestrafung verlangte, hatte Mut genug zu antworten: das wird geschehen, falls wir ihn schuldig finden**).

Plataia bot 373 Athen an, sich von Theben zu ihm zu wenden. Theben kam und zerstörte die Stadt, bald, wegen desselben Vergehens, auch Thespiä. Athen nahm die Geflüchteten mit Weib und Kind auf und wandte sich heimlich wieder Sparta zu. Eine Konferenz 371 in Sparta, wo der Athener Autokles freimütig Sparta seine Ungeradheit und Freireden, aber Herrischhandeln vorwarf und Epaminondas verlangte, Theben habe nur »im Namen der Böoten« zu unterzeichnen, so lange Lakonien Messene und Arkadien nicht ebenfalls freigebe, zerschlug sich. Sparta rüstete. Theben stund allein, aber Epaminondas und Pelopidas siegten bei Leuktra 371, wo der 22. Eurüsthenide Kleombrotos, des Plätäasiegers Pausanius Urenkel, fiel. Solch ein Sieg von Hellenen über Hellenen war nie erfochten worden***).

Als Mantinea, auf Theben bauend, sein Gemeinwesen wieder einrichtete und Lükomedas den Antrag machte, die Arkader sollen ihre Nationalversammlung der 10000 wieder einführen, wie Argos sich durch Bürgerrecht mit 5 nahen Städten gestärkt, mit dem man in Bund war, Athen aber der Arkader Bündniss ablehnte, schloss 369 Theben ein solches mit ihnen und rückte mit den Böoten, Fokiern, Lokrern, Euböern, Akarnanen und thessalischer Reiterei in die Peloponnes (das erste Einrücken feindlicher Macht seit dem Dorerzuge), geführt von Epaminondas und Pelopidas, dann hinunter nach Lakonien, dessen Pässe blutig in ihre Hände fielen, und bis sie das mauerulose Lakedämon erblickten, das an innerer Spaltung litt. Ohne indess die Stadt selbst zu betreten, plünderte man blos und zog nach Messenien, wo Epaminondas die ehemals Vertriebenen überallher heimgerufen, wo der alte Geist neu auflebte, auf dem Ithome sich das von Aristomenes vergrabene Palladium auffand und der hochherzige Thebäer, 299 Jahre nach Eiras Falle, den Bau Messenes begann, wie er für die Arkader den der Bundesstadt Megalopolis veranlasste. Theben, um Artaxerxes über die Hellenenverhältnisse zu enttäuschen, lud 368 alle seine Verbündeten ein, an den Hof zu senden, wo Pelopidas die Freiheit Messeniens und Bund mit dem Kaiser erwirkte. Zerrissenheit in Hellas und Ränke hinderten indess daheim die Beschwörung dieses Friedens. Sparta war so

---

*) Plin. II. N., l. 36, cap. 18 nach der Emendation Bunsens (Urk.-Buch, p. 80).
**) Meine Allg. Gesch., II. Buch, p. 712—715.
***) Cit., p. 716—719.

weit gebracht, dass es in Athen dringend an frühere Eintracht erinnern
musste, worauf man den Ifikrates an die Spitze eines Heeres stellte und
mit der Stadt förmlichen Waffenbund schloss. Epaminondas, dessen Freund
Pelopidas 364 in Thessalien umgekommen war, das Ziel im Auge, Spartas
Untergebene frei zu erhalten, seinem Theben aber völlige Hegemonie zu
erkämpfen, erschien 362 ein viertes Mal in der Peloponnes, wo er gegen
die Feinde — es waren Sparta, Athen, Elis und Mantinea — bei letzterer
Stadt zwar siegte, aber von der Lanze des Xenofonsohnes Gryllos tödtlich
getroffen sank. Mit ihm verbleichte Thebens Stern. Es hatte die Hegemonie
nicht erlangt, Sparta aber sie auf immer verloren. Hier endet Xenofons
Hellenengeschichte. Die Griechen schlossen, müde, 361 Frieden, wie der
Sterbende gerathen, nahmen aber Messene als Staat in selben auf, was
Sparta, von Agesilaos verleitet, abschlug und aus dem Frieden blieb*).

Seither war fast ganz Vorderasien wieder vom Kaiser abgefallen und
die grosse Monarchie am Zerbröckeln in Fürstenthümer (Pontos, Mysien,
Lydien, Karien, Lykien, Pisidien, Kilikien, Kappadokien, Syrien, Fönikien),
so dass dem Schah nur noch die Hälfte seiner Einkünfte blieb; aber Untreue der Führer half Persien allmälig wieder zu einer Art Obergewalt und
es blieb im Aufstande blos der Farao Taios oder Tachos (seit 370 oder
369), im Besitze einer Flotte, eines Heeres, namentlich Hellenensöldner,
besonders, durch sein Geld gewonnen, aus Sparta, dessen König Agesilaos,
80jährig, mit 30 Symbulen 362 in des Barbaren Dienste zog, um an Persien
für den Pelopidasfrieden von 368 Rache zu üben. Es ärgerte den stolzen
Herakleiden indessen, dass der Farao den Oberbefehl selbst behielt und, statt
im Lande zu bleiben, nach Fönikien schiffte; die Seemacht befehligte, privat,
Chabrias. In Fönikien beredete ein Verwandter des Farao, der indessen
Aegypten verwaltete, seinen Sohn Nektanabos zum Abfalle. Dieser gewann
Heer und Führer, und Taios floh aus Sidon nach Arabien und zum Kaiser,
der ihn zum Anführer gegen Aegypten machte. Mit des Agesilaos Hilfe
kam Nektanabos II. zum Siege über Taios und wurde 362 der 375ste
und letzte Farao**).

Mit Geschenken überhäuft, starb Agesilaos, fast 84jährig, 361 auf
der Heimfahrt, und folgte ihm sein Sohn Archidamos II., dem abgelebten
94jährigen Artaxerxes sein Sohn Artaxerxes III. Ochos, in Makedonien
dem Perdikkas III. 360 dessen schlauer Bruder Filippos II. als Vormund
des unmündigen Knaben Amüntas und 359 als der 21. König seit Karanos,
jung in Theben als Geisel lebend, mit dem Plane, die unter sich um die
Obergewalt streitenden Hellenen unter Makedonien zu beugen, an welches
Werk er, sich wo irgend Unzufriedenheit offenbar wurde einmischend, mit
eben so viel List als Beharrlichkeit sogleich gieng. Er ehelichte 357 die

---

*) Cit., p. 719—740.
**) Eusebios hat die 30ste und letzte Dynastie: Nektanabos I. 388, Taios 369,
Nektanabos II. 367. Vergl. Diod. 15, 90. 92. 93, welcher statt seiner 362 den Taios wieder
zum Siege kommen lässt. Vergl. Plut. Ages. 39.

eben so verschlagene Olympias. Tochter des an Achilleus angeknüpften molossischen Königes Neoptolemos, welche ihm 356 Alexandern d. Gr. gebar. Das Thor gegen Hellas öffnete ihm der so eben wider die Fokier, wegen abermaligen Ansichreissens der Vorsteherschaft über Delfi, angehobene s. g. heilige Krieg, da man ihn 352 gegen das kräftige Bergvolk rief.

Indessen war der Perserkrieg wider Nektanabos II. erfolglos geblieben und auch Fönikien und Küpros abgefallen. Artaxerxes III. gewann 351 mit Hellenensöldnern, ohne welche man damals einen Krieg sich nicht denken konnte, Fönikien blutig wieder und 350 Küpros, und jetzt zogen die Perser wider Aegypten, wo der letzte Farao trefflich gerüstet und ebenfalls libyische und griechische Söldner hatte. Als jedoch Unerfahrenheit im eigentlichen Kriegswesen und die Anwesenheit tüchtiger Führer beim Feinde Pelusion, Bubastos u. a. Städte fallen machte, erwartete Nektanabos das Anrücken auf Memfis nicht, verzichtete auf die Herrschaft und floh mit dem grössten Theile des königlichen Geldes nach Aethiopien, nachdem die letzten 11 Dynastien des dritten Manethobuches (von 1996 bis 350) 1646, die 8 ihnen vorangehenden des zweiten Buches (von 4117 bis 1996) 2121 und die eilf des ersten Buches (von 6467 bis 4117) 2350 Jahre unter 375 Faraonen geherrscht hatten*).

Diodor hat als das Ende Aegyptens das dritte Jahr der 107. Olympias, wie Eusebios bei demselben Jahre 350 das achtzehnte und letzte des Nektanabos und die Stelle hat: »Ochus Aegyptum tenuit, Nectanebo in Aethiopiam pulso, in quo Aegyptiorum regnum destructum est. Huc usque Manetho (Sync. 78: *Μέχρι τοῦδε Μανεθώς*).«**) Eben so hat der armenische Eusebios beim Jahre 1667 der aera Abrahami (350 v. Chr.) das 18. Jahr des letzten Farao***), und weiter vorne die schon erwähnten Worte: »Aegyptiorum dominatio olympiade centesima septima explicita est, postquam regnum Aegyptiacum annis 1646 manserat.«†)

Artaxerxes nahm Besitz vom Lande des Menes, riss die Mauern der bedeutendsten Städte nieder, plünderte die reichsten Tempel und nahm aus ihnen die alten Urkunden weg, welche die Priester später um grosse Summen wieder einlösten††).

Sünkellos, nachdem er p. 51 das schon früher erwähnte, ziemlich werthlose, Verzeichniss über den Inhalt der 30 Dynastien, *κατὰ παλαιὸν χρονικόν*, geliefert, fügt p. 52 bei: »Manethos, der edelste Schriftsteller bei ihnen, »wo er von den 30 Dynastien handelt, stimmt damit bei weitem nicht überein; »denn die gesammte Zeit der von ihm in 3 Büchern beschriebenen 113 »Familien (*γενεαί*) in 30 Dynastien begreift 3555 Jahre, beginnend im Jahre »der Welt 1586 und endlich im Jahre 5140, ungefähr vor dem 15. Jahre

---

*) Diod. 16, 41—51.
**) Eus. Ronc. 354.
***) Eus. Maii 345.
†) Cit. p. 250.
††) Diod. 16, 51.

»der Herrschaft Alexanders d. Gr. endend. Wer nun von dieser Summe »die 656 der Sündflut vorausgehenden Jahre bis zu den 2242 von Adam »bis zur Flut erforderlichen, als erdichtet und keineswegs zu billigen, weg- »nähme, und wiederum die 584 nach der Flut bis auf den Thurmbau und »die Verwirrung der Sprachen und Zerstreuung der Völker, der wird klar »den Bestand des ägyptischen Reiches vom ersten Könige Mestraim, dem »Menäos des Manethos, bis auf den zuletzt regierenden Nektanabo im Jahre »2776 seit Adams Erschaffung vor sich sehen, so dass alle von Mestraim »bis Nektanabo verflossenen Jahre 2365 ausmachen, deren Ende, wie wir »vorausgeschickt haben, auf das Weltjahr 5141, vor Alexanders des Reichs- »stifters Herrschaft beiläufig 15. Jahre, fällt.«

Bunsen erklärt alles Ernstes: »Dies kann nur aus Manethos selbst entnommen sein«, verändert dann das 15. Jahr vor Alexander in das 9te und nimmt als des Manethos Anfangsjahr der Aegyptergeschichte »das 3555ste vor dem 9. Jahre Alexanders, d. h. 3895 v. Chr.«*), während Lepsius S. 491 bei Sünkellos »offenbare Verwirrung« findet.

Der ägyptische Chronograf hat jedoch mit dieser Stelle nichts zu thun, sie ist blos die Ansicht des konstantinopel'schen Sünkellos, und heisst, nach meiner Ansicht, nichts als: 347 (das 15. Jahr vor Alexanders Herrschaft am Nil, 332 + 15) + 3555 = 3902, das Jahr, in welchem Adam zeugte und als Aloros in der babylonischen Herrscherliste erscheint; der, auch chronologisch orthodoxe, Mönch lässt nämlich seinen Manethos beileibe nicht vor dem biblischen Beginne anfangen, und schneidet, dieser Pietät zulieb, dessen ganzes erstes Buch kurzweg ab. Ferner: die 656 + 534 abgeschultetnen Jahre machen 1190, und 3555 — 1190 = 2365, wo (12 Jahre nach der Flut? was 2364 gäbe) Sem den Arfaxad zeugte.

Schliesslich wiederhole ich gerne das Geständniss, was der Sachkundige freilich ohnedies sogleich wahrnehmen wird, dass ich nicht Chronolog von Beruf bin. Mir gehen sowohl Kenntniss noch Lust ab, die alten Mond- und Sonnenjahre, die Hundsstern- u. a. Cyklen und die Dekane der Aegypter zu berechnen, was von Anderen zum Ueberflusse geschehen ist. Ich bescheide mich mit dem Versuche, nachzuweisen, dass die Faraone der Listen, wie wir sie haben (und sollten auch Irrthümer darinn liegen) 450 Jahre v. Chr. bei Herodot wie 800 n. Chr. beim Sünkellos als nach- und nicht nebeneinander regierend angesehen wurden und 375 waren.

Möglich nun, dass ich, mich selbst täuschend, mit all dem Bisherigen dem Leser blos Eingebildetes biete, wie in »Tausend und eine Nacht« der Barmekyde dem Gaste Speisen auftischte und anpries, welche nirgends existirten als in seiner Fantasie; oder, falls dies nicht wäre, mancher der jetzigen praktischen Richtung und dem Vorwärts statt dem Rückwärts

---

*) Buns. I, 122. 160.

Huldigende in diesem Retrospektiven nichts wird erblicken wollen als was im Wisperthaler-Märchen die Elster den drei Wandergesellen vorplapperte: »Meine Mutter war eine Elster, meiner Mutter Mutter auch eine Elster und meine Urgrossmutter abermal eine Elster«; möglich aber auch, dass ich zu dem Farnesischen Herkules der alten Chronologie, an welchem die Beine vom Knie bis an die Knöchel fehlten und welche dann Wilhelm Porta ersetzte, nachträglich die ächten Beine aufgefunden habe. Genug, nachdem ich die 80 Dynastien im Jahre 1835 aufgestellt, im Jahre 1836 in meinen »Historischen Tafeln« und das speziell Aegyptische 1837 in »Die Faraone Aegyptens«, als Manuskript drucken lassen und unter dem Vorwande, meine Theorie setze bei meinen Schülern das Ansehen der biblischen Schriften herab, von der St. Galler Kantonsschule verdrängt, nach Bern an die Hochschule gewählt worden war, erhielt ich dort im Jahre 1843 die allererste Kunde von Champollion Figeacs und im Winter 1844 von des Briten Prichard ähnlichen Versuchen, worauf ich (es war das zehnte Stiftungsjahr der Hochschule, an welcher ich wirkte und welche mich bald darauf für 4 Jahre zum Dekan der Fakultät ernannte) bekannt machte: »Versuch einer Herstellung der 375 Faraone des alten Aegyptens und der ältesten Chronologie«. Bern bei Haller 1844, und dann bei Brodtmann in Schaffhausen 1845 das erste Buch einer »Allg. Geschichte«, beides mit chronologischen und genealogischen Tafeln. Während nun der Grossherzogl. Badische Geheimerath von Schlosser mein Buch in den Heidelberger Jahrbüchern 1846 mit Spott erwähnte, begrüssten es zwei andere Gelehrte, Beide mir persönlich unbekannt, ganz anders. Die Berliner »Allg. Zeitschr. für Geschichte« von Dr. W. Ad. Schmied, 4. Jahrg., VII. Bd., 2. Heft, Febr. 1847, S. 173, 174 anerkannte »die Selbständigkeit der Forschung und Eigenthümlichkeit der Resultate« und sagte von den Tafeln, kein denselben Gegenstand ergreifender Forscher werde sie unbeachtet lassen dürfen. Noch einlässlicher und mit vielleicht nur zu humaner Anerkennung besprach mein Buch in der Beilage 165 der Allg. Ztg., Juni 1847, der in Aegypten selbst gewesene Fallmerayer, dem diese Blätter dedizirt sind.

Bei alle dem war ich weit entfernt davon, zu verkennen, dass die alte Chronologie und Geschichte für Heranbildung einer gesinnungstüchtigen und thatkräftigen Jugend blos Mittel, nicht Zweck sein, und eben so wenig die neuere und die Zeit, in welcher wir zu leben und zu wirken haben, absorbiren dürfe; dass es zweckwidrig, ja Sünde wäre, unseren Schulen den Kadmos und die alten Kolonien und die Eroberungszüge des Sesostris vorzuführen, sie aber mit Colombo, Cortez, Pizarro, Cook, mit Ludwig XIV., Friedrich d. Gr. und Washington unbekannt zu lassen, und während ich in Bern durch den Synkellos und den armenischen Eusebios meine Tafeln fortwährend vervollständigte und berichtigte und den Bongarsischen Eusebius-Codex. Nr. 219,` »In annum 5. Childeberti regis Francorum, Pippino iubente« Zeile für Zeile mit meinem Roncallius, Patavii 1787, verglich, verwendete ich all meine vom Unterrichte erübrigte Zeit neben einigen kleineren damals in Bern von mir erschienenen Schriften (darunter, auf meines Freundes Ludwig Snell Bitte, ein drittes Bändchen zu seiner »pragmatischen Geschichte der kirchlichen Veränderungen in der katholischen Schweiz«) auf die Kunde des heimischen Landes, namentlich die Nachweisung der verschiedenen Schichten seiner früheren Bewohner, der mittelalterlichen Gaue, die Untersuchung, wann und woher die jetzigen teutschen Dialekte in die früher ganz romanische Schweiz eingedrungen, und in welch innerm Zusammenhange dieselben und die Volkssagen, vor Allem die mythischen, von denen ich vielleicht die reichste Sammlung von schweizer'schen und verwandten, grossentheils auf eigenen Reisen, angelegt habe, unter einander stehen, und endlich auf mögliche Fixirung der Existenz und Epoche unseres Tell, wie ich denn, Dank meiner Erziehung und meinem Wesen, über Pergament und Papier das lebende Volk und was der Bürger seiner jetzigen Zeit schuldig ist, nie vergessen habe. Dass ich darinn den rechten Punkt nicht verfehlt, beweist mir die bis zum heutigen Tage sich bei jedem Anlasse kundgebende Liebe einer grossen Zahl Zuhörer in St. Gallen und Bern, namentlich die rührende der jungen Arbeiter und der Zöglinge der Blindenanstalt in letzterer Stadt, welche unausgesetzt meine treuen Besucher blieben, bis ich im Jahre 1855 in meine Heimat zurück kehrte. Erst hier las ich folgende, mit grosser Zuversichtlichkeit gegebene literarische Notiz: »Quant à l'autorité de Manéthon, j'y tiens, et je me retranche, pour la défendre, derrière M. Letronne et le savant auteur de la Civilisation primitive, M. de Brotonne, qui a très-nettement et très-ingénieusement établi la parfaite concordance des dynasties égyptiennes données par Manéthon, avec ce que nous en apprennent et la Bible et les pierres dessinées de Thèbes.«*)

Da diese Worte das Einzige sind, was ich von der Sache in Erfahrung bringen konnte, habe ich kein Urtheil darüber, kann jedoch in meiner Ansicht von der Erheblichkeit eines Gegenstandes, mit dem so viele Celebritäten sich abgegeben, nur bestärkt werden. Ich bin jedoch weit entfernt von der Einbildung, die wahre Chronologie schon hergestellt zu haben, indem ich den Versuch machte, zu zeigen, wie der Manethos, den wir haben, gerechnet, und wie sich seine Angaben, wenn wir so rechnen, zu denen der übrigen Völker verhalten. —

Berühren muss ich nachträglich noch wenige Punkte.

Der erste betrifft die allmälige Ausartung der primitiven Volksraçe überall wo sie sich wenig oder gar nicht durch Einimpfen der Einwandernden verjüngte. Ich rede nicht vom Spotte, welcher gewisse Gegenden wegen ihres sonderbaren Wesens, Benehmens, Sprechens noch heute so oft trifft: in England den Iren, Skoten und Waleser, in Frankreich den Gascogner, in Spanien den Basken, in Nordteutschland den Schwaben, in ganz Teutschland den Schweizer, in der Schweiz den Zuger, den Schwarzbuben, den Merliger, den Simmenthaler, sondern von förmlicher Degeneration. Mögen

---
*) Alex. Dufai, Illustration, 1849, 29. Dec., p. 279.

Aerzte und Geologen noch so bestimmt im Trinkwasser u. s. w. die Ursache sehen wollen, dass in dieser und jener Gegend Kröpfe und Tölpel (Nellen. Nollen, Gauche, Cretins) vorkommen (der alte Hohn über die Kröpfe in Uri und ihr sonderbar Wesen: Klingenberger Chronik, S. 181), so sind es erstens lauter Wohnsitze von Ureingeborenen, zweitens verschwinden die Erscheinungen heute immer mehr, obwohl das Trinkwasser bleibt. Ich lese eben die abschreckende Schilderung der Bergsavoyarden bei Franz Freiherrn Gaudy's poet. u. pros. Werke. VII. Bd. (1854), S. 38.

Der zweite ist der uralte Wechselverkehr zwischen Europa und Nordafrika. Es rührt nicht blos von maurischem Ansiedeln her, dass derselbe Schriftsteller auf Anacapri »öfters dezidirt afrikanischen Fysiognomien mit aufgeworfenen Lippen und hervorstehenden Backenknochen« begegnet ist. Ich verweise auf S. 37 gegenwärtiger Schrift und noch mehr auf die interessanten Berichte in den Beilagen zur Allg. Zeitung. Nr. 100 vom 10. April und Nr. 144 vom 24. Mai 1865 über meilenweit verbreitete, unstreitig keltische Monumente in den Provinzen Alger und Constantine (siehe »Afrika« im Register). --

Auffallen aber musste mir diese Tage besonders ein Aufsatz in der Beilage z. Allg. Ztg., Nr. 187 v. 6. Juli, unterschrieben N. Hocker, veranlasst durch die Pfalbauten und deren Urheber (gegenwärt. Schrift, S. 49—52).

Dieser Gelehrte erwähnt die Herodotischen Pfalbauer, die Päonier in ihrem See, in der makedonischen Landschaft Pelagonien. Pelagon ist ihm gleichbedeutend mit Päon. Diese Päonen seien Teukrer, desselben Stammes wie die in Asien; so halten Giseke u. A., sagt er, die paflagonischen Heneter für verwandt mit den Venetern am Po, lauter Teukrer. Paflagon sei aber als Sohn des Fineus, aus des Fönix Hause, ein Föniker.

Nun führt Herr Hocker aus Låkofron an, der Troerkönig Ilos (die dritte Generation vor Priamos) sei nach Europa herüber und habe ganz Thrakien, Makedonien und Alles bis an den Peneios herab erobert (ich habe diesen Zug der Teukrer und Müser oben S. 57 aus Herodot; es ist der Ilos welcher den Pelops aus Paflagonien vertrieben hat [Diod. 4, 74], um in Europa einen grossen Namen zu gründen). Daher Teukrer in Europa. Ganz Makedonien habe früher Päonien geheissen und sei von Pelasgern bewohnt gewesen.

Herr Hocker irrt jedoch darin, wie Andere, dass er dieses Herüberziehen aus Asien (Teukrer, Müser, Paflagonen, Heneter) so ansieht, als wären diese Stämme aus Asien nach Europa eingezogen und Herodot widerspreche sich. Er nimmt die Pelasger als Semiten an, weshalb auch Syrien Pfalbauten habe.

Abgesehen von diesem angeblichen Teukrerzuge nennt ja derselbe Herodot die Fryger (gegenw. Schrift. S. 57) das älteste Erdevolk und als seine Urheimat — Makedonien, wie auch die Armenier Abkömmlinge der Fryger seien. So nennt Strabo alle Fryger und Thraker Kleinasiens ursprüngliche Europäer und den Müsern an der Donau (Mösier) verwandt. Ja Dionys von Halikarnass erklärt ein Einwandern von Tyrrhenern (abermal Fryger, oben S. 48) nach Italien als Märchen. Und Herodot, Dionys und Strabo sind lauter Asiaten. Dionys nennt die asiatischen Teukrer ausdrücklich aus Europa eingewandert.

Ist ja über dies Alles das Haupt der nach Asien (Troia) Einwandernden, Dardanos, jenes Ilos dritter Ahne, »der erste Europäer«, der Asien betritt (es thaten es jedoch Andere viel früher), ein Atlantide, Ureuropäer und Italier aus Korythos, wo der Pelasger Bauten noch heute Staunen erregen (oben S. 56. 57).

Zum Ueberflusse nur noch: Alle Semiten reden ganz anders als wir Japetiten, völlig fremd. Afrika verwandt, und ein Blick auf meine synoptische Tafel zeigt zum ersten Mal augenfällig, dass jene Egregoren, die Pelasger oder Föniker, die als Hüksos seit 3582 am Nil herrschen (15., 16. und 17. Dynastie), nicht Semiten sein können, sondern viel älter als Noah und Sem bereits zur Zeit sich zeigen und als Skythen den Sethosis I. besiegen, 3712 v. Chr. (oben S. 89. 90), wo der Aramäer 3. Patriarch Enos 3707 herrscht und »der Name Jehovahs verehrt zu werden beginnt«, d. h. die Aramäer des Hochlandes mit ihrem Monotheismus überwinden die heidnischen Aegypter. Weit entfernt, dass diese Pelasger, die ja Syrien auch haben und dort Städte bauen (die Falästhim, Enakim) wie Tyrus, Semiten wären, sind ja die Patriarchen seit Enos (4. 5. 6. 7. 8. 9), wie ich oben S. 88 zeigte, dieselben mit den Kainiten, deren Stammvater nach ihrem Kanon eben Kenan, des Monotheisten Enos Sohn, ist, den nur die Sage der Gegner zum Brudermörder zu stempeln versuchte; somit kommen sie in den Verdacht, selbst die Egregoren zu sein (oben S. 88. 89. 92. 93). Wie Lamechs Sohn Noah und Sem auftreten (Amoses, oben S. 96. 97), hört 2538 v. Chr. der Hüksos Herrschen am Nil auf.

Ob diese Idee, nachgewiesen an der Hand der Bibel, wie der Aegypter, Licht auf eine der grossartigsten und folgenreichsten Epochen der politischen und Kulturgeschichte zu werfen im Stande ist, weiss ich nicht. —

Schliesslich sehe ich, der ich mich bereits beinahe scheute, oben (S. 49) den Gedanken an eine Tafel von Berg-, Wasser- und Ortsnamen ausgesprochen und S. 63—68 vielleicht über Gebühr ausgeführt zu haben, dass derselbe Forscher, N. Hocker, in der Beilage zur Allg. Zeitung, Nr. 199 vom 18. Juli 1865 sich ausspricht: »Für Erforschung der Urgeschichte »Europas sind die Länder-, Orts-, Fluss- und Bergnamen von der grössten »Wichtigkeit. — Da die Gräber stumm sind, die dort niedergelegten Gegen- »stände eben so wenig sprechen als die Pfahlbauten, so muss der Forscher »dazu übergehen, die Lösung urweltlicher Räthsel in den Namen und »Sagen zu suchen.«

Dem in tiefen Schachte Steigenden kann es nur wohl thun, das freundliche Grubenlicht Gleichbeschäftigter, wenn auch in anderen Gängen, zu erblicken. Glück auf!

Register
(welches man sehr zu beachten bittet).

Adam derselbe mit Manes, »Mann« S. 58.

Adonis, des Kinüras und der Smyrna Sohn, Afroditens Liebling, ein Name mit dem frygischen Attis und Adonai, die Sonne im Tode, der Unterwelt S. 46. 201.

Afrika Heimat der Aethioper, Neger S. 24. — Der Eridanos, Triton, Lotos und die Amazonen gehen Afrika nichts an S. 9. — Uralter Verkehr mit Europa. Stammvermischung. Kelten. Herkules setzt hinüber, kultivirt und baut Hekatompylos S. 37. 38, Tausende von Dolmen, Kromlech und tumuli in Alger und Constantine meilenweit, wo kaum Europäer hinkamen. Beilage zur Allg. Ztg. Nr. 100 vom 10. April und Nr. 144 vom 24. Mai 1865.

Afrikanus, Julius. Seine Manethosliste S. 4.

Agbatana, Hagmatana, Hamadan, Ahmetha schon zu der Semiramis Zeit S. 116.

Aegis der unsichtbarmachende Helm des Meergottes Aegir, Oegir, das Gewölke S. 17. 37; s. Nebelkappe.

Agron, Agelaus, Chalaos, Herakleide, König in Ninos und Sardes, von dem Krösos stammt S. 193. — Ist der Farao Zetos oder Chebron S. 200.

Aegypter nicht so alt als die Skythen Europens oder die Fryger S. 57. 58. — An den Nil eingewandert und woher S. 70—72. — Uralte Schreibkunst und Chronologie S. 3. 4. — Noch heute in Nubien S. 71.

Ahasueros, Afrasiab ist Auttages S. 215—217.

Aietes, Sohn des Helios, Sonnegott und daheim wo die Sonne auf- (Kolchis) und wo sie untergeht (Westwelt, Rein, Ligurien). Seine Schwester Kirke in Italien (bei uns als Herka, seine Gattinn) und er Atli, Hunen-, d. h. Keltenkönig und seine Schwester Brynhild, s. diese. Sein Hort S. 17. 33. 34. 177.

Aktis, Sohn des Hellos, zieht aus Rodos an den Nil, wohin er die Sternkunde bringt. Baut Heliopolis S. 82.

Alexandriner verkünsteln die Zeit- (Ilion-)Rechnung S. 236.

Aluros der Babylonier Adam S. 87.

Alter der Menschheit verschieden berechnet S. 22. 23. 39.

Amazonen (maza Mädchen?) nicht in Afrika zu Hause S. 9. — Ihre Tracht die frygische S. 45. — Wanderzug nach Asien S. 54. 57.

Amfiktyon, Deukalions Sohn, Hellene. Seine Fest- und Bundesgenossenschaft S. 135. 136.

Amoses Besieger der Hyksos, Gründer der 18. Dynastie und Erbauer Damasks S. 96. 97 (Sem).

Amun (Hammon), s. Ham.

Aeneas älter als Troias Zerstörung und an der Tiber daheim S. 182.

Annakos, Nannakos, Frygerkönig zur Zeit der Flut, ein Name sowohl mit Noah als mit Inachos S. 97.
Apollo, Apalu, Fol, hyperboreisch, geboren im Wolfslande am Ozean S. 39. — Seine Lichtreligion S. 141; im Streite mit der dionüsischen, sinnlichen, Pentheus, Perseus, Lukurgos S. 143? Orfeus S. 146; Labdakos S. 158 und des Minyas H. Töchter in Orchomenos S. 168.
Apollodors Angabe über den Atlas der Hyperboreer S. 8.
Ares, ur, skythisch aor, lateinisch vir, Mann, teutsch Erch, Erk, s. diesen. Daher Asen, Arier.
Argo, Arche, Schiff. Das des Sonnengottes. Die Argonautenfahrt mythisch die des Helios, später der vervielfältigten Sonnengötter, am Himmel ihr Mastbaum redend. Historisch 1350 v. Chr. das erste chronologisch fixirte Wandern der Hellenen, östlich von Thessalien aus (Jason) gegen Asien, westlich aus den Alpen (Latiner, Osker, Tusker) gegen Süden. Beides wider die Pelasger S. 176—178.
Argos hiess alles Hellenische und bis zum Hämos, wie Italien Argessa und der Westwind Argestes S. 119.
Arier, Iraner, Kaukasier, Name des weissen frygischen Stammes in Europa S. 57. 58. — Uebersetzen nach Asien S. 54.
Arkader, Name der Atlanten am Okeanos. Ihr erster König Atlas am Kaukasos oder Küllene S. 162. 163. — Sie verwandeln sich in Wölfe (das Wolfsland) S. 18.
Armenier (Aram, Arier, Kaukasier) sind Abkömmlinge der Fryger und ursprünglich Europäer S. 57.
Artasastha, persischer Kaisertitel (Kambuses wie Dareios) S. 232. 233.
Asen die nordischen Zwölfgötter, etruskisch Aesar, lateinisch Lases, Lares S. 17.
Asien, wie Aria, Iran Hochland, Urheimat der gelben, sakischen Race S. 24. 25. Die Arier wandern ein S. 54—59.
Aesopos der frygische Fabelerzähler S. 247.
Aestier (Esthen) ein keltischer Stamm, Bernstein sammelnd und sein Name mit Unrecht den aus Asien in seine Sitze Eingedrungenen sakischen Stammes gegeben S. 40. 42. 249.
Athen (der Name heisst Stadt S. 67) älter als Sais in Aegypten, deshalb Kekrops nicht aus letzterm S. 82.
Aethiopen, Urvolk Afrikas S. 24. — Aethiopen, an Zahl 18, herrschen am Nil als 25. Dynastie S. 122. 203. 204.
Atlas, der hyperboreische, jetzt Adula (wie Etzel, Aetna, Oeta, Ida, Tedla, »Gebirge«), auch skythischer Kaukasos, am Ozean, Name des Alpengebirges. Von ihm 4 Strome in 4 Meere S. 8. 9. 162. — Daher Europa die Insel Atlantis und die Bewohner Atlanten, bei denen die Götter geboren sind S. 12. 161. 162. — Heissen auch Arkader.
Atlas ältester Sohn des Titanen Japetos oder des Posidon, Zwillingsbruder des Gades, König der Insel Atlantis und der Atlanten S. 9. 12. — Ein Beiname des Thor hiess Atli und die guttae Apollinis Attebspfenninge. Atli war auch der Hünen- (Kelten-)König, der Walküre Brynhild Bruder S. 177. 161. 162. — Des Atlas Töchter S. 162.
Aetoler stammen von Hellen S. 169.
Attis frygisch der Kubele Liebling, jung ermordet und dann als Papas (Vater, Atta) verehrt, derselbe mit Adonis, Freus Gatten Odur und Sigfrid S. 46. 142. — Die Sonne im Tode S. 145.
Ausonen Italiens Urvolk, kentaurisch, somit dieselben mit denen Thessaliens und Arkadiens, wie mit den pferdeschweifigen Satyren (Saturnier Italiens) und Silenen S. 41. 44.

Babylon wird 2234 v. Chr. eine der Residenzstädte S. 103. — Der Thurm ein Teokalli S. 106—108. — Von Küros erobert S. 224.
Babyloner 10 erste Könige sind dieselben mit den 10 ersten Patriarchen S. 87. 88. 90. 91. 92.
Baldo Othins junger fruhsterbender Sohn, keltisch Belen S. 46.

Baum, der, des Himmels mit Goldfrüchten (den Sternen); auch die Esche im Götter- und die Eiche in Wohnungs Saale S. 11. 12.

Bel, Bal alter Sonnenname, wie Belen, Baldo, Fol, Apollo. Sein Sinnbild der Stier (bola, Bulle) und der phallus (palus, Pfal). Historisirt als Belos Stifter Babylons, der Farao Mi Amun S. 107 und als Königstitel Bal, Phal, Phul in Assyrien.

Berg- und Hohensaamen S. 63.

Beschneidung nicht sanitarisch, sondern Sinnbild des Aufhörens der Menschenopfer S. 127. 151.

Bibel. Ungleiche Chronologie S. 22. — Künstliche Supputation S. 86. 87. — Die Patriarchen bei Berosos Könige Babyloniens S. 87. 91; bei Justin Könige Syriens S. 97. 107. 121; bei Anderen gar dieselben mit den Faraonen S. 97. 121. 127 (Josef). — Esra S. 86. 156. 233; s. Cherubim, Seraüm, Enakim, Netilim, Jao, Jasios, Sabazios, Mithras, Mysterien S. 144—148. — Moses und Mussos S. 146. 155—157. — Ihr Sinn und Werth S. 156.

Bokchoris oder Bonchoris I. der Farao des Mosaischen Auszuges S. 154.

Bokehoris II. oder Anüsis, der Farao, Salomos Schwäher S. 202. 203.

Boreas mit Schlangenfüssen, somit ein Titane, in der Edda Bör, Sohn des Bur, Vater der Asen Othin, Wili und We S. 17.

Broncezeit S. 52.

Brynhild (Hilda in der Brünne, dem Brustpanzer), Brunehild, Farabild, die besungene Walküre (Amazone) in ihrer Flammenburg (die Milchstrasse hiess Vroneldenstrasse), Atlis Schwester (s. diesen), von Sigfrid geliebt, verlassen und aus Eifersucht (Nachts über die Eisberge hinwandernd) seinen Mord veranlassend, aber auf seinem Scheiterhaufen sterbend (die Hela-, Hölle-Fahrt). Sie ist unzweifelhaft Mondgöttin und ihre Besiegung durch Sigfrid dieselbe mit jener der Amazonenkönigin durch Herkules S. 46.

Budyas, alter indischer König (Buddha?) S. 60. 61; ägyptisch Bydis S. 72.

Busiriden, 17, sind die 11. Dynastie S. 75. 76. 81. 82.

Cherubim ein Name mit Korybanten, Greife und Harpyiae S. 15. 185.

Chrysaor s. Manen.

Daktylen (Däumlinge), frygische, idäische; ältester Name der Zwerge in Europa, wie Pygmäen S. 13. 14.

Danaos in Argos gegen die alten Pelasger S. 131—133. 136.

Dardaner sind Fryger oder Thraker (Teukrer) in Italien, Illyrien, Epiros, im Hämos S. 56. 140. 163. — Ihr Führer Dardanos, einer Atlantidinn Sohn.

Dareios der dritte Perserschah S. 231. — Erlaubt den Wiederaufbau des Tempels in Jerusalem S. 232. — Gleichzeitige Siegesberichte in Keilschrift am Berge Bagistan S. 233—235. — Skythenzug S. 249.

Dareios der Meder, des Ahasueros (Astüages) Sohn, Kuaxares II. oder Nirikolasar S. 217.

David der König S. 199.

Dejokes erster Mederkönig (Zohauk) S. 208. 211.

Deukalion Stammvater der Hellenen S. 132. 134. 135. — Seine Flut S. 132—136. 138.

Diodors Berechnung der ägyptischen Chronologie S. 7.

Dionüsos des Ammon Sohn am Keraunischen Gebirge, auf Nusa im Triton bei Athene erzogen, Besieger des Kronos S. 37. — Sohn des Zeus und der Persefone, auch Sabazios und Jakchus. In Keltiberien und Gallien auf dieselbe Weise verehrt wie auf Samothrake S. 37. — Falloskult, nicht aus Aegypten, sondern pelasgisch S. 146. — Melampus lernt ihn vom Föniker Kadmos und verbreitet ihn S. 167. 168. — Fallossteine in der Bretagne und Fallostumuli bei Sardes S. 36. 142. — Der thebäische Dionüsos S. 168, s. Apollo.

Dodona von Deukalion erneutes altpelasgisches Orakel S. 140. 141.

Dorische (Herakleiden-)Wanderung im Jahre 1190 S. 194. 195. 236.

34*

Dorische Säule. Ihr Prototyp in Hola überall im Wallis S. 35. 48.
Drache mit vielen Augen, der Sternhimmel. Draco Septentrionalis und der Baum S. 11. 12. — Drachentödtung S. 11. 46. 47.

Eden ein Name mit dem Asen- und Göttersitze Ida S. 155.
Egregoren der Bibel und die Hüksos am Nil sind assyrische Aramäer, Skythen, Pelasger S. 91—96.
Elia der Profet S. 205.
Elisai der Profet S. 205.
Elysische Fluren, die der Elysiker (Volusci, Volsci), die Italiens, den ältesten Hellenen die West- und Schattenwelt S. 10. 36.
Enakim sind die Inachiden, Pelasger S. 58.
Enten, Eneter, s. Veneti.
Erebos, die Absenkung, Niedergang, Abendwelt, Europa. Daher auch Arabia (für Indien) S. 10.
Eridanos der die Erde umflutende Okeanos, ja der Himmel selbst, historisch der Rein. verwechselt mit dem Po (s. Aietes, Ligurien, Heliaden) S. 9; s. Triton.
Erk, s. Herk.
Erz, Bronce, von den Kelten verarbeitet S. 52.
Esther, des Ahasueros (Astüages) Gemalinn S. 215.
Etrusker, Söhne der Kureten und Lüder, selbst Lüder genannt (Hor. Sat. 1. 6, 1. 2) S. 14. — Dieselben mit den Tyrrhener-Pelasgern S. 27. — Ihre Götter Aesar S. 17. — Ihr Hermes heisst Kadmos S. 29. — Sie gelten als sikanisches Volk S. 35. 36. — Ihre Kultur S. 31.
Europa, der Name von ρεπω, hinabgehen, ρυπε die Absenkung, Westland (s. Erebos) S. 10. — Sein Hauptgebirge der Atlas (Adula, Alpen), daher die Insel Atlantis und ihre Atlanten S. 8. 9. — 4 Ströme nach den Erdgegenden: Inn, Tessin, Rodan, Rein. Atlas erster König S. 9. 12. — Seine 2 Hauptstämme die Kelten (Afrika) südlich und die Germanen nördlich S. 25. 26. 40. 41. — Hinübersetzen nach Afrika (S. 37. 38) und Asien S. 54. 57. 58.
Eusebios aus Käsarea, seine Manethosliste S. 4; von Synkellos getadelt S. 93. — Die armenische Uebersetzung S. 6.

Fallmerayer, warum diese Schrift ihm gewidmet ist S. 2. 23. 102. 121. 261.
Fallos (palus, Pful). Fallisches Element im Kultus der Pelasger oder Föniker (S. 146. 168) aus Afrika und Asien eingedrungen (s. Ham). Steinphalli in der Bretagne und Kleinasien (Riesenphalli bei Sardes) S. 38. 146.
Fara (wie in Burgundo-Fara, Fara-mund, Farones) verwandt mit Fro und Frau, berühmt in der Zusammensetzung Fara-Hilde (Vronelde, Brynhild, s. diese). Frau Hilda und griechisch Pherephatta S. 46.
Finnen, Tschuden (Skythen), ein keltischer Stamm an der Weichsel. Der Künstler Völund gehört zu ihnen, und ihr Name gehört den heutigen aus Asien in ihre Sitze Eingerückten sakischen Stammes eben so wenig als den Aestiern (s. diese) der Ihrige S. 40. 42. 249. — In der Edda heissen sie Vanen.
Flut, die älteste von 3 bekannten, die Japetische, 2376 v. Chr. S. 3. 54. 98. 101. — Die Ogügische 1760 v. Chr. S. 132. 135. — Die Deukalionische 1535 v. Chr. S. 132. 138.
Föniker, d. h. die Feuerrothen, alter Name der Sonnenzwerge, noch heute Funken, Fanken, Fanken (wie der Sonnevogel Fönix und des Apollon Beiname Phanaios, von φαινεσθαι, scheinen), und historisch der bergbaukundigen, seefahrenden Pelasger, in deren Stammbaume er daheim ist. Sie leben im Volke als »Venetier« (s. aber Veneti) und sind erst von Europa nach Asien S. 29. 30. 139. 144.
Freia, Frea, Freirs Schwester, Njords Tochter, vom Vanenstamme, Odurs Gattian, den Vermissten schmerzlich suchend S. 46. — Beim Volke noch Frena und eines mit Venus (Venus- oder Frau Frenes-Berg). — Ursprünglich eines mit Frig, Frigga.

Frygien am Ida oder Atlas, alter Name Europens S. 13. — Fryger oder Thraker, Skythen
    das älteste Erdevolk S. 57. 58. — Ihre Tracht ist die der Zwerge und Amazonen
    S. 14. 45. 48. — Ihre Stammsage und Stammbaum S. 46—48.

Gå die Erde, griechische Hertha, nordisch Frau Gaue S. 43.
Galli, Gaulois, Gaëls, die germanisirten Kelten S. 40; s. Walen.
Garten mythisch die Sternenflur, Goldfrüchte und Goldvliesse (mela Aepfel und Vliesse)
    S. 11. 12. — In der Volkssage die »verwünschten Gärten«.
Georg der Heilige, beim Volke Jörg (s. Herk) S. 46.
Germani Europens Nordstamm S. 25; griechisch Gaxatå in den Alpen am Rodan, zum
    ersten Mal genannt 222 v. Chr. S. 35. — Einfälle nach Italien mit den Sequani
    S. 36.
Geryon in Iberien, Sohn des Chrysaor (Manes) S. 41; heisst ein Luder in Italien, Sikilien,
    ja Epirus S. 41. 45.
Glasschmelzen den pelasgischen Fönikern (ihre Bergspiegel) in Europa eigen S. 52.
Gletscher, verwünschte, aus ehemals blühenden Alpen, sind der schweigende Himmel,
    den die Uebermütigen mit goldenen Butterstücken und Käsen pflasterten, wo sie mit
    goldenen Kegeln spielten S. 18.
Gold, der Hort, die Sterne S. 11.
Goten. Guten, gallisch redend, die vorteutschen Joten, Riesen S. 40.
Greife, s. Korybanten.

Hades, d. h. gada, Gades, Stadt der mythischen Westwelt, der Todten (persisch chats,
    hebräisch chet, nordteutsch Kathen, Köthen, Gotha; so Gad. Gaza und griechisch
    Schatzhaus) S. 10.
Ham, Hammon, Amun, Ammon, Name der Sonne im Widder, somit ein Hermes, Cham,
    ägyptisch Khem, fallischer Gott S. 100. 101. 102. 104.
Hekatompylos (die Hundertthorige) von Herkules in Libyen erbaut S. 37. 82. — Am
    Nil S. 82.
Heliaden in Pappeln verwandelt. Heimat der Sage am Reine S. 9. 84. — Auch hier
    Verwechslung mit dem Po; s. Aietes, Eridanos, Ligurien.
Helios der Sonnengott (El, Ilos, Ilias), in anderer Form Sol, wie Helle, Helena, der Mond,
    Selene, männlich Helenos S. 183, und Helena entführt wie Proserpina. Luna = Helena.
    Nordisch die Unterwelt- und Nachtgöttinn Hela und ihr Gebiet Nifl-Hel, wie schweizerisch
    die Hölle noch heute »die Held« (so Holla und Hulda).
Hellenen stürzen feindlich auf die Pelasger S. 133—135. 138. 176.
Herk, Erk der Sonnegott, dasselbe mit Ares, daher Erl- oder Erchtag (ganz was Tiuto,
    woher Tius- oder Dinstag) und die Milchstrasse Erikagasse. Diminutiv (wie Frollas,
    Attilas, Widikulas von Fro, Atta, Witiko) Herkulas. Weiblich Herka, angelsächsisch
    erce, beim Volke Frau Harke, Frau Herka, Erka, griechisch Kirke S. 43. 34. 177.
Herkules (Herakles ist griechische Künstelei) Stammvater der Skythen und Galler S. 14.
    41. 42. — Derselbe mit Tiuto, Teut, Sage bei den Estheu und Finnen S. 41. —
    Historisch Stammheros der Dorer S. 160. 161. 180. 181. 186.
Hermes, ein Kabire S. 15, die Sonne im Widder, als Titane Krios, Irmin und Hiärmen
    nordischer Name des Teufels. Heisst auch Odüsseus und Kadmos. Erfinder der Schrift
    S. 139. 162.
Herodotos, seine ägyptische Chronologie S. 7.
Hertha (schweizerisch Herd, in der Edda Jörth, gotisch airtha, Erde), griechisch Ga,
    Mutter des Tiuto S. 42. — Dasselbe Wesen mit Herka und der griechischen Hestia
    und römischen Vesta (Heerd) S. 43.
Horos in der 18. Dynastie, dem Priapismus feindlich S. 102. 105, der Bibel Arfaxad und
    persisch Huschung S. 104.
Hort der Niflungen das Sterne- und Sonnengold. Der Hort im Reine S. 9. 17. 34.

Hûksos, d. h. Hirtenfürsten, sind Arumäer, Pelasger, Skythen, der Bibel Egregoren. Ihre Besiegung durch Amoses S. 91—96.

Hyperboreer, d. h. noch ob dem Boreas wohnend, das Volk Apollons auf dem Atlasgebirge, am Istros, eddisch die Kinder Bors (s. Boreas) im Wolfslande S. 8. 9. 17. 34. 39.

Iberer ältester Name der Süd- und Westeuropäer, der Kelten, derselbe mit Kimmerier, nordisch von den den Teutschen vorausgehenden Eisriesen- (Hrimthursen-) Geschlechte des Imer, Imir. Viberi in unseren Alpen und Hiberni in Britannien S. 25. 27. — Biberli, Bibermännchen, Name der wohlthätigen Zwerge, wie der von ihnen gebackenen Honigbrötchen.

Ida, wie Atlas, mythischer Name des Alpengebirges, Sitz der frygischen hammer- und tanzekundigen Zwerge (idäische Daktylen), wie der Asen, S. 9. 13.

Ilions Zerstörung im Jahre 1270 S. 192. 193. 195. 236.

Inachos ein Name mit dem frygischen Annakos und dem biblischen Knak, Enoch; König über Hellas und die Tyrrhener-Pelasger, derselbe mit Sesostris II. S. 119. 120.

Indien nicht die Heimat europäischer Kultur und Mythologie S. 37. 38. 55. — Die Urbewohner Nicht-Arier. Alte Chronologie. Sanskrit S. 60—62. — Die Grottenbaue S. 69. 70.

Iran mit einer Herrscherliste so weit hinauf als die ägyptische S. 74. 66. 214.

Istros aus dem Atlas entspringend wie der Rein, der Inn. An ihm die Hyperboreer S. 8. 9.

Jao, Jakchos, Sabazios, Namen des Herbst- und Früchtegottes Dionysos (s. diesen) S. 142. — Bei Diodor Gott der Juden (Jah, Jehovah) S. 155 (s. Jasios).

Jasios (der Heilende), einer der Daktylen bei Pausanias und eines mit Mithras und Prometheus S. 145.

Java als heilige Insel (Nusa) bei Diodor erwähnt S. 61.

Josef der Patriarch S. 127. — Wann in Aegypten herrschend S. 129.

Josephus Flavius älteste Manethosfragmente S. 4. 94. 96. 152.

Juden irrig mit den Hûksos vermengt S. 152.

Kabeiren (Camili) uralter Name der samothrakisch-pelasgischen Zwerggottheiten (der keltische Camulus) S. 14. 15.

Kadmos, tyrrhenischer Name des Hermes, des Schrifterfinders, fönikisch-pelasgisch S. 28. 29. 30. 139. 140. — Im Pelasger-Stammbaume Gründer Thebens und Verbreiter der Dionysos-Religion S. 142. 167.

Kainiten. Ihr Kanon und Kulturbegründung im Lande Nod (Indien) S. 88. 89. — Sie und Töchter der Sethiten erzeugen die Egregoren S. 98.

Kalypso des Atlas Tochter (Maja?) S. 162. 163.

Kambôses des Küros Sohn S. 227—230. — Biblisch mit dem Titel Artasastha S. 232.

Kaukasos bedeutet »Berg«, ein Name des europäischen Alpengebirges (»nahe dem Ocean«) S. 58. 63. 34.

Kelten, Galatae, Galtach, Caledonii, Euscaldunae, der alte Südstamm Europens. Körperund sonstige Bildung S. 25. 26. — Wanderungen nach Norden und Mengung mit den Germanen S. 26. 39. 40. — Sprache S. 40. — Alte Kultur S. 52. 53. 54.

Kerberos der Höllenhund, der dreigestaltige Mond, nordisch mit demselben Namen Garmr S. 18.

Kimmerier, s. Iberer.

Kirke, nordisch Herka, angelsächsisch erce, Mondgöttin S. 84. 43. 177.

Kollateral, ob die Faraonendynastien dies seien S. 3. 7.

Korybanten bald als dieselben mit den Daktylen, Kureten und Kabeiren, bald als ihre Söhne angegeben, samothrakischer (pelasgischer) Name der ältesten Gottwesen, biblisch Cherubim, griechisch und lateinisch Grypes, Harpyiä, Hirpi S. 15. 38.

Krôsos der Lûder, aus dem Stamme Agrons, des Assyrers S. 193. 217. 220—224.

Kybele, erklärt als »Bergmutter«, von Gichel, Gipfel, Gubel, arabisch gebel (Gibello). Tochter des Frygers Manes, ihren ermordeten Geliebten, Attis, unter rauschender Musik suchend und als Mondgöttinn verehrt, dieselbe mit Freia, Hrym- oder Fara-Hild S. 46. — Mutter des Midas S. 18.

Kyklopen (Rundäugen), alte Sterngötterdarstellung, wie Othin und Hagen einäugig waren, historisch gedacht als die Krbauer der Riesenmauern in Süden, ja als einäugiges Volk der Skythen (Arimaspen) S. 16.

Kureten, Name der ältesten Zwerggötter (bretagnisch heisst Kored Zwerge), s. Korybanten; historisch die Urbewohner Italiens, Quirites, »Väter der Etrusker«, Kureten auch die Urbewohner in Epiros, Akarnanien, Thessalien. Cret wurde zum Namen des Teufels und Cretin zu dem von Tölpel S. 14. 33.

Kûros gründet die persische Macht und begünstigt die Juden S. 216—218. 224. — Sein Tod und Grab S. 225—227.

Labyrinth in Aegypten S. 90.

Lares vom etruskischen Lar, Lars, keltisch laird, lord. Herr, auch Lases, etruskisch Avsar, die Götter des ältesten Heerdes und seine Hüter, in Hundsgestalt. Larissen Herrenburgen S. 16. 54.

Libyen in Afrika und ein Name mit Ligurien (Ligyen) S. 36. 37. 101.

Ligurien (griechisch Lagyen) ein Name mit Libyen, das Land des Aietes in Westen (der Strom Liger, Ligys). Dieselben mit den Tauriskern S. 34. 35. 36. — Der Liger mit dem Po vermengt, s. Eridanos.

Litwa, Letgola, Lithauer, Letten, mit sanskritähnlicher Sprache S. 42.

Loki (Lohe, Feuer) vom asenfeindlichen Riesen- und Wolfsgeschlechte, aber den Asen verbündet, ihr böses Element, des Baldo und ihrer aller einstiger Verderber, auf Felsen gefesselt, derselbe mit Prometheus und mit dem nordischen Muspil, Mutspilli S. 18.

Lotosesser, ihr Sitz nicht Afrika. Sie sind die Todten S. 9. 12.

Luder von Ludos, des Frygers Manes Enkel, Väter der Etrusker S. 14; auch Tyrrhener genannt S. 45. 48. — Name der Uritalier. Es ist *liut*, linti, leodes, leudes, Leute und der Zwergenname Ludki, Leutchen, »Herdlütli«. Die Namen gebildet aus Liut, Lult S. 45. 46.

Lûkurgos der Gesetzgeber S. 237.

Manes, auch Mâon, Chrysaor, Sohn des Daktyls Herkules oder des Posidon, erster König der europäischen Fryger, Kureten (Minos), Ausonen (Mares), Pelasger S. 41. 44. 48. — Der Name heisst »Mann« (der Teutschen Stammvater Mannus) sowohl als »Mond« (altteutsch und schweizerisch noch »Mana«), griechisch Μήν, Deus Lunus; wiederholt auf Sikilien und Kreta als Minos, in Indien Manus, in Aegypten Menes S. 45. 60.

Manethos, sein Werth S. 4. — Vom Verfasser im Jahre 1836 zu entziffern versucht S. 2. 5. 6. — Sein erstes Buch S. 73, das zweite S. 85, das dritte S. 122.

Manus, indischer König zur Zeit der Flut, von ihm die Menschen (Manuschjas) (s. Manes) S. 60.

Mares, Stammvater und erster König der Ausonen Italiens, ein Kentaur (marha Pferd und mas maris Mann), somit Satyr oder Silene (s. Manes) S. 41.

Melampus, Aeolide, Profet des Dionüsoskultes, den er von Kadmos hat S. 167. 168.

Memfis (Mennfi) ob von Menes oder von Uchoreus II. S. 78. 79. 83.

Memnon, Mi-Amun, geliebt von Amun, mythisch Sohn der Sonne, Titel der Faraone, vor allen des grossen Ramesses, Vaters von Sethosis II. S. 104. — Ein Memnon, Sohn des Tithonos (Titan) und der Eos, wird vom Vater den Troern zu Hülfe geschickt, nach Einigen aus assyrisch Sasa, wo ein Memnon den Palast erbaut hat und die Memnonia- (Kaiser-)Strasse, nach Anderen aus Aethiopien, wo wieder Memnoneien sind S. 180.

Menes erster historischer Farao Aegyptens (s. Manes), S. 78. 79. 80. 83.

Menofra, Ramesof, Rampsinit und seine Aera S. 167.

Menschenstämme, Raçen S. 24. 25.
Messenerkriege S. 238—242.
Mentor, Mestra pelasgische Sonnen- und Mondnamen. Aegyptisch Mis-Ra, Plur. Misraim, Name des Landes und auch des Menes S. 78.
Metallzeitalter S. 52.
Minos, Sohn des Zeus, Gatte der Pasifaë, Besitzer des Labyrinthes, Vater einer Italia und in Italien sterbend, ein Name mit Manes und wohl Kureten-, aber nicht Kretakönig S. 33. 44. 166.
Mis-Ra, Sohn der Sonne, Faraonentitel, schon bei Menes. Davon das Land selbst Mis-Ra, Plur. Misraim (Ober- und Unterägypten) S. 78.
Mithras Sonnenname, nicht persisch. Mysterien, dem Christenthume verwandt S. 38. 145. 147.
Mörin, entstellt aus Mi-Fra. Sein See S. 77. 84.
Moses S. 151. — Mit Musäos parallelisirt S. 146. 155. — Secessio aus Aegypten S. 152. 155—157.
Mükerinos, Micherinos S. 321. — Farao, derselbe mit dem Assyrer Kinüras (Cheneres) S. 200. 201.
Musäos schon ein thrakischer Gott zur Titanenzeit, später Priester der reinern Lehre (Moses?) S. 155.
Müser, nach Strabo ein Name mit Mösier, ein frygisch-thrakischer Stamm, benannt von Müsos, des Manes Urenkel, Bruder des Tyrrhenos, Lüdos und Kar, nach Asien übersetzend S. 48. 58.
Muspelheim nach der Edda die glutheisse Süd-Erdhälfte, Homers Sonnenseite, woher unter Muspil (Mutspilli, Surtur, Loki?) die Asenfeinde heranrücken, diese zu vertilgen (die Sonne zum Besiegen der Wintergestalten) S. 14.

Nabo-Chadon-Assr (Nabuchodonosor) S. 212.
Nabopalassar S. 210. 211.
Nachtvolk das nächtliche Heer, aber in eigenthümlicher Färbung, die Todten aus einer Gegend, die leise hinziehenden Sterne S. 15.
Nebel-, ursprünglich Nefil- (vom Zwergekönige) Kappen der Zwerge, unsichtbar machend, die Wolken S. 13. 17.
Nefilim s. Niflungen.
Nifelheim, Muspelheim entgegen, die dunkle, kalte Nordhälfte der Erde, Homers Nachtseite, unterm Könige Nefil, Nifil (Neffe noch heute ein Zwergename), von dem die zwei ihn beerbenden feindlichen Brüder, wie ihr ganzes Zwergevolk Niflungen heissen. Die Nacht-, Nord- und Wintergestalten, beim Sonnenaufgange und im Frühlinge dem Unterliegen geweiht S. 14. 17.
Niflungen, s. Nifelheim. Ihre Fahrt ist die des Perseus, Jason und Herkules und die Niflungennoth der Götter Untergang (Ragnarauk) und christlich der jüngste Tag S. 14. 47. 177. — Biblisch Nefilim S. 92.
Ninos, Sohn des Herakleiden Belos, Nimbrod, derselbe mit Sesostris II. S. 114—117.
Ninos ist blos Name seiner Stadt S. 115. 118. — Zerstört S. 212.
Nitokris, Faraoninn. Ihre Pyramide S. 81. 202.
Noriker, taurißkischen, rätischen Stammes, beim Volke noch der Zwergename Norken S. 33.

Odusseus ist ein Hermes. Heisst auch Kadmos S. 159. 162. 163.
Oedipus in Theben S. 158. 166.
Oegir, Aegir nordischer Meergott, Okeanos, Ogyges. Sein Helm die Aegis S. 17. 37.
Ogyges, s. Oegir. Von ihm die Weltinsel Europa Ogygien, wie auch Böotien und Attika hiessen. Pelasgischer Königsname S. 17. 83.
Okeanos mit Hyperion der älteste Titan, Stammvater der Pelasger oder Inachiden S. 16. 17.

Olympische Spiele, erst durch Pelops S. 164, dann durch die Argonauten (Hellenen) gestiftet S. 178, erneuert durch Lükurgos und Iftos im Jahre 828 S. 287. — Chorobos S. 238.

Orte- und Städtenamen sämmtlich Einfriedung, Gefäss, Wohnsitz bedeutend S. 67.

Osymandyas, Ismandes, berühmter Eroberer und Gründer prachtvoller Bauwerke in Theben am Nil (Diod. 1, 47—49) S. 91. 105. — Baut mit am Labyrinthe und soll auch Memnon heissen (s. diesen), somit kein Anderer als Rameses Mi Amun S. 108.

Pappeln der Heliaden, wo zu Hause S. 9.

Patriarchen ungleich berechnet S. 22. 86. 87. — Von Einigen als Faraone angesehen S. 121. 127.

Pelasger (ein Name mit Volusci, Volsci, Falisci, dem italischen Urvolke) die Urbewohner Süd- und Westeuropeas, ja bis zum schwarzen Meere, dieselben mit den Tyrrhenern S. 27. 28. 31. — Uralter, nicht aus Indien oder Aegypten stammender Kultus und Kultur S. 37. 38. 52—55. — Auch derselbe Name mit Peleg, Faleg, Pelagon, Falasthim. Pelasgos S. 130. 131. 133.

Pelops frygischer Sohn des Tantalos, von Ilos aus Paflagonien vertrieben (Diod. 4, 74), in Hellas mächtig werdend und Stifter der olympischen Spiele. Von ihm die Peloponnes genannt. Pelops I. und II. S. 164.

Penaten an Zahl 12, Götter des Heerdes und Speisegemaches (penus) S. 15. 16.

Perseus, »der Leuchtende«, Sonnegott und Ungeheuertödter, ein Sigfrid, im Kasten aufs Meer gesetzt S. 137. 147. 148. — Eines mit Mithras und historisirt Bele-Pares (Bel-Peor) in Assyrien S. 149. 150.

Pfahlbauten der Pelasger S. 49—52.

Prometheus derselbe mit Loki S. 146.

Psammitichos S. 210.

Pygmäen, s. Daktylen.

Quiriten, s. Kureten.

Ragnarank (Recken-, Götternacht) die letzte Schlacht und Niederlage der Asen vor den aus Süden heranziehenden Muspelheimern, wiederholt in der Niflungennoth und beim Volke in der letzten Kaiserschlacht und dem jüngsten Tage S. 14. 47.

Rameses, d. h. Ra-mes, Sonnesohn, Heliade, wie Mis-Ra S. 78. 104. — Vor allen Titel des Vaters von Sethosis II. (s. Memnon und Osymandyas) S. 104—108.

Rasena, s. Räti.

Räti dasselbe mit Raisen, Wälschredende, alt Rasena, Riesen. Sie sind Pelasger vom Jura an bis nach Kärnthen. Rätische Ortsnamen S. 31. 32. — Name der Bergzwerge Räzel, Razel.

Rein von »rinnen«, Rin, ist der mythische Eridanos. Der Hort in ihm S. 9. 28. 34.

Riesen das auf die Zwerge folgende Göttergeschlecht (wie auf die Daktylen und Kureten die Titanen und Giganten, letztere auch nordisch Gygen, Wiganten), oft dasselbe Wesen, bald Zwerg, bald Riese S. 16. — Baumeister, aber nur Nachts (mit Eis) schaffend und beim Hahnenrufe in Stein verwandelt S. 16.

Rosengärten der Sternhimmel S. 12.

Runen, woher ihr Name S. 8. 29. 30.

Sabako (Schebekh) oder Susak der Aethioper S. 203.

Sabazios Name des Herbst- und Fruchtgottes Jao, Jakchos, Dionüsos (Sabaoth) S. 142. 155.

Sais ist jünger als Athen S. 86.

Sakur, die tatarische oder Turk-Race (die Jakuten nennen sich noch Sokha) S. 21.

Salub, der Patriarch, als König in Damask Azelos S. 107.

Salomo S. 199. 202—204.
Samothrake Sitz uralter, nicht-ägyptischer, thrakischer, pelasgischer Religion. Kabeiren S. 38. 55. 56.
Sardanapal (Asar Adon Pal) in Assyrien S. 205.
Sarmaten (Charwat) die Slaven, eine Mischung von Germanen- und asiatischem, sakischem Blute S. 40. 249.
Saturnus, griechisch Kronos, die von Zeus-Dionüsos besiegte Wintersonne, Gott der Westwelt (Saturnia Italien, und das Volk der Satyren) S. 17. 37.
Satyren (Saturnier) Italiens kentaurisches Urvolk S. 17. 44.
Saul herrscht blos 2, nicht 40 Jahre S. 197. 198. 199.
Schoffeten (in Karthago Suffeten) Richter. Ihre Chronologie hergestellt S. 197—199.
Schrift uralt S. 3. — Aegyptische S. 3. 4. — Keltische S. 20. 80.
Seen, verwünschte, in welche Frevler und ihre Städte versinken, deren Thürme zuweilen hervorschauen, sind der Himmel, in welchem die Sterne, überwundene Gewalten, untergehen S. 18; s. Gletscher.
Sem, persisch Siamuk, ägyptisch Amoses, syrisch Dainas, dieselbe Person S. 96. 97.
Semiramis ägyptischer Name, Se-Mi-Ramese, des Sethosis II. (Nkos) Gattina S. 115. 116. 118.
Seraphim, wie Titanen, Schlangengötter, sarf keltisch Schlange, serpere, etruskisch Serphe, griechisch Serapis, die verborgene Wintersonne S. 15. 155.
Sesonchosis der die Juden bedrückende Farao S. 150.
Sesostris I. in der 12. Dynastie, unrichtig mit dem folgenden verwechselt S. 89. 118.
Sesostris II. des Ramses Miamun Sohn. Seine Thaten und Bauten. Er ist Ninos S. 110—114. 117 und Inarbos S. 119.
Sethon Fthahpriester, nach Herodot der 342. Farao, Gegner der Kriegerkaste S. 209.
Sigfrid wiederholt den Thor und ist Zug für Zug Perseus und Herkules S. 46. 47.
Sikaner, iberischer, ligurischer, westeuropäischer Name, derselbe mit Siculi; lateinisch Sequani von der Sequana S. 35. 36.
Silener pferdegeschwänzte Bewohner von Nysa am Triton, des jungen Dionysos Helfer S. 87.
Skythen Name der Nordeuropäer, Thraker, älter als die Aegypter und Stammväter der Amazonen, Parther und Baktrer S. 41. 42. 58. — Noch heute der Name Tschuden, aber fälschlich den aus Asien in ihre Sitze eingedrungenen jetzigen Finnen (s. diese) beigelegt. Tschudengräber am Altai S. 42.
Slaven die Sarmaten, s. diese.
Solon S. 244.
Steinzeitalter S. 52.
Synkellos, Georgios, in Konstantinopel, seine Manethonliste S. 4. — Tadelt Eusebios S. 93.

Taniter die 21. Dynastie, priesterlich, Josefs S. 128. 129.
Tartaros derselbe Name mit Tartasos, Tartessos, die Westwelt (wie Gades und Hades) S. 10.
Taurisker, Ligurisker, die keltischen, rätischen Alpenstämme von Savoien bis Steier, wohl dasselbe was Tyrrhener. Tauriskos, altkeltischer König S. 27 (Taurini).
Tautaues, Tithonos der 50. König in Ninos, einer mit dem 317. Farao Petubastes S. 170. 179. 180.
Teut, Tiuto (falsch Tuisko), Sohn der Hertha, von ihm der Tius-, Tiwes-, Tüs-, Tis-, Taesoder Tirstag, wie der Eri-, Erchtag S. 42. — Stammvater der Galler (a Dite patre) und durch seinen Sohn Mannus der Teutschen, des blonden Nordstammes (thiuda König und Volk, theot, diet, keltisch tut, tuath), Teutones, Theotisci, Thiutisci, Tedeschi. Teutsch, Lettisch, Slavisch, Romanisch, Griechisch, Zend und Sanskrit dieselbe Sprachfamilie S. 68. 69. — Mit Teut verwandt Titan, S. 16. 44 (und deus, dius, Zeus).
Tharah, Abrahams Vater, in Damask Adores, am Nil Thuoris S. 121. 123. 125—127.
Theben in Aegypten jünger als das böotische S. 83.

Register. 275

Theseus mythisch wie Herkules S. 160. 181. 183. 184. — Historisch S. 188. 189. 190.
Thiere, früher die Gestirne, daher verehrt S. 10. 11. 13.
Thor früher derselbe wie Tir S. 43; s. Teut.
Thraker der germanische, frygische Stamm, auch die Tracht frygisch S. 45. — Uebergang nach Asien S. 57. 58.
Thuoris der Farao, s. Tharah.
Thursen Name der den 12 Asen vorangehenden Riesen, s. Iberer.
Titanen Sonnenriesen. Titan irisch und griechisch Sonne, teth hebräisch Schlange S. 10. — In der Sage Dutten für Riesen.
Triton Strom der Amazoneninsel im Westen, wie Eridanos S. 9. 36. 37. — Der Name bedeutet Strom wie das persische rud, Rodanos und die vielen Rot, Rotter.
Troia, erste Eroberung durch Herkules S. 180. — Zweite im Jahre 1270 S. 191. 192.
Turs Riese, s. Thursen. In der Schweiz der wilde Jäger »der Türst, das Türstengejägte« S. 28. 43.
Tyrannis stürzt in Hellas die Vornehmen S. 242.
Tyrrhener, Tyrsener, dieselben mit den Pelasgern S. 28. — Alte Kultur S. 52. 53. — Uebersteigen die Alpen nach Italien S. 65. — Nicht aus Kleinasien eingewandert S. 57. — Die Thursen der Edda.

Urbewohner und ihre Sitze heissen von Britannien bis Indien bei den späteren Einwanderern Wälsch, Wales, Valois, Wallons, Walhen, Walser, Wloch, Walachen, Blachoi, Volusci, Fallaci, Pelasgi, Pelagon, Felasthim, Beludschi, Mlechas S. 62.

Veneti, beim Volke Vinetier, Venediger, Name der bergbaukundigen, glasschmelzenden, durch die Luft fahrenden Zwerge. Ihre Stadt strahlend S. 80. — Eines mit Heneti, Eneti, Enten, bald zwergig, bald riesig, historisch die Tyrrhener, die Veneter am Po und in Patlagonien. In der Schweiz ihre tumuli Entibühel und in England sie Schmiede- und Baumeister S. 81.
Völund, Wieland, der besungene Schmied, hinkend, wie Vulkan, der Zwerge Vater S. 14. 15 und fliegend wie Dädalos. Finnenkönig. Valant hiess auch der Teufel.

Walen, Valons, dasselbe mit Galen, die europäischen Urbewohner S. 62. — Von Rätien bis ins Fichtelgebirg heissen die bergbaukundigen Zwerge Walser, Walen.
Wasser- und Flussnamen S. 64.
Weinharts Idee der 7 Grundsylben S. 62.
Weisen, die VII, S. 246.
Wilde Heer, das, die hinziehenden Sterne S. 15.
Wolf, lukos, und lux Licht, uraltes Bild der Wintersonne. Wolfsmonat. Apollon Lukogenes und sein Bild der Wolf. Die Wölfinn der römischen Zwillinge. Die Hyperboreer, Neuren und Arkader Wölfe. Die in der Edda die Sonne verfolgenden S. 17. 18.

Zoroaster, Stifter der iranischen Lichtreligion, ist nicht ein Perser, sondern von westwärts eingewandert (Zathraustes) S. 59.
Zwerge nach den Thieren das älteste Bild der Götterwesen, mit noch thierischen Resten (Haar, Ohren, Füsse) S. 12. 13. — Ihre Tracht die frygische S. 14.
Zwölf Götter nordisch und griechisch das dritte, jüngste, siegende Göttergeschlecht S. 17.

Berichtigungen.

S. 8, Z. 22 von oben lies: **6117** statt *7117*.
» 32, » 21 » » » **Gils** » *Geis*.
» 30, » 14 » unten » **kennen** » *welche*.
» 39, » 10 » » » **welche** » *kennen*.
» 40, » 6 » » » **kone** » *koue*.
» 46, » 2 » » » **Deianira** » *Deinara*.
» 98, » 19 » oben » **326** » *333*.
» 103, » 1 » unten » **ihn** » *ihr*.
» 109, » 6 » oben » **Dodanim** » *Dadanim*.
» 173, » 17 » » » **Kadmes** » *abermal*.
» 191, » 14 » » » die **Namen** von Herkules.
» 209, » 10 » unten » **704** statt *701*.
» 235, » 14 » oben » **Babylonen** » *Babylonern*.
» 248, » 19 » » » **Xenofanes** » *Xenofanes*.
» 251, » 5 » » » **Mardonius** » *Mardonius*.

Synoptische Tafel

der

ALTEN CHRONOLOGIE

von

Dr. Anton Henne von Sargans.

Aus dessen Werke „Manethôs".

GOTHA.
Friedrich Andreas Perthes.
1865.

www.ingramcontent.com/pod-product-compliance
Lightning Source LLC
Chambersburg PA
CBHW032101230426
43672CB00009B/1602